广西民政理论与实践

——广西民政政策理论研究成果选编（2016）

广西壮族自治区民政厅　编

中国社会出版社
国家一级出版社·全国百佳图书出版单位

图书在版编目（CIP）数据

广西民政理论与实践：广西民政政策理论研究成果选编．2016／广西壮族自治区民政厅编．—北京：中国社会出版社，2017.6

ISBN 978-7-5087-5675-2

Ⅰ.①广…　Ⅱ.①广…　Ⅲ.①民政工作—广西—文集
Ⅳ.①D632-53

中国版本图书馆 CIP 数据核字（2017）第 114369 号

书　　名：广西民政理论与实践——广西民政政策理论研究成果选编（2016）
编　　者：广西壮族自治区民政厅

出 版 人：浦善新
终 审 人：李　浩
责任编辑：杨建萍　　　　**责任校对**：丁　一

出版发行：中国社会出版社　**邮政编码**：100032
通联方式：北京市西城区二龙路甲 33 号
电　　话：编辑室：（010）58124828
销售部：（010）58124848
传　真：（010）58124870
网　　址：www.shcbs.com.cn
shcbs.mca.gov.cn
经　　销：各地新华书店

中国社会出版社天猫旗舰店

印刷装订：保定彩虹印刷有限公司
开　　本：165mm×240mm　1/16
印　　张：21
字　　数：360 千字
版　　次：2017 年 7 月第 1 版
印　　次：2017 年 7 月第 1 次印刷
定　　价：48.00 元

中国社会出版社微信公众号

编委会

出版说明

2016年是广西壮族自治区民政厅有计划有组织地连续开展民政政策理论研究的第八年，共收到全区民政系统以及社会各界报送的民政政策理论研究成果（论文、调研报告）340篇。经专家评审，共评出一等奖3篇、二等奖10篇、三等奖30篇、优秀奖50篇、组织奖6个。同年，自治区民政厅还设立了18个立项课题，面向社会公开招标，鼓励业务部门与高校及科研院所联合攻坚，取得良好效果。在2016年全国民政政策理论研究成果评比中，广西共有19篇论文获奖，其中一等奖2篇、二等奖4篇、三等奖9篇、优秀奖4篇，获奖篇数居全国第二；广西壮族自治区民政厅厅长韩元利作为一等奖论文作者，应邀在全国民政论坛上做了主题发言，获得一致好评；同时，自治区民政厅还获得了全国民政政策理论研究工作组织奖。经过连续多年的民政政策理论研究实践磨炼，我区各级民政干部的政策理论研究能力已经有了明显提高，思维方式和工作作风正在发生悄然变化，调查研究已经成为开展工作的一种基本方法，逐步养成了重视调查、尊重事实、深入分析、细心求证的科学精神和工作作风。2016年的广西民政政策理论研究成果充分体现了理论研究工作为民生保障服务、为政府决策服务的务实精神，其中许多论文或调研报告是针对当前实际工作中存在的突出问题而开展深入调查研究所取得的最新成果，具有较强的针对性和决策参考价值；同时，这些成果又记录了我区民政事业发展的最新情况和统计数据，具有重要的史料价值；部分成果已经被采纳，转化为政策文件，推动了业务工作的发展。事业要发展，理论要先行。当前民政事业发展面临着许多新特点、新问题和新矛盾，需要研究解决的问题更为繁多，难度更为加大，需要进一步提高民政工作科学性和法制化水平，而且政策理论研究工作已经成为领导决策的必经程序和关键环节。这既对民政政策理论研究工作提出了更高的要求，也是强化民政政策研究工作的重要机遇。我们要直面现实，把握机遇，进一步努力做好民政政策理论研究工作。为了促进我区广大民政工作者之间相互交流、相互借鉴、共同提高，不断推进广西民政事业科学发展和快速发展，我们从2016年广西民政政策理论研究成果中选取19篇论文和调研报告，汇编成册，以飨读者。由于水平有限，不足之处在所难免，敬请各位专家学者批评指正。

编　者

目 录

广西养老服务业综合改革试验区建设路径研究[①]

广西壮族自治区民政厅课题组[②]

摘　要： 为了充分发挥本地养老资源优势，促进社会养老服务事业发展，广西提出了设立养老服务业综合改革试验区的设想。2015 年 7 月，广西壮族自治区人民政府出台了《关于建设养老服务业综合改革试验区的意见》，提出“依托我区生态、气候、区位优势和特色资源，建设养老服务业综合改革试验区，加快打造全国健康养老产业基地，形成新的优势产业格局”的工作思路。目前已出台了《广西养老服务业综合改革试验区规划（2016—2020 年）》《2016 年广西养老服务业综合改革试验区建设工作要点》《推动广西养老服务业快速发展的 15 项重点工作方案》等政策文件。当前试验区建设的主要内容是深化养老服务综合改革，建立和完善养老服务机构准入、竞争和退出机制；构建养老服务机构等级评价体系，推进养老服务创新；完善覆盖城乡的养老服务体系；着力发展特色养老产业，创新发展“候鸟式”旅游养老模式，发展多业态养生养老服务产业等。当前试验区建设和养老服务业发展面临一些问题，需要深化研究。

关键词： 养老　服务　创新　改革　试验区

---

① 本文为广西壮族自治区民政厅承担的 2016 年民政部立项课题研究成果，项目编号：2016MZRL010710。

② 课题组负责人：韩元利；成员：曾凡明、徐新发、何棣华、颜娇。

一、广西养老服务业综合改革试验区建设基本概况

（一）试验区建设缘起

1. 筹备起步阶段

（1）提出设想

为破解养老难题，2014年年底，广西提出了设立养老服务业改革试验区的设想，并得到了民政部的大力支持。2015年年初，王勇国务委员在广西调研期间，对广西利用区位优势、生态环境、气候条件发展养老服务业给予充分肯定。为全面贯彻落实国务院《关于加快发展养老服务业的若干意见》文件精神，促进广西养老服务业持续健康发展，自治区党委、政府决定依托独特的生态、气候、区位优势和特色资源，创建广西养老服务业综合改革试验区，积极探索加快养老服务业发展的新模式，推动经济转型升级，为广西与全国同步建成小康社会增添新动力。2015年1月23日，在南宁召开的全自治区民政工作会议，提出了制定“一区三园”（桂西养生养老长寿为主体的综合改革试验区，桂北休闲旅游养生养老产业园、北部湾国际滨海养生健康产业园、南宁养老服务业综合改革试验园）规划，计划筹资1.5亿元，重点打造20个以上的养老服务示范点，力争全区养老床位总数增加2万张；筹资0.6亿元，新建农村幸福院1000个；加大公办养老服务设施改革力度，选择20家有条件的养老机构推行公建民营养老服务模式；扶持建设833个示范性村级老年协会，推进“12349”社区为老服务信息平台试点建设；推进养老机构设立“先照后证”改革，继续推行养老机构公建民营试点，扩大政府购买养老服务试点。实现以创建广西养老服务业综合改革试验区为重点的养老服务规模化新突破。

（2）建立联席会议制度

2015年5月，自治区人民政府组织建立广西壮族自治区养老服务业综合改革试验区工作部门联席会议制度（《关于同意建立自治区养老服务业综合改革试验区建设工作部门联席会议制度的批复》桂政函〔2015〕80号）。联席会议由自治区发展改革委、民政厅等26个单位组成。联席会议由自治区发展改革委主任和民政厅厅长共同担任召集人，联席会议办公室设在自治区民政厅。联席会议主要工作职能是：重点研究贯彻落实国家、自治区养老服务业发展的方针政策和工作部署；制定广西养老服务业综合改革试验区规划，研究建立完善相关政策体系；协调解决养老服务业综合改革试验区发展规划和政策落实工作中遇到的重大问题；确定部门工作职责和年度工作计划并协调

落实；建立信息通报和发布机制，重大事项联合督察机制；指导督促各地各部门做好养老服务业综合改革试验区的各项工作，确保目标任务如期完成。

联席会议成员单位按照任务分工，切实履行各自职责，既发挥行业管理和职能优势，又互相协调配合，形成整合优势，为推进全区养老服务业发展和试验区建设取得了良好开局和显著成效。此外，部分市参照自治区的做法，建立了工作领导小组或部门工作联席会议制度，统筹推进本地区养老服务业发展。

2. 正式提出阶段

2015 年 7 月 7 日，广西壮族自治区人民政府出台了《关于建设养老服务业综合改革试验区的意见》（以下简称《意见》），《意见》指出："依托我区生态、气候、区位优势和特色资源，建设养老服务业综合改革试验区，加快打造全国健康养老产业基地，形成新的优势产业格局，对拉动消费、扩大就业、改善民生、促进和谐、推动我区经济转型升级意义重大。"总体目标是到 2020 年，基本建成功能完善、覆盖城乡的养老服务体系，符合标准的社区居家养老服务中心基本覆盖城镇社区，每千名老人拥有护理型床位超过 15 张，健康养老服务业及相关产业增加值达到 2000 亿元。探索出一批特色鲜明、经济社会效益显著的养老服务业发展模式，出台一批可持续、可推广的政策措施，扶持一批满足多元需求、质量过硬的养老服务产品，涌现一批带动力强的健康养老龙头企业和大批富有创新活力的中小企业，培育一批知名品牌，打造一批竞争力强、辐射面广、产业链长、融合度高的健康养老产业集群，形成"一核四区"的养老服务业发展格局，将养老服务业发展成为自治区战略性新兴产业，将自治区建成国家养老产业基地、国际休闲养生健康养老胜地和全国养老服务业综合改革试验区。

《意见》第一次明确了依据各地的资源禀赋和我区长寿之乡品牌分布，按照"一核四区"（南宁养老服务业综合改革核心区，桂西养生养老长寿产业示范区、桂北休闲旅游养生养老产业示范区、北部湾国际滨海健康养老产业示范区和西江生态养老产业带示范区）的空间布局，科学规划养老服务业综合改革试验区建设。《意见》的出台为试验区建设有序开展提供了理论指导和政策依据，是今后一个时期试验区建设的总路线图和行动纲领。

2015 年 7 月 9 日，自治区政府召开新闻发布会，提出广西将依托独特的生态、气候、区位优势和特色资源，在全国率先创建"养老服务业综合改革试验区"，构建"一核四区"战略布局，打造健康养老胜地。针对养老服务机构"用地难、融资难、运营难、用工难"等发展瓶颈，自治区政府将深化养老服务改革，推动体制机制创新、政策创新和市场环境优化等工作，进一步完善相关扶持政策措施。

3. 探索前进阶段

根据自治区党委、政府有关推动养老服务业加快发展的工作部署，为全面贯彻落实自治区《关于促进养老服务业加快发展的实施意见》（桂政发〔2014〕58号）和《关于建设养老服务业综合改革试验区的意见》（桂政发〔2015〕33号）精神，自治区人民政府办公厅相继印发了《广西养老服务业综合改革试验区规划（2016—2020年）》（以下简称《规划》）和《2016年广西养老服务业综合改革试验区建设工作要点》（以下简称《工作要点》），自治区民政厅和自治区发展改革委印发了《推动广西养老服务业快速发展的15项重点工作方案》（以下简称《方案》）。政策创制上的新突破既规划安排了当前和今后的工作任务，也为各项任务的落实完成提供了政策依据和方向指引，试验区各项建设工作在探索中前进。

2016年1月，广西壮族自治区人民政府办公厅出台《广西养老服务业综合改革试验区规划（2016—2020年）》，明确了广西养老服务业发展现状，及所面临的机遇和挑战，提出了试验区的发展目标是探索出一批特色鲜明、经济社会效益显著的养老服务业发展模式，出台一批可持续、可推广的政策措施，扶持一批满足多元需求、质量过硬的养老服务产品，涌现一批带动力强的健康养老龙头企业和大批富有创新活力的中小企业，培育一批知名品牌，打造一批竞争力强、辐射面广、产业链长、融合度高的健康养老产业集群，形成特色突出、优势互补、功能完善、布局合理的养老服务业区域发展格局。到2020年，基本建成功能完善、覆盖城乡的养老服务体系，符合标准的社区居家养老服务中心基本覆盖城镇社区，每千名老年人拥有养老床位35张，其中护理型床位数占养老床位总数的50%以上；健康养老服务业及相关产业增加值达到2000亿元，建成15个左右规模较大、功能完善的养老服务业集聚区。

表1　试验区建设时序与建设内容

建设时序	时限	建设内容
近期建设任务	2016—2018	社区居家养老服务中心覆盖90%城市社区和30%农村社区，建成80个养老示范中心，引进一批知名度高、带动作用强的社会养老机构。集中打造“一核四区”养老服务主体功能区域，建设完成10个左右健康养老服务集聚区，培育年营业收入超亿元龙头企业30个、超10亿元龙头企业15个。加快形成安排科学、层次分明、推进有序的全国养老服务业综合改革试验区发展格局

续表

建设时序	时限	建设内容
远期建设任务	2019—2020	社区居家养老服务中心基本覆盖所有城镇和2/3农村社区，建成100个养老示范中心；建成15个左右健康养老服务集聚区，培育年营业收入超亿元龙头企业60个、超10亿元龙头企业30个。以“一核四区”为主体，以产业新业态培育、优势领域升级、做大做强品牌、产业融合发展为重点，推动养老服务业及相关产业向高层次发展，形成规划布局合理、产业重点突出、集聚效益明显、辐射带动较强的休闲养生健康养老服务业发展体系

表2　14个地市发展重点和方向

城市	发展重点和方向
南宁市	充分发挥全国养老服务业综合改革试点城市以及省会城市教育、医疗、经济等方面的综合优势，打造多个各具特色的养老服务业示范社区与养老服务示范中心；引导资源要素合理集聚，打造西南地区老年康辅器具生产基地与全国养老服务业人才培训基地。扶持发展品牌龙头企业，形成一批产业链长、覆盖领域广、经济社会效益显著的养老产业集群，努力打造成为面向全国、辐射东南亚的独具特色的国际化养老服务基地
柳州市	突出“百里柳江”都市休闲与“百里风情”民族特色，以“山水桂林，风情柳州”为主题联动发展休闲旅游、养生长寿、生态农业、生物制药等养生养老产业
桂林市	发挥国家旅游综合改革试验区、国家社会化养老试点、国家服务业综合改革试点的政策优势，突出“漓水青山、养生桂林”品牌，发挥桂林国际旅游胜地的核心竞争力，整合推进休闲旅游、养生长寿、医疗康复、研发制造、健康食品于一体的养生养老产业发展
梧州市	突出邻近粤港澳的区位优势，较好的中医药发展基础以及优美的山水资源禀赋，以沿南广高铁为重点，建设以生态疗养、康复医疗、中医药养生保健、特色食品为主要特色的区域性生态养生养老服务中心
北海市	充分利用丰富的“滩、岛、线、城、林、湖”资源优势，以北海银滩和涠洲岛为双核，以国际化、标准化、品牌化、特色化为导向，突出滨海特色，打造以避寒养生、滨海度假、海洋运动、康复疗养、特色农业为主体的区域性国际化养生养老基地
防城港市	以东兴滨海长寿之乡为品牌，突出“滨海、门户、生态”资源优势，大力发展跨境旅游、滨海养生、长寿食品、康复疗养等特色养生养老产业，致力于打造国际滨海休闲养生基地和国家高端养老示范基地；加快建设防城港国际滨海休闲养生基地集聚区、东兴国际综合性服务集聚区

续表

城市	发展重点和方向
钦州市	突出“最美内海城市”品牌，发展滨海休闲度假、海上运动休闲、生物医药等养生养老产业，打造国际滨海休闲养生基地和国家高端养老示范基地
贵港市	突出历史宗教文化资源丰厚和地理生态自然资源奇特的有利条件，以红色经典、佛教圣地为特色，发展生态疗养、养生保健等特色养老服务业
玉林市	以容县“中国长寿之乡”为核心，突出中国第三大中药材集散地和“南方药都”的品牌优势，发展以中医药产业和生态养老相结合，以民族医药、休闲养生、健康食品、康复医疗为重点的养生养老产业
百色市	突出红色旅游、边关风情、长寿养生资源和品牌，重点发展长寿养生度假产业和健康食品加工业，积极打造中国西南“中草药材之都”，形成以田阳县—右江区—凌云县—乐业县连接至巴马的国际长寿养生产业带
贺州市	以生态休闲旅游为特色，重点发展休闲度假、康体运动、民族医药、生态农业等养生养老产业，打造面向粤港澳的华南旅游休闲养生养老胜地
河池市	以“世界长寿之乡”巴马为中心，以“长寿圣地·养生天堂”为品牌，重点推进候鸟式养老、养生保健、长寿食品、生物医药等特色优势产业，整合带动桂西养生养老产业发展，打造国际养生长寿目的地
来宾市	以“天下来宾，美随心动”为品牌，以金秀“中国长寿之乡”为核心，发展生态旅游、长寿养生、瑶医瑶药、生态农业等特色产业
崇左市	突出沿边境、连东盟的区位优势，以大新、天等、龙州“中国长寿之乡”、凭祥边关文化旅游城市为核心，促进老年宜居养生、旅游观光、休闲度假和生态农业融合发展，打造以养生休闲、康体健身、文化体验为主要特色的面向东南亚的养老服务基地

《工作要点》明确了2016年的10项重点任务，要求按照工作分工和联席会议成员单位，各市、县（市、区）人民政府职能，起草推动出台《加强全区城乡养老服务设施建设规划的具体办法》《广西养老服务业重大项目储备与三年滚动投资计划》《〈广西养老服务业综合改革试验区规划〉实施方案》《广西“十三五”无障碍环境建设实施方案》《加快推进养老服务信息化建设工作》《推进医疗卫生与养老服务相结合的实施意见》《设立广西健康养老产业投资基金的工作方案》《广西养老机构补贴措施》《广西公办养老机构实施公建民营的管理办法》《推动保险机构参与养老服务业的具体办法》《开发性

金融支持养老服务业发展的具体措施》《广西市场化方式推动养老服务产业发展规划》《广西养老机构相关管理办法》《加快推进养老服务业人才培养的意见》《加强养老服务标准化工作的具体措施》15个文件。目前，联席会议各成员单位先后出台了《关于建立健全经济困难的高龄失能等老年人补贴制度的通知》《关于降低我区养老机构有线电视收视维护费等收费标准有关问题的通知》《关于进一步明确养老机构用电价格的通知》等一批涉及养老机构的优惠政策，进一步优化养老服务业发展生态环境。

（二）当前试验区建设的主要内容

1. 深化养老服务综合改革

（1）加快养老机构改革

全面推进实施公办民营、公建民营、民办公助、政府购买服务等养老服务改革。创新公办养老机构的管理机制，鼓励公办养老机构引入社会化的专业团队，采取委托管理、购买服务等多种方式，提高服务能力和专业化管理水平。建立和完善养老服务机构准入、竞争和退出机制，引导公益慈善组织参与养老服务；鼓励引导社会资本包括外资，以独资、合资、合作、联营、参股等方式，兴建养老设施和提供养老服务。构建养老服务机构等级评价体系，建立健全养老服务对象分级分类评估制度，科学界定公立养老机构服务惠及范围，确保公办养老机构实现政府保障社会基本养老服务的兜底职能。

（2）推进养老服务创新

创新养老服务方式。促进养老服务与旅游、健康养生、医药、保险、教育、家政等领域融合发展。依托健康养生、旅游等资源，探索适合长期居住的养生养老模式和适合短期居住的旅游养老模式。依托教育、家政等资源，培育建设养老护理培训和服务基地。依托医药产业资源，积极发展康辅器具产业和中医药民族医药产业。依托保险、地产等资源，创新发展养生长寿住宅模式。在适宜地区开展以健康养老功能为核心的养老城镇建设试点，吸引和鼓励社会性投资参与建设。鼓励养老机构为周边社区老年人提供居家养老服务。

养老服务技术创新。鼓励养老机构服务功能向社区延伸，运用现代科技手段，促进养老与家政、保险、教育、健身等互动发展。强化互联网思维，开展养老服务业“互联网+”行动，鼓励信息技术、人工智能与养老服务的深度融合，创新养老服务业态，提升养老服务信息化水平。发展健康养老服务大数据产业，为养老服务业发展提供支撑。加强社区居家养老服务网络平台建设，以信息化手段为老年人提供家政服务、生活照料、助餐服务、康复护理、医疗保健、精神慰藉、文化娱乐、安全援助和转介等综合性服务。

老年人社会参与方式创新。探索推行低龄健康老人服务高龄、失能老人等互助模式，拓展老年体育健身文化娱乐服务，开展老年大学等多层次老年教育服务。

2. 完善覆盖城乡的养老服务体系

（1）夯实居家和社区养老服务基础

完善依托社区的居家养老服务设施建设，编制实施城乡社区养老服务设施建设规划，建设集养老护理、日间照料、居家养老、文化娱乐等功能于一体的社区养老服务中心。采取建设补贴、设施设备购置补贴、运营资助、政府购买服务等方式，在康复辅助器具配备、适老化环境改建等方面扩大对居家和社区养老的支持。在社区居家养老中心和社区养老院增设医疗床、护理床、护理设备、康复性活动器材、日常医疗设备、辅助性医疗康复设施以及文娱活动设施设备。将适老化的设施设备纳入新建社区和住宅区的竣工验收指标；逐步完善现有社区特别是老城区的适老化改造和无障碍设施建设。

通过政府购买服务、协调指导、评估认证等方式，鼓励支持各类社会组织、机构和个人从事居家和社区养老服务，培育一批规模化、品牌化和连锁化经营的龙头企业和社会组织。统筹社区范围内的各类养老服务机构、为老服务组织、社区卫生服务中心（站）以及家政、餐饮等各类服务性企业，为老年人提供就近、实惠、快捷的养老服务。

丰富居家和社区养老服务内容，增加基本医疗护理、辅助生活器具提供、家庭病床等服务。以提升社区卫生服务机构服务能力和培养全科医生人才队伍为重点，为社区老年人提供专业和规范的日常护理、慢性病管理、康复、健康教育和咨询、中医保健等服务，提高居家养老医疗服务专业化水平。推行智能化居家养老服务系统，为居家老人提供实时、便捷、高效、优质的服务。建立健全基层老年协会，充分发挥基层老年协会的养老互助作用。到2020年，符合标准的社区居家养老服务中心基本覆盖城镇社区。

（2）多层次发展机构养老

满足社会养老服务多元化需求，发展颐养型、养护型和护理型养老服务机构，加快养老机构转型升级步伐。大力推行“医养结合、康护一体”模式，重点发展专业护理型养老机构，在重点区域规划建设老年康复护理院。鼓励和支持有条件的医院规划建设集医疗、保健、康复、护理、养老为一体的老年护理院。鼓励社会力量举办规模化、连锁化的养老机构；推动养老机构跨区联合、资源共享，鼓励发达地区与欠发达地区开展养老服务异地互动，加大对综合实力较强的国内外养老服务领军企业的招商力度，吸引投资建设一批具有较强竞争力的养老机构。发展以养生为特色的养老服务，鼓励在生态养生区域建设中高端休闲养老服务综合体。

（3）统筹城乡养老服务发展

加快农村养老服务基础设施建设，加大财政对农村专业化养老服务的支持力度，鼓励农村探索互助式养老服务机制，逐步将互助性养老服务设施纳入村级综合服务设施的统一规划建设。

加大乡镇敬老院改造力度，在集中供养的前提下，支持乡镇敬老院向社会开放；鼓励农村养老服务中心与乡镇卫生院融合发展，争取将40%的乡镇敬老院建设成为集供养、寄养、社区照料和居家养老服务组织管理及其他社会福利功能于一体的农村区域性养老服务中心。

增强城市养老服务资源向农村地区的辐射带动作用。鼓励城市公办养老机构与乡镇敬老院、互助性养老服务机构、农村区域性养老服务中心等建立长期稳定的对口支援和合作机制，采取人员培训、技术指导、设备支援等方式，帮助其提高专业化服务能力。

3. 着力发展特色养老产业

（1）大力发展休闲养生健康养老产业

依托生态和资源优势，综合建设一批滨海型、山水型、森林型、气候型、温泉型、生态型等养生、疗养、康复基地。在桂林旅游景区、北部湾沿海地区、巴马长寿之乡等区域，兴办一批高水平的养生养老机构，建设一批养生保健特色酒店，打造一批集休闲、养生、保健、疗养和旅游功能于一体的健康养老产业集聚区。长寿之乡、乡村休闲旅游和生态农业示范基地积极开发适合老年人的多样化休闲养生旅游产品，拓展康复理疗、中医食疗、休闲养生等服务项目。

面向粤港澳、东南亚和国内多层次消费需求，在南宁、北海、梧州、桂林、贺州等地区，重点开发老年人宜居社区，鼓励养老地产建设；在自然条件优越的地区，重点开发以中小户型为主的养生老年公寓，打造养老群落、养老社区；在景点周边、长寿村屯发展农家旅馆，为“候鸟式”老年人群提供养老服务；在“长寿之乡”重点打造集养生养老、医疗保健、休闲旅游等为一体的综合体。

加强规划引导、科学论证选址、合理确定规模，吸引和鼓励社会投资参与建设，在适宜地区开展以健康养老功能为核心的养老城镇建设试点。

（2）创新发展旅游养老业

创新发展“候鸟式”旅游养老模式，充分发挥既宜居又宜游的特色，积极推进养老和旅游融合发展。在桂林国际旅游胜地、北部湾国际旅游度假区、巴马长寿养生国际旅游区、边关风情旅游带等旅游风景重点区域以及25个“中国长寿之乡”，多元化、多层次打造一批养生、保健、疗养和旅游基地，开发适合老年消费者的中医药特色养生游、健康体检游、绿色生态游等多样化旅游产品和服务，发展养生度假、生态度假、乡村度假等各种休闲养生度假旅游产品；依托长寿乡村、特色旅游名村名镇，在发展乡村休闲旅游的同时，注重开发面向“银发市场”的长寿养生旅游产品，吸引国内外老年人分时养老和旅游度假。

（3）发展多业态养生养老服务产业

推进养老服务业与民族医药产业融合发展。充分利用丰富的中医药材自然资源以及玉林、靖西中药材大市场，大力发展以壮、瑶医药为特色的一批服务于养生养老的医药产品、诊疗保健疗法、海洋生物制药。鼓励现有的民族医药医疗机构发展具有特色的医养融合养老服务，鼓励广西药用植物园及其国家工程实验室、广西中医药科学实验中心等科研机构联合企业研发生产养生保健医药产品，逐步形成特色养老产业新业态。

推进养老服务业与绿色农业融合发展。着力发展绿色有机健康养生农产品，培育富硒等微量元素的粮油果蔬茶等绿色有机健康农产品，加强有机、绿色、无公害农产品认证；积极发展适老健康食品加工产业，大力打造绿色、健康、安全的“吃健康”品牌，提供更多适合老年人需求的农副产品。利用绿色农业生产基地和森林资源，开发一批集旅游观光、休闲娱乐、农业观光和农产品生产等多种元素的健康养生养老产品。

推进养老服务业与文教体产业融合发展。依托广西传统文化和民族文化，积极发展演艺娱乐、绘画摄影等老年文化创意产业，发展具有老年特色的艺术品加工产业和乡村传统手工艺品生产基地，鼓励开发吸引老年人参与的文化产品与运动休闲体育项目，丰富拓展养老服务业态。推广老年大学，鼓励发展多种形式的老年教育。

推进养老服务业与家政服务业融合发展。鼓励家政服务公司开展专业化居家养老服务业，为老年人提供助餐、助浴、助洁、助行、助医、助急等多样化居家服务。

（4）大力发展老年健康管理服务业

建立健全服务老年人健康管理制度，推动老年健康管理专业化，建设一批老年健康管理服务机构，引入专业服务团队，提供特色老年养生健康服务。

支持医疗卫生服务系统、健康管理机构发展“智慧健康养生服务”“个性化健康养生服务”等新型服务业态。开发和推广健康服务信息系统，推进医疗、预防、保健及管理等大数据的采集、存储和共享技术的研发。发展个人全程全方位的健康管理模式。加快发展集咨询预防、医疗服务、保健养生、健康教育、康复疗养为一体，专业化、多元化的健康管理服务产业。

（5）重点建设健康养老产业园区

在重点区域规划建设集养老机构、医疗机构、养老用品和保健食品加工、养生养老地产、健康职业教育与培训机构，集中规模发展综合性的养老产业园区，培育一批医养结合服务产业园、老年用品产业园、健康养生养老旅游综合体、养老城镇等与相关产业融合发展的养老服务专业园区，打造若干养老示范基地，重点建设中国—东盟（南宁）健康产业城、巴马国际长寿养生养老服务集聚区、玉林国际健康城、老年康复辅助器具产业园等养老产业集聚区。引进一批提供多样化、专业性养生养老服务的重大项目，加快建设广西“太和·自在城”、中国（崇左）乐养城、中脉巴马国际长寿养生都会、桂林国际智慧健康产业园、北部湾国际滨海养生健康服务基地、梧州市岭南生态养生城、贺州市生态健康产业示范区等大型养生养老项目。

4. 加强养老服务业发展的区域合作

（1）加强区域合作

深化与粤港澳台的开放合作。更加充分利用《内地与港澳关于建立更紧密经贸关系的安排》（CEPA）各项先行先试政策，依托粤桂合作特别试验区、粤桂县域经济产业合作示范区等跨省（区）合作平台，积极拓展广西养老服务业发展空间，不断充实和提升面向粤港澳台合作内容与水平，吸引粤港澳台有实力企业赴桂投资养老服务业，加快引进一批带动性强、影响力大的重点养老企业和重大养老产业项目。

推动省际养老服务合作交流。整合区内涉老服务行业企业和旅行企业资源，打造广西异地养老联盟，以产业联盟战略合作为纽带，应用分时度假模式，组织北方省份“候鸟式”老人到我区养老养生、旅游健身、休闲度假，形成我区与北京、黑龙江、内蒙古、吉林等省（自治区、直辖市）的跨省以及跨境异地养老养生热线，建立多边异地养老战略合作机制。做好联盟间养老机构与旅行社的对接服务，协调规范异地养老养生管理，积极参与并适时推进建立覆盖全国的“候鸟式”养生养老产业网络。

（2）打造面向东盟区域性国际养老服务中心

提升我区养老服务业面向东盟国家集聚辐射能力。紧紧把握“一带一路”

国家战略机遇，把东盟国家开拓为广西养老服务业重要客源市场。开发特色旅游养老养生产品，吸引东盟国家老年人来广西进行老年健康体检、旅游休闲、养生保健、文化交流等活动。面向东盟国家中高端人群，开发养生保健公寓、养老旅游度假村等项目。根据东盟国家消费习惯，积极引进按摩、理疗技术和专业人员，丰富老年保健康复服务。依托南宁市的“中国—东盟信息港”等平台，合作发展养老服务大数据产业，共同开发养老服务先进技术，提升全区养老服务业开放水平。

加强我区养老服务业产品对外营销推广。建立立体化营销体系，与中央主流媒体和驻外办事机构合作，利用媒体资源加强面向东盟国家宣传介绍，积极展现我区养老资源优势。定期组织“广西国际健康长寿养生养老产业博览会”，将我区特色养老服务优质产品推向东盟与其他国际市场。依托中国—东盟传统医药交流合作中心平台，积极加大中医药民族医药文化健康产业和壮瑶医预防保健服务对外推广力度。

二、广西养老服务业发展取得的成就及试验区建设面临的主要问题

（一）广西养老服务业发展取得的成就

1. 社会养老服务体系基本建立

截至2015年12月，广西每个市（县）基本已建成一家公办福利院或养老院、一家以收养孤老优抚对象为主的光荣院；每个乡镇建有一家以上敬老院；建成各类收养性养老服务机构1500余家，拥有养老服务床位16.1万张，每千名老年人拥有床位20.61张。建成各类居家养老服务中心和服务站等设施811个、日间照料中心83个，居家养老服务网络初步形成，全区城市社区居家养老和农村社区养老服务覆盖率分别达到61.2%和30.3%。高龄补贴政策覆盖面不断扩大，全自治区所有县（市、区）均为百岁老人发放高龄补贴，93个县（市、区）为90周岁以上老年人发放高龄补贴；10个设区市以及部分县（市、区）制定出台了80周岁以上高龄补贴政策。搭建“12349”为老服务信息平台，呼叫座席达到50个，签约服务加盟商达1416家，具备为20万名老年人提供养老服务的能力，全自治区办理老年人优待证超过120万张。以居家为基础、社区为依托、机构为支撑的社会养老服务体系基本建成。

2. 养老服务产业发展势头良好

积极发展以长寿健康产业、养生休闲旅游、老年产品用品、民族医疗保健等为代表的特色养老服务产业。在巴马养生品牌的引领下，长寿健康养生休闲产业成为带动全区养老产业发展的新引擎。各地涌现了一批集医疗、康复、休闲、旅游为一体的养老服务机构，山水休闲型、滨海疗养型、长寿健康型等“候鸟式”养老服务模式初步形成一定规模，养老养生产业发展迅速。目前，已有南宁“太和·自在城”项目、崇左“乐养城”项目、桂林“信和信”项目、中脉巴马国际养生都会等一批大型养老产业项目进驻广西，分别在“一核四区”集中打造一批集休闲、养生、保健、疗养和旅游功能于一体的养老产业集聚区。

（二）试验区建设及养老服务业发展面临的主要问题

1. 外部环境存在的问题

（1）人口老龄化为发展养老服务业带来众多挑战

广西老龄化进程中，老年人口基数大、增速快、高龄化趋势明显，截至2015年年底，广西60岁以上常住人口780万人，占全区常住总人口的16.2%，65周岁及以上人口478.16万人，占常住总人口的10%，其中80周岁及以上人口119万人，占老年人总数的16.7%，100周岁以上人口5932人，占全国百岁老人的十分之一。“未富先老”“未备而老”特征突出，我区在1996年进入老龄化社会时，人均GDP仅446美元，比全国人均GDP水平低224美元，到了2014年，全区人均GDP仅为5382美元，比全国人均GDP水平低2103美元，加大了公共财政的负担。特别是随着社会的进步，人们的物质生活日益富足，对精神生活有了更高的追求，老年人的养老需求更加多样化、多元化，养老服务业发展面临很多新挑战、新问题。信息网络技术的发展，各种理论创新、制度创新、技术创新、管理创新等成果不断涌现，给养老服务业发展带来了新环境、新条件。这就需要养老服务体系综合、全面的完善，要在健全养老政策法规、完善老年福利制度、破解养老难题、统筹协调发展、创新服务手段等方面有所创新，符合地区实际发展需要。

（2）市场竞争日益激烈，对发展养老服务业带来很大压力

目前，相当多省份把发展养老服务业作为新的经济增长点，出台了很多扶持政策；湖南、广东、海南、云南等周边省份都从发展战略目标、产业集群等方面对养老服务业进行了部署，大力推进养老服务业发展。如湖南将“养老+产业”打造为全省新的经济增长点，省委、省政府高度重视养老服务

业的发展，明确将养老服务纳入全面建成小康社会的重要考核指标，重点民生实施项目，基本公共服务项目清单，养老服务业日益成为人人参与、人人尽力、人人共享的重大民生工程。反观广西养老服务业综合改革试验区建设还处于探索前进阶段，各项工作起步晚，在自身养老服务体系不成熟的处境下，在资源争夺上不占优势，因而承受着各方市场压力。

（3）社会养老服务供需矛盾突出

养老服务供给不足，尤其对低收入、高龄、空巢、独居和失能等特殊困难老人的养老服务和保障体系不完善。广西老龄化率比全国高出1个百分点，千人养老床位仅为全国平均水平的一半，基础设施薄弱，社会化养老程度较低。

（4）社会力量参与养老服务不足

由于社会力量参与养老服务业发展的配套措施不完善，在投融资、土地供应、财政补贴等扶持政策方面的诸多规定不明确，导致社会力量参与养老服务不足。社会普遍认为养老是政府和民政部门的事情，具有公益性质，盈利少，因而参与养老服务的积极性不高。养老服务投资大、风险大、收益低、民营资本进入门槛高、投资者的利益无法得到保障，这都不利于社会资本的引入。

（5）养老服务业尚处于发展初级阶段

全区养老服务业产品产业规模小、市场竞争力不强、发展不平衡、专业人才缺乏、产业化水平较低，企业经营相对分散、项目和形式比较单一，自我发展能力弱，缺乏龙头企业，难以有效整合资源，形成整体品牌和拳头产品。总的来说，养老服务业处于发展初级阶段。

2. 自身存在的主要问题

（1）对试验区建设的认识不够深入

试验区建设在一些关键性领域还没有取得实质性突破，表面上看是由于各项投入不足，但是背后的原因在于政府和社会对试验区建设缺乏正确认识，特别是少数地方和单位对试验区建设工作在思想认识上还不够重视，市、县普遍存在等待观望现象。决策部门对养老服务业认识不到位，对其发展没有统一的规划；职能部门条块分割，未形成合力，效率低下。

（2）制度建设相对滞后

目前在养老服务业政策制定方面仍然滞后，已经出台的各项扶持政策比较碎片化，没有形成系统性和全局性的政策合力。国家对于养老服务业的扶持只有原则性的政策，而缺乏相配套的可操作的政策支持，主要依靠部门规章、地方规章和规范性文件指导养老服务事业，这不利于该产业长远持续地发展。虽然广西养老服务业综合改革试验区建设已初步完成了顶层设计并出台了一系列配套政策，但仍需要根据建设情况不断完善相关制度。

（3）融资和盈利问题

一直以来，养老服务业发展被认为是社会问题，具有福利性质，发展资金应该由政府解决，这导致了养老服务业融资难。市场化融资不足，融资模式单一，融资渠道狭窄，融资难问题已成为制约养老服务产业发展的主要瓶颈。目前广西老年服务业的发展还处于起步阶段，养老作为公共产品和公共服务的重要组成部分，养老服务需求与市场供给不足，市场发育不健全，养老服务企业大部分是规模较小、实力较弱的企业，缺乏专业化、现代化的养老服务龙头企业的示范和带动，盈利并不可观。要解决这一问题，除了需要政府提供补贴、用地、融资等方面的政策支持以外，还需要加快综合改革，特别是加快投资体制改革，推行政府与企业合作模式，通过政策设计，使投资公共产品能够获得合理回报，解决养老服务企业融资和盈利难的问题。

（4）养老服务人才队伍匮乏

一方面养老服务业从业人员素质较低，且人员流动频繁，严重影响了服务质量；管理人员、护理人员年龄普遍偏大，专业知识储备不足，接受新的服务理念较差，不利于服务水平的提升。另一方面，缺乏专业化社会组织。养老服务行业社会组织发展迟缓，政府购买养老服务难以找到相应的社会组织，导致行业发展缓慢，老年人及其家属与养老服务机构的矛盾呈上升之势。

（5）养老服务发展不平衡

从地域上看，养老服务设施条件较好的，服务较专业化的养老机构大多建设在城市，而农村敬老院或五保村大多条件简陋、服务功能单一。从服务内容上看，无论是养老机构还是社区日间照料中心，都偏重于对老年人的生活照料，但对老年人的精神关爱不够。在资源供求上，条件较好的养老机构出现了“一床难求”的局面，而乡镇和村级的养老机构则存在着床位空置的现象。

三、国内外养老服务业发展的经验借鉴

老龄化是当前多个国家和地区普遍存在的问题，它们或从国家层面或从社会层面都采取了积极的措施有力应对，这值得我们学习借鉴，高质量做大做强养老服务业，在发展过程中贯穿民本理念，努力推进广西养老服务业综

合改革试验区建设。

（一）国内外养老服务业发展的主要经验

1. 日本：推行介护保险，完善政策法规

日本是世界上人口老龄化程度最为严重的国家之一，目前，日本65岁以上老人约占总人口比例达23.1%。日本推崇儒家文化，家庭养老一直是传统养老模式，辅之以公共福利服务和社会化服务的养老模式，这一点与我国养老模式大体相似。借鉴日本发展养老服务业的成功经验，对我区完善养老服务体系，具有积极意义。数量庞大的老年人口，催生了与之相应的养老、医疗和旅游等产业，成为日本经济发展的新的增长点。

日本养老社会保险有两种，一种是年金，一种是介护保险，养老服务业迅速发展是在2000年日本转变养老模式，开始实施介护保险制度之后。介护保险主要是针对65岁以上有护理需求的人群，40岁以上开始缴纳，65岁以后如果有护理需求，只需根据等级评定，承担相应费用的10%，其他90%由保险给付。为推行介护服务，稳定劳动队伍，日本国会在2008年通过了改善介护服务员工待遇的法律。目前，日本已经形成了以居家养老为基础、社区服务为依托、机构养老为补充的多元化、立体化社区养老服务体系。

日本关于老年人福利和养老服务方面的政策法规较为完善。1974年，出台了《收费养老院设置运营指导方针》，对养老机构的设施标准、服务标准等作了明确规定，建立了市场规范及行业标准。1987年，日本国会通过了《社会福利师和介护福利士法》，通过设置资格考试，提高从业人员素质，为老年人提供更高质量的服务。1988年，出台的《社会福利以及医疗事业团体法》，规定了为民间资本投向医疗、看护机构建设提供低息或免息贷款及税收优惠，使养老服务业得到迅速发展。2010年3月，日本内阁通过了《国民养老金法》修改方案，将养老金保费的补缴时间由两年延长到十年。法律制度的完善为日本养老服务业发展提供了政策依据和可靠保障，在政府、社会组织和养老企业的努力下，养老服务体系已相当完善。

2. 法国：严把服务质量，加强护理人员培训

法国也是较早进入老龄化社会的国家之一，通过积极发展养老服务业，使其成为产值和吸纳就业增速最快的行业之一。扩大了服务消费，开辟了广阔的市场，并吸纳了大量人员就业，养老服务业发展水平和专业化程度均超过了与其养老服务业水平相当的周边国家，经济发展充满活力。与此同时，

完善了养老保障体系，大大改善了老年人的生活条件。借鉴法国养老服务业发展的经验，对于当前以试验区建设促进我区经济转型，使养老服务业成为新的经济增长点，具有重要意义。

2005 年，法国政府将养老服务业发展纳入国家发展战略规划，当时制定的目标是 3 年内创造 50 万个就业岗位。为达到这一目标，法国政府采取了一系列的措施。一是制定相关政策法规，2007 年，法国政府出台了《安度晚年 2007—2009》和《高龄互助 2007—2009》两项政策，核心内容是鼓励发展养老服务业，以应对人口老龄化的持久战。二是成立专门服务管理机构，2005 年，法国政府成立全国家庭服务署，负责领导和协调家庭服务市场的发展。家庭服务署的一个重大举措就是推动创立个人服务协会，该协会组织家庭服务协会和医疗互助会联手创立大型家庭服务电话平台，给需要家庭服务的人提供企业或协会信息，不仅给消费者提供了安全可靠的服务机构，同时也为这些企业带来了收入。三是鼓励使用养老服务券，法国政府从 2006 年开始，在全国推行养老服务券，养老服务券是几家经政府认证的实力较强的公司发行，单位或个人都可以购买，服务券也可以转赠。发行商不直接提供养老服务，负责监督、整合与培训养老服务提供商，并最终与养老服务提供商进行结算。与此同时，政府还出台了相关政策，在税收等方面给予优惠，鼓励企业购买养老服务券，从而刺激需求，促进产业发展，使整个行业实现良性循环。四是加强从业人员培训，为促进养老服务业的职业化和现代化，法国政府致力于加强从业人员培训，以建立专业的养老服务队伍。针对不同的服务内容，设置不同的培训科目，以提高从业人员素质和服务水平。为提高服务人员社会地位，增强职业认同感和行业吸引力，法国政府力促技能培训与大学教育接轨，完成相关技能培训后也可转入大学进一步深造，使养老服务行业从业者的职业生源得到提升。此外，政府鼓励社会力量建设培训机构，并给予一定的补贴及文凭认证。

3. 浙江：规范行业标准，推动创制创新

2014 年，浙江省人民政府发布了《关于加快发展养老服务业的实施意见》，发展目标是到 2020 年，全面建成以居家为基础、社区为依托、机构为支撑，功能完善、布局合理、规模适度、覆盖城乡的养老服务体系；基本形成“9643”的养老服务总体格局，即 96%的老年人居家接受服务，4%的老年人在养老机构接受服务；不少于 3%的老年人享有养老服务补贴。

2016 年发布的《中国老年人政策进步指数》报告显示，浙江省的老年人政策进步指数排名国内首位。浙江的老龄化程度位于全国前列，截至 2015 年年底，60 岁及以上户籍老年人口 984.03 万人，占总人口的 20.19%，80 岁及以上高龄老人占老年人口的 15.84%。为积极应对老龄化出现的各种问题，浙江省政府采取了一系列措施。一是将养老服务纳入考核内容。通过连续多年将养老服务内容列为省政府为民办实事项目，建立健全养老服务体系，将养老服务的主要指标纳入对市、县党政领导班子考核内容，不断强化发展养老服务业的重要性。二是推动政策创制和实践创新。2014 年浙江省政府出台了《关于加快发展养老服务业的实施意见》《关于发展民办养老产业的若干意见》，2015 年出台了国内第一个由人民代表大会通过的地方性养老服务法规《浙江省社会养老服务促进条例》。省级有关部门制定了涉及设施建设、消防安全、医养融合、人才队伍建设、政府购买养老服务等各个方面的政策性文件构成较为完整的养老政策法律体系。三是鼓励社会力量参与养老服务业。政府充分利用民营经济发达的优势，通过制定涉及土地、融资、税费等方面的优惠扶持政策，为民间资本参与养老服务业创造了良好的外部环境，从而吸引了大量的民间资本投入到养老服务业中来。据统计，现有民办养老机构床位 18.6 万张，占床位总数的 53%，民办养老机构已成为浙江机构养老中的主力军。四是加强队伍建设。通过建立以职业技能教育为主、以专业教育为辅的培训体系，不断提高养老服务业从业人员素质。重视志愿者队伍建设，鼓励各类志愿服务组织、社会组织积极参与养老服务，指导各地成立老年人协会，为老人提供康复保健、心理慰藉、法律援助等各类服务。引入社会工作制度，加强对养老服务从业人员社会工作知识培训，引入社会工作理念，为老年人提供个性化、专业化服务，同时，提高从业人员的认同感和归属感，以提高工作效率。

（二）从国内外养老服务业发展中获得的启示

1. 积极发展养老服务业，主动应对老龄化挑战

老龄化趋势不可避免，在这一背景下，积极发展养老服务业，缓解老龄化给社会、经济等各方面带来的压力，具有积极意义。许多国家和地区政府着眼全局，主动应对老龄化挑战，才能取得胜利。广西提出建设养老服务业综合改革试验区正是主动应对老龄化现象的表现，通过确定目标任务、制定政策法规、完善工作机制、健全组织体系，各项工作实践从无到有，不断发展，推动养老服务体系不断完善，有力地保障了老年人基本权益，也为今后养老事业发展指明了方向。

2. 服务质量是发展养老服务业的关键

养老服务券的发行商和提供商的资质需要经过政府认证，且每年都有

严格的监督检查。法国的经验表明，提升服务质量，是促进养老服务业发展的关键，这也是制约我国养老服务业发展的一个关键问题。行业缺乏统一质量标准、服务人员素质低下、职业社会认同度低、专业护理人员缺乏等，使人们难以对养老服务产生认同感，从而导致购买力不足。

3. 市场经济是激活养老服务市场的核心

社会力量在养老服务市场中迅速发展，给养老服务市场带来了活力，使得机构养老和居家养老服务业发展迅猛，它们不仅带来了新的管理模式，还给老年人提供更加专业化、现代化的服务，引入的竞争机制给老年人提供了更多的服务和商品选择，从而推动服务质量提升和商品的精益求精，市场秩序更加完善，养老服务业更加繁荣。在强调政府保障贫困老人基本养老服务的前提下，通过鼓励社会力量参与养老服务业，既可以培育新的经济增长点，又能增加就业岗位，增强全自治区经济发展动力，促使经济转型。

4. 把握社会发展规律，不断推进服务专业化和体系化

当前我国人口再生产呈现低出生、低死亡、低增长的态势，年龄结构表现为老龄化趋势，老龄化程度加深，高龄化趋势明显，加之家庭小型化，传统家庭养老显得力不从心，生活水平的提高促使人们对养老服务有了更高的要求和个性化需求。这也为养老服务业发展指明了方向，从宏观层面来说，要协调推进家庭、社区和机构养老，建立健全养老服务体系；从微观层面来说，要积极探索养老服务业专业化发展，推动养老与医疗、住房等融合发展，为老年人提供包括日常照料、护理等在内的贯穿于生活始终的个性化服务。

5. 重视管理，规范养老服务业发展

通过日本、法国和浙江省养老服务业发展实践，可以看出，政府在推动养老服务业发展过程中，非常重视对养老服务业规范化管理和标准化建设，通过制定政策法规，对养老服务机构进行质量监督和规范管理，以保障相关部门提供优质高效的养老服务。比如，注重对服务提供商的资质考察和认证，重视养老服务业从业人员的教育和培训，对从业人员实行资格证书制度，提升从业人员的社会地位，增强其行业归属感，以促进养老服务业规范健康发展。当前，试验区建设还处于起步阶段，积极借鉴这一经验和做法，有利于试验区长远健康发展。

四、推进广西养老服务业综合改革试验区建设的基本思路

（一）基本思路

1. 指导思想

全面贯彻党的十八大和十八届三中、四中和五中全会精神，主动适应和引领经济发展新常态，加快推进“双核驱动、三区统筹”发展战略，积极统筹生态文明、美丽广西乡村建设，依托我区资源禀赋，以改革创新为动力，以融合发展为手段，以重大项目为载体，以“休闲养生健康养老”为发展主题，以综合改革试验区建设为牵引，创新发展模式、夯实发展基础，优化空间布局、完善配套服务，加快发展特色养老产业，争创全国养老服务业综合改革试验区，为促进全区社会和谐安宁和经济社会持续健康发展提供新的保障。

2. 基本原则

（1）坚持改革创新、融合发展。推进体制机制改革和制度创新，着力营造良好的发展环境。创新养老服务业发展模式，探索养老服务业及相关产业协调融合发展的模式和路径。

（2）坚持规划引领、政策推动。根据各地优势与现状基础，突出重点，超前规划、长远布局，打造重点区域和特色项目，充分发挥政策推动作用，推动试验区建设和发展。

（3）坚持政府引导、市场运作。厘清政府与市场的定位和关系，明确政府职责，加强养老服务业发展的政府引导作用；充分发挥市场在资源配置中的决定性作用，营造平等参与、公平竞争的市场环境，实现市场主导产业发展。

（4）坚持优化布局、集聚发展。科学布局，充分发挥各区域的比较优势，注重分工合作；加快养老服务业重点集聚区建设，带动形成配置合理、功能清晰的养老服务业集聚形态和集约发展模式。

（5）坚持因地制宜、差异发展。鼓励各地依托本地产业基础和资源特色，发挥比较优势，因地制宜地布局相关养老服务业态，规划重点区域和特色项目，满足老年人多样化、多层次的养老服务需求。实现养老服务业优化配置与差异化发展。

3. 战略定位

（1）全国养老服务业综合改革试验区。深化改革，完善养老服务业发展政策，优化市场环境，创新发展模式和服务供给方式，完善养老服务体系，培育养老服务产业集群，把我区建成全国养老服务业综合改革试验区。

（2）国家养老服务产业基地。充分发挥广西山清水秀生态美的资源优势，多业态发展养老服务产业。规划建设养老产业园区，引入重大健康养老项目，打造众多现代老年人宜居社区，发展老年用品相关产业，形成竞争力强、辐射面广、产业链长、融合度高的健康养老产业集群，把广西打造成为国内一流的养老服务产业基地。

（3）国际休闲养生健康养老胜地。依托我区生态环境和长寿资源优势，深度挖掘文化内涵，开发特色健康养老和旅游产品，创建“休闲养生天堂、健康养老胜地”品牌，提升国际知名度和美誉度，把我区培育成为国际一流的休闲养生健康养老胜地。

（4）健康养老服务业国际合作区。充分利用我区建设面向东盟的国际大通道、西南中南地区开放发展新的战略支点、“一带一路”有机衔接的重要门户的三大战略定位优势，积极推动养老服务国际合作，跨区域、多领域开展养老服务技术交流和合作，共同打造现代健康养老服务业，提升健康养老服务业国际化水平。

4. 改革方向

转变政府职能，进一步简政放权，使市场在资源配置中发挥决定性作用，不断增强养老产业发展动力和活力。全面深化养老服务改革，创新养老服务方式，推进养老服务技术创新，促进养老服务与乡村建设、生态旅游、健康养生等相关领域融合发展。在财政、金融、用地、税费、人才、技术及服务模式等方面进行探索创新，先行先试，完善体制机制和政策措施。

（二）基本路径

1. 在工作思路上，坚持顶层设计与因地制宜相结合

为贯彻落实自治区党委、政府关于创建广西养老服务业综合改革试验区的战略部署，自治区人民政府召开专题会议，建立了由自治区发改委和民政厅牵头，自治区 26 个政府部门组成的自治区养老服务业综合改革试验区建设工作部门联席会议制度，统筹协调推进试验区建设各项工作。同时，自治区政府出台了《关于建立养老服务业综合改革试验区的意见》和《广西养老服务业综合改革试验区规划（2016—2020 年）》，明确了广西养老服务业综合改革试验区的战略定位和重点工作，确定了广西“一核四区”的养老服务业发展空间格局，为试验区建设有序开展提供了理论指导和政策依据，是今后一个时期试验区建设的总路线图和行动纲领。同时各地市根据各自的实际情况出台相关政策，协调本地区养老服务业发展。

2. 在工作定位上，坚持政府主导和社会力量积极参与相结合

广西在全国率先规划建设省（区）级养老服务业综合改革试验区，出台了一系列配套政策措施，激发了各地民间资本的投资热潮。目前，已有南宁“太和·自在城”项目、崇左“乐养城”项目、桂林“信和信”项目、中脉巴马国际养生都会等一批大型养老产业项目进驻试验区，初步估计“十三五”期间将有超过200亿元的社会资本投入试验区建设，分别在“一核四区”集中打造一批集休闲、养生、保健、疗养和旅游功能于一体的养老产业集聚区。

社会力量要逐渐成为养老服务业发展的主角，关键在于政府要进一步转变职能，更多地转向法规规划和规则的制定、标准的设定，更多地侧重监管和服务。养老服务社会化并不是政府退出，不再投入和监管，相反，政府的责任更大，更应肩负起养老服务的脊梁作用，推动养老服务业发展，需要政府和社会力量共同参与，政府有限投入，让老年人自己积极参与到养老服务中去，同时让从事养老服务的社会力量本身能够赚到稳定的利润，夯实经济承载能力，这是今后养老服务业发展的一个根本出路。

3. 在工作方式上，积极探索，改革创新

（1）推动出台一批配套政策。联席会议各成员单位积极落实相关工作任务，先后推动出台了《关于建立健全经济困难的高龄失能等老年人补贴制度的通知》《关于降低我区养老机构有线电视收视维护费等收费标准有关问题的通知》《关于进一步明确养老机构用电价格的通知》等一批涉及养老机构的优惠政策，进一步优化养老服务业发展生态环境。《推动广西养老服务业快速发展的15项重点工作方案》明确了责任单位和完成时间节点，这些政策的起草制定出台，必将为试验区各项工作开展带来新思路，有力地促进试验区建设。

（2）推进养老机构公建民营改革。南宁、百色、崇左等市积极探索养老机构公建民营，全区各地养老机构公建民营项目已达40家，推动养老服务社会化、市场化，进一步盘活公办养老机构的养老床位存量，提高养老设施的使用效率和社会效益。

（3）积极探索医养结合等多业态发展模式。通过加强全科医生培养和转岗培训、推进医师多点执业，支持有条件的医院设立养老机构，支持养老机构设置医疗机构，大力推行“医养结合、康护一体”发展模式，重点发展专业护理型养老机构，有力地推进了医疗卫生资源与养老服务的融合发展。南宁、桂林、贺州、巴马等市（县）积极探索养生养老与旅游休闲、观光农业、生态村建设相融合的多业态发展模式也初见成效。

(4) 推动医养结合试点工作。研究出台促进医养结合的相关政策措施，在全区积极开展医疗卫生与养老服务相结合试点工作，2016 年，计划启动“医养结合”试点 14 个。指导广西重阳老年公寓、广西社会福利院、柳钢医院、广济高峰医院、桂林夕阳红养护中心等开展医养结合试点。支持养老机构内设医疗机构，支持医疗机构设置老年病科和养老机构，建立健全医疗机构与养老机构的业务协作机制，养老机构内设医疗机构符合城镇职工基本医疗保险、城镇居民基本医疗保险和新型农村合作医疗定点机构条件的，按规定纳入定点范围，目前试点效果显著，广西重阳老年公寓成为国内首家由医学院校创办的老年公寓。

4. 在推进形式上，形成合力，健全统筹协调机制

自治区养老服务业综合改革试验区建设工作部门联席会议制度建立以来，先后召开了两次联席会议，协调解决试验区建设重大问题，第二次联席会议由原自治区党委副书记危朝安主持，讨论通过了《推动广西养老服务业快速发展的 15 项重点工作方案》，进一步明确了联席会议各成员单位的工作职责和任务分工，有力推动了试验区建设各项工作顺利开展。部分市参照自治区的做法，建立了工作领导小组或部门工作联席会议制度，统筹推进本地区养老服务业发展。全区 14 个设区市人民政府全部出台了关于加快发展养老服务业实施意见的政策文件，梧州市还制订了养老服务产业发展规划。联席会议各成员单位认识统一，密切合作，各级政府上下联动，精准发力，统筹推进试验区建设。

自治区发改委等部门积极争取中央资金 1.5 亿元、国家债券资金 3 亿元，财政厅筹措资金 5.03 亿元，支持社会养老服务体系建设，编实编密全自治区养老服务保障体系网；人社厅、卫计委将居家养老、社区养老的医疗卫生服务纳入医改工作，积极探索医养结合发展模式；人社厅、民政厅加强养老服务业职业培训和鉴定，培训养老机构高级管理人才 140 余人、养老护理员 1800 余人；自治区国税、地税、物价、工商等部门积极落实养老服务业税费减免政策，住建、国土等部门积极实施养老服务设施用地标准，为养老企业发展创造良好的运营环境；旅发委、农业厅、商务厅、住建厅在开展旅游休闲、现代农业、现代家政服务和生态乡村建设中，主动与养生养老相融合；金融办、保监局加大对养老服务业发展的支持力度，进一步优化和丰富养老服务业融资形式；工信委大力发展健康养生食品和民族医药特色园区、专业园区建设，为我区健康养老产业发展搭建产业发展平台；教育厅通过政策引导与宣传，鼓励并支持职业院校与高等学校增设养老服务相关专业；科技厅

以科技项目为载体，会同卫计委开展智慧居家养老技术支撑平台应用示范建设；老龄办、残联等部门进一步推进老年协会建设、残疾老年人服务保障，文化厅、环保厅、食药局、体育局、扶贫办等部门也充分发挥各自行业优势，积极支持养老服务业发展。

5. 在建设实践上，夯实基础，协调发展

充分发挥公办养老机构引领示范作用，切实履行政府“托底”职能。重点实施“1521 养老服务示范园区建设工程”，2015 年投入资金 3 亿元在全区打造 32 个市、县养老服务示范园区，争取中央、自治区资金 8599 万元，建设 1433 个农村幸福院。大力助推民办养老机构蓬勃发展，满足多元化、多层次养老服务需求。截至 2015 年年底，全区民办非企业养老机构达 163 家；养老服务企业达 728 家，同比增长 79%。2015 年 10 月，民政部督察组代表国务院到我区开展 2015 年养老服务业发展政策落实情况督察工作，对我区创建养老服务业综合改革试验区及政策创制、体制创新给予了充分肯定和高度评价。

五、推进广西养老服务业综合改革试验区建设的对策与建议

（一）深化对试验区建设意义的认识

1. 试验区建设是推进供给侧改革，培育我区经济新增长点的重要内容

建设养老服务业综合改革试验区，加快打造全国健康养老产业基地，形成新的优势产业格局，对拉动消费、扩大就业，推动全自治区经济转型升级意义重大。一是优化产业结构，促进就业增长。隶属第三产业的养老服务业，其繁荣发展可以促进就业，推进上下游产业的良性互动，延伸带动一大批相关产业，从而优化产业结构。二是拉动内需，促进消费增长。养老服务业蕴藏着巨大的市场潜力，涉及方方面面的产品和服务，做强做大养老服务业，使之成为新的经济增长点，推动我区经济实现又好又快发展。

2. 试验区建设是全面实现“两个建成”，改善我区民生的迫切需要

随着家庭养老功能的弱化，对专业化养老机构和社区服务的需求明显增长。发展养老服务业，改善老年人生活、健康、安全以及参与社会发展的条件，实现老有所养、老有所医、老有所为、老有所教、老有所学、老有所乐，满足老年群体多样化的养老需求已经成为十分紧迫的社会问题。积极应对人口老龄化，以创建养老服务业综合试验区为契机，加快发展养老服务业，不

断满足老年人持续增长的养老服务需求，是全面建成小康社会的一项紧迫任务。保障老年人安度晚年，有利于家庭稳定、社会和谐，对保障和改善民生具有重要意义。

3. 试验区建设在政策及实践上的创新创制具有启发性，引导行业提质增效

针对当前养老服务业发展遇到的“用地难、融资难、运营难、用工难、医养结合难”等瓶颈问题，由自治区政府主要领导牵头，多次组织召开试验区建设联席会议、专项推进会，分工起草具体解决方案，全面推进各项政策“落地”。针对“用地难”，要求各地在制订城市总体规划、控制性详细规划时，将养老服务设施建设用地纳入年度建设用地供应计划。针对“融资难”，明确各级政府要将60%以上社会福利彩票公益金用于支持发展养老服务业，并随老年人口的增加逐步提高投入比例，其中支持民办养老服务发展的资金不得低于30%。为解决“运营难”，要求各级政府逐步扩大政府购买养老服务范围，养老机构用水、用电、用气按居民生活类价格执行。各级养老机构按照税收法律法规，享受相关税收优惠政策。对非营利性养老机构建设免征有关行政事业性收费，对营利性养老机构建设减半征收有关行政事业性收费，对养老机构提供养老服务适当减免行政事业性收费。同时，培养健康养老服务业人才，破解“用工难”。建立人才充分有序流动机制，将养老机构内设医疗机构及其医护人员纳入卫生计生行政部门统一指导，在人才培养、培训进修、资格认定、职称评定、技术准入和推荐评优等方面，与其他医疗机构同等对待。发展特色养老产业，是试验区建设的重大突破方向。广西大力扶持和促进重点养老产业项目发展，形成民间健康养老产业与公办养老服务机构相互支撑、融合发展的空间格局。

（二）优化发展环境

1. 放宽社会资本市场准入条件

积极支持社会资本进入养老服务、医疗服务、中医药保健等领域，发展养老服务业及相关支撑产业。按照逐步开放、风险可控的原则，鼓励社会资本开办医养结合服务机构。允许境外资本独资举办康复护理、老年护理、家庭护理等服务机构。对社会资本投资的养老服务业项目，按照国家产业政策和行业准入条件进行审批、核准和备案；属鼓励类的，国土资源、规划、环境保护、工商、质监、消防等部门依法优先为其办理相关手续，并落实现行支持养老服务业的税收优惠政策。

2. 为养老服务机构连锁经营提供便利条件

放开养老服务民办非企业单位设立分支机构限制，向拟设立分支机构所在地民政机关申请登记后，由分支机构所在地登记管理机关对分支机构活动进行依法监管，并报原登记管理机关备案。所属分支机构不具有法人资格的，养老服务民办非企业单位可在企业章程规定范围内，授权其开展养老服务类活动，其法律责任由养老服务民办非企业单位承担。适时允许跨地区设立分支机构，进一步促进养老服务机构连锁发展。

3. 完善养老服务业信用体系

建立和完善广西养老服务业行业标准体系。规范老年人生活照料、膳食服务、护理服务、精神慰藉等服务行为。加强养老服务信用体系建设。建立养老机构等级评定机制、不良执业记录制度、失信惩戒以及强制退出机制，将养老机构服务质量、信誉状况等情况纳入信用体系建设。开展养老服务机构的行业自律和社会监督。

4. 健全养老服务行业自律约束制度

培育和发展养老服务相关行业协会，充分发挥养老服务行业机构自我服务、自我管理、自我发展的作用；发挥政府与全区养老服务行业协会和社会养老机构间的桥梁和纽带作用，配合相关部门做好政策推进、宣传教育、合作交流和行业建设。加强行业自律体系建设，建立健全养老服务业行业自律规约和行业职业道德准则。推动形成政府、社会组织、养老服务实体三者结合的管理机制。

5. 促进慈善力量参与养老服务

进一步挖掘社会慈善潜力，积极培育为老服务公益慈善组织。建立为老志愿服务记录制度，统一志愿服务计算和质量评价标准，建设服务记录查询和认证网络平台。创新完善志愿服务回馈激励机制，探索“为老爱心时间银行”等养老服务储蓄模式。鼓励社会慈善力量广泛发展各类专业慈善组织，完善扶老助老的慈善服务体系。

6. 制定与完善试验区发展的政策法规

出台符合时宜、符合试验区发展的政策法规，为试验区建设营造有利的宏观环境，这事关试验区的建设和长远发展。要进一步对养老服务行业进行细分，针对不同领域制定不同的政策，增强政策制定的系统性和整体性；要进一步转变政府职能，发挥政府引导作用，完善以市场为主要资源配置手段的管理体制和运行机制。

(三) 强化用地保障

1. 合理确定人均养老用地标准

适当提高全区养老服务业人均用地标准。在制订城市总体规划、控制性详细规划时，要按照人均用地不低于0.12平方米的标准，其中桂林、钦州、梧州、北海、防城港等市和永福、巴马、金秀等县，养老服务设施人均用地保障标准不低于0.15平方米，保障养老服务设施合理布局和建设标准。

2. 确保养老服务业重点项目的土地供给

各地将养老服务设施建设项目用地纳入年度建设用地供应计划。新建养老床位800张以上的养老服务项目，可列入自治区层面统筹推进重大项目；新建养老床位500张以上的养老服务项目，可列入设区市重点项目；新建养老床位200张以上的养老服务项目，可列入县（市、区）重点项目。根据《广西壮族自治区建设用地年度计划指标管理办法（试行）》的有关规定，列入自治区、市、县重大项目的养老服务项目，将由自治区、市、县分级优先安排用地指标。

3. 妥善解决社区居家养老服务中心用地问题

对于老旧小区，指导整合社区民政、卫生、文化、体育等公共服务资源，充分利用街道、社区所有闲置用房，进一步挖掘社区公共服务中心的服务潜能，集中建设具有养老服务等功能的社区公共服务综合平台。对于城乡新规划社区，比照非营利性养老机构，优先安排城乡社区居家养老服务中心及服务设施建设用地。

4. 有效利用现有存量土地资源

鼓励社会资本对企业厂房、商业设施、疗养院及其他可利用的社会资源进行整合和改造，用于养老服务。对于利用城镇现有空闲的厂房、学校、社区用房等进行改造和利用，举办养老服务机构，经规划批准临时改变建筑使用功能从事非营利性养老服务且连续经营一年以上的，5年内可不增收土地年租金或土地收益差价，土地使用性质也可暂不作变更；建设营利性养老服务设施的，或者涉及划拨建设用地使用权出让（租赁）或转让的，在原土地用途符合规划的前提下，可不改变土地用途，允许补缴土地出让金（租金），办理协议出让或租赁手续。

5. 创新养老服务供地方式

非营利性养老服务设施建设项目用地可采取划拨方式供地，营利性养老服务设施用地应以出让、租赁等有偿方式提供。鼓励在住宅、商业等用地中配套建设养老服务设施用房并分摊相应的土地面积，使企业通过住宅、商业等多元化项目开发消化一部分养老服务设施建设投资压力。探索扩大养老用地功能范围，养老服务设施用地内建设的老年公寓、宿舍等居住用房，可参照公共租赁住房套型建筑面积标准，限定在40平方米以内。充分利用农村土地流转政策，积极发展乡村异地养老。

（四）加大财政保障力度

1. 加大福彩公益金对养老服务业的支持力度

县级以上人民政府用于社会福利事业的彩票公益金，60%以上投入养老服务业发展，并根据本地常住老年人口的增加逐步提高投入比例，其中支持民办养老服务发展的资金不得低于养老服务业总投资资金的30%。

2. 合理安排财政补助资金支出结构

自治区、市、县（市、区）要加快出台养老机构护理型床位新增和运营管理办法，进一步修改和完善政府对公办和民办养老机构护理床位的补助标准。对于医疗机构新设护理型床位或者举办护理院的，按标准予以补助。加强财政资金对重点领域和重点项目支持作用，自治区服务业发展专项资金要对公共服务和创新发展项目以及养老产业的关键领域和薄弱环节，予以适当支持。

3. 健全对经济困难的高龄、失能老人的补贴办法

在全区建立起经济困难的高龄、失能等老年人的补贴制度。各地结合当地经济社会发展水平，尽快研究制订具体实施方案，确保经济困难的高龄、失能等老年人补贴制度落地。

4. 建立政府购买居家养老服务机制

依托社区服务网络，对居家五类弱势老人（包括城镇“三无”人员、农村五保人员，低保及低保边缘的老人，经济困难的失能、半失能老人，70周岁及以上的计生特扶老人，百岁老人），提供以解决日常生活困难为主要内容的社会化服务。

（五）建立健全现代养老服务业投融资机制

1. 探索养老服务业政府投资新模式

自治区设立健康养老产业投资基金，对养老服务机构、设施和服务网络，养生养老健康产业链等重点领域和项目提供直接支持。各地可结合实际，采用股权投资方式运用政府财政支持资金，实现政府投资与金融资本有机结合。

建立健康养老产业投资基金退出机制，投资项目平稳运行并实现盈利后，将所持有股份以市场化形式转让，投资回报继续进入基金滚存使用，不得挪作他用。

在养老服务项目大力推广运用政府和社会资本合作（PPP）模式，改革养老服务供给机制，提升养老服务供给质量和效率。对收入不能补偿成本，但社会效益较好的项目，各级人民政府可给予适当补贴，实现政府、企业、社会多方共赢。建立规范的养老 PPP 项目管理机制，做好项目评估工作，明确采购、融资、项目监管和绩效考评流程，降低项目运营风险。

通过公益创投方式，资助社会组织有创新性和发展潜力的为老服务项目，引入更多社会资源鼓励养老服务公益创新，切实缓解小微社会组织发展资金困难。

2. 加强对养老企业的融资帮扶

鼓励支持区内实力养老企业在新三板、创业板和 A 股主板上市。对于申请上市企业遇到的政策问题和流程障碍，及时帮助企业与证券行业管理部门沟通对接，寻求指导和帮助。加大利用企业债券融资支持养老产业的力度，帮助养老服务业重点企业和重点项目申请发行企业债券，鼓励区内有资质金融机构承销债券，培育壮大产业平台。制定支持养老服务业发展的金融扶持办法，运用贷款贴息、直接融资补贴、融资担保、风险补偿、再贴息和再贷款等办法，支持社会资本扩大养老服务业投资规模。

3. 鼓励保险资金投资养老服务业

鼓励和支持引入保险资金参与广西养老服务综合改革试验区建设。积极与人保寿险、国寿投资、平安养老等国内主要的保险投资公司、养老金公司等保险金融机构对接，支持保险机构在广西投资建设老年宜居社区和老年护理院。探索与国际上有实力的健康保险基金开展合作，推动广西有实力的健康养老机构成为其在中国及东南亚的签约机构。

4. 丰富养老保险产品形式

支持区内保险机构开发养老年金保险、老年人意外险、商业长期护理保险、住房反向抵押养老保险、养老机构责任险等养老保险产品。根据经济社会发展水平和医疗保险基金平衡情况，在参考国内其他省（自治区、直辖市）经验基础上，适时建立强制性的长期护理保险，作为基本医疗保险制度的补充。

参考文献

[1] 蔡林海．现代养老服务经营管理［M］．上海科技教育出版社，2015.

[2] 杨宝祥．养老服务业标准化培训教程［M］．中国社会出版社，2015.

[3] 民政部政策研究中心．我国养老服务准入研究［M］．中国社会出版社，2013.

[4] 张伊丽．人口老龄化背景下的日本公共养老金制度［M］．华东师范大学出版社，2015.

[5] 高君．农民流动与社会保障：浙江省推进城乡一体化社会养老保障研究［M］．中国农业出版社，2013.

[6] 陈天昊．法国养老保险制度改革对中国的启示［J］．上海政法学院学报，2013.

[7] 杨钊．法国多样化产业化养老服务模式的发展启示——兼论我国养老服务产业发展［J］．当代经济管理，2014.

[8] 浙江省人民政府关于加快发展养老服务业的实施意见［EB/OL］．http：//www. mca. gov. cn/article/zwgk/dfxx/201405/20140500635548. shtml，2015-05-12.

广西养老机构公建民营机制研究调研报告

广西壮族自治区民政厅课题组①

摘　要：本研究以广西重阳老年公寓为例，主要采用文献法、访谈法、定性研究法，通过对广西公建民营养老机构的现状进行调查分析，探索公建民营养老机构发展的机制，并对公建民营养老机构运行中的若干关键问题进行了深入探讨。研究发现政府的监督管理面临诸多困境、养老机构整体服务水平偏低、委托合同法律保障不具体、运营模式与现有体制之间存在冲突、租金成本高、发展资金紧张、相关社会保险和相关法律法规滞后、专业人才不足制约服务水平，医养结合难等问题，并系统探讨了公建民营养老机构在发展过程中遇到的9个问题。针对广西公建民营养老机构在发展过程中遇到的问题，本研究提出了一个由政府、市场主体和社会成员共同参与、协作的发展途径，同时，公建民营养老机构的发展要走社会化与专业化相结合的道路，亟须构建信息化平台、完善评估工具、建立第三方监督机制，对公建民营养老机构的发展及运营进行客观、公正的评估。

一、广西公办养老机构改革的相关情况

（一）公办养老机构的整体状况

截至2015年年底，广西全区建成社会福利院、养护院、敬老院、光荣院、老年公寓、社区日间照料中心等多种类型的养老服务机构1500余家，拥有养老服务床位16.1万张，千名老年人拥有床位20.61张。并涌现出巴马养

---

① 课题组负责人：韩元利；成员：苏耀南、曾凡明、王章安、郑景辉、李宇清、杨永、黄孚乔、莫国锋、雷兰英、胡海波、秦铭春。

老服务示范中心、平南“无围墙”养老机构、桂林琴潭“栖息式”社会化养老服务等新型机构养老服务模式。

（二）公办养老机构入住老人情况和服务供需现状

据徐冬英等的调查，广西养老机构中有86.50%的老年人处于70—79岁年龄段，41.72%的老年人生活不能完全自理，大部分老年人患有慢性疾病，如高血压、糖尿病、中风后遗症、老年痴呆症、心脏病、风湿病、骨质增生等。

据王章安2014年对南宁市养老机构入住老人服务需求与供给现状的调查，入住老人男性占50.6%，66.0%的老人处于70—79岁年龄段。入住原因大多为无子女亲戚照顾（75.0%）。77.6%的老人依靠退休金或积蓄养老，养老机构老年人对需求满足总体评价为3.23分（满分为5分）。需求满足程度得分从高到低依次为安全需求（3.65分）、爱与归属需求（3.46分）、生理需求（3.34分）、尊重及心理需求（3.06分），而自我实现需求（2.49分）满足水平最低。老年人对养老机构的管理及护理服务总体评价以基本满意居多，同时，老人也期望养老机构对其提供的服务能够进一步改善。老人最希望改进的地方首先是服务人员和服务内容，即养老机构工作人员的态度、知识、操作技术和专业化水平，以及护理人员对服务对象的生活健康护理，其次是养老机构的各项服务设施，包括护理服务、生活协助、生活设施、活动安排、膳宿等；在护理服务方面，老年人最希望改进的是生活起居和心理护理，其次是饮食护理、用药护理、康复指导。可见，养老机构提供服务的能力和水平与入住老人的要求还存在一定的差距。

（三）公建民营改革政策出台情况及改革现状

2014年南宁市被列为养老改革试点城市。2015年，广西壮族自治区人民政府出台了《关于建设养老服务业综合改革试验区的意见》（桂政发〔2015〕33号），提出：“进一步深化养老服务综合改革，全面实施公办民营、公建民营、民办公助、政府购买服务等养老服务改革。鼓励引导社会资本以独资、合资、合作、联营、参股等方式，兴建养老设施和提供养老服务。”同年，南宁市人民政府办公厅印发《关于南宁市加快发展养老服务业实施意见的通知》（南府办〔2015〕40号）提出主要任务之一就是推进养老服务机构改革，包括“实行公建民营、民办公助，采用托管、承包经营等方式，激活公办养老机构，提高经济和社会效益。近年来，广西各级政府积极倡导公开、公平、规范的养老服务业准入制度，支持公建民营、民办公助、政府补贴、购买服务等形式鼓励社会资本加入养老产业。在此基础上，民政厅提出到2016年年底前，50%县（区）级公办养老机构、10%的乡镇敬老院开展公建民营，推进乡镇敬老院社会化运营”。该类政策的施行为广西公建民营养老机构的发展提供了强有力的支持和推动作用。

二、公建民营养老机构实地考察情况

（一）广西重阳老年公寓考察情况

1. 广西重阳老年公寓基本状况

广西重阳老年公寓成立于2003年12月，是由广西民政厅利用福利彩票公益资金创办，广西中医药大学护理学院（广西中医学校）独立管理运营的养老机构。双方签订承包合同后，民政厅将老年公寓转交给广西中医药大学护理学院经营和管理，时间为15年；广西中医药大学护理学院在经营期间负责内部设施投资建设，并确保入住老人逐渐达到500人以上，经营期间上缴累计租赁金3500万元。双方确定“公建民租、自主经营、自负赢亏”的模式，突出专业办养老优势，实行专业队伍与志愿者相结合，养、护、医三举并重，在广西养老事业中起到引领示范作用。这是全国首家由高等专业院校经营的大型老年公寓。老年公寓采取“公建民营租赁式”的运营管理模式，至今已运营12年。12年来，广西重阳老年公寓大胆创新养老服务模式，注重基础设施建设，完善居住环境。积极推行医养结合养老模式，提升为老服务品质。实行“五心”（爱心、耐心、细心、诚心、贴心）生活照料服务，营造舒心、安心居住氛围。采用多主体服务评估，保证养老服务质量。先后获得了全国模范养老机构、敬老文明号、全国首批社会化养老服务示范单位、全国爱心护理工程建设单位、养老服务放心机构十佳单位、全区先进社会组织、全国爱心护理工程示范单位等荣誉称号。

2. 基础设施情况

老年公寓占地面积30亩，建筑面积23800平方米，庭院绿化面积13540平方米，设有550张床位，有单人间、双人标准间和多人间。整个建筑按照中华人民共和国“老年人建筑设计规范”要求建设，是专门为老年人兴建的、现代化的、综合性的、广西区内规模最大、设施齐全、国内知名的老年公寓。

目前入住老人约有510人。年内平均入住率约为92.7%。除春节期间，年内入住率基本达到饱和状态，通常需要预约才能入住。

3. 老人入住条件

广西重阳老年公寓对不同类型的老人设置了分区管理，对老人的入住条件没有严格的限制，凡60岁以上老人（男女不限）均可入住，但除外的有以下几种情况：有暴力倾向、精神病、传染病（如艾滋病、甲肝、乙肝、丙肝、肺结核、淋病、梅毒、痢疾、麻疹、狂犬病、乙脑、禽流感、伤寒等）。

4. 服务项目收费情况

广西重阳老年公寓的收费内容主要是床位费、护理费、医药费等，其中床位费是根据区、房间人数来定价的，康复区每床600元/月。颐养区有单人间、双人间、三人间、四五人间，单人间分为小单、大单、豪华，收费分别是870元/月、1020元/月、3000元/月；双人间分为小双、大双、豪华，每床分别是660—780元/月、780元/月、5500元/月；三人间是540元/床·月，四五人间是540—570元/床·月。护理费用按照护理级别来收取，护理级别主要是临终、一级A、一级B、二级、三级、智障Ⅰ、智障Ⅱ、智障Ⅲ，收费标准分别是1800元/月、1290元/月、1150元/月、900元/月、540元/月、1980元/月、1620元/月、1080元/月。医药费用是根据老人的病情用药和治疗情况，按照医院的收费标准收取。伙食费分为以下三种情况收取：①能到饭堂自行就餐，或自己点菜需送到床边者，按所选内容收费。②实行自选按月包营养餐者，500元/人·月。③需配用于鼻饲的流质营养餐者，按4.5元/餐收取。

（二）广西重阳老年公寓公建民营运营模式回顾

1. 公建民营12载实践历程回顾

2003年年底广西中医药大学护理学院接手广西重阳老年公寓，自筹500万元资金购买内部设施及常备用品，学校抽调一名副教授和一名财务人员作为专职管理人员，其余人员向社会招聘。学校在经营过程中碰到很多问题。开张3个月只入住3位老人。究其原因，主要是当时人们的养老观念还停留在居家传统观念上，对新型养老机构不了解。为打开局面，老年公寓以“替千家万户儿女尽孝”的孝道文化开路，医护人员对入住老人一律称为“爷爷、奶奶”，让入住老人有“家”的感觉。再加上公寓管理团队加大宣传力度，本校大中专学生组成志愿者接送老人到公寓参观和进行互动，特别是那些行动不便的老人和家属看到有专业护理人员照顾，逐渐接受了这种机构养老模式，并以口碑宣传影响有入住需求的老人。公寓开办半年后入住老人达到50多人，第三年初达到 200 多人，既有离退休干部、文化艺术、教育界的老人，也有退休工人和农民老人，入住老人兴趣和文化的差异使得公寓的管理理念从生活的“家”到“社会生活之家”的转变。公寓先后建立了朗诵、舞蹈、器乐、文体、诗歌、书法小组，让有特长的老人有机会施展才艺，让求学者得到受教和娱乐的机会，鼓励大、中专学生到公寓从事各种形式的文体演出，志愿者慰问活动丰富老人的文化生活。老年公寓逐步形成广西养老事业的品牌，入住老人在第四年（2006 年）开始进入饱和状态，经常一床难求。

2. 广西重阳老年公寓公建民营 12 年经验总结

（1）按需配备人员，建设养老服务队伍。公寓根据入住老人人数和自身的发展，建立相对应的服务人才队伍。目前公寓共有员工 255 人，设院长、副院长各一人，设置了医务科、护理科、膳食部、后勤部、院办和社工部、财务部，其中医生 18 人，护理人员 169 人，社工 5 人，心理咨询师 2 人，药剂士 5 人，行政及后勤 57 人，管理人员 19 人。公寓目前的人才配备和结构能够满足在住老人的需求。但人员流失率较高，年内流失率达 50%左右。

（2）管理信息化，推动智能化服务。公寓建立了计算机信息管理系统和人事管理系统，安装了奥普、腾讯通等软件。从收费、办公、管理、医疗、护理等方面实现信息化，如电子病历、电子人事资料等，使得服务、管理上实现了现代化、智能化。但这些投入增大了成本，不一定适合区内其他养老机构。

（3）积极学习交流，追求学术研究。公寓注重养老服务人才队伍的能力建设，通过实务操作演练、比赛、开展业务学习、技术培训等方式，逐步提高医疗护理人员的技能和技巧。依托广西中医药大学护理学院的高校平台，公寓积极鼓励员工在完成常规工作的基础上，进一步加强理论学习和总结，不断提升服务水平。自 2003 年创办以来，已成功举办了 7 届学术交流论坛，获课题立项 20 余项，包括国家级和省部级课题多项，机构作为起草单位成功起草了《养老机构服务质量规范》（广西地方标准）、《居家养老服务质量规范》（广西地方标准），并获得国家级教学成果一等奖，多次举办“养老服务及老年护理人才培养与专业建设”培训班。著有《论文选编》6 册，共在国内学术期刊发表论文达 30 余篇。其依托高校平台进行产学研结合的模式，值得推广。

通过对广西重阳老年公寓的走访调研发现，公建民营养老机构存在诸多优势。首先，机构由政府投资建设，拥有雄厚的基础、先进的设备、机构拥有更优越的条件，为老人提供齐全的、高质量的服务；同时，由于高额的建设资金不由民营机构承担，收费价格较低，老人易于接受。其次，由于这些机构拥有政府背景，较之私营养老机构更易受到老百姓的信赖，拥有更好的声誉。最后，民营的形式使得这些机构避免了公办养老机构的诸多问题，激发了机构活力，推动了机构的快速发展。相信这种公建民营形式的养老机构，由政府奠定基础、民营机构激发活力、推动发展，必将取得成效，养老服务业的总体水平必将得到提升。

（三）省外公建民营改革政策出台与落实情况、运营模式与经验

1. 安徽省某社会福利中心公建民营运营模式概况

省外公建民营改革步伐较快，北京、上海、天津、成都、珠海等地以老龄化程度高、政策出台快而走在改革的前沿。地方上也对养老机构公建民营呼声很高，如安徽省首家公建民营养老机构——B市社会福利中心，自2013年4月运营开始便受到了社会的广泛关注。该社会福利中心建于2010年，启用于2013年，总用地面积35.29亩，现有康复教育中心楼和综合服务中心楼两栋楼，总床位355张，是福利中心的一期工程。2013年经民政部门批准正式决定对该社会福利中心采取公建民营的养老模式，通过向社会公开招标，最终确定了江苏省无锡市净慧集团为中标单位。2013年3月底，B市社会福利中心隆重开业并投入使用。社会福利中心的运营方式为：

（1）政府出资

B市政府作为投资方根据养老机构的建设标准，安排财政资金对社会福利中心进行规划和建设。除了公寓的主体建设外，还负责公寓内部的装修和配套设施的安装，保证服务机构可以直接进驻经营。

（2）承包制的委托经营

在公建民营模式中，将经营权转让、引入市场竞争机制是其主要特色之一。B市社会福利中心通过招标确定江苏省无锡市净慧集团为中标单位后，通过与其签订承包合同，将福利中心内的老年公寓委托给其经营。在与服务机构的合作经营过程中，中心的所有权归政府所有，政府负有监督和引导的职责；服务机构自主经营、自负盈亏，并定期支付给政府相应的承包费用，运营过程中发生的一切事故，由其自负。

（3）评估监管

B市社会福利中心内政府对服务机构有指导、监督和检查的权利，服务机构有保障服务质量，维护机构内设施正常运转的义务。同时服务机构的自主经营管理权政府不得干预。在本合作中所发生的一切争端，政府与服务机

构双方应通过友好协商的办法加以解决。如得不到解决，则应由B市招投标服务中心调解，如调解不成，则应申请仲裁。仲裁应根据《中华人民共和国仲裁法》的规定，向B市仲裁委员会申请仲裁。仲裁裁决为终局裁决，对双方均有约束力。

2. 安徽省某社会福利中心运营中存在的问题

通过对B市社会福利中心的发展现状来看，政府与服务机构之间的关系还没有理顺，双方的角色定位存在问题，导致政府的监管范围还不清晰。这就造成实践过程中政府“越位”“错位”和“失灵”的产生，从而阻碍了公建民营养老机构的运行和发展。

（1）监督管理机制不健全。在公建民营养老模式中，政府对服务机构行使指导和监督管理权，对服务机构的养老服务质量负有指导、监管和检查的责任。从社会整体情况上看，目前公建民营养老模式正处于探索发展阶段，这使得基层政府在监督管理方面没有可以借鉴的经验。就B市社会福利中心的具体情况来看，政府在确定公建民营运营模式之后，只对政府与服务机构的某些权利和义务进行了规定。关于如何对服务机构进行监管、监管评价标准、具体监管负责人等一系列类问题都未作出明确的规定。这使得基层政府工作人员在具体行使监管职能时产生了困惑，造成了过度监管、监管失灵和监管错位。

（2）政府角色定位混乱。在监督管理过程中，政府执行部门常常表现出两个极端：一种情况是政府为了能更好地履行自身责任，在权利行使过程中往往习惯性地将服务机构看成是自己的下属单位，家长式的“大包大揽”，发布命令，忽略了服务机构的自主意识。另一种情况则是完全“甩包袱”，即便对服务机构存在不满也听之任之，抱着让其“自生自灭”的心态，忽视自身应该承担的责任，没有履行监管角色的职责。

由于B市社会福利中心在发展过程中得到了政府的广泛支持和关注，政府对于服务机构本着“重点培养”的心态，对其进行多方面的扶持，在合作开始时便以一个“好兄长”“铁哥们”的形象对其“有求必应”。导致了服务机构过度依赖政府，面对某些问题，服务机构抱着“弱势”的心态，形成了“有问题，打电话，找政府”的行为模式。这和公建民营模式引进市场竞争机制的初衷产生了冲突。

（3）政府的评估体系缺失。合理的评估体系是保证政府购买机构养老服务达到原定目标的重要手段，只有通过评估，才能判断养老服务机构的运营模式是否符合政府、市场和受众群体的需要。B市社会福利中心的管理模式中虽然规定了政府对服务机构有评估的权利，但是没有明确规定评估的办法，这样政府便不能很好地履行自己的职权，同时也不能让政府和服务机构清楚地认识到自己的职责范围。评估监督体系的缺失也是造成服务机构质量低下，老年人需求得不到充分满足的原因之一。

3. 服务机构整体服务水平偏低

（1）偏重利益。将市场机制引入到养老服务领域是我国养老事业发展的内在需求。作为市场中的一员，服务机构在经营管理过程中不可避免地存在利益导向的行为模式。单纯地追求利益，会无法充分满足老人的需要，对于提升服务质量也产生阻碍作用。B 市社会福利中心的服务机构在追求利益的过程中，便存在着偏重利益的思维导向，轻视了满足老人需要和提升服务水平的重要性。主要表现在：第一，饭菜质量较差，种类单一，且会有饭菜不够量的现象存在。老人对于食堂“比较满意”的占 26.7%，“一般”的占 36.7%，“不满意”的占 16.7%，“非常不满意”的占 20%，同时在问及“对养老中心的意见和建议”时，多数老人都有提到“菜品单调”“菜价不公布”“没有菜单”“饭菜价格不公道”等与伙食相关的问题。第二，服务人员数量少，不能为老年人提供充分的服务。

（2）偏重形象工程。开展各类老年人活动可以丰富老年人的生活，促进“六个老有”的实现，然而开展一切为老活动的前提是因地制宜。B 市养老服务机构为了打造品牌效果，在进驻社会福利中心之时便打出了开展“五项活动”（老年剧场、福利中心老年大学、老人故事开拍、居家养老服务、夕阳红绿色通道五个项目的活动）的口号。五项活动中实施的仅有老年剧场和老人故事开拍两项活动，其中老年剧场因为服务人员数量的紧张，在进行了 3 个月后也被搁置起来。五项活动至今“雷声大，雨点小”，未能真正惠及多少老人。

（3）专业化程度低。在养老机构中获得生活照料只是老年人群体最为基本、最直接的需求。伴随着老年人老化过程的开始，老年人不仅仅会出现机体功能的衰退和生理疾病，也容易出现一些心理误区和行为偏差。为老年人提供专业化的养老服务成了满足老年人的需要的基本要求。B 市社会福利中心内的服务人员专业化程度偏低，服务员多是市区内或者周围乡镇的失业妇女，机构内没有专业人才对其进行培训和日常护理引导，她们大多数没有经过培训便上岗工作。在工作过程中，她们认为只要打扫好卫生，保证老人的安全就可以了，没有主动提供服务的意识，更没有反思问题的能力。因为缺少专业知识，对待需要特殊照顾的老年人，如离退休综合征、轻度抑郁症等，她们无法也没有能力提供相应的精神抚慰。专业人才的缺失导致服务质量无法得到提升，直接影响了老年人需求的满足程度。

（四）老年人需求得不到充分满足

老年人的需求是丰富多样的，服务机构不仅要满足老年人的日常生活照料需求，也要满足老年人心理、精神慰藉、社会参与方面的需求。目前，我国养老服务机构所提供的服务大多数围绕在日常生活照料和身体健康护理层面，缺乏心理抚慰和社会参与支持的项目。

在B市社会福利中心的服务项目中，老年人的需求得不到充分满足主要体现在以下三个方面：第一，在日常生活照料中，由于服务人员数量少，同时每名服务人员身兼多职，既要清洁负责区域内的卫生，又要照顾老人的饮食起居，机构所制定的护理流程得不到有效的实施。第二，在生活娱乐方面，虽然机构规划了丰富的娱乐活动，如“老年剧场”“夕阳红绿色通道”“老年大学”等项目，但是却未得到有效的实施。第三，在精神慰藉、心理抚慰和社会支持等项目上，机构内并无专业人员开展相关活动。

（五）委托合同的法律保障不具体

我国对于养老服务事业有着比较宽松的政策，而B市政府为了迎合国家的这一政策，同时由于充分信任受托方，因此在和B市养老服务中心签订相关的委托合同时，仅仅只是构建了大致的框架，对于其中的细节则没有进行详细的说明。这种委托经营所构建的合同及其诱因过于模糊不清，签订合同的甲方乙方对未来的预见性不够充分。一些个体单位疯狂追求个人盈利，从而使得一些公共服务设施如养老服务机构与不盈利的初衷相背离。某些公共服务设施如娱乐项目、健身器材以及用地等被部分人私自挪用改建，在一定程度上损害了群众的公共利益。另外，某些养老机构用“包房”这一模式来减少其运作成本。这些问题关键的症结所在，即是甲乙双方签订的合同对此种细节的规定并不完善。这种委托经营的方式应该以完善的合同为范本，其中应该对双方所应尽的义务以及享有的权利作充分的解释以及说明，对所可能遇到的问题应该提出解决的办法，从而保障合同双方的利益。在实际的操作过程中，这种在委托经营的方式下构建的合同对于很多细节都没有进行说明，在面对问题时不能给予合理的解决。可见，这种委托经营的模式缺乏其发展的基础，签订合同的双方对于未来发展之事缺乏应有的预见性。在很多问题处理方面，尚且不够成熟。

三、广西公建民营改革现状与存在问题

（一）校政合作、医养结合模式遇到的体制困惑

由于历史和经济发展原因，我国的养老事业工作起步晚，整个养老服务体系与医护介入管理严重滞后，各地方政府陆续出台的政策和管理办法不够完善。养老管理归民政，医护管理归卫生系统，对养老医护管理办法政出多门、各唱各的调、有时甚至出现相互抵触扯皮现象。广西重阳老年公寓经营管理模式是一种探索，这种管理运营模式有时会与我国现有的体制产生碰撞，出现一些困难。

现象一：医养结合遇尴尬

民政部门强调养老机构要医护结合，老人之所以看重养老机构是因为有医护作为保障，但一些卫生主管部门对养老机构多不作为、不介入，从而导致养老机构左右为难。广西重阳老年公寓以批准建立的门诊部、卫生室为依托，医护人员都是持证的专业技术人员，帮助入住老人建立起个人健康档案，每天给老人查房，这本是正常的工作，但开办初期却被当地医疗执法部门当成非法行医，好在后来广西卫计委领导认可这是一种探索，老年公寓内的医护和健康管理工作才得以延续。

医养结合是一种新的养老模式，在发展中必然会面临它成长的“烦恼”。目前的现实是，经营者是在摸着石头过河，监管却涉及民政、医保、卫生等多个领域。医养结合是系统工程，探索这条路是要解决“就医难、养老难”问题，目前医养结合存在的难题，更需要国家出台统一明确、操作性强的服务质量标准或质量评价指标体系。在所有的医疗网点为老人建立健康档案，将医疗和养老信息打通，来保障医养结合的有序运行。

可喜的是，国家已意识到老年人的医疗需求，出台了相关政策。2015 年 11 月 11 日，国务院总理李克强主持召开国务院常务会议，决定推进医疗卫生与养老服务结合，更好保障老有所医、老有所养，支持养老机构按规定开办老年病、康复、中医医院和临终关怀机构等。会议指出，是深化医改、应对老龄化、增进亿万家庭福祉的惠民举措，也能带动大量就业。会议确定，促进医养融合对接，医疗机构为养老机构开通预约就诊绿色通道，养老机构内设的医疗机构可作为医院康复护理场所。推进基层医疗机构与社区、居家养老结合，为老年人家庭提供签约医疗服务。鼓励社会力量兴办医养结合机构，支持医疗资源丰富地区将公立医院转为康复、老年护理等机构。强化投融资、用地等支持，扩大政府购买基本健康养老服务，创新长期护理保险等产品。

会议决定，在全国每个省份至少选择一个地区开展医养结合试点示范。

现象二：医保定点难实现

广西重阳老年公寓内设有医务室，另增挂护理院的牌子，同属于医疗机构，但申请了几年医保定点单位，一直没有得到批准。养老公寓领导认为，设有医务室的养老机构应该与其他社会医疗服务机构享有相同的权利，符合条件的养老机构医务室或本属于医疗卫生机构的护理院应该有申请成为医保定点单位的权利，广西重阳老年公寓医养结合模式应该是医疗卫生机构体系的补充，它的养护、康复、临终关爱功能正是弥补医院收取费用高、医疗资源紧张、患者负担过重的短项，是利民利国的一项创举。但是公寓的老人享受医保，小病在公寓就地治疗问题至今还未得到解决。为此，建议国家尽快出台符合医养护一体化养老机构的医疗资格认定，对合格者应纳入医保服务体系，方便入住老人一般疾病就地医治和享受医保待遇。

中国老龄科学研究中心副主任党俊武曾深入作过老龄社会“以医养老”的调研。他发现，北京的400多家养老机构配备医疗功能的比例不到5%。而全国的占比就更低。所以他呼吁不仅要降低养老机构创办医疗卫生机构的审批门槛，还要建立二级、三级医院医联体的绿色通道，以方便机构养老的人群。

（二）租金成本高，发展资金紧张问题，持续发展成难题

广西重阳老年公寓经营理念很明确，即“医、护、养、教、研一体”。既为社会养老尽责奉献，也为培养人才作出不懈的努力，是弘扬中华传统美德“敬孝育人的善事”，但在实际管理运营过程中在财政方面遇到很多困难。一方面，由于物价上涨、租金高、收费标准低等原因，经营成本上升；另一方面，按照合同约定，学校需将经营所得作为租金上缴，目前已向民政厅缴纳租金逾2000万元，无法为公寓的发展及护理人才的培养积聚可持续的资金，资金紧张是当前面临的主要困难，学校资金筹措渠道狭窄，机构依然难以避免资金缺乏、活力不足的局面，不利于养老事业的长远发展。为此，公寓管理者建议政府主管部门协调将上缴租金的一部分改由财政返拨作为老年公寓事业发展资金，用于学校和公寓的建设，并对现有的各种养老模式进行总结，完善管理，奖优扶善。

（三）相关社会保险和相关法规制定的滞后

我国的养老事业的发展及服务体系的建立尚处于起步阶段，许多相关配

套管理规定不尽完善，全国大部分省份还没有成立老年护理的相关协会或组织，从业人员缺乏相互之间的交流与沟通、探索的平台。特别是养老机构属于特殊服务行业，风险大，不确定因素多，广西有多家民办养老院因入住老人意外事件纠纷破产或退出。2011 年起广西即由政府帮助入住老人购买保险，自此才有保险公司愿意从事这一险种的业务。在法律层面，养老机构出现意外事件，缺乏法律法规执行依据，处理问题非常困难和棘手。

（四）专业人才不足制约服务水平，医养结合遇难题

养老机构的正常运作离不开日常人员的管理，而管理有条不紊同时又需不断的创新，这就需要高层次管理人才的介入。高层次管理人员以及专业护工人员的短缺将不利于我国养老机构的良性发展，导致某些养老机构发展状况江河日下，甚至造成一些事故导致养老院破产倒闭。

现实情况是，养老机构的医护人员难留、更难求。公办养老机构遭遇瓶颈难题。首先，养老机构中具有专业素养的护理员是非常紧缺的。以广西重阳老年公寓为例，该公寓的大多数护工都出自南宁周边农村和下岗的“4050”人员，并未接受专业的培训，而仅仅是在成为老年公寓工作人员之前接受短期的入职前培训。护理人员招聘难是养老机构普遍面临的共同难题。导致护理人员招聘难的主要原因是养老机构护理工作条件差、工作辛苦、劳动强度大、工资偏低。养老院招工时不敢说工作内容，有规章也不敢罚人，即便这样，大多数养老机构年内有超过一半的员工离职。其次，专业的医护人员更是难招聘。因养老服务工作本身就很辛苦，工作人员不仅是在上班时间为老人们事无巨细地奔忙，遇到老人们突发状况，即便是半夜也要随叫随到，还需要专业的知识、技能，无限的爱心和耐心，养老机构内的待遇、学习机会都比不上在医院工作。长期在养老院工作，接触的病种少，导致医护人员业务范围狭窄，业务水平难以提高，科研能力和机会更是不足，从而导致医护人员的专业职称晋升出现困难，在时间安排方面也不如医生干个体诊所自由。护士也一样，一旦考取职业资格就会离职前去医院甚至私人诊所工作。最后，社会对养老服务业的认可度有待提高。我国的传统理念认为，养老院护理工作不具有发展前景，对于该职业存有社会认知方面的偏差。这种社会价值取向也影响了一些医护人员对从事养老服务工作的职业认同感。

养老事业发展中的人才困境问题的根本原因在于从业人员的待遇问题。据调查，养老机构作为非营利性组织，没有多少钱支付给医务人员和护理员，这是养老服务业留不住人的最主要原因。2013 年，国务院发布《关于加快发

展养老服务业的若干意见》，明确提出推动医养融合发展。但是在调查中发现，无论是养老机构办医务所，还是医院办养老机构，无论是民营还是公立，培养和留住合适的医疗人员，成为推动医养结合工作必须要解决的难题。年老多病是养老的普遍状态。而专业化的养老医疗，必须要有医疗专业人才。这不仅免去了老人和家属的奔波之苦，更可以减少高端医疗资源的浪费。然而现实的困境是，在管理方面，养老机构由民政部门管理，居家养老服务由老龄委主管，医疗事业由卫生部门主管，分而治之的格局造成医疗和养老资源相互阻隔，难以做到互惠互利、优势互补。这也使得专业人才对进入养老行业充满了顾虑，因为这个行业还无法给予他们专业能力的成长和较合理的职业收入期望。《全国医疗卫生服务体系规划纲要（2015—2020 年）》在对各级各类医疗卫生机构功能定位、分工协作的描述中，把医养结合作为五个方向其中之一列入其中。留住人才，机制是关键，没有人才队伍的稳定，养老产业必然会遭到制约，这是养老产业发展过程中必须要面对和解决的现实问题。养老服务业面临的现实的人才难题，亟须出台一系列制度化解。

四、对公建民营养老机构运行中九个关键问题的思考与建议

养老机构公建民营的实质是公办养老机构实行所有权和经营权的分离，其目的则是提高公办机构的资源效能和服务品质。公建民营养老机构运营模式自提出以来，得到了一定的推广和发展，但总体看来，该运营模式还处于探索发展阶段，与之有关的法律法规、标准规范等，各地都还在摸着石头过河。当前关于养老机构公建民营改革的政策规定仅仅是方向性的，对于公益性和营利性的关系处理、老年人权益的维护、准入和退出机制的构建等一系列重要问题尚未作出明确规定，亟待出台一系列设计精良、保障有力的法律、法规和标准、规范及一套实现无缝对接的检查监督机制。北京、天津、珠海、成都等城市已出台了《养老机构公建民营实施办法》，其经验值得借鉴。笔者基于前期调研，对公建民营养老机构运行中的一些关键问题进行阐述并提出建议。

问题之一：公建民营养老机构的属性与对入住对象的筛选问题

与民办养老服务机构不同，公建民营养老服务机构是政府的合作者，是公建民营养老模式实践主体之一。政府将养老服务机构的经营权转让给服务机构，其目的是为了通过市场竞争，带动企业的参与，从而减轻政府的负担，

给养老服务业注入活力。这就要求公建民营养老服务机构认清自身的属性，保证其公益性质不改变。首先，公建民营机构的公益性首先应该体现在为公办养老机构起托底作用，承担政府对部分集中供养对象的供养责任，这是不能突破的底线。机构明确自身的社会福利性质，在运营过程中不能盲目地追求利润，否则便和政府初衷背道而驰。其次，具有清晰的功能定位，公建民营养老机构在自主经营过程中，首先要满足政府对于“三无”老人、农村“五保”、低收入、失能、失独、高龄和特殊困难老人入住养老机构兜底、保基本作用，然后才能接收社会上其余有养老需求的群体。再次，要摆正市场定位，公建民营养老机构是社会福利机构，主要是为广大的社会群体提供服务，从而缓解公办养老机构的压力。绝不能将公建民营养老机构搞成高收费的高端养老机构，设置过高的门槛导致普通老百姓无法入住。它的定位是平民化的养老服务机构，其收费水平应受物价管理部门的监督。最后，作为社会化的福利机构，公建民营养老机构在经营过程中，要避免出现空置床位的“包房”现象。上述这几个方面需要政府与民营方在合同中明确体现。

《北京市公建民营养老机构实施办法》规定，公建民营养老机构应结合实际，科学划定床位比例接收基本养老服务保障对象，一般不低于总床位的20%；其他床位应接收本市失能或高龄的社会老年人。其中，基本养老服务保障对象包括政府供养保障对象、困境家庭保障对象、优待服务保障对象三类。八成床位接纳高龄老人。

《珠海市公办养老机构实施公建民营管理暂行办法》要求，公建民营养老机构运营者应优先满足所属行政区域内和政策规定范围内的本区域户籍老年人集中养老的服务需求，并享受无偿养老服务，其中包括特困人员中的老年人、残疾人，孤老优抚对象，经济困难家庭的失能、半失能老年人和80周岁以上的高龄老年人，失去独生子女或独生子女三级以上残疾的老年人等。

成都市也规定了公建民营养老机构要优先满足所属行政区域和结对区域内老年人养老服务需求，包括低保及低保边缘家庭中的老年人，重点优抚对象包括失去独生子女或者独生子女三级以上残疾的老年人和80周岁以上的老年人。

问题之二：老年人权益维护问题

为维护老年人权益，政府要出台一系列标准、规范、管理办法来履行监督职能，这样才能把有限的资源用在更多需要帮助的老人身上。公建民营养老机构应按照合同约定履行养老服务保障职能。

《珠海市公办养老机构实施公建民营管理暂行办法》[1]规定，公建民营养老机构运营者“利用养老机构的房屋、场地、设施开展与养老服务宗旨无关的活动，以及歧视、侮辱、虐待或遗弃老年人以及其他侵犯老年人合法权益行为等的，将被直接记入社会信用平台且三年内禁止从事本市行政区域内的公建民营养老服务”。

问题之三：受托方的资格问题

《珠海市公办养老机构实施公建民营管理暂行办法》规定，公建民营养老机构运营者应同时具备具有独立法人资格、具有医疗康复或养老服务行业资质且证照齐全、有效，具有不少于30万元人民币的注册资金等条件。同时，公建民营养老机构需要按照政府采购法确定的公开招标方式投标，不能挂靠投标、中标后不得转让、转包等。

《北京市养老机构公建民营实施办法》规定：“实施公建民营的养老机构，可由所有权方以公开招投标方式，选择具备相关资质的企业、社会组织或个人作为运营方；也可在所有权方主管部门的监督指导下，采取品牌机构连锁运营的方式，直接选择具有广泛影响力和品牌效应的养老服务企业、社会组织作为运营方，保证服务质量和效益。”其运营效果如何，还有待时间的检验。毕竟社会福利是公益事业，应与市场营利行为分开。市场手段在解决无利可图的困难群体社会福利问题上是失灵的，这只能通过不完全受市场配置资源控制的政府行为来解决[2]。

从各地的养老机构公建民营实施办法可以看出，公建民营的重要目标是为了解决最需要入住养老机构的高龄失能老人的照顾问题。公建民营机构产权性质是公有的，其目标还是要体现养老公共产品的福利性，应当保障最困难群体的基本生活品质的特殊扶助，以维护社会公平。研究认为，民营主体资质应首选民办非企业单位，因为民非单位有清晰的社会效益目标。而企业要对股东负责，难免会出现重利现象，更需要政府和社会的有力监管。

问题之四：政府和受托方的权利、义务问题

《北京市养老机构公建民营实施办法》（以下简称《实施办法》）对政府部门职责作出规定：民政部门统筹全市养老机构公建民营工作，加强政策支持，明确工作流程，制定合同范本，建立行业规范，负责市属养老机构公建民营的组织实施。各区民政部门负责本辖区内养老机构公建民营工作的组织管理、具体实施和运营监管。政府（所有权方）应当以投资规模、市场规律

为依据，以床位数量规模进行测算，充分考虑机构可持续发展、经营规律、运营风险及划定的基本养老服务保障对象床位比例等情况，向运营方收取风险保障金，指导运营方设立机构管理发展资金，在财政部门的指导下，实行专款专用、专项核算。风险保障金主要用于运营方造成的设施设备异常损坏的赔偿，运营方异常退出的风险化解等。合同期限内，出现上述异常情况的，所有权方履行相应财务手续后，有权从风险保障金中扣除相应数额；合同期满后，未出现上述异常情况的将予以全额退还。机构管理发展资金主要用于本养老机构建设发展、设施设备大修以及区域内养老机构的建设统筹，合同期满后，剩余不予退还，继续用于本养老机构的再发展。

对于受托方责权，《实施办法》规定："公建民营养老机构应按照合同约定履行养老服务保障职能。市、区属公建民营养老机构还应承担本行政区域内养老机构示范引领、功能试验、专业培训、品牌推广等职能。街道（乡镇）属公建民营养老机构应当拓展服务范围，鼓励利用自身资源优势，为周边社区居住在家的老年人提供服务。"受托方还应科学划定床位比例接收基本养老服务保障对象。公建民营养老机构享受与社会办养老机构同等的优惠扶持政策。运营方按规定申请运营补贴、星级评定奖励补贴、养老机构综合责任险补贴、水电气暖价格优惠及相应税费减免等。

对于受托方如何介入硬件设施的设计、规划和建设问题，北京市民政局规定，运营方负责设施设备的日常管理和维护。国有固定资产投资的设施设备大型维修可申请机构管理发展资金实施，不足部分可由所有权方申请财政资金补贴。合同期满后的国有资产以及运营方更新的设施设备归所有权方所有。

问题之五：原有公办养老机构工作人员的安置问题

原有公办养老机构多为事业单位，普遍存在着冗员现象，管理人员比重高，这使得国办养老机构运营成本明显高于社会办养老机构。因此，要认真核算运营成本减少不必要的支出，降低管理、护理成本。

公办养老机构在转制过程中，需要着力解决人员分流问题。机构内部需要做好协调工作，在保证自身正常、高效运转的前提下，尽可能多地提供工作岗位、减少人员分流数量。人员分流主要有两个途径：一是鼓励、扶持原公办养老机构在其他地区建立分支机构，既可以解决人员就业问题，还能够提高机构的规模效益，缓解床位不足的矛盾；二是由政府直接分配这些人员，为他们在相关机构安排工作，逐步消化和解决这些分流人员。

问题之六：定价要求问题

国家发展改革委、民政部《关于规范养老机构服务收费管理促进养老服务业健康发展的指导意见》（发改价格〔2015〕129号）指出[3]："以公建民营方式运行的养老机构，应采用招投标、委托运营等竞争性方式确定运营方，具体服务收费标准由运营方依据委托协议等合理确定。鼓励政府通过向民办养老机构购买服务的方式承担保障对象养老服务，相关收费政策由各地根据本地实际情况确定。""制定、调整政府投资兴办的养老机构服务收费标准，应以扣除政府投入、社会捐赠后的实际服务成本为依据，按照非营利原则，并考虑群众承受能力、市场供求状况等因素核定。在推进建立健全养老服务评估制度基础上，逐步实现按照护理服务等级分级定价。各地价格、民政部门要按照以上要求，对本地区政府投资兴办的养老机构服务收费项目、标准进行统一梳理审核，并向社会公布。"可见，养老机构在公建民营过程中，各地需进一步研究收费、盈利及补贴等细节问题，解决目前公平性差、服务对象出现偏差、可操作性差等问题。

国家发展改革委、民政部《关于规范养老机构服务收费管理促进养老服务业健康发展的指导意见》（发改价格〔2015〕129号）规定，政府投资兴办养老机构区分服务对象实行不同收费政策。政府投资兴办的养老机构主要发挥保基本作用，着力保障特殊困难老年人的养老服务需求。其中，"三无"（无劳动能力、无生活来源、无赡养人和扶养人，或者其赡养人和扶养人确无赡养和扶养能力）老年人入住政府投资兴办的养老机构，根据《中华人民共和国老年人权益保障法》规定实行免费政策；对其他经济困难的孤寡、失独、高龄老年人及失能、半失能老年人等提供养老服务，其床位费、护理费实行政府定价或政府指导价，伙食费等服务收费项目按照非营利原则据实收取。

在此方面，可参考北京市公建民营养老机构在收费方面的相关政策，接收基本养老服务保障对象的基本养老服务收费项目标准，按照保障对象分类收费原则，由养老机构所有权方与运营方协议确定。而非基本养老服务收费项目实行市场调节价管理，由养老机构按照非营利原则自行定价；接收其他社会老年人实行市场调节价管理，向上级民政部门报备后实施。北京市政府将规范以押金形式出现的收费行为，并禁止使用押金从事任何风险性投资。

问题之七：监管与被监管问题

政府在选定民营机构过程中，如何做到公平公正，而不是将公建民营视为牟利的机会？这是实现公建民营公益性、非营利属性的关键。首先，政府在招标过程中，应做到公开透明，接受社会公众的监督，建立公开机制，建立健全养老机构服务、管理和运营监管体系。另一方面，政府还应发挥市场监管作用，完善法律法规和标准制度，依法规范养老机构运营行为；发挥行业组织作用，落实行业自律和行业监管，创建公平公正、公开透明、健康有序的发展环境。引入第三方机构，加强评估环节建设，确保公建民营公平公正。

按照《养老机构管理办法》（民政部令第49号），承租方应当于每年3月31日前向实施许可的民政部门提交上一年度的工作报告，年度工作报告内容包括服务范围、服务质量、运营管理等情况。各级民政、财政部门要会同有关部门，每年对机构的管理、经费投入、收费标准、工作人员待遇、养老服务质量、公众评议等内容进行考核。考核不合格的，责令其整改；整改仍不合格的，解除合同。

北京市规定，运营方在正式运营前，向相关部门申办非营利性法人资质。实行公建民营的养老机构不得登记为营利性法人。公建民营养老机构应严格按照非营利性组织财务制度要求，建立规范的财务管理制度。运营收益主要用于养老机构日常设施设备维护、扩大建设和管理服务能力的改进。社会招投标应“按照公开、公正、透明的原则，养老机构所有权方依照法定程序，自行组织或委托具备招标资质的专业机构组织招标和评标”。

江苏省不断强化服务监管，取得了一些成功经验[4]。如加强对各类养老服务机构日常运行的管理，建立养老服务机构信用体系，制定信息披露制度，对服务质量和运营情况定期开展监督检查。南京市专门成立市福利机构协会，牵头制定公办民营养老机构管理办法以及相应的评估标准，每季度评估民营机构申请政府补贴的资质等情况；每半年调研入住老人状况；每年对民营机构综合评价，并向社会公示；政府有关部门、行风监督员、新闻媒体等多方参与、随时抽查，确保每个民营养老机构每年抽检一次，从而促进全市民办养老机构的规范运作。苏州市发改、人社、卫生、民政、财政、审计等部门通过联合检查、财务审计、社会公示等方式，加大对接受政府补助和公建民营养老服务机构监管力度，对通过瞒报、造假等方式骗取财政性资金的以及侵占、私分、挪用所接受财政资助的，予以收回。

问题之八：国有资产保值增值问题

养老机构推行公建民营，应当做到产权清晰，保持土地、设施设备等国有资产性质，确保资产安全。运营方不得以国有资产进行抵押、融资、贷款，防止资产流失；要强化机构运营和资产规范管理，加强设施设备维护，确保国有资产保值增值。

《成都市民政局关于加强公建民营养老机构管理的意见》[5]规定，公建民营养老机构运营者负责“对固定资产进行日常管理维护，不得从事养老服务以外的经营活动，不得出租、出借、处置养老机构国有资产，不得以养老机构国有资产进行抵押、融资、贷款等活动”。

江苏省在全面推进养老机构公建民营工作中不断强化服务监管，确保了国有资产不流失[6]。实施公建民营，要严格界定产权关系，明确转让经营权、转变运营方式，而所有权仍归国家或集体；一律实行公开招投标，明晰双方责任，保全国有资产。在评审程序上，公开透明，确保各环节严谨缜密；在合同签订上，业务部门、主管单位、纪检监察等均参与把关。目前，实施公建民营的养老机构没有出现资产流失，反而实现了保值增值。

问题之九：受托方准入和退出机制问题

（一）准入机制

福建省民政厅[7]规定，养老机构承租方应具备下列条件：具有独立承担民事责任的能力；具有专业的管理、服务团队；具有一定的经济实力等条件。同时明确机构主管部门要会同财政、国资等部门制订具体招标方案，并严格按照政府采购法确定的公开招标方式，按国有资产管理程序审批后，公正、公平招聘，确定承租方。其中公开招标文书应当明确投标方不能挂靠投标，中标后不得转让、转包及机构用于城市“三无”、农村“五保”（特困供养人员）等政府供养对象的床位数。

《珠海市公办养老机构实施公建民营管理暂行办法》规定，公建民营养老机构运营者应同时具备如下条件：（一）具有独立法人资格；（二）具有医疗康复或养老服务行业资质且证照齐全、有效；（三）直接服务于服务对象的工作人员符合省规定的配备标准，其中：从事医疗、康复、社会工作等服务的专业人员应持相关专业技术等级证书、养老护理人员应经培训考核合格并持证；（四）最近3年内无违法违规（含失信）记录（违法违规证明由证照登记部门出具、失信记录由证照登记地相对应的市或区信用管理机构出具）。

（二）退出机制

养老产业不只是巨人的蛋糕，更意味着巨大的责任。养老院公建民营的基本前提无非是国有资产不流失、公益性质不改变、服务水平不降低。很显然，如果政府因为公办养老院实行“民营”而放松监管，难保不会有唯利是图者鱼目混珠，从而降低服务水平，搅乱养老服务市场，侵犯老人权益。在公益与经营之间，唯有有效的监督管理与有力的退出机制相结合，才能确保公建民营不会偏离制度的既定方向。

《珠海市公办养老机构实施公建民营管理暂行办法》中不仅明确了公建民营养老机构经营者的资质条件，能获得的税费优惠政策，而且给经营者设定了多条“高压线”。如果有“管理松懈，造成重大安全生产事故”，“未按服务协议约定的服务标准开展服务”，“歧视、侮辱、虐待或遗弃老年人以及其他侵犯老年人合法权益的行为”等11种情形，将直接记入社会信用平台且3年内禁止从事本市行政区域内的公建民营养老服务。此外，该《办法》还将强化监督评估，要求区、乡镇（街道）民政部门应加强对公建民营养老机构的监督管理，通过委托养老服务行业协会等方式建立第三方评估制度，定期对养老机构的人员、设施、服务、管理、信誉等情况进行综合评价，评估结果每年向社会公布一次等。

应该说，珠海市对公建民营养老机构经营方设置的“停牌”机制，不仅具有针对性，也有着广泛的借鉴意义。公建民营机构产权性质是公有的，其目标无疑仍然要体现养老公共产品的福利性和公益性。如何避免养老院高标准“公建”之后服务“走样”，甚至被“民营”成高收费的养老公寓，不仅是决策者必须面对的问题，也是公众最关心的话题。那么，引入一套实现无缝对接的检查监督机制，对推进养老机构公建民营制度来说势在必行。

北京、江苏、珠海等地的公建民营养老机构退出机制大致相同，主要包括以下内容：合同期未满，承租方需退出时，须提前3个月向出租方提出申请，并由政府组织有关部门对其资产、财务等进行审计。符合有关要求的，可办理解除合同等相关手续，并向社会公示。合同期内机构运营良好，社会反映较好的，合同期满后，在同等条件下原承租方可优先续签。

对具有下列情形之一的承租方，由出租方、监管方责令其限期整改；情节严重的，解除合同，并依法移交有关部门追究其相应的法律责任。

（1）未经出租方同意，擅自变更法人代表或承租方的；

（2）擅自改变经营范围的；

（3）损毁设施或改变设施用途的，无法保障养老设施、设备正常运转的；

（4）违反有关规定，乱收费的；

（5）无法保障工作人员工资及福利待遇的；

（6）发布虚假广告骗取钱财的；

(7) 管理松懈，造成重大安全事故的；
(8) 公众（入住老年人）满意度测评不合格的；
(9) 歧视、侮辱、虐待老年人的；
(10) 年审不合格的。

五、对广西公建民营养老机构发展途径的建议

(一) 政府角色：从主导到引导

公建民营养老模式的发展离不开政府的扶持和管理，但是不同的政策指导下所产生的政府行为是不同的。按照传统政府主导型的行政模式对养老机构进行管理，政府的行为是以自我为中心，对养老机构的发展进行规划和管理，政府与养老机构之间的关系是不对等的。在这种模式下，政府往往会产生“越位”和“错位”，导致养老机构对政府产生不信任和抵触情绪。因此在公建民营养老机构的发展过程中，需要政府在行动过程中摆正自己的位置，尊重养老机构自身的发展，完成由主导者到引导者的转变。

需要强调的是，政府从主导者向引导者的转变，并不等于不要管制。如果政府完全按照市场机制去运营养老机构，放弃监督和管理职责，政府与养老机构间的监管关系便形同虚设。在这种情况下，政府的“缺位”会导致养老机构的发展无序、服务质量降低，损害社会成员对政府的信任。

(二) 明确政府职责，避免权责混乱

在公建民营养老机构管理过程中，强调各个主体之间的平等交流与合作，并不是要求忽视政府在发展过程中的主导作用。在我国现有的政治环境下，政府是改革的主导者和主要推动者，要实现公建民营养老机构的协同治理，必须充分利用政府力量，政府是能够获得绝大多数公众信任和支持的部门，是协同治理主体中的主力军。

在公建民营养老模式中，发挥政府的主力军作用既不等同于政府事无巨细、大包大揽，也不等于发发文件、下下指示。政府的主要职责是：承担相关法律法规和政策规划的制订，为机构的发展提供必要的资金保障，建立健全的监督管理机制，培育发展社会组织，动员号召群众参与协同治理等方面。

1. 建立健全政策法规

公建民营养老模式作为一种新型的养老模式，有关其成立条件、原则，

监督管理办法、服务提供标准细则等政策法规还不健全。政府作为法律制定的主体，要积极促进相关法律的制定和实施。只有这样才能保障多元主体在参与协同治理过程中有法可依、有据可行。同时建立健全法律法规能促进公建民营养老模式走向成熟和标准化。目前，广西民政厅、财政厅、物价局已联合印发《广西壮族自治区养老设施公建民营实施办法》，使得公建民营管理工作有法可依。

2. 提供必要的资金保障

市场化体制改革和我国对于民间养老服务机构的优惠政策，为民间力量兴办养老机构提供了新的发展契机。但养老服务业属于低利润、高风险的行业，如何能以较低的价格、较高的服务赢得有养老服务需求的老年人的青睐，同时保证资金运作的流畅，对养老机构的管理者而言是一个挑战。

公建民营养老机构的运营模式虽然节省了养老机构的建设费用，但是养老机构依旧要承担巨额的运营费用。政府作为社会福利的主要提供者，即使养老机构的经营权得到了转移，在资金上的支持也不能松懈。政府除了对服务机构的床位及运营费用给予适当的补贴，减免其水电煤气费用，并保障这些减免政策得到贯彻落实外，应当结合当地经济水平，对于服务机构提供的有利于养老机构发展的服务项目，进行一定的项目补贴。通过必要的资金保障来激励服务机构积极、主动地参与养老机构的协同治理，提升服务水平、丰富服务内容，从而促进我国公建民营养老模式的发展。

3. 健全监督管理机制

政府作为社会公共服务提供的主体，在公建民营养老模式中对老年人承担着满足其需求的责任。在经营权转移的情况下，为了保障老人的需求得到充分的满足，政府更应着重监督管理责任：一是要保证对“三无”、五保老人、低保老人以及重点优抚对象实行优先入住，充分发挥“托底”职能；二是引导公办养老机构充分发挥其辐射与培训职能，扩大对失能、失智老人招收的比例；三是要进一步完善政府购买服务制度，包括公开招标等。政府需要对其运营管理作出明确规定，加强监督管理，明晰权责关系，保证招投标过程的公平和透明，以及保障公建民营机构的服务职能与政府提供基本服务的职能相匹配。

在目前的公建民营养老机构中，政府要利用相关政策法规，完善对于服务机构的监督管理机制，明确各项养老服务的服务标准、服务内容、服务人员职责，建立完善的评估机制，将各项评估指标量化、标准化，使政府对于服务机构的监督有章可循。同时，政府也要拓宽监督方式，通过协作加强社会成员对于服务机构和政府自身的监督，保证机构在运作过程中的公开、透明。

4. 培养社会组织

公建民营养老机构在治理过程中，要求政府转变职能，在社会公共事务治理中适当地放权给社会组织。然而，目前我国的社会组织因为受到国家制度、资金支持不足和其本身的能力缺陷的限制，不能很好地承担社会事务治理活动。政府要通过优化制度环境、增加资金支持力度，大力培育和发展社会组织，确保社会组织在协同治理过程中能够充分发挥其功能。

（三）明确养老服务机构职责，保证服务质量

与民办养老服务机构不同，公建民营养老服务机构是政府的合作者，是公建民营养老模式实践主体之一。政府将养老服务机构的经营权转让给服务机构，是为了通过市场竞争下企业的参与减轻政府的负担，给养老服务业注入活力。这就要求公建民营养老机构中的服务提供机构端正自身的态度，首先，明确自身的社会福利性质，在运营过程中不能盲目地追求利润，否则便和政府初衷背道而驰。其次，具有清晰的功能定位，公建民营养老机构中服务机构自主经营的条件下，首先要满足政府对于“三无”老人、农村“五保”、低收入、失能、失独、高龄和特殊困难老人入住养老机构兜底、保基本作用，然后才接收社会上有养老需求的群体。再次，要摆正市场定位，公建民营养老机构是社会福利机构，主要是为广大的社会群体提供服务，从而缓解公办养老机构的压力。它的定位不是针对高收入人群的高端养老公寓，是平民化的养老服务机构，服务机构在运营过程中收取的服务费用受物价管理部门的监督，不能过高。最后，作为社会化的福利机构，服务提供机构在经营养老机构过程中，要避免出现空置床位的“包房”现象。

（四）建立入住老人需求表达机制

在养老机构中，入住老人的需要是否能够得到充分的满足关系到养老机构的存亡。因此在机构中要建立起一个多渠道、便利快捷的入住老人需求表达机制。

1. 健全入住老人参与治理制度

作为养老服务提供的对象，入住老人的需求是政府和服务机构的行动方向。健全入住老人参与养老机构的治理制度，在满足老人的需要的同时，又起到对政府和服务提供机构的监督作用。在治理制度的建设上，除了设置意

见箱等基本表达意见的设施外，还要开展政府、服务机构、入住老人、社会组织参与的座谈会，完善养老机构决策的公示制度、听证制度和专家咨询论证制度，保证入住老人有效参与养老机构的治理。

2. 成立入住老人管理委员会

成立入住老人管理委员会主要从管理内容、委员会成员、委员会职责三个方面入手：首先，要明确委员会管理的内容，管理内容要充分涵盖所有老人入住后有可能产生的问题，并将问题按照类别进行分类，方便总结归纳。其次，委员会成员的选举，入住老人管理委员会是为老人自身服务的自治组织，考虑到不同老人的生理、心理健康程度，委员会成员的选举应按照自愿原则，保证每层楼有一名委员。委员会的成员要具有较为清晰的思维能力和较为健康的体魄，同时热爱公共事务。最后，委员会的职责建设。入住老人管理委员会是入住老人的公众代表，不受政府和服务机构的管理，主要职责包括：调解入住老人的内部纠纷，组织入住老人参与娱乐、学习等活动，代表入住老人向政府和服务机构提出意见或建议，同时对政府部门和服务提供机构进行监督。

（五）强化职业人才培养、提升服务水平

随着人们生活水平的不断提高，养老服务行业也出现许多新的特点，老年人对养老服务机构的要求不单单停留在物质方面，在精神方面、服务需求方面也朝着多元、层次化方向发展，对养老机构工作人员提出了更高的要求。而另一方面，缺乏专业的服务人员是制约服务质量的关键问题。据悉，我国养老护理员尚有 60 万人的缺口。社会养老护理方面普遍存在从业人员学历层次低、专业能力不强、员工流失率高、管理人才短缺的现象，政府对项目的投入尚未包括专业人力资源培养这一项，养老机构经营者也没有动力培养专业人力资源。为解决这一问题，国家应鼓励高校及技术学校开设相关专业的课程，为社会、为养老机构培养更多养老护理方面的专业人才，并对养老护理行业进行正确引导和鼓励。

为解决护理员招聘难题，可在进一步落实养老机构护理人员公益岗位待遇的同时，对 50 岁以下护理人员在养老保险等方面给予优惠政策，制定不同等级护理人员工资参考标准并根据物价变化适时调整工资水平，为养老机构招聘护理人员提供参考标准，适当给予一定的护理人员补贴，切实提高护理人员待遇，破解护理人员不足的难题。

另一方面，养老机构要留住人才，核心是要提高工资待遇，同时政府可

以出台一些优惠政策，为这些机构的工作人员提供食宿、医疗等方面的福利保障，从而增强该行业的吸引力，减少人员流失率。杭州市尝试对从事养老护理专业的人员发放岗位补助，以提高民间从事该行业人员的薪酬标准，取得了一定的效果。只有采取切实的优惠政策，才能使更多的人关注并加入到养老护理队伍中，才能推动这个行业的不断发展 。

参考文献

[1] 闫青春．养老机构的“公办民营”与“公建民营”[J]．社会福利，2011，(01)．

[2] 徐冬英，陈珊珊，覃秀英，等．广西养老机构现状调查．广西中医学院学报，2011，4（14）：110-112.

[3] 王章安，刘丽萍，滕雪萍，等．南宁市养老机构入住老人服务需求及供给现状调查．中国老年学杂志，2015，20（35）：5918-5920.

[4] 杨团．公办民营与民办公助[J]．重庆工商大学学报（社会科学版），2013，(04)．

广西养老机构管理问题研究

张光廷　曾凡明　邵倩波　王　轩　胡海波　莫　涛

摘　要：本研究立足广西养老机构发展现状，分别分析公办和民办养老机构管理上存在的问题，发现政府重视不足、监管不到位和国家优惠政策落实不到位、扶持力度不够是问题的主要成因。有针对性地提出了建立合理养老机构市场准入机制、加大政策扶持力度、规范养老服务业、破除医养结合难题和加强养老服务人才建设五条建议。

一、广西养老机构发展现状

首先，养老服务政策日益优化。广西壮族自治区人民政府于2014年出台了《关于促进养老服务业加快发展的实施意见》，结合我区老龄化特点为促进加快广西养老服务业的发展分别从目标任务、立足基本保障、大力发展养老事业、发挥市场作用、促进养老产业、坚持深化改革，创新服务供给方式和加大扶持力度，完善保障政策共五个方面对养老服务事业进行了布局。2015年广西壮族自治区政府出台的《关于建设养老服务业综合改革试验区的意见》中则对养老机构的发展更进一步从四大方面总体要求、重点任务、重点布局和保障措施做了细致部署。并通过推动“1521养老示范园区建设工程”和“农村养老服务中心建设工程”两项工程，大力促进养老机构的建设。

其次，养老机构覆盖面广，受益人群多。经过多年的发展，广西城乡养老服务体系建设不断取得进展。截至2015年年底，广西每个市县基本已建成1家公办福利院或养老院、1家以收养孤老优抚对象为主的光荣院；每个乡镇建有1家以上敬老院；建成各类收养性养老服务机构1500余家，拥有养老服务床位16.1万张，每千名老年人拥有床位20.61张。建成各类居家养老服务中心和服务站等设施811个、日间照料中心83个，居家养老服务网络初步形成，全区城市社区居家养老和农村社区养老服务覆盖率分别为61.2%和30.3%。以居家为基础、社区为依托、机构为支撑的社会养老服务体系初步建立。

最后，机构主体类型多样化。按照“政府保基本、社会提供服务、市场满足需求”的要求，初步形成了政府、社会和市场共同推动的养老服务发展格局。“十二五”以来，全区先后投资中央和地方财政资金近3.5亿元，在50多个县（市）安排了养老示范园区建设项目。积极推行公办民营、公建民营、民办公助、政府购买养老服务等试点改革，全区14个市的80多个社区开展政府购买服务试点，引导社会组织和家政、物业等企业参与社区居家养老服务，全区公建民营养老机构达40余家，民建民营120余家。南宁、柳州、桂林、梧州市发展居家养老信息平台，为老年人提供包括“紧急救援、日常照顾、家政服务、精神慰藉”在内的综合性养老服务。

二、广西养老机构管理存在的问题及原因分析

广西养老机构按所有制不同分为公办和民办两种。其中公办养老机构可分为两种类型，受民政福利系统管理的城市公办养老机构，以城区福利院为主，主要收养市区“三无”老人，孤残儿童、弃婴。受民政低保系统管理的街道（乡镇）公办养老机构，以乡镇敬老院为主，主要收养五保老人。民办养老机构按是否以营利为目的，可分为民办非营利养老机构和民办营利养老机构。

（一）公办养老机构

1. 城市公办养老机构

目前，广西城区公办养老机构主要存在以下问题：一是受政府特殊“照顾”。城区公办养老机构是由政府包办包管的体制，公办养老机构在建设成本、运营条件、监管环境等方面比民办养老机构拥有更好的条件，这在起点上就导致其市场缺乏公平竞争的条件。公办养老机构也就缺乏竞争压力，导致发展活力不足。结果就是，民办养老机构的发展日益面临举步维艰的局面，而公办养老机构完全没有竞争压力。久而久之，会产生不思进取的思想，最后

造成政府财政负担。在本次走访调研过程中，有些管理者就直言，养老机构经营好坏，对于他们来说都差不多。二是缺乏市场定价权。近十年来不仅广西经济发展水平提高，广西物价也随之节节攀升，养老机构的运营成本也水涨船高地跟着上涨。但广西公办养老机构的收费定价权掌握在政府手中，往往是物价涨了几轮，收费价格还是之前的价格，导致价格和市场脱节。三是采购审批环节复杂。公办养老机构实行采购，受年度预算的限制，专款专用，若想采购新的物品必须经过严格审批手续。但审批手续往往又太烦琐，耗时长。若是遇到老人急用药品需要审批，走完一轮审批，老人往往已经等不急了。

2. 乡镇（街道）公办养老机构

广西应对养老问题的效果，最终还得看农村养老问题的解决。目前由于民办养老机构主要集中在城市，对于农村养老问题的应对而言，乡镇敬老院承担了巨大的压力。街道（乡镇）公办养老机构相比城区公办养老机构而言问题异常突出：一是入住率低。以南宁某区为例，截至 2016 年 4 月，享受“五保”供养的老人有 1882 人，在养老院供养的为 197 人，仅占 10.5%；五保村供养 81 人，仅占 5%。农村老人乡土观念重于城市，有些是大半辈子不曾离开过所居住的地区，无论怎么动员，老人们就是不愿入住敬老院。当地政府为了提高入住率，曾经请了 100 多位五保老人去本地区条件最好的敬老院免费体验一天，结果最后愿意留下的老人只有 10 多位。二是社会关系需重新建立。同一个村落的老人们世世代代居住在一起，早已建立起深厚的社会关系，出了一个村落有些往往就鸡犬相闻而不相识。若是集中到新的环境居住则往往无法适应。一些乡镇敬老院硬件设施差、管理混乱，也直接导致了老人不愿入住敬老院。三是敬老院的内部管理混乱，很多制度形同虚设。根据《农村五保供养工作条例》和《农村敬老院管理暂行办法》规定，要建立院务管理制度、财产管理制度、生产经营制度、人员管理制度等。但由于敬老院工作的性质，工资不高，很难招到人，这就是敬老院面临一个尴尬的局面，有各种制度，但却没人执行，再完善的制度也形同虚设。比如按 10：1 配备工作人员，据当地负责敬老管理的民政负责人介绍，有些敬老院由于规模小或者入住率低等原因，往往只有十来个人，若是按 10：1 配备工作人员，则一个工作人员就符合规定。如此少量的工作人员的情况下，所谓的 24 小时值班制度、生产经营制度等，根本运作不起来。四是一些制度不符合农村情况。政策的制定者往往希望通过设计各种完善的制度以保障老人权益，使老人有所养、有所乐、有所医。由于没有和当地实际情况结合，一些制度很难在农村落地生根。如《农村敬老院管理暂行办法》第十一条规定："敬老院设立院务管理委员会。其职责是：贯彻落实办院方针、原则，审议院内重要事宜，检查、监督院长和工作人员的工作。管理委员会成员经敬老院全体人员民主选举产生，管理委员会成员中供养人员所占比例不得少于二分之一。"由于农村地区老人文化水平不高，或者老人年纪大，很难在院务管理委员会中发挥作用维护自身权益。最后该制度也发挥不了应有的作用。五是老人饮食得不到保障。一些农村地区经济水平较差、敬老院预算不足、实行政府定价等，使得敬老院对于食物的采购，只能挑便宜的进行采购。由此，所谓的膳食制度要求的讲究营养，多样化的饮食，落到实处只能是一成不变的单一饮食。并且由于敬老院监督制度执行不起来不严格，甚至出现一些敬老院连老人一日三餐都得不到保障的情况。六是缺乏医疗条件。和当地民政低保办负责人沟通了解到，现在武鸣绝大部分敬老院只能提供日常照料，能提供医疗条件的寥寥无几。

（二）民办养老机构

民办养老机构可分为民办非营利养老机构和民办营利养老机构。为形象地说明两者差别，特使用南宁地区有关两者政策的差别进行说明。①土地：对经民政部门认定的公办养老机构和民办非营利性养老机构可以通过划拨方式供地；对民办营利性养老机构，则采取市场方式由县级以上人民政府负责供地，规划和民政部门明确规划条件，给予适当优惠，国土资源部门采取公开招拍挂出让或租赁方式供地。②注册：民办非营利养老机构在民政局注册，性质为民办非企业机构；民办营利养老机构在工商局注册，需经民政局审批。补贴方面：民办非营利养老机构可享受一次性建设补贴、床位运营补贴和居家养老运营补贴；民办营利养老机构则无法享受。③税收：对民办非营利养老机构自用房产、土地免征房产税、城镇土地使用税，对符合条件的非营利性养老机构按规定免征企业所得税。对企事业单位、社会团体和个人向非营利性养老机构的捐赠，符合相关规定的，准予在计算其应纳税所得额时按税法规定比例扣除。免收有关行政事业性收费；对营利性养老机构建设要减半征收有关行政事业性收费。④利润分配：民办非营利养老机构不得分红，资产不得私有化。营利性养老机构则没有限制。可见，民办非营利养老机构和民办营利性养老机构所享受的政策不同，所面临的情况和问题也将不同。不过，据了解目前广西地区不存在民办营利性养老机构，下面论述重点放在民办非营利养老机构。从人员、运营管理、医疗和安全四方面对广西养老机构管理的问题进行论述。

1. 人才队伍建设滞后

民办养老机构人才队伍建设滞后主要集中在以下几个方面：一是养老院护理人员专业化程度较低。广西目前主要的养老护理从业人员年龄普遍在46岁以上，人员构成以失业、下岗、农村妇女为主，这些人员在进入养老机构前没有受过专门训练，而是进到养老机构后采取以“师傅带徒弟”的方式进行技能的学习。由于养老机构工作环境差、工资不高、工作量大、社会认可度不高等原因，大专院校的毕业生很少有愿意从事该行业的。根据广西民政厅社会福利和慈善事业促进处截至2015年11月底有关统计数据显示，在受调查的160家民办养老机构中共有2870名护理员，其中获得养老护理员职业资格证书的仅有1063人。二是社会地位偏低。受社会传统的观念影响，很多人认为养老护理人员就是“保姆”，护理工作是“伺候人的活”“低人一等的工作”，这些误解造成了很多求职者不愿从事护理工作。同时入住老年人及其家属的不理解和不信任，也给护理人员带来很大的心理压力。有的护理人员反映说：“一些老人因为年纪大，血管变脆，皮下经常瘀血，家属就怀疑是不是虐待老人。”三是工作辛苦。养老机构护理人员工作辛苦已是不争的事实。入住养老机构的老年人基本上生活不能自理，真正能做到完全生活自理的仅占小部分，照顾生活不能自理的老年人吃饭、穿衣、如厕等方面，可想而知其中的劳累与辛苦。四是工资不高。据民政厅有关数据统计，目前广西民办养老机构从业人员普遍工资在2000元左右。而这2000元左右的工资是包含五险的，因此一个养老护理员的每月可支配收入其实也就只是在1500元左右。五是养老机构从业人员流失率高。在南宁市走访调查中发现，不少养老机构负责人一直在抱怨，养老机构招人难，留人则更难。往往是刚教会一个护理人员，下个月就辞职不干了。

2. 民办养老机构自我发展能力不强

造成民办养老机构自我发展能力不强的原因主要有以下几个：一是提升收入困难。养老机构收入的提升主要来自收取入住老年人的服务费。但提高服务收费又面临着几方面的困难。其一，广西经济水平相对较落后，入住老人经济能力有限。提高收费，老人消费能力根本承受不了。据南宁东海养老院负责人介绍，他们养老院入住的老人基本上都是有退休金的老人，而这些老人的退休金普遍为两三千元。其二，提高服务收费容易使入住老人怨声载道，造成机构和老人之间的矛盾，或者入住老人退院另寻他地养老，再或者直接招收不到新的入住老人。二是运营成本高。广西大部分民办养老机构的场地采用租赁房屋的形式经营，维持日常运营主要依靠收取入住老人的服务费用。但养老机构提升收入又面临重重困难。且近年来随着通胀等原因，房屋租赁费用、能源成本和人工成本不断上涨，最后使得民办养老机构的收入支付完租金、设备折旧、维护费、水电费和人工等相关税费后，只能勉强维持运营。三是民办养老机构存在巨大运营风险。我区民办养老机构市场存在几个特点：民办养老机构市场刚刚起步、民办养老机构本身实力弱小、各项养老机构保障措施尚未建立完善。而民办养老机构接收对象中有很多为失能失智或高龄老人，极易发生走失、意外受伤等情况，若引发纠纷，养老机构将面临巨额的赔偿风险，在缺乏保障机制的情况下，民办养老机构运营面临着巨大的风险。

3. 安全隐患问题突出

通过这次调研走访发现，大多数养老机构普遍反映一个困难是消防证难办。这从侧面反映出广西养老机构消防安全不容乐观。2015 年 7 月，桂林市民政与消防等部门在全市范围内对养老机构开展拉网式安全检查。全市养老机构场所 209 家，发现火灾隐患 143 处，责令立即改正火灾隐患 90 余处，下发《限期整改通知书》20 余份。据介绍，类似的《限期整改通知书》年复一年下发，却始终难以给养老场所安全画上一个完满的句号。究其原因，一是政府降低养老机构设立门槛。尽管 2013 年，民政部颁布的《养老机构设立许可办法》中有了规定，设立养老机构，应有符合国家环境保护、消防安全、卫生防疫等要求的基本生活用房、设施设备和活动场地。但在发展社会化养老的初始阶段，各级政府为了促进养老机构数量快速增加，无形中降低了设立民办养老院的门槛，对消防许可证、建筑安全合格证等并无严格要求。二是场地受限。民办养老机构所用的场地原来要么是民房要么是单位厂房，这些房子本身就不是为养老机构而建，所以不管后期如何改造，也难达到消防部门对养老机构该有消防水平的要求。三是消防改造投入巨大。广西民办养老院目前大多数都处在勉强维持运营的阶段，要想再拿出额外资金进行消防设施改造升级，往往力不从心。更遑论一些只有几十张床位的小型养老机构了。因此广西民办养老机构安全隐患问题就像一把达摩克利斯之剑随时可能落下。

4. 民办养老机构医养结合困难重重

随着老年人年龄的增长，老年人身体机能的下降，老年人易患疾病的发病率和综合率都呈现上升的趋势，健康状况会下降，这就导致老年人对医疗和护理的需求增加。目前广西不少家庭是独生子女家庭，子女忙于工作，没有多余时间和精力照顾老年人，特别是对失能老人的照料，对空巢老人、失独老人和“三无”老人来说更需要医疗服务。而社区养老和居家养老这两种方式都不适合生活不能自理的老年人养老，所以机构养老是一种比较理想的选择。但是目前广西甚至全国的养老机构的大多数还是停留在供养型阶段，真正做到医养结合的养老机构绝大多数还是公办养老机构。究其原因，一是设立医疗机构准入门槛高。按照民办养老机构要达到设立医疗机构的标准，广西养老机构目前只有城市的公办养老机构能够满足条件。单纯的养老机构无法取得卫生行政部门颁发的“医疗机构执业许可证”，无法从事医疗服务项目。若是强行设立养老机构，最后很有可能被相关卫生部门认定为非法行医。二是医疗护理专业人员缺乏。由于社会对养老机构养老观念还是不太认可，医生愿意到养老机构执业的积极性不高。另外由于我国医生考评体制，一个医生要想晋升职称一般必须在医院执业够一定年限，并且通过相关考试。但养老机构并不是医院。医生若是在养老机构执业，就没有晋升可能。三是医保结算难，医疗成本昂贵。目前广西民办养老机构中具有医保结算资质的寥寥无几。若是不能通过医保进行结算，医疗成本最后还是要转嫁到入住老人身上，但囿于广西经济发展水平，入住老人普遍经济能力不强。因此高昂的医疗成本根本不是入住老人能承受的，自然养老机构也就没有能力负担医疗机构的运转了。因此养老机构要想满足入住老人的医疗需求，在现今条件下只能另寻他法，采取“野路子”的方式。本次在柳州走访调研一家相对较大型的民办养老机构，发现其所提供的所谓医疗，也只是请几个离退休医生在养老机构挂个名，在养老机构有需要或者一定的时间过来看看。但没有卫生行政部门颁发的“医疗机构执业许可证”，无法从事医疗服务项目，若是用药打针等，很有可能会被认为是非法行医。还有的养老机构寻求把医疗外包给第三方医院，大医院自然是看不上弱小的民办养老机构，最后往往只能外包给一些小医疗机构。虽解决了医疗问题，但也面临着小医院医疗水平不高和其他风险，比如卷款潜逃。

（三）原因分析

1. 政府重视不足

广西老龄服务事业近年来取得了长足的发展，以居家为基础、社区为依托、机构为支撑的社会养老服务体系初步建立。2016 年 2 月 14 日印发的《广西养老服务业综合改革试验区规划（2016—2020 年）》雄心勃勃地指出，到 2020 年，广西将基本建成功能完善、覆盖城乡的养老服务体系，符合标准的社区居家养老服务中心基本覆盖城镇社区，每千名老年人拥有养老床位达到35张，其中护理型床位超过15张，健康养老服务业及相关产业增加值达2000亿元，建成15个左右规模较大、功能完善的养老服务业集聚区。其中养老机构的发展尤其值得瞩目：2013年年末，全区有养老服务机构1303家，到2015年建成各类收养性养老服务机构1500余家。在这一片繁荣的景象下，其实掩盖着一个看似不存在的问题：政府对养老机构的重视不足。比如说养老机构用地难的问题。2013年，国务院颁布了《关于加快发展养老服务业的若干意见》为解决养老机构用地难的问题进行了规定。接着广西在2014年颁布的《关于促进广西养老服务业加快发展的实施意见》中要求：落实土地供应政策。将各类养老服务设施建设用地纳入城镇土地利用总体规划和年度用地计划，将闲置的公益性用地优先调整为养老服务用地。民间资本举办的非营利性养老机构与政府举办的养老机构享受相同的土地使用政策，可以依法优先使用国有划拨土地或者农民集体所有的土地。对营利性养老机构建设用地，按照国家对经营性用地依法办理有偿用地手续的规定，优先保障供应，并制定支持发展养老服务业的土地政策。然而这次走访中发现，民办养老机构负责人抱怨难拿到地用以建设养老机构，有的公办养老机构负责人面临搬迁的窘况，就连民政局负责人也为养老机构用地难而忧心忡忡。我国自改革开放以来，很多地方政府政绩一直唯GDP马首是瞻，一切以经济建设为中心。不少地方政府为了政绩，多半是以短期经济建设为中心。养老机构的发展，是一项需要政府投入大量财力物力人力且见效慢的社会公益事业，要对养老机构谈什么立竿见影或者对社会显著的经济效益，本身就是个伪命题。特别是在房地产市场火爆，地价高涨，各地“天价地王”不断涌现的时候，各地政府就更难抉择。于是便出现了以下博弈：要可以立竿见影，带来巨大经济效益的商业地产开发，还是要投入大、见效慢的养老机构发展，两相权衡，政府自然愿意选择前者。

2. 政府监管不到位

政府监管不到位的问题在养老机构财务上体现得尤其明显。对养老机构财务的监管也有不同情况，民办非营利养老机构放得过宽，对公办养老机构管得过严。现今广西，养老机构可以分为两大类，营利和非营利养老机构。非营利性养老机构，是不以营利为目的的养老机构，运营所得不能分红，继续投资，而且养老机构一经登记为非营利方向后，后期就可以获得很多政策和税收方面的优惠。根据《民间非营利组织会计制度》规定：“民间非营利组织不以营利为宗旨和目的；资源提供者向民间非营利组织投入资源不得取得经济回报；资源提供者不享有民间非营利组织的所有权。”因此，民办非营利养老机构的投资者，一经民办非企业单位登记，资源提供者即丧失了其对民办非养老机构的财产权、支配权，其财产的使用只能通过该单位的决策机构集体决定，并按照章程规定的业务范围开展活动，在提供社会公共产品服务时所产生的盈余资产，没有资产的所有权、支配权，更不可以用于成员的分配。终止时，该民办非营利养老机构原始资产的提供者及其成员不能分享剩余资产，经清算后剩余资产必须继续用于公益事业。针对民办非营利养老机构这一特殊的角色定位，需要政府有关部门加强对民办非营利养老机构财务的监管。根据实地走访调查发现，政府对养老机构的财务监管执行起来并不严格，对于养老机构可能存在的违法分红，抽离投资监管不到位。其中原因：一是一些民办非营利养老机构，账务管理混乱，没有或没有能力建立起完善的会计制度，使政府对养老机构无从进行监管。二是一些民办养老机构为了逃避监管，在对外进行交易活动中多以打白条形式进行交易。三是监管者们怕打击民办非养老机构投资者的热情，对民办非养老机构的盈余不敢严格地执行规定进行监管。

3. 国家优惠政策落实不到位、扶持力度不够

《中华人民共和国老年人权益保障法》第三十九条规定：各级人民政府和有关部门在财政、税费、土地、融资等方面采取措施，鼓励、扶持企业事业单位、社会组织或者个人兴办、运营养老、老年人日间照料、老年文化体育活动等设施。2013 年国务院印发的《关于加快发展养老服务业的若干意见》中规定，在资金、场地、人员等方面，进一步降低社会力量举办养老机构的门槛，简化手续、规范程序、公开信息，行政许可和登记机关要核定其经营和活动范围，为社会力量举办养老机构提供便捷服务。自治区政府 2014 年、2015 年亦规定了扶持养老机构发展的各项优惠政策。通过为期三天的实地走访调研发现，目前关于扶持养老机构发展的用地、医养融合、投融资、税费优惠、人才等扶持政策落实并不到位。在用地上，用地难已经成了多年的老难题。民政部门负责人为养老机构打抱不平，民办养老机构则抱怨连连；医养融合艰难前行，目前广西能做到医养融合的养老机构主要集中在城市的公办养老机构，民办养老机构和乡镇敬老院的医养融合则举步维艰；投融资上，广西社会养老服务体系建设投入主要依靠福彩公益金投入，以 2014 年为例，2014 年福利彩票公益金中用于发展养老服务业的资金已占 69.22%，达 4.99 亿元（已远高于全国 50%的要求），财政资金仅投入 7000 万元，同时期，据民办函〔2014〕456 号显示，浙江财政投入 34.50 亿元、四川财政投入 14.16

亿元、上海财政投入12.09亿元、西藏财政投入8.90亿元等。民办养老机构表示只有登记为民办非企业单位才能享受有关政策优惠，但登记为民办非企业单位后，其资产即成为社会资产，根据现行规定，不能作为抵押物从银行获得商业贷款。

三、对策建议

（一）建立合理的广西养老机构市场准入制度

在强劲的养老服务需求和一系列政策的推动下，广西养老服务业正在进入一个快速发展的时期，养老机构数量呈现快速增长势头，尤其是民办养老机构。但对于广西严峻的老龄化形势而言，目前养老服务业的发展仍然很难满足广西养老服务的需求，因此接下来应从两方面着手促进广西养老服务业的发展：一是大力盘活公办养老机构，二是扶持民办养老机构。通过这次走访调研发现，在现行的制度环境下，城市公办养老机构普遍存在三个问题：一是受政府特殊“照顾”，竞争主动性不足；二是缺乏市场定价权，体制僵化；三是采购审批环节复杂，耗时长。这三个原因的存在，一方面使得公办养老机构存在先天优势，民办养老机构无力与其竞争，然而换个角度看这也是阻碍广西养老服务业发展的原因之一；另一方面公办养老机构体制僵化，行政控制过严导致公办养老机构无法满足当下广西养老服务市场的要求。而广大农村地区大量公办养老机构，由于投入不足、管理不善、地方经济落后等因素的影响，使得大量的公办养老机构没有得到充分有效的利用。在此背景下，深化公办养老机构体制改革，积极探索公建民营模式，走“公司治理模式”道路，使产权与经营权相分离，通过这样的方式引入市场竞争机制，才能盘活大量公办养老机构，推动广西养老服务业的发展。而这又涉及另一个至关重要的问题：公建民营的“民”应具备怎样的条件才能“营”公建的养老机构？广西经济发展水平相对较为落后，设定太高的准入门槛，会打击民营资本的热情，不利于广西养老服务业的发展，但若是准入门槛过低，老年人权益又得不到保障，同样不利于广西养老服务业的发展。因此针对公建民营养老机构，合理设定民间资本运营公办养老机构的准入门槛显得尤为重要。可以从两个方面进行着手：一是必须以公益作为其基本职能之一。实行公建民营的养老机构，应当承担社会公共服务职能，在优先接收有入住需求的基本养老服务保障对象基础上，向失能或高龄社会老年人开放；确保养老用途不改变，为老年人提供更加优质、完善、安全的服务。已经投入运营的公办养老机构实行公建民营后，运营方应确保集中供养老年人的供养水平、服务质量、居住环境、康乐设施不低于公建民营前的水平。二是运营方自身必须具备一定条件。养老设施实行公建民营，应当优先选择具备养老服务管理经验、具有专业服务团队和医疗服务资源、资金雄厚的运营方。

显然光靠公办养老机构和公建民营养老机构，无法满足广西养老需求。同时随着经济的发展、人民生活水平的提高、经济实力的提升，人们购买力的增强，未来老年人自已购买养老服务必然是养老服务市场发展的主流。因此无论是从当下满足广西养老服务需求还是从长远的角度看待养老服务业的发展，鼓励民间资本进入养老服务市场设立民办养老机构都是十分必要的。在本次走访调研中发现广西民办养老机构普遍特点是：规模小、设施简陋、安全条件不达标等。这些既有民间资本自身实力不济的原因，同时也有现行的养老机构市场准入制度和目前广西养老服务市场不相适应的原因。一个很明显的问题是现行养老机构市场准入制度过高，使得绝大部分广西民办养老机构根本达不到养老机构设立的标准，无论是基础设施、内部管理、食品卫生、医疗还是安全等方面。这就使得大量的民办养老机构在日常的运营中提心吊胆，不仅要解决日常内部运营的问题，还得额外花时间、花成本应付随时而来的相关部门的检查。而食品卫生和消防等部门，对养老机构现状也是了如指掌，按照规定民办养老机构大量指标达不到要求，依据相关规定必须进行查处，若不查处出了问题有关部门就要被问责。但广西养老服务业的发展又不能少了这些民办养老机构，所以就出现了这样一个怪圈，相关部门知道民办养老机构按照现行规定不符合设立条件，但为了“保护”养老机构，也为了防止安全问题的发生，所以就必须花费大量时间对养老机构进行检查，今天要求这改改，明天要求那改改。如此一来，不仅民办养老机构自身疲于应对，影响养老机构自身的建设发展，政府也耗费了大量的行政成本。因此对于民间资本进入养老服务业设立民办养老机构，应该立足于广西养老服业的实际情况，在不违反国家有关标准的前提之下合理设置民间资本进入养老服务业市场设立民办养老机构的门槛。

（二）加大对养老机构扶持力度

1. 合理制订养老服务设施规划，明确养老机构用地政策

将各类养老服务设施建设用地纳入城镇土地利用总体规划和年度用地计划，合理安排用地需求。可将闲置的公益性用地调整为养老服务用地。在符

合土地利用总体规划和相关城乡规划的前提下，允许利用村集体建设用地及其他可利用的社会资源建设养老机构。对于利用集体所有的山坡荒地或其他不影响城乡规划的建设用地建设并用于民办非营利性养老机构的，应依法办理土地审批手续。对于营利性养老机构建设用地，要按照国家对经营性用地依法办理有偿用地手续的规定，优先保障供应，并制定支持发展养老服务业的土地政策。对于列入城乡规划的（包括已建成的）养老服务机构，任何部门和单位不得挤占或改变用途。因国家建设确需征收或占用的，应按照同等路段等级、同等建筑规模给予置换。

2. 落实税收优惠政策

首先，在不违反国家政策规定前提下可以借鉴其他地区的做法，对养老机构提供的养护服务免征营业税，对非营利性养老服务机构的自用房产和土地免征房产税、城镇土地使用税，对经批准设立的民办养老院内专门为老年人提供生活照顾的场所免征耕地占用税。取得免税资格的养老服务机构符合税法规定条件的收入作为企业所得税免税收入。鼓励有条件的养老服务机构兼并重组、做大做强，对其在合并、分立、兼并等过程中发生实物资产及与其相关联的债权、债务和劳动力一并转让涉及的不动产、土地使用权转移行为，不征收营业税。其次，对于企事业单位、社会团体和个人向非营利性养老机构的捐赠，符合相关规定的，准予在计算其应纳税所得额时按税法规定比例扣除。

3. 实施优惠收费政策

对非营利性养老机构建设免征有关行政事业性收费。按照国家有关政策规定，对营利性养老机构建设减半征收有关行政事业性收费；对养老机构提供养老服务减半征收行政事业性收费。实施优惠的水电气热收费政策。养老机构和居家养老服务组织用水、用电、用气、用热按照居民缴费标准执行，用水、用气、用热免收相应配套费。实施有利于民办养老机构的收费政策。除法律法规明确的收费项目外，不得对民办养老机构另行收费。海外资本以独资、合资、合作等方式举办养老服务机构的，享有与国内资本举办养老服务机构相同的税收等优惠政策。

4. 加大对养老服务机构投资信贷支持力度

首先，要加大财政投入。在广西广大乡镇地区的养老机构普遍存在入住率不高的问题，这其中除了老人的乡土情结、养老机构管理不到位等原因外，还有一部分原因是养老机构基础设施简陋，无法满足老年人的养老需求。为此政府应加大对公办养老机构基础设施的投资建设力度，提升养老机构的硬件水平，满足老年人对于养老机构基础设施的需求。其次，积极开拓多种融资渠道。鼓励银行业金融机构加大对养老服务机构及其建设项目信贷支持力度。支持养老机构以包括股权融资在内的各种方式筹集建设发展资金，各级财政出资的融资性担保机构应优先为符合条件的营利性养老机构提供担保。允许养老机构利用有偿取得的土地使用权、产权明晰的房产、股权等办理抵押，规划国土、房产等部门应予办理抵押登记手续。拓展市场化融资渠道，支持养老服务企业上市融资。最后，加大贷款贴息支持力度。积极利用财政贴息、小额贷款等方式，加大对养老服务业企业及其建设项目的有效信贷投入。对于新建、扩建、购置及租赁用房的民办非营利性养老机构（包括公建民营类），通过银行按揭贷款的，应该加大贴息力度。

5. 加大对养老机构的补贴力度

为了促进养老机构的发展，可以对符合条件的养老机构发放建设补贴、运营补贴、床位补贴和从业人员补贴等多种形式的财政补贴，降低养老机构运营成本。同时为降低养老机构运营风险，鼓励保险公司开发适合广西养老机构的责任险，同时政府也可以对养老机构投保责任险进行补贴，鼓励各类公办养老机构和民办养老机构投保养老机构责任保险，降低养老机构运营风险。

（三）规范养老服务业

1. 建立健全养老服务监管制度

政府相关部门要加强对养老机构的行业监管，健全养老服务准入、退出、监管制度；指导养老机构完善管理规范、改善服务质量；及时处理侵害老年人人身财产权益的违法行为和安全生产责任事故。按照《民办非企业单位登记管理暂行条例》要求，对于非营利性养老机构，侵占、私分、挪用其资产或接受的捐赠和资助等的行为要严格执行规定，该处罚的处罚。对财政补贴监管力度要加强，通过联网、公示、收入系统核对等方式，加强对政府补贴资金使用的监管，对于通过瞒报、造假等方式骗取财政性资金的个人和机构，要依法予以处罚。

2. 推进养老服务行业协会建设

积极培育和发展养老服务行业协会，发挥行业自律作用。一直以来对于养老机构的管理，一直是由政府承担。这一方面加大了政府的负担，使政府承担了过多的职责；另一方面也造成对养老机构管理过严，失去活力导致和市场脱节。很显然，在养老服务市场化的今天，政府所充当的应该是“守夜人”的角色，而不应该再参与到市场竞争中，充当搅局者。培育和发展养老服务协会，大力推动行业自律，实行自我服务、自我管理，促进广西养老服务业的发展。

3. 建立老年人评估制度

建立老年人能力评估制度。老年人入住养老机构实行实名制管理，当老年人入住养老机构时，养老机构应当对其进行首次评估，每年进行一次常规评估。老年人自理能力发生变化时，养老机构应即时进行评估，实时掌握老年状况。老年人能力评估结果作为养老机构对入住老年人进行分类管理和申请政府补贴的重要依据。对老年人开展养老需求评估，匹配老年人养老需求和养老专业服务项目。整合现有相关评估标准，建立包括医疗护理、生活护理等多种服务需求的评估标准。依托现有的需求评估力量，逐步形成统一的需求评估队伍，建立基本养老服务第三方评估机制。

4. 建立完善养老机构星级评定制度

为加强养老机构规范化和标准化分级管理，推动养老机构转型升级和改善环境，全面提升全区养老机构管理水平和服务能力，发挥星级养老机构的示范引领作用，应该建立一套养老机构考评制度，定期对养老机构进行考评，对建设良好的养老机构进行奖励，以发挥示范引领作用，对表现不佳的养老机构则督促帮助其提升水平，促进养老机构发展，形成你追我赶的良好发展竞争势头。目前广西养老机构发展现状可以分成三个梯队：城区公办养老机构处在第一梯队，发展最好，各项基础设施、服务质量、运营管理等的水平最高；处在第二梯队的是城市民办养老机构；乡镇公办养老机构发展最差，处在第三梯队。由于养老机构的考评对象并不进行细分而是对所有的养老机构进行考评，因此可以想见的后果是，按照现有条件处在第三梯队的养老机构在评定中几乎不太可能比得过第一、第二梯队，而这就造成了“强者恒强，弱者恒弱”的局面。所以在建立养老机构考评制度时，一方面要对各星级养老机构进行差异化奖励，发挥带头作用；另一方面则要对处于排名末尾的养老机构进行一定处罚并帮助其整改使其走出困境。同时星级评定制度应该和养老机构市场退出机制挂钩并严格执行，使星级评定制度真正发挥其应有的激励作用而不是变成“纸老虎”。

（四）破除医养结合工作难题

医养结合一直是困扰养老机构发展的难题，对于养老机构服务的提升至关重要。首先，政府应出台政策支持有条件的养老服务机构设置医疗机构，鼓励养老机构与医疗机构采取联办、合作等方式实现医养结合。对于举办非营利性医疗机构的，将养老机构内设医疗机构及其护理人员纳入卫计部门统一指导，在资格认定、职称评定、技术准入、推荐评优等方面，与其他医疗机构同等对待。鼓励和引导各级公办、民办医疗机构合理利用闲置医疗资源，举办老年护理院、老年康复医院。有条件的医院要开设老年病科，增加老年病床数量，做好老年慢性病防治和康复护理。探索医疗机构与养老机构合作新模式。医疗机构、社区卫生服务机构要为老年人建立健康档案，建立社区医院与老年人家庭医疗契约服务关系，开展上门诊视、健康查体、保健咨询等服务。加快推进面向养老机构的远程医疗服务试点。鼓励举办护理型养老服务机构。进一步提高护理型床位比例，优先保障失能、失智等困难老年人的服务需求，提供长期的照顾、护理、康复、保健等服务。健全医疗保险机制。对于养老机构内设的医疗机构，符合城镇职工（居民）基本医疗保险和新型农村合作医疗定点条件的，将其纳入定点范围，使入住的参保老年人按规定享受相应待遇。

（五）加强养老服务人才队伍建设

鼓励和吸引专业社会工作者和社会工作专业的高等院校毕业生从事养老服务工作。支持养老服务机构吸纳下岗失业人员就业，大力培养和引进养老服务专业人才，壮大养老服务队伍。将民办养老机构负责人、养老护理员及其他各类提供养老服务的组织从业人员纳入政府培训教育规划，在培训名额、培训经费等方面给予保障。符合条件的民办养老机构可认定为培训基地。探索建立老年护理专业教育培训，有计划地在全区各高等院校和中等职业学校增设养老服务相关专业和课程，建立老年护理轮训基地，加快培养老年医学、康复、护理、营养、心理和社会工作等方面的专门服务人员。加强养老服务人员职业培训和养老护理员职业技能鉴定工作，实行养老服务机构从业人员职业资格认证和持证上岗制度。依托专业服务机构，加快培育社会养老服务志愿者队伍，积极推行志愿者注册制度，动员、组织和引导企事业单位、社会团体、慈善组织和广大市民为有需求的老年人提供各种公益性服务。建立爱心企业与养老服务机构挂钩联系帮扶制度。引进专业人才参与养老服务业。鼓励专业医师到民办养老机构依法设立的医疗机构规范开展多点执业。将民办养老机构纳入护理类专业实习基地范围，鼓励高等院校和中等职业学校学生到民办养老机构实习实训。鼓励民办养老机构引入社会工作人才。对在民办养老机构就业的专业技术人员执行与公办机构相同的执业资格、注册考核政策。有关部门应该根据经济发展的情况，每年适当调整养老服务业的工资水平，并督促指导养老服务机构落实护理人员待遇。鼓励养老机构对取得《养老护理员职业资格证书》并从事养老护理岗位工作的人员给予护理员特殊岗位津贴。鼓励引导高等院校和中等职业学校老年服务与管理、老年护理等专业或专业方向的毕业生到民办养老服务机构就业，对于进入非营利养老服务机构就业满一定年限、胜任工作岗位要求的，给予一次性入职奖补贴。

广西支持社会力量参与养老服务业发展政策研究

张光廷　曾凡明　徐国纲　韦华云　沈国弟　文玉莲　胡海波
颜　娇

摘　要： 当前社会力量参与为我国养老服务业发展注入了巨大的活力，为社会化养老提供了强大的推动力。但是社会力量参与养老服务业依然面临养老服务供需矛盾突出、发展缓慢、产业融合度低等难题。虽然国家和广西壮族自治区先后出台了40余部支持政策，但是这些政策也存在原则性内容多、操作性不强、支持力度偏弱等缺点，为此本文提出了搭建政策支持环境、发挥示范项目引领作用、发展多业态健康养老模式、推动养老产业聚集区建设和加强区域合作的政策建议。

一、社会力量参与养老服务业发展面临的主要问题

一是社会养老服务供需矛盾突出。总体看，全区养老服务供给不足，尤其对低收入、高龄、空巢、独居和失能等特殊困难老人的养老服务和保障体系不完善，城市养老床位一床难求。同时，各地五保供养机构、敬老院等又由于基础设施条件较差、编制人员不足，导致入住率低，空置率高。①

二是社会力量参与养老服务发展缓慢。政府鼓励社会力量参与养老服务业发展的配套措施不完善，受地方经济发展水平和财力的影响，土地、税费、补贴等方面优惠政策很难突破，国家文件对社会力量参与养老服务发展鼓励

① 笔者对广西壮族自治区民政厅社会救助局的访谈。

倡导类政策较多，落地较为困难。[①] 民办养老机构面临“用地难、融资难、运营难、用工难”等难题。[②]

——投入不足。广西社会养老服务体系建设投入主要依靠福彩公益金投入，以2014年为例，2014年福利彩票公益金中用于发展养老服务业的资金已占69.22%，达4.99亿元（已远高于全国50%的要求），财政资金仅投入7000万元（同时期，据民办函〔2014〕456号显示，浙江财政投入34.50亿元、四川财政投入14.16亿元、上海财政投入12.09亿元、西藏财政投入8.90亿元等）。[③]

——用地难。由于养老服务比起商业开发项目收益回报率低，地方政府安排养老服务设施用地缺乏积极性，部分地区养老机构建设用地需求没有得到有效满足。此外，城镇老城区开发早，人口密度大，用地紧张，设施改造难度大，发展养老服务设施空间有限，许多养老机构建设项目难以落地。广西政府相关政策要求各地要按照人均用地不低于0.12平方米[④]的标准，确定养老服务设施布局和建设标准，分区分级规划设置养老服务设施，同时，推动各地将养老服务设施建设项目用地纳入年度建设用地供应计划。但目前具体实施办法滞后，各地普遍反映用地紧缺。[⑤] 笔者对广西民政厅社会福利和慈善事业促进处相关负责同志访谈得知，一些政府项目前期手续较为齐全，但等到中央、广西壮族自治区资金到位后，项目土地却被挪作他用，导致项目迟迟不能开工，造成国家资金闲置。

——融资难。由于养老服务业前期投入大、投入周期长、资本回收慢，养老服务机构普遍存在资金短缺、融资困难的问题。金融、保险等新型融资渠道尚处于起步阶段。笔者对部分南宁市内养老机构进行访谈，一些民办养老机构表示只有登记为民办非企业单位才能享受有关政策优惠[⑥]，但登记为民办非企业后，其资产即成为社会资产，不能作为抵押物从银行获得商业贷款，

① 民政部 国家开发银行关于开发性金融支持社会养老服务体系建设的实施意见（民发〔2015〕78号），关于鼓励民间资本参与养老服务业发展的实施意见（民发〔2015〕33号），关于推动养老服务产业发展的指导意见（商服贸函〔2014〕899号），关于推进城镇养老服务设施建设工作的通知（民发〔2014〕116号），关于加强养老服务设施规划建设的通知（建标〔2014〕23号）。

② 笔者对广西壮族自治区民政厅社会福利和慈善事业促进处的访谈。

③ 民政部办公厅关于印发2014年民政重点工作综合评估报告的通知（民办函〔2014〕456号）。

④ 关于建设养老服务业综合改革试验区的意见（桂政发〔2015〕33号）。

⑤ 养老服务设施用地指导意见（民办函〔2014〕456号）。

⑥ 关于扶持我区民办养老服务机构发展的通知（桂民发〔2007〕162号）。

投资主体不能对利润进行分红，不能设立分支机构进行连锁经营，终止时所投入的财产也不能由出资者收回或挪作他用①，这些都影响了民间资本进行养老服务业的积极性。一些大型的养老产业项目，如崇左的“乐养城”、桂林的“信和信”集团等，则因为资金链一度断裂，面临停工。

——盈利难。大部分民办养老机构是租赁房屋经营，主要依靠收取入住老人服务费用维持日常运营，随着租赁费用和人工成本越来越高，运营成本上升很快，但提高收费又容易引起入住老人不满，或者招不到新的老人入住，运营艰难，加之缺少部门联动、政策执行偏差或落实不到位，民办养老机构经营压力很大。另外，民办养老机构接收对象中很多都是失能、失智或高龄老人，极易发生走失、意外受伤等情况，并引发纠纷，加大了养老机构运营风险。据民政部2015年1月公布数据显示，一半以上（51%）的民办养老机构收支只能持平，还有40%的民办养老机构常年处于亏损状态，盈利的不足9%。

——用人难。由于劳动时间长、强度大、报酬低，长期处于超负荷运转，工作没有晋升空间，许多从业人员频繁跳槽改行，养老服务队伍极不稳定。一些民办养老机构因收费较低，难以承受更高的工资支出，招人留人十分困难，更无力招收医疗、康复、心理等高素质人才，从业人员待遇和社会地位偏低。2015年，就曾发生了一起娄底养老院的惨案，因被养老院拖欠工钱，护工罗仁初却把矛头对准在养老院安享晚年的老人，在2015年大年初一，制造了一起惨烈血案，致9死9伤。4月1日，娄底市中级人民法院一审宣告被告人罗仁初犯故意杀人罪，判处死刑，剥夺政治权利终身。被告人杨雨春犯窝藏罪，判处有期徒刑三年，缓刑四年。② 笔者从广西民政厅社会福利和慈善事业促进处收集的信息显示，广西目前主要的养老护理从业人员年龄普遍在46岁以上，护理员平均工资2185元，以失业、下岗、农村妇女为主，大专院校毕业生少有从事该行业，人员流失比较严重，造成恶性循环，产生“用工难、用工荒”问题。③

① 笔者对广西壮族自治区民政厅民间组织管理的访谈。

② 娄底一养老院护工杀害养老院9名老人 被判死刑，http：//news. ifeng. com/a/20160404/48349878_ 0. shtml.

③ 教育部等九部门关于加快推进养老服务业人才培养的意见（教职成〔2014〕5号）。

广西民办养老机构数据统计（160家）	已入住老人总数	已入住自理老人数	已入住失能、半失能老人数	机构护理人员总数	获得养老护理员职业资格证书				护理员平均年龄（岁）	护理员平均工资（元）
					初级证	中级证	高级证	技师		
	12798	3419	9361	2870	806	229	19	9	46	2185

数据来源：广西民政厅社会福利和慈善事业促进处，数据截至2015年11月底。

——医养结合难。许多地区在探索推广医养结合的养老服务发展模式过程中，难以有效整合卫生、民政和社保部门的资源，养老机构与医疗机构合作渠道不畅通，养老机构内设医疗机构很难获得医保定点资格，导致入住老人看病难、护理难，从而影响老人入住。① 据统计，广西壮族自治区层面通过公建民营的方式，委托广西中医药大学和广西医科大学分别运营广西重阳老年公寓和广西社会福利院，但笔者对广西重阳老年公寓访谈中了解到，广西重阳老年公寓批准建立后，开设了门诊部、卫生室，所请医护人员都是持证的专业技术人员，帮助入住老人建立起个人健康档案，每天给老人查房，但开办初期却被当地医疗执法部门当作非法行医，好在后来广西卫计委领导认可这是一种探索，老年公寓内的医护和健康管理工作才得以延续。而其他小微型养老机构在探索医养结合过程中，则更显被动。

三是养老服务业起步较晚。广西养老服务业产品产业规模小、市场竞争力不强、发展不平衡、专业人才缺乏、产业化水平较低，企业经营相对分散、项目和形式比较单一，自我发展能力弱，缺乏龙头企业，难以有效整合资源，形成整体品牌和拳头产品。

四是养老服务相关产业融合度低。养老与医疗缺乏深度融合，养老与旅游等相关产业缺乏系统性的产业链条，尚未形成产业体系和规模。

五是养老服务产业集群集聚水平不高。全区主要养老服务产业集群的集聚水平、区域辐射和产业带动效应较低，与集聚区成为全区养老服务业的强力支撑还有较大差距。

① 国务院办公厅转发卫生计生委等部门关于推进医疗卫生与养老服务相结合的指导意见（国办发〔2015〕84号），养老机构医务室基本标准（国卫办医发〔2014〕57号）。

二、支持社会力量参与养老服务业发展的政策梳理和特征

（一）政策梳理

国家层面开始从政策方面对养老服务业发展予以重视开始于2000年前后，我国步入老龄化社会的初期，这一年，国务院出台《中共中央关于加强老龄工作的意见》，规定了养老服务业的社会化、产业化发展方向，并首次明确了社会力量参与的税费信贷支持政策，揭开了社会力量参与养老服务业的序幕。2013年8月16日，国务院总理李克强主持召开国务院常务会议，确定了深化改革加快发展养老服务业的任务措施。会议指出，到2020年全面建成以居家为基础、社区为依托、机构为支撑的覆盖城乡的多样化养老服务体系，把服务亿万老年人的“夕阳红”事业打造成蓬勃发展的朝阳产业，使之成为调结构、惠民生、促升级的重要力量。随后，国务院印发《关于加快发展养老服务业的若干意见》（国发〔2013〕35号），开启了国家层面支持养老服务业发展的新篇章。据不完全统计，2013年以来，国家层面共出台涉及养老服务相关政策文件23件。

为贯彻国家加快养老服务业相关精神，2001年广西出台了《自治区人民政府办公厅关于推进全区社会福利社会化的通知》（桂政办〔2001〕85号）、《自治区人民政府办公厅转发自治区老龄委办公室和发展改革委等部门关于加快发展我区养老服务业实施意见的通知》（桂政办〔2007〕57号）等。随着国家层面从2013年开始加大养老服务政策支持力度以来，广西先后从政府层面出台《关于促进养老服务业加快发展的实施意见》（桂政发〔2014〕58号）、《关于建设养老服务业综合改革试验区的意见》（桂政发〔2015〕33号）和《关于印发广西养老服务业综合改革试验区规划（2016—2020年）的通知》（桂政办发〔2016〕14号）等，率先在全国建设省级养老服务业综合改革试验区，打造“一核四区”的养老服务业发展格局，以规划引领，科学布局我区养老产业，以产业发展推动养老事业的大发展。截至2016年，共出台涉及养老服务政策文件23件。

（二）政策特征

1. 参与主体定位

政府正在有计划、有步骤地推动社会力量成为养老服务业的主体，市场的地位在不断提升，政府的作用也在不断调整过程中。由最初国务院文件中政府引导、社会兴办、市场推动的社会养老服务体系，到《社会养老服务体

系建设规划（2011—2015）》中政府主导、多方参与，发挥市场的基础性作用，开放社会养老服务市场，再到2013年国务院《关于加快发展养老服务业的若干意见》充分发挥市场在资源配置中的基础性作用，逐步使社会力量成为发展养老服务业的主体，营造平等参与、公平竞争的市场环境。

2. 参与方式

参与方式从原先的政府封闭运行，到开始鼓励社会力量以多种方式参与，创新养老服务供给。例如，2006年，国务院出台的《关于加快发展养老服务业的意见》首次明确规定了社会力量参与养老服务业的方式，“积极支持以公建民营、民办公助、政府补贴、购买服务等多种方式兴办养老服务业，鼓励社会资金以独资、合资、合作、联营、参股等方式兴办养老服务业”。2012年民政部发布的《关于鼓励和引导民间资本进入养老服务领域的实施意见》（民发〔2012〕129号）、2015年民政部等10部委共同发布的《鼓励民间资本参与养老服务业发展政策意见》（民发〔2015〕33号），则进一步明确地系统地规定了民间资本参与的方式，一方面鼓励民间资本对已有的存量闲置的公办社会资源进行整合改造；另一方面社会力量可以参与政府办的尤其是新建养老机构或服务设施的运营与管理，以及购买为困难老年人提供的基本养老服务，此外，主张民间资本举办的养老机构规模化、连锁化等高水平发展。从原先的追求数量规模扩张到目前追求养老服务业的纵深发展。

3. 参与领域

从对社会力量参与的领域上看，从开始的民政部负责，侧重关注社会力量开展机构建设，到国家发展改革委、民政部、商务部等多职能部门联动协作，把社会力量参与的领域扩展到居家养老、社区养老、养老产业、医养融合等多个领域。从2013年开始政府关注社会养老服务体系的构建到关注养老服务产业的发展和医养融合等问题。

4. 政策保障

从社会力量参与的优惠扶持政策上看，经历了从无到有、从有到多样化、明确化、具体化的发展过程，最终可以归结为投融资政策、土地政策、税费优惠政策、财政支持政策、人才培养和就业政策5类支持政策及规范化参与的管理政策。2013年《国务院关于加快发展养老服务业的若干意见》以及《关于鼓励和引导民间资本进入养老服务领域的实施意见》《鼓励民间资本参与养老服务业发展政策意见》等文件均对社会力量参与的支持政策作了相对详细和全面的规定。尤其是投融资政策上从原则上规定了资金来源与比例。如“支持民办养老服务发展的资金不得低于30%”。

三、社会力量参与养老服务业发展的政策存在的问题

（一）政策原则性较多，具体可操作性内容较少

目前，国家层面虽出台了不少政策性措施，但多是以原则性的表述较多，涉及具体操作层面内容较少。各相关部门政策难以形成合力，尤其是对养老产业扶持、医养结合等方面缺少可操作性细则，各地尚未形成可复制、可推广的政策经验。如以医养结合政策为例，政府支持养老机构内设医疗机构，允许符合条件的养老机构纳入医疗保险定点单位，但在实际操作中，养老机构由于自身软硬件条件等限制，很难纳入医疗保险定点单位，即使纳入医疗保险单位之后，老年人在养老机构内住院费用医疗保险补偿目前仍难以解决。

（二）政策支持力度偏弱

养老服务业投资周期长、见效慢、社会效益大，目前养老服务业尚没有形成社会化的合作机制，政府资助水平有限，社会化筹资渠道较为匮乏。以广西为例，广西民政事业费支出占财政支出的比例基本徘徊在4%左右，而“十二五”期间民政事业费支出的增长率快速下降，由2010年的59.9%下降到2014年的7.6%，民政事业费支出增长缓慢势必会导致没有充裕资金支持社会力量参与养老服务业。与周边省份相比，广西补贴力度也较低。

表2 西南各省（自治区、直辖市）建设补贴和运营补贴政策对比

省份	床位建设补贴（元/张）	床位运营补贴（元/张）	老龄化水平
广西	新建50—100张的，每张床位资助2000元；床位在101—149张的，每张床位资助2500元；床位在150张以上的，每张床位给予资助3000元；对在社区建立老年服务站且床位数在20张以上的，按照料和寄托床位数每张床位给予资助1000元	无	2015年年底，广西老年人口为709万，占全区常住人口的14.8%
四川	民办机构新增床位政府资金补助平均不低于1万元，维修改造公办养老机构每张床位补助0.5万元	成都市对社会化养老机构收住成都市户籍老年人的，按照每人每月100元标准给予服务型床位补贴	2014年年底，四川60周岁以上老年人口为1649万，占全省总人口比重的18%

续表

省份	床位建设补贴（元/张）	床位运营补贴（元/张）	老龄化水平
云南	用自建产权用房兴办民营养老机构、用租赁用房兴办民营养老机构且租期5年以上的，每张床位分别给予一次性建设补贴1万元、0.5万元	昆明民办养老机构每月50元床位运营补贴	2013年年底全省老年人口544万，占全省常住总人口的11.6%
贵州	对按标准建设、依规定运营的民办养老服务机构，按每张床位6000元的标准给予建设补助。分三年给予拨付，每年审核一次	按养老服务机构入住满一个月的老年人实际占用床位计算全年平均数，每年每张床位给予不低于200元的运营补贴	2014年年底贵州省60岁以上老年人口523万人，占全省总人口的14.9%
重庆	新建或利用自有房屋改扩建社会办养老机构，增加床位50张以上，符合建设项目管理规定和养老机构建设标准的，市级财政对新增床位给予每张5000元的一次性建设补贴； 租用房屋改扩建的养老机构，新增床位20张以上，符合建设项目管理规定和养老机构建设标准的，市财政对其新增床位给予每张1000元的一次性建设补贴	各区（县）可根据本地实际制定养老机构建设和运营补贴政策	重庆60岁以上老龄人口650万，老龄人口已占到全市户籍人口的18.61%

四、广西养老服务的对策与建议

一是要做好政策环境，吸引社会力量成为发展养老服务的主体。广西将全自治区区域作为全国养老服务改革的先行区域、前沿阵地，那么“先试先行”应是试验区最根本、最显著的特点，检验试验区建设的成效不是看建了多少设施，而是看推进了哪些改革，创新了多少经验。建设是手段，创新是目的，要运用改革的思路、创新的办法，推动在财政、用地、金融、人才、医养结合、标准化管理等方面，对现行体制机制大胆突破，通过试验区先试先行，全面破解社会力量兴办养老服务遇到的“用地难、融资难、盈利难、用人难、医养结合难”等瓶颈问题，释放养老服务活力，大力引导社会资本进入养老产业，逐步使社会力量成为发展养老服务业的主体，推动广西养老服务实现跨越式发展。具体来讲，要落实投融资配套政策，着力解决养老服务业“融资难”的问题；要落实养老机构设施建设相关支持政策，着力解决养老服务“用地难”的问题；要落实人才培育机制，着力解决养老服务业“用人难”的问题；要落实养老机构标准化建设要求，着力解决养老服务业“管理难”的问题；要落实补贴扶持政策，着力解决养老服务机构“运营难”的问题。

二是要发挥示范项目的引领作用。广西养老试验的落脚点在改革探索，应创造一批各具特色的典型经验和先进做法。要着力培育发展一批规模化、连锁化、品牌化的社区居家养老服务机构，建设居家养老服务智能平台，探索为社区居家老年人提供便捷、优质、高效的养老服务。要重点打造一批养老服务示范项目，进一步强化公办养老机构示范和政府“托底”保障作用。要结合广西“中国长寿之乡”、特色旅游名镇名村建设和美丽广西乡村建设，创设一批健康养老小镇。要贯彻落实国务院关于推进医疗卫生与养老服务相结合的部署启动医疗卫生与养老服务相结合试点工作。要加强养老服务供给侧结构性改革，加强养老服务标准化、信息化建设，推动养老机构的转型升级和提质增效。

三是要发展多业态健康养老模式。养老产业不是孤立的产业。如果以孤立的眼光去推动养老产业，肯定不可能获取可持续发展的动力，只有把养老产业融入相关的更多的领域去，从其他领域发展中获得养老产业支撑和推动的力量，这个产业才能做大做强。要积极推进“养老+”模式，推动养老服务业与旅游业、民族医药产业、房地产业、现代农业、文化体育产业、家政服务业融合发展，推动形成特色养老产业新业态。特别是要充分利用我区区位优势，创新发展候鸟式、旅游休闲式、保健养生式健康养老服务模式，打造广西养老特色品牌，吸引国内外老年人到我区养生养老。

四是要推动养老产业集聚区建设。广西各地政府应找准自身在广西养老试验区建设中的定位，从全局角度出发，按照“一核四区”的布局，根据各地发展基础和市场需求，整合健康养老产业资源，建设一批健康养老服务重大项目，规划一批健康养老服务业集聚区，打造一批各具特色的多元化健康养老产业集群，形成产业链完整、优势明显的区域性健康养老产业板块。

五是做好区域合作文章。要进一步推动省际养老服务合作交流，打造广西异地养老联盟，以产业联盟战略合作为纽带，应用分时度假模式，组织北方省（自治区、直辖市）“候鸟式”养老养生、旅游健身、休闲度假，可形成广西与北京、黑龙江、内蒙古、吉林等兄弟省（自治区、直辖市）的多边异地养老战略合作机制。要紧紧把握“一带一路”的国家战略机遇，发挥我区面向东盟的独特优势，开发特色旅游养老养生产品，吸引东盟国家老年人来广西开展老年健康体检、旅游休闲、养生保健、文化交流等活动。依托南宁市中国—东盟信息港等平台，合作发展养老服务业大数据产业。定期组织“广西国际健康长寿养生养老产业博览会”，将广西特色养老服务优质产品推向东盟市场。要深化与粤港澳台的开放合作，充分利用CEPA、粤桂合作特别试验区等合作平台，积极拓展我区养老服务发展空间，吸引粤港澳台有实力企业赴桂投资养老服务业，加快引进一批带动性强、影响力大的重点养老企业和重大养老产业项目。

参考文献

[1] 周明明，冯喜良等，北京养老产业发展报告［M］．北京：社会科学文献出版社，2015. 04.

[2] 杨立雄著．老年福利制度研究［M］．北京：人民出版社，2013. 5.

[3] 孙炳耀，常宗虎著．中国社会福利概论［M］．北京：中国社会出版社．2002.

[4] 王爱平主编．中国社会福利政策研究［M］．北京：中国社会出版社．2013. 4.

[5] 黄晨曦著．社会福利［M］．上海：格致出版社，上海人民出版社 2009. 6.

[6] 郑功成．中国社会福利发展论纲：从传统福利模式到新型福利制度［J］．社会保障制度 2001（1）．

新形势下退役士兵接收安置工作研究

冯　志　夏　忠　王继振

摘　要：做好军转安置工作是关系国防和军队改革能否顺利进行的大事。当前退役士兵安置工作的主要困难有：符合安排工作任务的退役士兵数量每年差别不大，但工作岗位却越来越少；退役士兵经济补偿地区差别太大，容易引起矛盾；技能培训经费不足，培训质量不高。主要原因是对退役士兵安置工作重视不够，权威性不强；安置经费筹措机制不合理，兵源多或驻军多的地方财政压力大、安置任务重。建议把符合安排工作条件的退役士兵安置纳入到军转干部安置工作统筹安排，强化其指令性和权威性；完善安置经费保障体系，强化退役士兵职业教育和技能培训，完善扶持退役士兵自主就业创业优惠政策；将退役士兵安置工作纳入地方政府绩效考评范围，强化对安置工作的监督。

关键词：士兵　退役　安置　改革

一、当前广西退役士兵安置工作的基本状况

近几年来，广西每年入伍新兵保持在 1.4 万人左右，退役士兵数量在 1.3 万人以上，含符合政府安排工作条件退役士兵 600 人左右。

（一）退役士兵安置改革工作平稳过渡、稳步推进

2011 年新修订的《中华人民共和国兵役法》和《退役士兵安置条例》颁布，标志着退役士兵安置工作进入新时期。在接收安置工作中，我们妥善处理改革前的退役士兵安置工作，取得了较好效果。如玉林市在退役士兵回来

报到前，完成对各机关和事业单位的调查摸底，掌握各单位各部门对退役士兵的需求情况，并逐一做好登记统计；在退役士兵回来报到时，由各级安置部门安排退役士兵填写《退役士兵个人简历表》，及时完整地收集退役士兵的简历、照片、兴趣、爱好、特长及个人奖励情况等，初步掌握退役士兵的专业对口大体方向；将登记好的表格逐一审核后建立退役士兵人才数据库，对政府所有部门公开发布信息，并将退役士兵简历表分别送至有意向的单位和部门，供接收单位参考和了解；根据各单位反馈的情况和来函情况，安置部门征求退役士兵个人意愿，用人单位和退役士兵双方达成默契后，将安置方案报编委会讨论决定，编委会通过后由民政部门会同人社部门及时下达安置通知书。柳州市建立阳光安置机制，坚持“供需见面、双向选择，包底安置”原则，组织“退役士兵安置工作双选会”，满足用工单位择优录取和退役士兵竞争择业的双重需要，确保安置工作在阳光下进行。梧州市按照“抓落实、促发展、保稳定、创和谐”的工作思路，全市各县（市、区）安置办每年把退役士兵安置的名单报到政府，政府把名单转到人社部门和编办，由他们落实，取得了较好效果。截至2015年年底，广西全区共接收需要由政府安排工作的退役士兵8923人，选择自谋职业4177人，安置符合政府安排工作退役士兵4746人，其中，重点安置对象2586人，安置率达100%。纳入三年集中移交安置任务、具备移交条件的伤病残退役士兵接收安置率达100%。同时，创新工作思路，采取超常规的工作方式，加强督察、逐步推进，2013年彻底解决了2011年以前城镇退役士兵408人的安置遗留问题，为新时期退役士兵安置工作顺利进行解除了后顾之忧；积极主动接收伤病残退役士兵，确保伤病残退役士兵都能得到妥善安置，切实维护他们的合法权益，为促进社会稳定作出了应有的贡献。

（二）退役士兵安置政策体系进一步完善

《退役士兵安置条例》实施以来，广西结合实际先后制定和出台了一系列政策，进一步完善了退役士兵安置政策体系。其中，2012年，以自治区政府办公厅的名义下发了《广西壮族自治区人民政府办公厅关于加强退役士兵职业教育和技能培训工作的通知》（桂政办电〔2012〕57号），对推进广西退役士兵职业教育和技能培训工作起到了积极的作用。2013年，经自治区人民政府同意，联合教育厅、财政厅等部门下发了《关于进一步做好我区退役士兵安置工作的通知》（桂民发〔2013〕31号），明确广西自主就业退役士兵地方经济补助发放标准、经费支出渠道，全区实行城乡统一的自主就业退役士兵经济补助，以及退役士兵自主创业优惠政策等一系列改革措施；并与自治区财政厅联合下发了《关于印发〈广西壮族自治区自主就业退役士兵经济补助资金管理办法〉的通知》（桂财社〔2013〕173号）。为进一步加强退役士兵职业教育和技能培训工作，与自治区教育厅、财政厅、人社厅、广西军区政治部联合出台《广西壮族自治区退役士兵职业教育和技能培训工作暂行办法》，与财政厅联合下发《关于印发〈广西退役士兵职业教育和技能培训资金使用管理办法〉的通知》（桂财社〔2013〕115号）。

（三）保障自主就业退役士兵经济补助规范有序发放

2013年5月，广西壮族自治区民政厅、教育厅、财政厅等联合下发了《关于进一步做好我区退役士兵安置工作的通知》，全区实行城乡统一的自主就业退役士兵经济补助政策，城乡自主就业退役义务兵按照每服役一年4500元的标准计发；自主就业退役士官，除按照上述标准发放外，从服满义务兵年限后的第一年算起，按照每服役一年1000元的标准计发；发放自主就业退役士兵经济补助所需经费由各级财政共同负担，其中，自治区财政与县财政按照6∶4比例分担，自治区财政与市辖区按照5∶5比例分担。2012年度，全区共发放自主就业退役士兵经济补助1.31亿元，自治区财政负担0.75亿元；2013年度，全区共发放自主就业退役士兵经济补助1.27亿元，自治区财政负担0.74亿元；2014年度，全区共发放自主就业退役士兵经济补助1.39亿元，自治区财政负担8000万元；2015年度，全区共发放自主就业退役士兵经济补助1.36亿元，自治区财政负担8000万元。2012年至2015年全区共发放自主就业退役士兵经济补助5.33亿元，自治区本级负担3.09亿元。建立自谋职业金自然增长机制，随着城镇单位在岗职工年平均工资逐年增长。2015年柳州市市区退役士兵自谋职业一次性安置补助金基数为44862元，与2014年度的39148元相比提高了5714元，有效减轻了安置压力。

（四）狠抓退役士兵培训工作

2011年《退役士兵安置条例》发布后，广西结合实际，制定下发了《广西壮族自治区退役士兵职业教育和技能培训工作暂行办法》（桂民发〔2013〕82号）等文件规定，出台了相关配套政策，使广西自主就业退役士兵职业教育和技能培训工作得到了较大发展。一是利用退役士兵报到时认真做好宣传发动工作，退役士兵职业教育和技能培训知晓率达到100%；2012年至2014年，广西各级民政部门分别组织了6736名、9214名、9667名自主就业退役士兵开展职业教育和技能培训。2015年，全区参加教育培训退役士兵有8780人，意愿退役士兵参训率为100%，参训退役士兵“双证”获取率92%，培训后的就业率为100%。二是多方筹措资金。其中，争取到中央财政补助资金9636万元，自治区财政补助资金700万元。自治区本级财政补助资金从原来的每年50万元增长到2016年的2000万元。通过合理设置培训项目，采取定点培训、订单式培训的方式，帮助退役士兵实现自主就业和自我创业。

二、退役士兵接收安置工作中存在的主要问题及原因分析

（一）存在的主要困难

1. 符合安排工作任务的退役士兵数量每年差别不大，但工作岗位却越来越少

多年来，我区每年接收安置的退役士官数量基本保持在600至700人左右，每年需要解决的安置任务基本不变。但是，随着我国国家机关和事业单位在人员编制方面从严控制，特别是国务院总理李克强承诺本届政府编制只减不增，而每年机关和事业单位还要以公开招考方式招录部分大学毕业生，这使得机关和事业单位岗位越来越少。现行安置办法与劳动就业制度及人事编制制度的矛盾日益突出，每年各级政府完成退役士官安置任务的指令性工作难度越来越大。具体表现在以下几方面：一是政府机关方面，各级机关单位大多是满编甚至超编，若进入机关也只能进后勤编制，而且随着公车制度改革，司机这类工人岗位已被取消，退役士官进政府机关单位更加困难。二是事业单位方面，其中的主要岗位是管理岗和技术岗位，通常规定必须具有本科文化，并要通过公招考试才能进入；而且由于退役士官属于工人编制，若安置进入事业单位也只能安置在工勤岗位，按照目前自治区编办和人社部门的相关政策，工勤岗位只占事业单位总岗位数的10%，而且在实际工作中许多单位已经不保留工勤岗位了，这使得安置退役士兵的空间越来越小，难度越来越大。三是国有企业方面，广西是经济欠发达地区，国有及国有控股和国有资本占主导地位的企业不多，而国有企业也不断推进产权制度和用人制度改革，能够接收安置退役士官的岗位也在逐年减少。从退役士兵方面看，他们都希望能够安排到机关、事业单位中去，安置到国有企业都不太乐意，认为到国有企业去签订合同，没有前途，工作岗位不稳定，几年后就可能面临下岗。目前广西各级政府每年将转业士兵安排到事业单位或机关单位的比

例占到90%以上。由于每年的安置任务量差不多，而政府能够安置就业的岗位却越来越少，矛盾越来越突出，有些地方已经无法在规定的6个月内完成。以南宁市为例，2015年符合政府安排工作条件到南宁市接收安置的退役士兵有84人，经与自治区50多个直属单位协调，只有6个单位同意接收安置退役士兵。

2. 退役士兵经济补偿差距太大，容易引起矛盾和问题

《退役士兵安置条例》第十九条规定："对自主就业的退役士兵，由部队发给一次性退役金，一次性退役金由中央财政专项安排；地方人民政府可以根据当地实际情况给予经济补助，经济补助标准及发放办法由省、自治区、直辖市人民政府规定。"由于各省、自治区、直辖市的财力不同，给予的自主就业经济补助费差别较大，造成各地对退役士兵安置一次性经济补助发放标准不一，地区差距太大。按照广西《关于进一步做好我区退役士兵安置工作的通知》（桂民发〔2013〕31号）精神，全区实行城乡统一的自主就业退役士兵经济补助标准。如一名服役12年的三级士官选择自主就业后，领取的一次性经济补助金额是1.9万元，与广西周边的广东省、贵州省、云南省、海南省相比都低很多，广东省籍退役士兵一次性经济补助可达几十万元。兵源来自全国各地的退伍士兵们会互相比较，他们在部队的待遇一样，贡献一样，但当他们退役后领到的经济补助不一样，差距很大，这是导致上访的主要根源之一，还会影响到今后的征兵工作。

按照当前标准，城镇退役士兵选择自主就业领取经济补助比《退役士兵安置条例》出台之前低了很多，退役士兵失望值增大。对于自主就业退役士官来说，如果不接受安置，按照当前政策标准发放经济补助，从服满义务兵年限后的第一年算起，按照每多服役一年增加补助1000元的标准计发，他们普遍认为领到的一次性经济补助标准较之前的自谋职业金低了。他们反映，目前现役士官的待遇表面上看较高了，但由于家属往往两地分居，大多没有工作，整个家庭的收入如果按人头进行平均分配，收入也不会很高，收入少社会地位也会跟着降低，孩子教育质量不高，所以士官顾虑也不少。正因为如此，过去义务兵争着想转士官，现在义务兵服役满后都不愿转士官了，部队要做思想工作才能留下来。

3. 技能培训经费不足，教学质量无法达到要求

近几年，中央下拨我区的退役士兵职业教育和技能培训专项经费每年保持在2000万元左右。《广西壮族自治区退役士兵职业教育和技能培训工作暂行办法》规定了退役士兵教育培训经费由自治区、市、县财政共同负担，列

入各级年度财政预算退役士兵安置科目。但自治区财政和市、县级财政应该负担的比例没有明确，民政部门和有关职能部门在编制和审核经费预算时没有明确的标准。前几年广西壮族自治区本级财政每年只安排 50 万元，2015 年提高到 500 万元，2016 年提高到了 2000 万元，但市、县级财政都比较困难，投入经费很少，仅仅依靠中央、自治区财政补助无法满足实际需求，达不到免费培训的需要。因此，目前广西的退役士兵职业教育和技能培训工作与全国相比还有不小差距。主要表现：一是大部分市、县（市、区）承训机构单一。大多为汽车驾驶，退役士兵也多集中于参加汽车驾驶培训，由于报名参训的退役士兵比较多，如果都安排学车，费用太高，绝大多数县（市、区）经费无法满足需求。二是教育培训专业设置不合理。由于经费有限，培训机构能够开设的专业也有限，师资力量相对薄弱，培训时间短，有的县（区）培训时间仅一个星期，直接影响了培训质量，造成受训退役士兵的就业和创业能力低，这反过来又直接影响到退役士兵参加职业技能培训的积极性，使退役士兵职业教育和技能培训工作陷入培训质量不高、参训退役士兵积极性低的恶性循环中。

4. 部队专业技术职称及工资待遇与地方衔接方面存在政策漏洞

当前部队的专业技术证书与地方政府有关部门认可的专业技术证书缺乏相互衔接的政策，地方政府有关部门不认可部队的专业技术证书，如部队驾驶证地方交警部门不认可；有的即使认可也要降一级使用，存在不合理因素。比如，由于退役士官属于工人编制，即使有的编制部门开出了管理岗位，进入了事业单位的管理岗位，但人社部门仍然不认可，到人社部门计算工资时无法按照管理岗领取工资，只给予工人编制的工资待遇。由于没有明确的政策规定，退役士官在部队获得的技术等级证书地方人社部门都不认可，因此安置到事业单位或参公单位只能入初级工人编制，在计算工资时都不承认，退役士官的工资只能按照初级工工资领取，符合安排工作的士官大都在部队服役了 12 年至 16 年，年龄基本上 30 多岁了，回到地方入编后，工资只能按照初级工人最低工资领取，领到手大约在 2000 元左右，有的只有 1800 元，这在很大程度上影响了他们的工作情绪。

（二）原因分析

1. 对退役士兵安置重视不够，协调不足，权威性不强

几十年来的和平稳定的社会环境使地方政府有关部门和单位对国防建设支持力度不够，对依法做好退役士兵安置工作的重视不够，不能够主动协调

配合做好安置工作。多年来，广西的退役士兵安置计划主要是由民政部门去做，根据需要安排工作的人数，以及从不同渠道多方了解到有关单位可能接收安置的岗位情况后，制订安置方案报同级人民政府批准后实施。由此可见，本来属于地方政府的退役士兵安置工作，在实际工作中却弱化为民政部门的事情，使退役士兵安置工作由政府行为变成民政部门的工作，这无形中大大削弱了退役士兵安置工作的指令性和权威性。目前各地普遍成立了退役士兵安置工作领导小组，成员通常包括民政、人社、编办、教育、卫生、住建、工信等十多个部门，但实际上有些部门与这项工作关系不大，把它们列为成员单位后只会给召开小组会议增加难度，甚至互相扯皮，没有实际作用。多年来各地不同程度地存在着有关单位不愿意接收安置退役士兵的现象，特别是2007年效能建设中要求权力下放，把中央驻桂单位和自治区直属机关单位接收退役士兵的协调工作下放给各市、县，由各市、县按照属地管理的原则进行协调，各市、县民政部门实际上很难协调中区直单位，进一步加大了退役士兵安置工作的难度。加上同级政府有关职能部门在退役士兵安置工作中没有很好地给予配合，使退役士兵安置工作更是举步维艰。加上各级民政部门负责安置工作的人员缺少，县（区）民政局基本上没有专职的退役士兵安置工作人员，难以满足退役士兵接收、培训、安置等繁重工作任务的需要。

2. 安置经费筹措机制不合理，兵源多或驻军多的地方安置任务重

按照政策规定，当前地方财政投入退役士兵的经费有三个方面：一是优待金，全国没有一个统一标准。广西的标准是按照上年度人均可支配收入的45%。以广西桂平市（县级市）为例，每年在优待金方面需要支出1000万元。二是自主就业退役士兵经济补助，自主就业经济补助金由各级财政负担，自治区财政与县财政按照6∶4比例分担，自治区财政与市辖区财政按照5∶5分担。三是自主就业退役士兵职业教育和技能培训经费。此外，地方财政还需要为优抚对象危房改造等工作资金。这些资金的开支在东部较发达省份问题不大，但在西部落后地区财政压力较大。以广西贺州市为例，2015年该市义务兵家属优待金发放人数为481人，共发放义务兵家属优待金724.38万元，自主就业经济补助金发放人数为467人，共发放481.8万元，这些资金全部由地方财政负担。在贺州市的三县两区中，平桂管理区属于资源枯竭城市，昭平县、富川县是国家级贫困县，钟山县是自治区级贫困县，对于这些财政困难的贫困县（区）来说，每年虽然是200万元左右的安置经费，但只是杯水车薪，远远达不到需求。目前这种政策造成了征兵多、退役士兵多的县级

地方政府承担自主就业退役士兵一次性经济补助、义务兵优待金时分担得也多，财政上带来很大压力，在很大程度上影响了征兵工作积极性。

3. 移送接收工作军地协调不足，配合不够

当前对退役士兵的政治思想教育弱化了，以前有光荣感，参军光荣，退伍也光荣，但现在退役也光荣的传统观念已经没有了，特别是从 2012 年后士兵退役返乡报到已取消部队干部带队，退役士兵都是自己回来的。在接收方面部队与地方政府衔接不够，返乡后退役士兵无人管理，都是自行前往武装部、民政安置部门报到，在报到时间上不好控制，有的退役士兵长时间不报到，安置部门无法联系，接收安置及教育培训工作无法正常开展。当前各有关部门或者说全社会对依法做好退役士兵安置工作的重要性认识不足，没有给予充分的支持和配合。

4. 退役士兵文化基础相对薄弱，就业观念也有待更新

据调查，当前我区兵员的文化素质结构以高中和初中毕业生为主，在 2012 年入伍新兵中，大学生士兵比例占 13.2%，高中生士兵占 56%，初中生士兵占 30.8%，城镇户口士兵占 17.6%；2013 年入伍新兵中，大学生士兵占 18.1%，高中生士兵占 55.5%，初中生士兵占 26.4%，城镇户口士兵占 15.7%；2014 年入伍新兵中，大学生士兵占 16.8%，高中生士兵占 56%，初中生士兵占 27.2%，城镇户口士兵占 13.9%。由此可见，大多数复员退伍士兵入伍前来自农村，文化水平较低，缺乏特长。当前的退役士兵教育培训因经费不足、科目针对性不强、培训时间短等多方面原因，导致培训效果并不理想。另外，退役士兵的就业观念仍然比较传统和保守，倾向于管理岗位而对技术工岗位不感兴趣，造成一方面退役士兵培训后难找到工作；另一方面国有企业也难招到工人。例如：梧州市造船厂每年都需要大量的电焊技术工，员工进厂先进行焊接技术培训，包食宿，并到外省进行半年专业技术学习培训，学习期间可领取工资，工作工资可以达到 3000—5000 元不等，虽有一系列的优惠条件，但两年来都没有一个退伍兵愿意报名。

5. 监督考评机制不完善，责任追究不明确

当前安置工作普遍难落实、难推进，一些部门单位不认真履行职责、不积极配合是原因之一，致使本来是政府工作的安置变成了民政部门的工作，由民政部门单打独斗，即使民政部门使尽浑身解数，毕竟能力有限。其中的关键就在于职责不明、监督不力，有的甚至相互扯皮、相互推诿。

三、进一步做好退役士兵安置工作实践探索亟须解决的问题

（一）在现有条件下尽最大努力做好安置工作

以梧州市为例。梧州市民政局安置办树立政治任务必须完成的思想，积极向政府汇报，主动与人社、编委办等相关部门沟通，争取重点安置对象的机关事业编制。向全市各单位发出需求通知和回执，由编委办核实需求人员的单位和有空编制的单位，市编委办对凡是申请需要招录入编人员的单位特别是执法单位都通知与民政部门安置办联系对接，并预定需求人数，优先考虑招录转业士官安置。由民政部门牵头，会同人社、编委办三部门联合会签“转业士官安置方案”并上报政府进行安置。岑溪、藤县、苍梧三市（县），每年把退役士兵安置的名单报到政府，政府把名单转到人社部门和编办，由它们落实。每年都能够很好地完成安置任务。梧州市实行双选方式，由用人单位与退役士兵见面交谈确定，如果确定不了的，则由政府硬性安置。这种先双向选择、硬性安置兜底方式比较好。2015 年该市接收转业士官安置 23 人，全部按时完成安置工作任务。

（二）创新探索培训方式——梧州市的做法

为进一步推进复退军人安置力度改革，梧州市积极探索出以创业加职业技能培训来促进复退军人的就业水平和创业能力的安置新途径。除了民政部门按照每名退役士兵 2000 元补助标准直接拨付到驾校，以补助形式开展汽车驾驶培训，满足想学习汽车驾驶技术的退役士兵外，梧州市民政局借助本地优势重点抓好了以“SYB”教学模式的评茶员、茶艺师、摄影师等专业的免费职业技能培训。

首先是做好教育培训前摸底工作，利用回乡报到时对每名退役士兵发放教育培训须知，确保教育培训政策知晓率达到 100%，请他们填写自愿培训申请表，加强与每名退役士兵的沟通，了解他们的培训需求和想法，结合和尊重退役士兵的想法、爱好和市场需求情况，为设定培训科目打好基础。同时，市民政局与梧州市福利院达成协议，将该院福利大厦 6 楼以上按规定不适宜做养老服务的房间利用起来，作为培训场所；与梧州学院达成协议，由梧州学院负责培训，由福利院提供培训场地并对学员食宿进行管理，做到分工不分家，相互支持配合。

梧州市退役士兵创业培训严格按照国际劳工组织专门针对有志创办微小型企业的创业者提供的 SYB 教学模式进行（SYB 为英文“创办你的企业”的

缩写）培训内容包括“创业基本知识与技能、政策解读、实训演练”等，目的在于激发受训者的创业意识，提高他们的创业技能。培训课程实际上分两个层次：第一层次是“SYB”基础知识培训，包括计算机基础技能、请银行专业人员介绍退役士兵贷款程序和手续。第二层次是专门技能培训，根据个人喜爱、资源、特长、创业意向等选择 1—2 项职业技能科目进行培训。如计算机技能培训侧重于如何利用互联网来进行产品销售业务；营养配餐技能培训侧重如何才吃得健康，如何通过健康膳食搭配和调理，从而减少现代病如高血压、高血脂、心脑血管堵塞等病的发生；评茶员和茶艺师重点则放在让学员在了解各种茶叶的基本制造工艺的基础上，学会各种茶叶的识别和冲泡技能，掌握各种茶叶的保健功能的基本知识；摄影师技能培训主要就是教会学员如何通过运用各项摄影技能将事物最美好的一面展现出来，放到微店、淘宝店营销产品，也可开婚纱影楼。所有参加技能培训的学员经考试合格，颁发《结业证书》并推荐就业或自主创业。

培训采用高度创新的互动培训模式，采用小班（每班不超 30 人）授课，采取互动式教学，游戏法、头脑风暴法、角色扮演法、开放式讨论、案例分析和个性化指导等方式教学，对培训学员进行模拟开店式指导，各位学员之间、师生之间互相交流，有效地演练一遍当老板的全过程。同时，努力创造优越条件让学员住得好、吃得满意、服务到位，让他们安心培训。经过为期 80 天的培训，所有参加培训的复退军人基本上都掌握了一种技能和创业必备的知识、技能。培训结束之后，不少学员已准备自主创业或经过推荐已走上了工作岗位。例如通过创业培训及营养配餐技能培训，学员陈灿光在桂林航天学院附近开了家奶茶店，学员刘建宇在家乡石桥镇开了家营养粥店；学员李辉成经过计算机技能培训成功在梧州迪信通公司就业，负责销售工作，培训结束后有 20 多人直接被招录到公安部门做协警工作。同时做好培训创业、就业后的跟踪服务。

（三）梧州培训模式需要协调解决的问题

1. 学校资质确定问题

当前，全区退役士兵职业教育和技能培训基本选择在地方驾校和师资力量低的县级职业培训学校、技工学校进行。培训的学员专业水平低、操作技能差，无法满足就业、创业能力的需要。省级教育、民政、人社部门应根据退役士兵培训专业需要从全区范围内遴选中等职业学校、高职高专院校、普通本科高校用于退役士兵职业教育和技能培训。

2. 经费保障缺口问题

按照当前广西退役士兵职业教育和技能培训科目经费计算，一年内短期培训学杂费大约需要8000元左右，加上住宿费、技能鉴定费、生活补助费等共需要1.8万元左右。全区退役士兵职业教育和技能培训按照每年1万人计算，学杂费、生活费、食宿费等相关费用约1.8亿元左右。针对目前自治区各级财政尤其是县级财政比较困难的实际，在争取中央专项资金2000万元支持以及各市（县、区）每年拿出600万元左右的情况下，退役士兵职业教育和技能培训经费每年大约存在1.5亿元左右的缺口。

3. 学员缺乏创业经费问题

学员在创业时由于资金不足，虽可根据国家政策进行小额贴息贷款，但贷款需要有一个担保人，而且这个担保人还必须是机关事业单位在编在职人员，这无疑给学员增加了贷款的困难，从而也阻碍了他们创业的步伐。

四、新形势下做好安置工作的对策和建议

（一）强化退役士兵安置的指令性和权威性

首先，建议把符合安排工作条件的退役士兵安置纳入到军转干部安置工作统筹安排。

在当前的安置工作中，总感觉士官安置比军转干部安置要低人一等，在操作上比军转干部安置更加复杂，难度更大。通过两项工作对比发现，军转干部安置的优势在于：一是领导更加重视，军转干部安置工作领导小组组长基本上由党委副书记担任，退役士兵安置领导小组组长则由政府副职担任；二是军转安置是直接下达安置计划，并且可以带编安置，无须征求单位意见，接收单位无条件接收；三是军转安置操作更加简便，不用由编委会讨论。而目前退役士官安置主要困难就在于不是带编安置，而机关、事业单位又缺少工人编制岗位，无岗可安置。建议借鉴军转干部安置办法推进转业士官安置，由各级人民政府下达指令性安置任务，采取带编安置方式，国家机关、事业单位应无条件接收。

其次，规定国有企业在新招录职工时必须提供5%的安置指标。对于区域内的国有、国有控股和国有资本占主导地位的企业，规定其在新招录职工时必须提供不少于招收聘用人员数量5%的安置指标，在特殊情况下应无条件接收，并必须签订长期用工合同，待遇与其他员工相同。

最后，完善扶持退役士兵自主就业创业优惠政策。比如，对退役士兵创

业的，免除其3年内所有相关税费，水电费以当地居民用水用电价格收取；对需要银行贷款的，在适当额度和年限内给予政府贴息政策；取消现行关于贷款需要有一个担保人，而且这个担保人必须是机关事业单位在编在职人员的不合理规定。

（二）进一步完善安置工作经费保障体系

首先，强化各级财政投入主渠道。各级政府要把安置所需的各项经费及时纳入到地方财政预算范畴，做到足额及时到位。对义务兵家属优待金也由省（自治区）与市（县、区）按照比例予以承担；对落后地区，上一级财政要给予资金安排上的倾斜，不搞“一刀切”。

其次，逐步转为中央财政负担为主。优抚安置属于全局性的工作，本质上属于中央事权，因此各类安置经费应该逐步转化为由中央负担为主，否则容易造成征兵贡献多的地方反倒出现安置经费压力更大的不合理现象。

最后，建立各类退役士兵安置经费标准自然增长机制。退役士兵的各类经费补助标准应与当地上年度居民人均纯收入挂钩，随着当地居民生活水平的变化而变化。

（三）进一步完善退役士兵职业教育和技能培训免费制度

1. 完善退役士兵教育培训机制

首先是要培育和选拔一批胜任退役士兵职业教育和技能培训任务的培训机构，由民政部门会同人力资源和社会保障、教育、财政等部门对其进行评估。以就业创业技能为核心，有针对性地设置培训科目，增强教育培训的针对性和实用性。其次是推行易地培训制度，在自治区范围内跨市、县（市、区）易地教育培训，允许退役士兵在全区范围内易地选择教育培训机构，让好的培训机构有更多的学员，让退役士兵有更好的选择。今后还可探索跨省异地培训等新的模式。

2. 增加培训经费投入

应当按照培训时间不少于3个月、培训费用在当地普通职业教育和技能培训收费价格基础上适当增加的标准，划拨退役士兵职业教育和技能培训经费。建议中央财政应根据地方财政状况、教育培训绩效等因素予以专项补助，并向经济欠发达地区、兵员较多地区倾斜。

3. 努力搭建就业创业服务平台

当地政府和负责退役士兵技能教育培训机构应通过举办专场招聘会等多

种形式，为参加培训的退役士兵提供就业机会。加大人力资源和社会保障、财政、税务、工商等部门的协调沟通，统筹好各项政策衔接，制定操作性强的扶持就业创业措施办法，协调落实各级退役士兵教育培训优惠政策衔接，为退役士兵就业、创业创造宽松条件，确保各项优惠政策落到实处。

4. 加大政策宣传力度

民政部门要以退役士兵退役回乡报到为契机，动员退役士兵报名参加培训，向退役士兵详细解释教育培训相关政策，确保100%知晓，并充分运用新闻媒体广泛宣传退役士兵教育培训工作的方针政策、特色做法和显著成效，宣传退役士兵自主创业的成功典范，形成自立自强、创业创新、创先争优的良好氛围。在每年征兵和新兵入伍时将相关宣传资料发到他们手中，让其提前知晓有关政策。

（四）加强对落实安置政策的监督

1. 将退役士兵安置工作纳入地方政府绩效考评范围

上级民政部门要把退役士兵安置工作作为创建双拥模范城考评指标纳入对地方党委政府的绩效考核范围，考核对象是下一级党委政府以及双拥工作成员单位、驻地部队等，把退役士兵安置、职业技能培训等工作任务量化，年底进行检查考核。

2. 强化纪检和监察部门对退役士兵安置及教育培训工作的监督

加强对退役士兵安置工作的纪律监督，对挪用或克扣退役士兵经济补助金及教育培训经费的行为坚决查处；对在组织退役士兵教育培训中弄虚作假，虚报教育培训项目、人数、时间等以骗取财政补助资金等违规行为，依法追究责任；建立和完善第三方监督机制，委托有资质的社会中介组织对教育培训机构的培训质量及资金使用情况进行评估，对不合格的培训机构解除合同并追究责任。

完善多层级多形式的村民自治机制研究

黎 伟 蒙昭平 安忠芳 王 靓

摘 要： 加强村民自治制度建设对于推进社会主义民主建设、国家治理体系和治理能力现代化以及农村社区建设具有重要的意义。广西的村民自治经过30多年的发展，取得了明显的成就，但也存在行政村规模过大、行政色彩浓厚、经济基础薄弱等问题。为此，广西各地对多层级、多形式的村民自治机制进行了探索和完善，形成了几大自治模式，具有很高的实践价值，同时也面临着不小的困境。建议优化政府引导，发展壮大集体经济，加强教育和宣传，丰富农村公共设施，完善法律法规体系，大力加强农村社区建设。

关键词： 村民自治 多层级 多形式

一、当前广西村民自治取得的成就及存在问题

（一）广西村民自治取得的成就

1. 法律法规体系逐步健全，村民自治形成良好的运行机制

在《中华人民共和国村民委员会组织法》正式颁布实施之后，广西人大常委会立即组织专门力量，深入基层调研，召开村民座谈会，坚持走群众路线，实行开门立法，加快制定广西的实施办法，并把草案全文公布在《广西日报》上，广泛征求社会各界特别是农村基层干部群众的意见。2001年12月1日，广西第九届人民代表大会常务委员会第二十七次会议正式通过了《广西壮族自治区实施〈中华人民共和国村民委员会组织法〉办法》，实施办法对《中华人民共和国村民委员会组织法》具体条款进行了细化和补充。不但把直接选举作为村委会成员选举的唯一方式，还将村民代表、村民小组长的直接

差额投票选举也予以明确规定，使其更符合广西的实际情况。由于《广西壮族自治区实施〈中华人民共和国村民委员会组织法〉办法》的实施，广西从此有了专门的地方性法律法规，村民自治的发展有了针对性的法律保障，并得到自治区党委政府的高度重视，组织领导村民自治工作由村党支部、村委会上升到党委、组织、纪律、民政等部门；加大了贯彻和落实《中华人民共和国村民委员会组织法》的力度，使“四个民主”观念深入人心；探索了实施村民自治工作的运行机制，促进了村民自治在全广西普遍实行，形成了村民自治良好的运行机制。

2013 年 9 月 26 日，广西第十二届人民代表大会常务委员会第六次会议通过了修订后的《广西壮族自治区实施〈中华人民共和国村民委员会组织法〉办法》，同时通过了《广西壮族自治区村民委员会选举办法》。新法规进一步完善了村民委员会成员的选举和罢免程序；增加了村务监督委员会，完善了民主评议内容，明确了村务公开时效，增加了村务档案管理等内容，还将“美丽广西·清洁乡村”活动纳入村委会职责。

2. “两委”换届选举成效明显，干部队伍不断优化提升

自从 1998 年《中华人民共和国村民委员会组织法》正式颁布和实施以来，广西各地开展了广泛的换届选举工作。2014 年的村（社区）“两委”集中换届中，全广西 15336 个村（含农村社区）的“两委”100%完成换届，村（社区）党组织均实行“公推直选”，村委会均实现直接选举，所有村都建立村务监督委员会。与上届相比，新一届村（社区）“两委”班子整体呈现出“两高一优”的特点。一是文化素质提高，村（社区）“两委”干部大专以上文化程度有 16976 人，占干部总人数的 14%，比上届多 3086 人，提高 2.5 个百分点。二是女干部比例提高，基本实现了每个村（社区）“两委”班子都有妇女干部的目标，女干部有 38692 人，占“两委”干部总人数的 31.9%，比上届提高 7 个百分点。三是年龄结构优化。新一届村（社区）“两委”干部以 40 岁左右的干部为主体，平均年龄 44 岁，比上届小 0.4 岁。其中，35 岁以下干部有 25926 人，占 21.4%，比上届多 5814 人，提高 4.8 个百分点，平均每个村（社区）有 35 岁以下干部 1.6 人。从总体上看，此次换届选举大大提高了村民参选率，对村委会的文化结构、性别比例、成员年龄有了明显的改善，村民自治的相关制度也更加健全。

3. 能力建设不断加强，村委会干部待遇得到提高

为加强乡村两级办公用房设施建设，改善基层政权和基层组织办公条件，2002 年 1 月，广西壮族自治区人民政府印发《全区部分乡村办公用房建设实

施方案》，就部分乡村两级办公用房建设的总体目标、建设标准、资金安排、组织实施等问题作出明确规定，要求各地结合实际认真组织实施。自治区人民政府专项安排1.8亿元资金用于乡村两级办公用房建设，用一年时间，自治区补贴新建2830个、维修扩建1860个村委会办公用房，新建166个、维修扩建178个乡镇办公用房；市（地）、县补贴维修扩建1386个村委会和207个乡镇办公用房。到2002年年底，基本解决全区乡村两级基层政权和基层组织办公用房问题，使全区乡村基层政权和基层组织的办公条件有明显改善。十几年来，自治区和各市不断加大投入力度，加强服务设施建设，目前，各村委会普遍拥有200—300平方米的办公楼，配备办公经费，2015年的最低标准为每村每年1.5万元。

2015年，广西下发了《关于提高村干部报酬、村干部养老补贴和村级组织办公经费标准的通知》，对提高村干部报酬等有关事项进行了规定。文件要求，从2015年1月起，全区村干部每月基本报酬最低标准调整为：村党支部书记（兼村委会主任）1100元，村党支部书记或村委会主任1000元，其余村定员全额补贴干部900元。村定员全额补贴干部考评优秀的奖励2000元以上，称职的奖励1000元以上。村定员半额补贴干部的基本报酬和业绩考核奖励报酬，参照村定员全额补贴干部的最低补贴标准相应减半，具体数额由各地根据实际情况确定。从2015年1月起，将村干部养老补贴标准由原来的任期满一年每月给予8元调整为15元（村定员半额补贴干部的补贴标准减半），与城乡居民基本养老保险金合并发放。从2015年1月起，村级组织办公经费最低保障标准调整为每村每年1.5万元。文件下发后，有效地提高了村干部的工作积极性，激发了他们干事创业的热情，从而有力助推了农村基层的民主自治发展，促进了农村经济社会发展的和谐稳定。

4. “四个民主”不断丰富完善，加快了农村社会的全面进步

经过30多年的发展，通过不断的实践和探索，广西村民自治在“民主选举、民主决策、民主管理、民主监督”中有了新的发展和进步，初步形成了一套科学、行之有效的管理办法。一是民主选举已形成固定制度，选举质量明显提高。二是民主决策更加公开、公平、公正。三是民主管理机制逐渐健全和规范。四是民主监督力度加大。为保证村务公开有效实施，监督到位，广西合浦县还首创了村务公开质询制度，把村务公开内容和农民群众最关心的热点问题通过每半年一次的公开质询大会，由村委会成员及有关负责人当场进行回答和答复。实行村务公开质询制度后，农民群众的民主权利得到切实的落实，呈现出干群同心、工作合力、奋发向上的良好工作局面。合浦县的

村务公开质询制度还得到了全国人大肯定，被列为全国六种民主监督形式之一。

农村民主化进程的加快，解放了农村生产力，促进了农村经济发展，加速了村容村貌的改变，加快了百姓物质文化生活水平的提高。“十二五”期间，广西农村经济社会保持稳定发展，2011 年至 2015 年，全广西农林牧渔业增加值年均增加 191.85 亿元，在全国排第十位；广西农民人均纯收入保持年均 10%以上的增长速度，跑赢了广西经济和城乡居民收入增速，城乡居民收入差距进一步缩小。到 2015 年年底，农民合作社累计达 24073 家，比上年增加 5521 家，增长 29.8%；全广西 106 个涉农县区启动建设 163 个现代特色农业示范区，逐步探索出一条具有广西特色的现代农业发展新路子。

（二）广西村民自治存在的问题

1. 行政村规模普遍较大，村民认同感不强

自治属于直接参与行为，对地域和人口范围要求更高，规模过大、人口过多不便于群众自治。从广西农村的现实情况来看，行政村一般下辖若干自然村，地处偏远，人口居住分散，交通不便，群众要见到村干部也不易，致使干群关系生疏。在这样的条件下实施村民自治，其难度可想而知。这种情况在本课题所调研的村庄中可见一斑。如南宁市青秀区长塘镇天堂村辖 15 个自然村屯，总人口约为 5000 人；贵港市大岭乡古平村辖 10 个自然屯，总人口 3482 人，金沙村辖 6 个自然屯，总人口 5050 人；来宾市武宣县桐岭镇和律村辖 7 个自然村，总人口 6250 人。行政村的地域和人口规模过大，导致有限的几个村委会干部难以对村务实施有效管理，有的村民连谁是村干部都不知道，如何自治？

行政村规模较大导致的另一结果就是村民认同感的减弱。马克思主义认为，人们所从事的一切活动都同他们的利益有关。对于村民参与村庄治理而言，其动力大小也在于与村庄的利益联系及其认同感的强弱程度。在农民群众素质不高、认识水平不够的现实条件下，村民参与自治的积极性就更取决于与村庄的利益联系程度。然而在行政村层面实施自治，由于行政村之下往往下辖若干个自然村，各自然村之间在土地、村务、利益、文化、社会心理等方面都相对分割、相对独立，各自然村间的“你们村”“我们村”的村域认知，实际上有着排他性。这种排他性，使得村民对行政村范围内的乡村公共事务认同度、关注度低。其结果不仅使得村民对村委会层面的自治事项参与意识不强、参与的积极性不高，从而影响了村民民主选举、民主决策、民

主管理、民主监督的实效，而且由于各自然村的利益不尽相同，关切点也不尽一致，在利益竞争时便容易发生矛盾。如面对一笔扶贫资金，有的自然村希望用于修路，有的自然村希望用于建桥，有的自然村则希望用于修建饮水工程，结果就有可能使项目落不了地。

2. 行政村村委会行政色彩浓厚，自治功能被淡化

从性质上说，村委会是一个群众性自治组织。但事实上，村委会自成立以来，便承担了大量的行政职能。据不完全统计，村委会须承担的法定行政性事务多达40余项，从而成为“第六微型政府”。并且在压力型体制下，村委会的行政职能往往被推到极致，自治职能遭到严重削弱。村民小组一级，更是长期处于失管状态。甚至地方官员也承认“村委会出现了明显的附属化和行政化倾向”。即便在国家废除了农业税费后，村委会仍需承担民政、社保、计生及土地管理等行政职能，少数几个村委会干部难以有时间和精力用于料理村民自治事宜，导致村委会自治功能被淡化，村民自治被“悬空”和“虚化”，村民自治难以向广度、深度推进。

3. 行政村经济基础薄弱，影响村民参与自治的积极性

提供公共服务必然要求有一定的财政基础，然而，村民自治制度恰恰是建构于农村经济“去集体化”的体制基础上。一方面，农业经济普遍推行了家庭承包经营制，农户占有农业生产的主要成果，村庄仅仅获取相当有限的土地承包款；另一方面，乡镇集体企业在国家支持下实行改制，或出卖、或承包、或租赁、或股份化，呈现“去集体化”倾向。致使当前不少行政村集体经济薄弱，缺少提供公共服务的经济实力。

在我们所调研的村庄中，绝大部分行政村皆为“空壳村”，没有集体经济收入，在国家加强“三农”反哺力度的形势下，越来越依赖上级的定额转移支付，除此之外就靠村干部发挥能动性去上级部门跑项目，往往还需要村民集资。相反，自然村屯则或多或少有些经济收入，这表现在两个方面：其一是自然村掌握着土地所有权，无论是集体化时期还是分田到户后，土地、山林、水面等都为自然村所有；其二是土地的经济效益日益明显，在国家推动新农村建设以及城乡互动加强背景下，农村土地增值，经济效益凸显。如南宁市青秀区长塘镇天堂村在村委会层面没有集体经济，但是约一半自然屯有集体经济收入，其来源主要是屯里的集体土地出让金。有的自然屯每年有几十万元收入，在整个天堂村各自然村屯或村民小组每年集体经济收入共约200万元左右。

稳定的集体收入在自然村自治中发挥重要作用。比如农田灌溉、举办庙

会等公共文化活动时，其费用不从一家一户收取而是直接从村集体收入中支出，有的村里集体收入有节余时还会分到各家各户。因为与自己的利益息息相关，在天堂村村民对于自然屯层面的村民会议参与度较高，村委会对村民的号召力不强，项目征地困难较大。

综上所述，以行政村为自治单元的村民自治，已经无力应对日益复杂的农村基层治理带来的挑战，也无法充分满足农民日益增长的参与式民主需求，随着村民自治实践的不断深化，改革或优化这种乡村治理体制，探索多层级多形式的村民自治机制已成为必要。

二、广西对多层级多形式村民自治机制的探索和完善

（一）村民自治模式探索

1. 自然村层面村民自治模式探索

（1）贵港市的“一组两会”模式。为了解决自然屯公共服务“村委会管不到，自身又没法管”的问题，2010年广西贵港市覃塘区大岭乡产生了“一组两会”的屯级管理模式。“一组两会”是“党小组+户主会+理事会”制度的简称。其中，党小组在“一组两会”中发挥领导、引领作用，负责收集群众的意见诉求，确定要做什么事；户主会由自然屯全体户主或户主代表组成，是议事决策机构，根据党小组“要做什么事”的提议，召集户主会议进行协商决议，并对执行情况进行监督；理事会是执行实施机构，对户主会负责，主要执行落实户主会的决议，并接受党小组和户主会的监督。因而在性质上，“一组两会”就是以自然屯为主体，以屯级党组织为核心，引导户主会和理事会，组织开展村民民主管理的屯级协商自治机制。目前，这一模式已在贵港市推行并被推广运用到南宁市各县（区）。

“一组两会”呈现出以下几个特征及优势：一是划村为屯，发挥小社群优势；二是屯里有几位热心人；三是基层党组织发挥积极作用；四是协商无处不在；五是全程公开透明。

（2）河池市的“党群理事会”模式。首创这一模式的是河池宜州市安马乡白屯村村官屯。该屯由于管理不力，在村里事事落后，无法推进各项工作。2012年白屯村村委找到屯里的队干和讲得上话的人商量，决定成立一个力量较强的组织管理屯里的事务。2012年9月在屯党支部的指导下，村里通过协商组建了党群理事会。2013年广西开展“美丽广西·清洁乡村”专项活动，

为动员广大群众投工、投钱，积极参与这一“美丽乡村”行动，安马乡总结白屯村村官屯的做法，在全乡范围内推广成立“党群理事会”，以“党领民办，群众自治”为核心促进农村治理创新。规范后的“党群理事会”又称“屯级党群理事会”，属于自然村屯这一级的群众自治组织。其成员一般5—9人，通过党支部（小组）推荐、村民推荐、屯级村民代表推选的“两推一选”办法产生。对有党员的自然屯，选出威望高、处事公道、号召力强的1—2名农民党员代表，与一并选出的4—5名群众骨干代表、致富能人和离任村（组）干部等组成；对无党员的自然屯，则采取由村支部委员包屯，担任党建指导员，结对参与并具体指导和组建屯党群理事会，引导、帮助无党员自然屯的群众进行民主决策，合力推进工作。根据理事会章程，党群理事会主要任务是讨论本屯经济建设、屯内规划、社会发展规划和年度计划；讨论村民承包经营、计划生育政策落实、救灾救济款物发放、宅基地使用方案；讨论村办学校、村屯道路等公共事业经费筹集方案；讨论清洁乡村具体措施，建立保洁长效机制等。同时参与监督、评议村干部，对村务公开、财务公开等民主管理情况、决议执行情况等进行监督。有了党群理事会后，原村民小组的职责由党群理事会负责，村民小组组长如果选不上理事会成员，其职位就自然解除。

目前，安马乡157个自然屯全部成立了屯级党群理事会组织，安马乡的城乡清洁和屯级其他事务都得到了极大推进，乡村面貌明显转变，这一模式也在河池市全面推行。

（3）柳州市的“五会屯治”模式。2013年，柳州市融水苗族自治县针对该县自然屯分散、党员分布不均、村民自治意识有别、经济基础参差不齐的情况试行了“五会屯治”的管理模式。所谓“五会屯治”，即是以屯为单位，在条件成熟的自然屯逐步建立党支部委员会、公共事务理事会、公共事务监事会、纠纷调解委员会、产业发展协会，以此作为抓好农村基层党建的有效载体，将农村各项工作整体下移至自然屯，引导村民自我教育、自我管理、自我服务、自我监督的一种基层组织管理模式。同时，动员有责任心、有威信、有能力能够带领村民实现村民自治目标的农村党员、致富能人、退伍军人等，义务担任“五会”带头人，带领村民修路搭桥、整治村容、组织文体活动、发展产业等，积极推动各自然屯生产生活的发展。在融水县村（社区）“两委”换届选举试点工作和“清洁乡村”等活动中，“五会屯治”模式也得到了广泛运用。

（4）桂林市的村民理事会模式。2006年，桂林市资源县开展村民理事会建设试点工作，在自然村屯通过民主选举产生村民理事会，建立“村民委员会—社区村民理事会—互助组（志愿者服务队）—基本农户”的农村社区自治组织结构，组织村民群众发展生产，办理村屯公益事业，产生了良好效果。一是不断深化社区自治。村民理事会成了村民委员会的一个得力帮手，使村民自治进一步向自然村延伸。二是加强了农村基层服务设施建设。村民理事会带领村民，通过硬化道路、改水、改厕及“清洁乡村”活动，改变了过去农村“脏、乱、差、臭”的生活环境。近年来，资源县200多个村民理事会，组织村民群众自筹资金5800多万元，投入义务工近34.6万个，新建和硬化村屯道路33.4万米，架设自来水10.7万米，建设公共活动场地2万多平方米，建起了文化活动室、休闲公园，篮球场，成立了秧歌队、舞狮队，经常举办文体活动，丰富群众业余生活。三是提高了农民组织化程度。在村民理事会的组织带领下，农村农业生产组织化程度不断提高，形成了“一村一品”或“多村一品”的高效优质种养产业新格局，农村致富、农业增效、农民增收有了可靠保障。四是树立了农村社会新风尚。村民理事会根据各村的实际，制定了适合“村情”的《村规民约》及“清洁乡村”活动系列管理制度。一些地方还制定了《禁渔公约》《畜禽管理公约》等制度，通过制度的实施，村民的思想意识和文明程度有了明显的提高。

2. 行政村层面村民自治模式探索

（1）玉林市的“村务商议团”模式。2012年，玉林市福绵区在村民自治框架内，创新“村务商议团”民主管理模式。村务商议团由7—9人组成，设团长1人、文书秘书1人、联络秘书1人。村务商议团成员候选人分片区由村民代表协商推荐或村党组织提名，并提交村民代表会议选举产生。组建村务商议团后，经村民代表会议授权，村务商议团在授权范围内行使议事、协商和监督职责。村务商议团每月召开一次例行会议，对授权范围内的事项进行议事，或者遇到急需议定事项召开临时会议随事随议、特事特议。对商议讨论事项进行表决，表决通过后形成议案提交村党组织，提请召开村党组织、村民委员会、村务商议团“三方会议”讨论表决，通过后交村民委员会执行。“村务商议团”民主管理模式使群众的知情权、参与权得到了进一步的保障，得到了群众的广泛认可。《人民日报》《新华每日电讯》《中国社会报》《广西日报》《当代广西》《广西组工信息》等媒体和党内刊物先后对该模式进行了专题报道。该模式荣获了2012年全国十大优秀地方新政，是广西唯一入选的地方新政。村务商议团民主管理模式实现了村务公开民主管理工作的三大转变：即村务由“静态公开”向“动态公开”转变，由单一的“结果公开”向

“过程和结果同时公开”转变，由“为民做主”向“由民做主”转变，有力地促进了村民自治各项工作的开展。

（2）来宾市的“微权力清单”模式。2015年7月，来宾市针对村干部权力界定模糊、决策随意、监管薄弱等问题，以武宣县为试点，推行《村级干部“微权力”清单管理办法》，“微权力”清单围绕“三资”管理、工程项目、物资采购、公共服务、人事管理、三项公开六大类工作，并将每一类细化，分解制定了30项“微权力”，每项“微权力”都明确界定范围和操作流程。建立完善监督问责机制，限制权力寻租空间。一是将“微权力”清单管理办法规定的各项村级办事流程在10个乡镇、148个村（社区）上墙公开，既方便群众明白所办事项的具体步骤，也公开接受群众的监督。二是制定了《规范村级干部“微权力”运行监督办法》，强化村（居）务监督委员会职能，把村（居）务监督委员会作为村干部“微权力”的监督主体，明确监督职责和监督流程，进一步细化监督要点、监督内容、监督事项、监督环节。三是通过村（居）民代表会议，实行群众列席会议监督、决策过程监督、审核材料监督、定期公开监督、代表评议监督等方式作为监督的具体方式，让村（居）务监督委员会聚焦主业，明白自己“监督谁”“监督什么”“怎样监督”等问题。四是制定《村级干部“微权力”运行问责办法》，划出了村干部履权不当的38种具体情形，视情节轻重给予村干部警示谈话、责令公开检讨、通报批评、停职检查、引咎辞职、责令辞职、免职（罢免）等问责处理。

3. 农村社区建设

2007年，广西自治区人民政府办公厅转发《广西壮族自治区民政厅关于开展农村社区建设试点工作的意见》并提出，按照统筹城乡发展和社区构成因素的要求，根据地域相近、习俗相似、产业趋同、利益共享、规模适度、群众自愿的原则，以一个或多个自然村为基础，划分设置农村社区。2013年，贺州市针对各村的自然条件、产业基础，发展现状、历史沉淀、村民素质各有不同的具体情况，以地域性为基础、以产业性为主线，因村制宜，形成了各具特色的农村社区发展模式。在新型社区范围内，在保留村民委员会体制不变的基础上，打破原有村党组织架构，组建社区党组织，实行“网格化”管理，形成以中心自然村为主体、辐射带动周边自然村庄的社区党建工作格局，不断加强党对农村社区建设的领导。同时，培育和发展农村社区理事会、农民专业合作社、农村老年人协会等社会组织，提高农民自治组织程度。整合各方资源，将村级组织活动场所建设、村级公共服务中心建设、卫生室、警务室、计生服务幸福家园、五保村、幸福院建设等项目统一打包实施，建设农村社区公共服务中心。通过建立农村社区工作联席会议、重大事项通报等制度，定期研究、解决农村社区党建工作中遇到的实际问题。通过探索政治、经济、社会、文化、生态文明“五位一体”农村社区建设体系，实现了基层组织建设模式、农村社会治理模式、农民就地城镇化模式的重大创新，有效提升了村民的自我管理、自我教育和自我服务水平，推动了村民自治深入发展。

（二）多层级多形式村民自治机制探索的实践价值

1. 夯实了自治的基础，回归了村民自治的本义

将村民自治延伸到自然村，一方面适应了自然村村民由于地域相近、利益相关、文化相同，容易形成共同体的特点；另一方面则由于自治单位的缩小，更有利于群众直接参与村庄治理。村民通过在自然村层面实施自我管理、自我教育、自我服务、自我监督，既是治理的施行者又是受益者，在自治过程中能够获得较高的“效能感”，对于激发村民参与自治的内生动力以推进农村基础设施建设、兴办农村公益事业等各项工作大有裨益。村民自治延伸到自然村体现了村民自治的应有之义，是村民自治在内容上的回归，也从根本上夯实了村民自治的社会基础，有利于推进村民自治的顺利发展。

2. 缩小了自治单位，有利于村务公开和民主监督

相较于行政村，自然村屯和农村社区层面的自治，范围要小且自治事务更简单。因此在自然村屯和农村社区实施自治，更符合村组干部的非职业特征，并且村组干部在理事过程中可以更加专注自然村事务，做到精细化管理。同时，在自然村屯和农村社区设立各种自治组织，一方面各自治组织与村民距离更近，更切合村民的实际需求，村民参与自治的积极性更高；另一方面，自然村村域范围小，村民参与村务管理较为便利，村民对各家、各人情况的熟悉，也使得在村务、财务、集体土地等事项上的监督更容易到位，村务公开更容易落实，从而有利于激发村民的民主意识和参与意识。

3. 改善了基层治理关系，有利于推进村民自治的发展

通过在自然村实施自治，村民自治的基础更为坚实，同时也使向来难以处理的乡村关系由于组织架构的变动得到了改善。就村委会而言，在我国的现有法律框架下需承担行政性事务不可避免，通过行政村层面的村委会来实现完全的自治还较为困难。但自治重心下沉到自然村，则可以较好地理顺乡镇—行政村—自然村的关系，有利于实现村民自治。首先是行政村的定位更明确，即由于自治重心的下沉，使得行政村可以定位在承担来自乡镇的行政

性、政治性事务。其次是自然村保留了自治的特性，在行政村承担了农村政治治理架构的同时，自然村通过在纠纷处理、卫生清洁、基础设施建设等方面实现了农村社会治理架构。从而通过村级二级治理结构，严格界定了自然村与行政村的关系，在制度上保障了自然村作为完全自治的一级单元，避免了来自乡镇政府的行政干预。而行政村在自身压力得到减轻的同时，也容易处理与乡镇和自然村的关系，从而将村民自治从行政村下移到自然村，实现了行政与自治的分离，能够实现农村政治治理架构和社会治理架构的统一与互补，使村委会在自然村有了民主基础和社会基础，有利于村委会开展工作，也能够更充分地发挥村民自治的作用。

4. 提高了专业化的分类治理程度，有利于增强村级服务效能

以行政村为基础的村民自治，长期以来主要是依靠正式组织村委会中的几名村干部治理，由于日常事务的繁杂，几名村干部实际上处于无法明确分工的“万金油”式的管理。自治重心下沉到自然村后，由于自然村缺乏正式的组织资源，要在自然村实施自治，必须组建起一些新的自治组织，如理事会、合作社、协会等，这些自治组织相对于村委会，分类化程度更高，提供的服务更加多元、专业，适应了农民的不同需求，在促进农民脱贫致富，加快农村经济建设方面发挥了重要作用。如龙州县下冻镇峡岗村 2012 年 6 月成立龙州县樸矩生态农业专业合作社，采用“党支部+合作社+基地+农户+市场”的经营模式，以食用菌种植、加工、销售为主。合作社成立至今，资产已经达到 1000 多万元，利润达 138 多万元，社员每年股金分红达 20%。2011 年，峡岗村人均收入 3918 元，贫困户 439 户 1756 人，经过 4 年的努力，有 209 户 923 人实现脱贫，2015 年人均收入达到 4668 元。目前合作社已建有 8 个种植示范基地，年产新鲜菌 60 万斤，产值 600 万元，经营范围扩大到健康养生酒、食用酵素、醋等。樸矩生态农业专业合作社已辐射带动全县 17 个农民专业合作社等经济实体加入龙州县“第一书记产业联盟”，带动 300 多贫困户发展种植业，推进樸矩生态循环农业经济良性发展。

5. 提高了权力运行的透明度，有利于实现基层治理现代化

来宾市推行的“微权力清单”打开了权力运行的暗箱。通过运行过程的程序信息透明、公开和可问责，实现了让权力在阳光下运行和把权力关在笼子里，消除了对政策信息的垄断和村民民主参与的制度性障碍，在制度上落实和保障了村民民主选举后的民主决策、民主监督和民主管理的参政议政民主权利。特别是村务监督委员会由事后监管转到事前监督、全程监督，解决了长期未能实现的对于村干部权力缺乏有效监督约束的问题。有效限制了村

级权力行使中的专权、乱权，避免了权力寻租、以权谋私和政策的选择性执行，改变了基层政治生态结构，实现了从选举民主到治理民主的制度转变。通过规范权力、确权、限权，为基层治理找到了一条依法治村和可操作民主的方法途径，对实现基层治理现代化具有典型性的价值和意义。

三、广西完善多层级多形式村民自治机制中取得的基本经验及面临的困境

（一）基本经验

1. 坚持基层党组织的领导核心地位不动摇

坚持党的领导是中国特色社会主义政治体制的重要特征，农村基层自治模式无论怎样创新，都不能削弱党的领导。发展基层民主、推进乡村治理离不开正确的领路人，因此在组织创新中，一开始就融入党的意识和党的领导，无疑是最佳选择。这点我们从广西宜州市安马乡推出的“党群理事会”中可以看到。由于党员代表的参加，该组织的“正统”地位得到村民的认可，由于党员代表的参加，许多事务都是党员带头，群众乐于接受组织的安排。现在不仅屯级事务有了一个很好的解决平台和机制，政府和村委会的意愿也通过这一组织得以有效贯彻。党群理事会已经成了把党的声音有机地转换为群众意愿、把党的政策转换为群众自觉行动的“转换器”和“助推器”。这无疑是村域基层自治和社会治理模式创新中需要把握的中国特色。

从广西贵港的实践来看，基层党组织也发挥了这样的功能。这里的基层党组织既包括屯里的党小组、村里的党支部，也包括乡镇党委和市县党委。屯党小组是最基本的单元。屯党小组长是经协商推选出来的有责任心、有威信、有能力，同时也有一定政治觉悟的积极分子。这些积极分子在“一组两会”中是骨干，有的成员既担任党小组组长，同时兼任理事会、户主会副会长或成员。党小组成员处于基层党组织最前沿，直接上门面对面找村民谈心做思想工作的正是这部分党员。他们起着上传下达作用，既能把民意及时反映给“一组两会”和上级党组织，又能把党的方针政策及时传达给“一组两会”和村民，把握好基层协商和乡村治理的正确方向。有了屯一级党小组后，村党支部轻装上阵，更能发挥好对全村的政策宣传和沟通协调功能。乡镇党委则对整个乡镇所有村屯的情况要及时了解、把握动态。“一组两会”之所以能以“点”带“面”在全市进行推广，正是得益于市领导发现良岭屯的好做法后

及时加以提升总结，形成制度后加以宣传和逐步推广，并对“一组两会”骨干力量进行培训。实践证明，基层民主的开展自始至终没有离开基层党组织的正确领导，也正是由于基层党组织发挥了积极作用，基层民主才得以顺利开展。

2. 尊重实践、尊重群众的首创精神

理论来自于实践，制度在摸索中产生。构建集党委领导、政府负责、社会协同、村民自治于一体的多元参与机制既不是来自党委、政府的主观臆想和行政指令，更不是来自学者的构思，而是来自群众在生产生活实践中的探索，是在发现问题、提出问题、解决问题的过程中自发地萌芽，经过反复实践行得通，在此基础上总结经验、形成章程并加以制度化、逐步推广，体现了自下而上的路径。

3. 重视自然村屯对于村民自治的重要地位

村民自治的制度精髓在于一个“近”字。生活空间靠近，能形成共同利益、共同事务，民主自治就有了存在和施行的基础。走访中发现，自然村屯比行政村更容易建文体活动场所，因为活动场所无论放在哪里，相对远的村屯都会有意见而不肯筹钱。广西在村民自治探索实践中形成的党群理事会、“一组两会”以及“五会屯治”等模式，正是考虑到屯比村更小，生活更靠近，屯民拥有更密切的亲缘、人缘和地缘联系；以屯为单位来整合民意、协调关系和表达诉求，能更加准确和富有效率处理村中事务。我们主张，在“村事村办”之外，要重视“屯事屯办”；在屯里发生损益的事，尽量在屯里进行民主解决。如贵港市覃塘区正在致力打造“一组两会”升级版，探索建立“屯务联调”机制解决屯与屯之间事务，做到“屯事五联”——屯务联议、产业联兴、矛盾联解、治安联防、文明联创。实际上，广西不少地方的村民自治实践，已经不约而同地重视自然村屯在村民自治中的重要作用。在村委会选举和村民代表配额时，设法考虑均衡，周全自然屯的席次；很多村委实行“包屯”分工管理，以利于村干部扎根了解情况，收集意见，再到村委会来酝酿权衡。

4. 协商民主是乡村治理的必由之路

乡村治理离不开协商。乡村治理的内容是与农民生产生活密切相关的公共事务，生产生活中都有哪些困难只有村民自己最清楚，关于如何解决这些困难村民也最有发言权。村民自治组织本身就是经村民授权、为维护村民利益而产生，所作出的决策也只有充分反映村民意见、代表全体村民利益时才具有合法性。一句话，村里的大事小情都应该和村民商量，让村民充分参与其中。商量就是大家坐下来以平等的姿态协商，在协商中达成理解、信任，为共同的利益相互妥协让步包容。协商是举手表决前的准备阶段，协商民主与选举民主共同构成基层民主。“一组两会”、村务商议团等模式的实践探索充分证明了协商民主在乡村治理中的重要性。

5. 积极推进农村社会治理法治化和现代化

实现村民自治，实现农村的民主、自由、公平、正义离不开农村法治，农村的法治治理是农村实现民主、自由、公平、正义的保证。武宣县的“微权力清单”从制度规则上彻底改变了原有体制的弊端，消解了权力寻租空间和腐败土壤。村级权力清单改革实践，对于治理和改革当前村级治理结构和制度，完善村民自治制度和基层治理与政策衔接，具有很强的示范性和可复制性，操作易学简便，是实现依法治村和基层治理现代化的一个可贵探索与实践。法治作为人类治理的基本方式，也是一种现代性的治理方式，实现治理现代化的根本途径只能是法治治理。所以，推进农村治理现代化的基础和前提就是实现农村的法治治理和治理的法治化。

（二）面临的困境

1. 党员数量不足、质量不高，党小组难建立，作用难发挥

自然村的各种自治组织都需要在党小组的领导下开展活动，然而在改革开放和市场经济条件下，一些地方农村基层党组织既无发展经济能力，又无法适应新形势下的党建工作，组织吸引力下降，村民入党积极性不高，党员数量在减少。另外，在快速城市化进程中，农村人口大量外出务工，农村中青壮年精英普遍减少，留守下来的普遍成了“386199”部队，党员的数量和质量都受到影响，部分村屯出现了党员“空巢化”的现象，有的自然村甚至没有党员或因党员数量不足 3 人而无法成立党小组。如南宁市青秀区长塘镇天堂村有 72 名党员分 6 个支部，村里的党员主要是 50 岁以上的中老年人，60 岁以上党员占了一半以上，年轻人很少，想入党的年轻人少，最近几年才有 1 个，党员很难发展。贵港市目前全市有 2035 个屯（组、队）没有党员，217 个屯（组、队）党员数量达不到设立“一组两会”党小组条件。随着农村社会组织在自然村屯的建设，如何加强党的领导无疑成了一个需要解决的问题。

2. 村民主体意识不够，农村公民意识尚未形成

广西农村很多是“穷乡僻壤”，经济的落后制约了村民思想的解放和民主意识的觉醒，民主政治还没有成为广大农民的“生活必需品”，在某种程度上只是一种可有可无的奢侈品。村民主体意识不够的突出表现是缺乏监督意识，

参与监督的积极性不高。受历史文化因素的影响，村民习惯于被管理，对民主的认识极为肤浅。走访中很多村民根本不知道民主是什么意思，有什么用途，对他们有什么好处。因此，一直以来都没有要主动进行监督的意识，而且很大一部分村民竟然不知自己享有监督的权利。还有一直以来村干部都忽视对村民自治的相关政策法规的宣传，村民因此对民主监督不熟悉、不清楚，不知道自己是村民自治的主人，导致村民缺乏参与的积极性，没有树立主人翁责任心，让实现村民成为监督村民自治工作的直接当事人成为难题。

3. 村民自治受到市场经济冲击，逐利倾向明显

市场经济的渗透，使传统的村民自治在面对农村众多发展问题和村民日益多样化的利益需求时逐渐表现出力不从心的尴尬局面。今日农村社会越来越“讲实际”，利益社会色彩越来越浓。“讲实际”是市场经济社会的必然现象，也是合理现象，但如果沦为短浅狭隘、只顾眼前，则很可能妨碍农村经济社会的持续发展。村民逐利倾向主要体现为参政动机既不为名、更不为义，而是无利不往，有利的事积极干，无利的事懒得理。村务一旦涉及切身所得，村民踊跃参与。评审低保对象时，有的人不论按政策标准或是按村民投票，都无法评上，但还是不甘心，要到村干部家里闹，到政府去上访。如果不涉及直接利益，有些村民立即懈怠下来，叫去选村长也懒得去，先问是否包餐、误工费多少？我们在走访中也发现这样的事情，柳州市三江侗族自治县林溪乡平岩村是侗族自治地区，民风淳朴，村里有重大活动时，不用村委会号召，各家各户都积极参与，出钱出工出力，毫不计较。村里要修建鼓楼，一根柱子要 2 万多元，大家也积极捐款捐木料，还要攀比一番，因为捐的越多越有面子。然而，如今这样的情景在其他地方已经很少能见到了，村民参与集体活动的积极性明显降低，需要出工要先谈好报酬，没钱不干。

逐利倾向的另一表现是把村庄建设成本推给政府，把集体义务压低压没。一些村民认为，村庄建设是政府的事，要由政府出钱，反正政府不差钱，而且政府比我们急。“美丽广西 · 清洁乡村”活动中，有些地方采取政府出大头、村民出小头，筹钱聘请专职保洁员。有的村民想：如果我们不出钱，政府也会出，那我们何必出？甚至认为：“我过年才回来住半个月，不应该出钱。”这样的事情在调研过程中也遇到过，如贵港市覃塘区大岭乡金沙村良岭屯有一户人家，当大家倡议集资装修房屋外墙时，他因为常住贵港市不愿意参加，但是上级拨付的相关款项他又想得到，屯里理事会理事长、村委会干部等上门做工作无效，理事会只好让他家空缺不交集资款，屯里其他人也认可他家不交钱不参与。后来他感到自己在屯里受到了排斥和孤立，主动要求

参与集资。

村庄政治追逐实利，影响了村民参政行为的健康。村民自治中出现过的多种不正常现象，这常常是根源。诚然，农民好利绝不是今天才有的，也不是这个阶层独有的；但在当前，村庄的外部吸引力增大、内部约束力相对减弱，短浅和膨胀的实利思想会诱发越轨行为，增加村庄社会转型的难度和危机。

4. 外出务工和人口净流出量持续增多，造成村民自治的成员基础薄弱

传统上稳定的村庄自治，建立在漫长的农业社会秩序基础上，农村人口流动很少。今天的情况发生了根本变化，农村人口大量流入城市和发达地区。迁徙自由是全国范围推进产业化的内在要求，也是政治进步的价值体现。相关统计显示，2014 年全国农民工数量占总人口的 20%；广西的情况与此持平，但偏远山区农村超过 30%，主要流向广东珠三角地区。我们在走访中了解到，贵港市大岭乡金沙村全村人口 2000 多人，约有 1100 人常年在外务工，约占总人口的 50%；崇左市天等县向都镇民族村全村 1060 人当中，有 488 人在外打工，达到 46%；来宾市武宣县全县常年外出务工人数达到总人口的 60%左右。

人口净流出的情况，一是农村青年学子进城读书不归。目前广西初、高中毕业生升学率提高，农村学子掌握一技之长后，多数不愿意回到农村。二是进城购房定居。乡村经济能人以城居作为功成名就的象征，退休干部和教师“告老不还乡”，将城居视为人生圆满的标志。这些以工业化、产业化、城镇化为驱动力的人口流动，其广泛和深刻程度古来未有。其积极意义是：第一，有利于农民家庭增收，刺激村庄及乡镇的第三产业发展，为家乡建设直接累积资金。例如有的农民工经济宽裕了，乐于为村里修建篮球场捐款。第二，有利于为家乡建设引入商机，提升村民的创业意识和能力。例如有的农民工从外地引回老板，合作开发本地资源。第三，有利于开拓村民社会文化建设的视野，学习先进地区如何开创新生活。

与此同时，人口流动也造成了村庄社会的瓦解危机，大量人口外流也带来了诸多问题：第一是乡里关系疏远，村民长期在外，必然造成互动减少、关系疏远和共属情感淡化。第二是社会基础松动，使村民自治面临“皮之不存，毛将焉附”的困境。村民长期在外，不容易了解村庄近期情况，不能准确和及时地提出意见，无法亲自参与村庄建设，集体决议难以落实，村庄日常运作参与人数不足、参与质量不高。第三是外流人员主要是青年人和村庄知识精英，留守老弱群体缺乏眼光、热情和体力来参加农村建设，村庄社会

的结构和功能面临重大缺失。调研中发现，外出务工人员实际上很少参与本村的政治生活，造成村民自治的主体萎缩，村委会的人才储备空虚，村委会干部年龄普遍偏大，有的是几届连任。

5. 村委会对村庄运作的影响力出现减弱，村民自治需要寻求新的制度支撑

一方面，在不改变行政村村委会设置现状的情况下，在自然村设置自治组织，随之而来的就是自然村的各种自治组织与行政村村委会之间的关系问题。如果自然村的各种自治组织作为村委会的下属机构，这些自治组织就可能被附带行政化；如果自然村的各种自治组织保持独立的自治性，村委会的权力就有可能被削弱而引发双方关系的紧张。如在贵港市调研时，就有部分村“两委”干部开始担心“一组两会”设立后，屯里的很多大事由群众决议，无形中会削弱村“两委”的职权，影响到村务中心工作的推进。这种担心和看法有可能影响二者关系的和谐和“一组两会”的长效运行。

另一方面，一些村委会由于队伍素质、转型能力、转型条件等原因，跟不上经济社会发展的要求，找不到位置，有时显得无所适从。有的农村在市场规律下，自发产生“合作社”组织。农民跟从经济能人，以地入伙，统一种植、管理和销售，实现规模效益。外地老板来收果，只要联络合作社领头人，打几个电话，农民就送果来装车，村委被“边缘化”了。村委会的资源和权限大幅缩水，职能面临空壳化，村民个人与村委会、村集体有所疏远。村委会需要重新寻找“需要自己干”，且“自己能够干”的事。

6. 交通与信息条件发生根本性变化，网媒普及倒逼提升村民自治质量

交通建设方面，广西农村在村村通车、通柏油路、通水泥路，甚至屯屯通的路径上，稳步前进。近年来随着“千村公路通畅工程”推进，到2014年全区建制村通沥青（水泥）路率已接近九成。高铁正在通达各地级市，天堑变通途。信息通信方面，2014年全区行政村通宽带率已达97.7%，无线网络信号更是几乎实现全覆盖。青年人基本普及能上网的智能手机，用于远程交流、休闲娱乐、查询种养知识和市场信息。交通和信息建设的推进，扩大了村民的见识和视野，缩短了落后农村与发达地区的信息占有差距。同时，对村庄社会原有的、以政府和老人为中心的权威结构形成冲击。例如，政府倡导规模种植某种作物，村民不一定齐声响应，因为他们自己在外面有所见、在网上有所闻，形成自己的经营判断。老人倡导如何生活，年轻人也不一定信服，他们去过广东等发达地区，经常上网，比老一辈更能利用交通通信的便捷，活动范围更大，了解信息更广，生活理念更活跃。这种理念代沟，由

于年轻人普遍外出，暂时被掩盖下来。所以当前尽管信息化浪潮日益汹涌，但很多村庄的管理还是按照“老一套”走。

四、国内外经验借鉴

（一）国内经验借鉴

1. 广东清远市的自然村自治模式

这一模式于2014年4月在广东省清远市推行。其特点是重构农村基层治理体系，将现有的“乡镇—村—村民小组”的农村基层治理层级调整为“乡镇—片区—村（原村民小组或自然村）”。其中，“片区”作为乡镇的派出机构，是在原村委会基础上建立的片区党政公共服务站，其职责是承接上级下达的工作和为村民提供各类公共服务。村委会干部则依据自愿原则转为片区党政公共服务站工作人员，作为乡镇政府的聘员，其补贴从各级政府投入的村级组织运转经费中支出。在片区下则以村民小组或自然村为单位设立村委会，开展村民自治。调整后的村委会不再列入村级组织运转经费保障范围，村委会成员由村集体经济给予每人每年约300元补助。在村委会成立前，建立村民理事会作为重新划分的村的过渡性自治组织。另外，作为配套机制，党组织建设也随之下沉，在自然村或村小组层面设立了党支部。目前，清远市已成立了997个片区社会综合服务站、9239个村小组（自然村）党支部、14554个村民理事会。其中，英德西牛、佛冈石角、连州九陂3个试点镇通过村委会下移，村级组织由原来的42个调整为390个。

2. 湖北秭归县的村落自治模式

湖北秭归县的村落自治模式的特点是在保留行政村一级村民自治的同时，将村民自治单位下移，形成了“两级村民自治”的农村基层治理的新格局。其主要做法是划小单元，回归村落。2011年秭归县按照“地域相近、产业趋同、利益共享”等原则，将全县186个村划为2055个自然村落，每个村落居住的居民在30—80户左右、地域面积为11平方公里，并以此为基础开展村落自治，由此形成了村落自治与行政村村民自治同时开展的“两级村民自治”新格局。其中，村落一级自治主要承担提供村落内的公共服务、办理村落公益事业等事务，行政村一级自治主要解决村落之间公共事务的组织协调。因此，村落原则上是负责本村落内的公共事业发展和公共服务组织，并不承担行政村下派的行政任务，从而在一定程度上实现了“村落自治为主、行政村行政与自治兼顾”的分工定位。

3. 广西三江县的侗族自治模式

广西三江侗族自治县是侗族聚居的地区，侗族人民在长期生产生活中，创造了极具民族特色的传统文化，除遵照国家法律外，仍沿用习惯法来管理村寨，形成“款约”制度，由民主推选的寨老执行管理。新中国成立后，“款约”组织逐渐失去其存在的社会条件，但利用有威望的老人实施管理这一做法得以继承和发展。

三江侗族自治县人口总数38万人，其中60周岁以上老年人口5.86万人，占总人口数的15%。目前，全县85%以上的行政村和社区都成立老年人协会。这些协会都设有领导班子，一般由村（居）党组织书记或村（居）委会主任兼任会长，同时推选热心、能力强、威信高的老年人担任协会班子成员。协会制定有章程和制度，办公和活动场所大多是在村寨的鼓楼或戏台里。协会一般会选择在四月初八、三月三、五月十三、六月六、九月九重阳节等民间传统节日开展丰富多彩的活动，通过唱山歌、唱侗戏、“月也”、吹芦笙、跳“踩堂舞”等，来宣传党的路线、方针、政策，教育村民遵纪守法，教育年轻人尊老爱幼、勤俭持家。协会的老人们积极参与社会公共事务管理和村屯公益事业建设，为当地建设出谋划策，参与制定村规民约，处理山林纠纷，调解邻里关系，化解家庭争吵。三江县的实践证明，老人协会承担了村委会一半以上的民事纠纷调解工作，大大减轻了村委会的工作压力，在当地经济社会发展、构建和谐社会和新农村建设中发挥了重要的作用。

（二）国外经验借鉴

1. 德国“城镇等值化”模式

这一模式主要通过土地整理、村庄革新等措施，实现在农村生活但不代表质量下降的目标。1965年，巴伐利亚州制定《城乡发展空间规划》，将“城乡等值化”确定为区域空间发展和国土规划的战略目标，从法律上明确了这一理念。该目标要求城乡居民具有同等的生活、工作及交通条件，保证土地资源的合理利用，保护水、空气、土壤等自然资源。为此实施了以下主要措施：

第一，实行规模化土地生产。允许土地自由买卖和出租，政府通过信贷、补贴等方式鼓励小块土地所有者出租或出售土地，使原来规模较小的土地生产转化为大规模的农场生产，从而使土地资本得到了深层次的挖掘。第二，实施经济组织的合作化发展。动员和组织农民踊跃参加各类农业合作社，农民参加合作社可以在资金融通方面免除债息过高的风险，在农产品加工方面共同享受增值，在共同使用大型农业机械和设施方面可以互通有无，最重要的是可以通过农业产业内部分工，享受到完善的社会化服务。德国的大多数农业合作社为了扩大影响力，还纷纷走上联合发展之路，许多合作社都加入了地区性合作社联盟、专业性合作社联盟和全国性合作社联盟，这些联盟在互通情报、控制市场方面发挥着重要作用。第三，社会保障的体系化模式。德国政府专门制定了适合农村需要的社会保障制度，包括医疗和护理保险、养老保险和事故保险等，形成了统一的农村社会保障体系。1989 年，德国政府出台提前退休制度，鼓励中老年农民提前放弃农业，把农田交给年轻的农民，从事农业的中老年人提前退休，可以得到赔偿金。1995 年 1 月，政府进一步加大对农业社会保障制度的改革力度，重点是为农民的妻子提供社会保障以及在原东德实行农民退休养老金制度，逐步统一城乡社保制度，以达到城乡并轨，从而使农民生活有了可靠的保障。目前德国政府预算中，每年用于农村社会保障的资金已达到 100 多亿马克。

2. 欧盟国家农村社区治理模式

2000 年以来，欧盟在 15 个工业发达国家推行“领导+”的农村社区规划方式，并逐步把这种治理模式推行到其他所有成员国家。“领导+”的全称是“把农村发展的愿望与农村经济发展各项活动联系起来”，“领导+”的任务是，推动和组织地方社会团体建立联合会，地方社会团体联合会主持和制定他们所在农村社区的发展总体规划，并且按欧盟政策导向设计适合农村社区发展的项目，负责实施和管理发展规划项目。这种治理模式是一种自下而上的农村社区（地方）驱动和社会各部门合作的管理模式。与城市规划建设项目不同，欧盟农村社区的规划项目从一开始就吸收了当地农民广泛参与，即在地方社团联合会与当地农民共同参与下，使规划项目既充分利用了当地文化资源，又提高了当地农民的生活质量，这也是当地农民热心参与的原因。如英格兰政府为了让农村社区居民自己创造未来，注重使各级政府均可以听到来自农村社区居民的声音，采取措施支持农村社区居民参与决策，并形成了较系统的农村社区利益集团的合作机制。

3. 日本的“造村运动”

在日本农村社区建设中，农民有广泛参与和意愿表达的有效机制和渠道。20 世纪 70 年代末，日本开展“造村运动”。在“造村运动”中，政府广泛促使农村社区居民参与，在社区内推崇自行思考、自行实施的精神，在规划的制定、实施到“一村一品”的产品选择上，让社区居民根据本地需要来取舍。

政府的作用主要是引导群众集思广益，唤起广大村民的热情和干劲，同时在政策与信息服务、人才培训、市场开发、技术指导等方面给予他们必要的支持。菜单服务是日本政府为农民提供标准化服务的一大特色。以土地改良为例，土地改良区成员从构造改善局提供的各种项目菜单中选择满足他们需要的项目，项目规划必须获得2/3以上成员的同意方可立项。工程的运行与维护事项，除极少数大型水利设施由政府管理外，绝大多数是由土地改良区的农民自己管理，体现了农民在社区建设中的作用。

4. 美国农村社区的公共服务体系

美国是典型的市场经济国家，对农业生产并不直接干预，但却为农业生产和农民生活提供充足的、完善的公共服务。如政府为农村社区的农业生产在平整土地、修造梯田、建设道路、灌溉设施、电力供给、垃圾处理、排污设备和信息等方面提供的服务；为促进农业科技推广而提供的组织完善的农业科研、推广服务和职业教育体系；为满足农民生活和发展需要而提供的义务教育和包括养老、医疗、失业、残疾、生育以及社会救济等农村社区的保障制度。再如，美国还通过政府为农民提供完整的农业保险体系，依此帮助农民化解农业风险，保障农民有稳定的收入。这种农业保险体系包括农业总收入保险、巨灾保险、农作物保险、牲畜保险等，具有覆盖范围广、保障水平高、保险种类齐全的特点。这些措施的实施，保证了粮食的生产和农民的增收，同时也保持了农村的生态稳定，促进了农村的人与自然的和谐，表现出了较高的供给效率。

发达国家在农村社区公共服务方面有共同的经验：一是城乡基本公共服务均等化程度较高。发达国家在基本公共服务中注重城乡和工农的融合，如在涉及民生类公共服务方面，农村社区的居民与城市社区的居民可以享受大体相同的义务教育、卫生保健、社会保障，基本实现了人人享有基本公共服务目标。二是农村社区公共服务主体和服务方式日益多元化。发达国家在涉及农民生产生活等基本公共服务上，政府发挥着主体作用，社会和社区也发挥一定的作用，服务主体多元化态势明显。同时，在服务方式上，存在着政府直接提供、混合提供、社会提供以及个人提供等多种提供方式，而每一基本方式又表现为不同的存在形式。多元化的服务主体和多样化的服务方式，促进了农村社区公共服务的有效供给。三是农村社区公共服务制度化。多数发达国家对农业、农民和农村社区的支持，对农村公共服务，均有成熟和完善的法律法规，农村社区公共服务的资金保障、服务主体、服务方式、服务水平等均受到制度约束，促进了农村社区公共服务持续、稳定、规范和科学的开展。

五、完善多层级多形式村民自治机制的思路和对策建议

（一）完善思路

1. 自治层级多样化

综上不难看出，村民自治的层级可以是多层次的。村民自治的发展走向，从方向上来说应该有三种，即向上、向下和横向的发展。向上，即按照前国家领导人彭真所言的“把一个村的事情管好了，逐渐就会管一个乡的事情；把一个乡的事情管好了，逐渐就会管一个县的事情”。由于种种原因，当前村民自治向上发展较为困难。向下，即将村民自治的单位下移，放在自然村屯，这方面如广西的“一组两会”“党群理事会”“五会屯治”和村民理事会等模式都取得了明显成效。横向，如近年来出现的以新型农村社区作为新的治理单位开展社区居民自治的实践，也能够适应当地农民的需要。从而在村民自治的发展中，形成行政村、自然村屯、村民小组、社区等多层次的自治格局。这样的自治格局在中央层面也得到了高度认可。2014 年中央一号文件明确提出：“探索不同情况下村民自治的有效实现形式，可开展以社区、村民小组为基本单元的村民自治试点。”2015 年中央一号文件再次强调指出：“在有实际需要的地方，扩大以村民小组为基本单元的村民自治试点，继续搞好以社区为基本单元的村民自治试点，探索符合各地实际的村民自治有效实现形式。”

2. 实现形式多样化

从实现形式来说，村民自治并不一定围绕着村委会进行，而应该有更多的自治类型。过去我们有一种固定的做法或思维定式：一提到村民自治，就容易将其与行政村村委会相联系甚至等同。由于过于关注村委会，将村民自治等同于这一载体，结果是既赋予了村委会过多的负担与职责，又不利于其他自治领域的开展。事实上，村民自治组织除了村委会其他涉及全体或部分村民公共事务的组织，包括自然村或村民小组中的组织，如老年协会、各种理事会、议事会、监事会和委员会等，只要是村民自我选举、自我管理、自我教育、自我监督的群众性组织，均属于村民自治组织，在村庄治理中同样能发挥重要作用。这些组织的存在，大大扩展了村民参与自治的领域和内容，丰富了自治的类型，也同样值得肯定并支持其发展。

行政村、自然村屯、村民小组、社区等自治层次和除村委会外的其他自治组织，就构成了村庄治理中多种类、多层次的自治格局。这种治理格局决定了村民自治未来的发展方向，既不是让小组自治、社区自治取代行政村自治，也不是让各种协会、理事会、委员会代替村委会，而应该是在做好行政

村自治的基础上，向小组自治、社区自治延伸，向多领域自治延伸，这或许才是村民自治未来的发展方向。

3. 坚持全面原则

村民自治的有效实现应依循全面原则。村民自治作为一种治理工具，要依托于并服务于农村社会的全方位发展。依据广西当前实际，追求村民自治的有效实现，首先要加强宏观层面的努力，即继续推进广西农村经济社会的全面发展。要靠发展留人，优化农村地区的创业环境，提升村庄生活品质，弥补因人口外流导致的功能缺失，增进村庄社会的共同观念、共同利益和共属情感，增强村民的社会联系，巩固村庄政治发展的根基。一切改革与尝试都需要时间来检验。各地的村民自治试点探索时间都还不长，有的才刚刚起步。因此，在为改革创新的成功欢欣鼓舞的同时，也允许改革过程中出现一些不足。同时，对于出现的问题，地方实践部门也要引起足够的重视并切实加以解决，以推进这一改革的发展。

（二）对策建议

1. 优化政府引导，助力村民自治取得新发展

村民自治是农民依法民主决定和管理自己的事务，但这绝不意味着完全游离于政府之外。政府应该从村情民意出发，尊重村民依法享有的权利，发挥优化引导作用，继续推进村民自治从自发回归到自觉，引导广西村民自治制度顺利脱困。第一，加大财政支持力度，转变扶持方式，利用优势资源和条件助力村民自治的新发展。在集体经济功能逐渐消失的情况下，政府所掌握的财政支持便成为主要的资源和条件，因此对村民自治的优化和发展具有重要的引导意义。政府在主导农村经济社会发展的同时，需要及时优化村民自治。这种优化引导不仅体现在加大财政支持上，更重要的是转变扶持方式，从“授之以鱼”转为“授之以渔”。政府在尊重村民的首创精神和自我发展能力的前提下，应充分利用所掌握的优势资源和条件，为村民自治的优化提供动力和保障。如提供知识教育和技能培训、引进与扩大农村经济发展项目、改善基础设施与公共服务、利用市场信息为村民增产增收提供服务、推动农村卫生医疗保险改革、奖励和鼓励农民首创精神等。这是政府引导作用的有效发挥空间，是村民自治优化和发展的内生性支撑力量的来源。

第二，以优惠政策和细致工作塑造村民自治优化与改革的动力。面对市场经济带来的冲击以及由此造成的农村人口单向度流动，政府难以继续依靠传统的说服教育，而必须以实实在在的利益优惠来予以驱动。“要充分发挥人

民群众的主观能动性和伟大创造精神，保证人民群众依法管理好自己的事情，实现自己的愿望和利益。”这是村民自治的实际要求。政府的优惠政策和工作的落实，可以为村民自治优化和改革注入生机活力，可以有效地弥补财政手段所无法达到的深层次动力要求，为村民自治的出路指明长远方向和提供广阔的空间。

2. 发展壮大集体经济，增强村民自治的凝聚力

发展壮大农村集体经济是增强农村基层党组织凝聚力和战斗力、增强服务功能、促进经济发展和实现共同富裕的重要物质基础。村集体经济是农村经济中最重要的组成部分，其发展程度关系整个农村经济发展大局，大力发展村集体经济，切实壮大村级集体经济实力，不但是经济问题，并且是重大的政治问题，村级集体经济的发展壮大，是实现全面建成小康社会的坚强支柱，是加强农村基层党的组织建设，为进一步巩固党在农村的执政基础提供经济保障。

发展壮大农村集体经济要有新思路，一是要引导农民因地制宜，挖掘自身潜力，走各具特色的经济发展的路子。二是强弱联合，以地域、产业等为纽带，由强村、强企与弱村联合，以强带弱，解决弱村调整结构无思路、开展工作无办法、启动经济无资金等方面的问题，带动和促进弱村调整结构、发展经济的步伐。三是扶贫攻坚，各级政府每年要选择部分经济欠发达乡镇和贫困村庄，采取财政拨、部门捐、银行贷等办法，从资金方面帮扶经济落后乡村启动经济，采取培训干部、提供信息、讲授技术、创新思路等措施，帮助村庄厘清思路，走上迅速发展的轨道。四是典型引路，选择不同层次、不同类型的典型村庄，进行大力培育，发挥他们的示范作用，带动区域内农村经济的发展。

3. 加强教育和宣传，不断提高村民自治主体的政治素质

首先，加强农村文化教育建设。毫无疑问，目前在农村实行的免费九年制义务教育，将无疑对农村文化教育产生深远的影响，它仍然将是加强农村文化教育的主要途径。但就现实而言，作为村民自治主体的农民已在学校教育之外。基于这一现实，可考虑，以学校为依托，建立政府补贴型的分区式的文化活动室，为学生也为村民提供学习和交流的文化活动场所。与此同时，要加大对国家有关村民自治的法律、制度和政策的宣传力度。此外，还要提高县乡村干部素质，使他们能认真指导村委会实施村民自治的各项制度，指导村民在参与中不断提高民主意识和参政议政能力。让村民直接参与各项村民自治制度，既可以启蒙大家的民主意识，也可以使村民体会到这些民主制

度给他们所带来的好处，从而为他们以更积极主动的心态参与以后的村民自治活动奠定基础。

其次，探寻外出农民参与村民自治活动的有效途径。从目前的情况来看，较为可行地解决外出农民参与村民自治活动的有效途径有：一是充分发挥家庭在村民自治和外出村民之间传动功能。有调查表明，在农民外出流动的背景下，农村家庭在村民自治过程中有重要的作用。很大一部分外出流动的村民参与村庄事务是通过其家属这一“中介”而实现的。在这里，家庭发挥了特殊的治理功能。二是村务重大事项宜在春节期间召开。众所周知，尽管农民外出打工是一个十分普遍的现象，但在春节前夕，大量外出打工农民都会返回家乡，因此，在春节前后举行村委会选举、村民大会、村民代表大会以及财务公开等村务重大活动，有利于集中全体农民的意志，特别是外出打工的农民在外面接受的新事物、新思想无疑会给村民自治注入新血液。同时借此机会加强对外出打工的农民进行必要的政策宣传，进行尽可能多的信息传递。

最后，提高村委会成员和村支部成员素质。一是通过加强思想道德和政治法治意识教育，提高村委会成员的政治素质，增强党性观念，并自觉地把自己置于村支部的领导之下，按照党的路线、方针、政策办事，形成具有依法办事、民主自治、开拓创新的思维意识和实际工作能力；要不断严于律己，为政清廉，以身作则，增强感召力和凝聚力；同时要提高自己在文化知识、科学技术以及市场经济方面的能力与素质。二是通过加强制度建设、思想建设和作风建设，提高村支部成员的素质，以适应农村发展的新形势、新特点，在村民自治中发挥核心领导和先锋模范作用，并严格贯彻《中华人民共和国村民委员会组织法》和相关法律制度，支持和保障村民依法自治，与村委会相互信任、相互支持，同心同德、齐心协力地将村民自治工作开展好、发展好。

4. 丰富农村公共设施，强化网络媒体对于村民自治的正面功用

在公共设施建设方面，要重视图书室、运动场 、技术学校 、棋牌室等的有效建设，增加村民的交流，提高村民的学习热情，丰富他们的知识和生活，还可强健他们的体魄，以塑造更为合格的政治人。同时也可以有效地减少赌博 、斗殴等农村不良文化的产生和蔓延。

要探索“网上村民自治”，借网络增加村庄社会成员的互动和关联，加强共属情感，巩固村庄社会系统。要通过网络，向新一代村民加强村民自治宣传，提升依法参与村民自治、依法监督村务的意识，不顾虑、不回避参与村

庄政治生活，形成主人翁自觉。要通过设置网页、微信公众号等网上信息平台，向远近上网村民介绍本村发展近况、面临机遇和规划设想等，作为村民参与村庄政治的信息基础。要借助网络强化村务公开，村庄重大事项的前前后后，要在适当范围及时公开，供具有利益关联的村民实施监督，及时消除“半懂不懂”所造成的猜忌误会。要借网络推动选举公开、竞选承诺公开，村务公开既上墙也上网。要借助网络的交互性，尝试完善网上直接参与村务决策的渠道，尝试实施网上意见表决。借助网络新科技，让民主选举、民主决策、民主管理、民主监督在阳光下运行。

5. 努力完善法律法规体系，构建长效监督机制

第一，农村基层社会治理的创新必须进入体制内才能可持续发展。村民自治在最基层农村的有效延伸，属于体制内的范畴，但是就其形成的组织结构如党群理事会、户主会、社区理事会等，并不在体制内。因此需要进一步制定完善相关法律法规，使农民自创的基层自治组织得到法律体系认可，进而进入民政登记体系中，成为国家法律调控的范畴，使这些组织得到法律保障，将会更好地发挥其作用。

第二，修改完善和制定切合基层实际的村民自治的规章制度。在落实好现有的村民自治制度的基础上，着眼于保障农民群众享有更多更切实的民主权利，不断扩大民主自治空间，努力做到哪里有群众的利益，民主就延伸到哪里；哪里有公共决策，民主就延伸到哪里。各级政府要认真研究农村民主政治建设的新情况、新特点以及存在的困难和问题，加强对村委会工作指导、支持和帮助的力度，尽其所能帮助村委会排忧解难，为村民自治工作提供必要的经济保障。对依法属于村民自治范围内的事项要放权于村、还权于民。作为村民自治组织的村民委员会，通过制定并经村民会议讨论通过的村规民约等规章来进行自我管理和服务，实行依法治村、依规管村。要规范村务公开，公开的内容要规范，内容要简明，重点要突出，情况要真实；公开的程序要规范，地点要固定，时效要保证，方式要灵活；公开的时间要规范，村务要及时，财务要定时，其他的事务要随时。

第三，构建体系完善、科学高效、良性运转的长效监督机制。一是要拉长监督的链条，形成全方位的监督体系，要有多个监督主体的广泛参与，各级人大及其常委会、县乡镇党委政府、村党支部、广大村民，都应该是村民自治监督体系中的重要组成部分，并发挥积极的监督作用。二是要优化监督方法，要由过去习惯的行政监督方法更多转变为利用法律、制度的监督方法。三是要实行监督责任制、失误追究制和目标管理制。四是要把民主监督、民

主管理等各项制度落实好，充分发挥群众监督的威力，形成科学高效良性运转的长效监督机制。

6. 大力加强农村社区建设，提高农村治理现代化水平

第一，进一步建立健全农村社区建设领导体制和工作机制。要把推进村屯社区建设纳入经济和社会发展规划、社会主义新农村建设总体规划和新型农村城镇化发展规划。各级民政部门要发挥牵头作用，善于协调有关部门，动员社会力量，发动居民群众，整合各种资源，合力推动农村社区建设，形成党委统一领导、党政齐抓共管，组织、民政部门牵头，有关部门分工负责、社会力量积极参与的领导协调机制和工作机制。财政部门要逐步加大公共财政对农村基础设施和公共服务设施建设力度，建立财政支持、单位帮扶、“一事一议”筹集、社会各界捐助的多元化投入机制。逐步建立政府购买服务制度，凡是依法由农村社区组织协助的事项，应当为农村社区组织提供必要的经费并创造工作条件，委托农村社区组织办理的有关服务事项，应当实行权随责转。要注重整合农村社区建设相关资金和项目渠道，努力提高其使用效益。要协调有关部门加大政策扶持力度，造就一支结构合理、素质优良、热爱农村基层工作的农村工作者队伍。

第二，进一步加强以民生需求为导向的农村社区服务体系建设。在农村社区建设工作中推行农村社区化服务，发挥行政机制、互助机制、志愿机制、市场机制的共同作用，完善覆盖农村社区全体居民的社区服务体系。要抓住中央和地方加大农村社区服务设施建设工作力度的机遇，加强农村社区服务设施建设。要抓住各级政府转变职能的机遇，将涉及农村居民切身利益的劳动就业、社会救助、社会治安、公共卫生、计划生育、社会保险、文体教育等公共服务延伸到农村社区。重点推进农村社区服务中心建设，逐步形成与当地经济发展水平相协调，综合服务设施为主体、专项服务设施为配套、服务网点为补充，室内外设施相结合、综合信息管理平台为载体的服务网络。农村社区服务设施要考虑农村居民的居住状况，原则上每一个社区配置一处综合服务设施，对于农村居民居住分散的，可根据需要设立服务站。要善于整合各部门资源，利用村级组织办公场所和活动场所，村卫生室、警备室、文化室、体育设施等现有设施，打造功能完善的农村社区服务平台。同时，还要大力推行公共服务事项准入制度，提倡开放式办公、“一站式”服务，合理设置服务窗口，优化工作流程、规范服务标准，鼓励开展全程委托服务。还要充分发挥农村“五老”的作用，广泛组织动员农村居民、各类社区组织和驻区单位参加志愿互助服务活动。还要引入市场机制，积极引导经营性服务机构在农村

社区设立便民利民服务网点，构建农村社区市场化服务体系。有条件的地区要推进农村社区信息化建设，为农村社区居民提供快捷、方便的服务。

第三，进一步加强以增强农村居民凝聚力为宗旨的文化建设。在农村社区建设工作中，要加强社区文化建设，进一步增强社区居民的认同感、归属感。要以丰富多彩的文体活动为载体，不断加大农村社区文化投入，切实增强农村公共文化服务能力，缩小城乡文化发展差距；要积极倡导农村居民自办文化，以老百姓喜闻乐见的社区邻里文化节等为载体，让农民共享改革发展成果，努力把农村社区建设成为传播社会主义先进文化的重要阵地。要开展文明集市、文明户、志愿服务、城乡社区结对共建、文明和谐社区等农村社区精神创建活动，不断提高素质，促进农村形成良好的社会风尚。要深入推动“美丽广西·清洁乡村”活动，完善村规民约，建立清洁乡村长效机制，引导农村社区搞好村庄规划，加强村内道路建设，引导农民科学合理建设住宅，搞好村庄净化绿化。要引导农村居民自觉养成节约资源、爱护环境、讲究卫生的习惯，广泛发动农村居民积极参加环保活动，积极开展植树造林活动。推广应用环境整治与生态保护、水资源开发与污水处理、住宅节能与能源利用等方面应用技术，引导农村居民采用资源节约型的生活方式，建设宜居幸福社区。

参考文献

[1] 刘增禄. 村民自治：运行中的主要问题及对策分析 [J]. 云南行政学院学报，2013，(4).

[2] 余彪. 村民自治基本单位再认识与村级治理体系重塑——从广西W县S村调查谈起 [J]. 西南大学学报（社会科学版），2015，41（6）.

[3] 郭明，张紫君. 村民自治制度的实践困境与完善路径——广东省阳春市南村的经验观察 [J]. 衡阳师范学院学报，2015，36（5）.

[4] 何霜梅. 协商民主与乡村治理——基于广西贵港屯级“一组两会”协商自治制度的思考 [J]. 中央社会主义学院学报，2014（5）.

[5] 韦广雄. 村域基层社会治理的创新与村民自治的有效实现 [J]. 求实，2015，(2).

[6] 汤志华，吴国富. 广西村民自治发展的困境及其出路——以广西合寨村为例 [J]. 广西师范大学学报（哲学社会科学版），2013，49（5）.

[7] 王木森，王东. 微权清单式村治：法治村治的未来模式 [J]. 理论导刊，2015（4）.

[8] 汤玉权，徐勇. 回归自治：村民自治的新发展与新问题 [J]. 社会

科学研究，2015，(6)．

[9] 王悦．我国农村基层民主视域下"村民自治"的探索［J］．才智，2014，(29)．

[10] 何小民．新形势下广西实施村民自治有效路径研究［J］．桂海论丛，2015，31（6）．

[11] 覃杏花．利用少数民族习惯法 促进广西农村村民自治发展［J］．梧州学院学报，2008，18（4）．

[12] 韦少雄．论村民自治的法治价值［J］．农业经济，2013，(6)．

[13] 卢明威，陈东仿．论村民自治制度的完善［J］．人民论坛，2015，(14)．

[14] 唐晓清，潘立魁．健全和完善村级党组织领导的村民自治机制［J］．探索，2010，(3)．

[15] 李海舰．国外农村社区公共产品供给特征及对我国的启示［J］．天中学刊，2013，8（5）．

[16] 唐鸣，陈荣卓．论探索不同情况下村民自治的有效实现形式［J］．当代世界社会主义问题，2014，(2)．

[17] 蒙昭平，李胜泉．广西民政理论与实践［M］．北京：中国社会出版社，2015：70-78.

[18] 杨晟斌．村民自治制度研究［D］．泰安：山东农业大学，2012.

[19] 高文婧．广西新农村建设中的管理民主问题研究——以"村民自治第一村"合寨村为例［D］．桂林：广西师范大学，2014.

[20] 方丽华．集体经济薄弱对村民自治运作的影响——以浙江省上村为个案［D］．杭州：浙江师范大学，2012.

[21] 范国志．新时期村民自治的对策及建议［D］．北京：首都经济贸易大学，2011.

[22] 程鹏．新时期我国村民自治能力提升研究［D］．武汉：中共湖北省委党校，2014.

[23] 贺海蛟．贫困地区村民自治研究［D］．武汉：中共湖北省委党校，2014.

[24] 单玉国．强化"四个民主"建设：推进村民自治健康发展的关键［D］．成都：西华大学，2014.

[25] 王少强，伍泽天．福绵："村务商议团"约束村干部权力［N］．中国纪检监察报，2013-10-26（3）．

社会工作介入城市低保核查的工作机制研究

——以南宁市六城区城市低保为例

黄英为　甘丹妮　李春明　滕海舅　梁乐甜　杨凤东

摘　要：随着我国市场经济的进一步发展和社会结构的急剧转型，城市收入差距与贫困问题日益凸显，民政部数据显示，2016年一季度全国享受低保人数达1600万。社会工作的主要任务之一就是城市反贫困，在加强社会管理体制创新的背景下，社会工作介入城市低保群体工作的必要性越来越凸显，深入研究当前社会工作介入城市低保群体问题具有重大现实意义，可以为社会工作缓解城市贫困提供理论依据和实践指导。本次研究的宗旨在于：探索出社会工作介入城市低保工作的可行性，使专业的社会工作介入到城市低保工作中去，以此提高低保工作的专业化管理与服务水平。

一、南宁市城市低保制度实施现状

（一）基本概念解释

1. 城市最低生活保障制度

城市最低生活保障制度是社会救助制度的一种，也简称“低保制度”，是以保障城市（城镇）居民基本生活为目的，科学、合理地确定最低生活保障标准，然后对其家庭成员的人均收入低于最低生活保障标准的部分给予差额补助的一种社会救助制度①。也可以理解为，低保制度是国家为解决城市居

---

① 多吉才让：《中国最低生活保障制度研究与实践》，北京人民出版社，2001年版，第84页。

民的生活困难而建立的一种社会救济制度，是目前条件下有中国特色社会保障体系的一项重要内容，是社会保障体系中最低层次的保障，也是社会保障安全网的“最后一道防线”。实施城市居民最低生活保障制度后，由于救济标准统一、救济范围扩大、救济水平提高、救济行为规范，使我国的社会救济工作开始进入规范化、法制化管理轨道。

对城市最低生活保障制度的理解还应包括以下几个方面：首先，实施最低生活保障是政府的社会责任，获取最低生活保障是公民的基本权利。在市场经济前提下，贫困是多方面因素的结果，但总体上社会因素相比于个人因素来说是更为主要的，因此政府实施最低生活保障制度是政府职能所在。其次，城市最低生活保障制度是针对非农业户口的城市低收入困难群体，保障标准的核定单位以户来计算。只要家庭人均收入低于最低生活保障标准，均可申请享受城市居民最低生活保障待遇。最后，城市低保实行的是“差额补助”，政府给予的补助是一个家庭人均收入与当地最低生活保障标准之间的差额部分，而不是当地城市低保标准的实际数额。

2. 城市低保对象

城市低保对象是指“城市居民最低生活保障制度的保障对象”，也即家庭人均收入低于当地最低生活保障标准的持有非农业户口的城市居民。城市低保对象主要包括三类人员：一是无生活来源、无劳动能力、无法定赡养人或抚养人的居民；二是领取失业救济金期间或失业救济期满仍未能重新就业，家庭人均收入低于最低生活保障标准的居民；三是在职人员和下岗人员在领取工资或最低工资、基本生活费后以及退休人员领取退休金后，其家庭人均收入仍低于最低生活保障标准的居民。根据这一规定，失业人员在享受失业保险待遇期间，只要家庭人均收入低于最低生活保障标准的，可以同时申请城市居民最低生活保障待遇；失业人员享受失业保险待遇的期限届满后，不管其是否重新就业，只要家庭人均收入低于最低生活保障标准的，均可申请享受城市居民最低生活保障待遇。①

3. 低保核查

低保核查是指对低收入家庭围绕其家庭收入、生活及财产状况、低保金发放和领取情况等方面进行入户调查。一方面，低保核查也包括对城镇街道、

---

① 百度百科.《城市居民最低生活保障制度》. http：//baike. baidu. com/link? url=x0bPHkhqrrw-xPr4E_ P0sCM6qohs5Qxfpdvyz1r4b7pakIRBe3V8S_ 7m0ya-HGA0EYYMCNgrwNIXJUmwPqs1za.

社区居委会在低保申请、审核程序、低保资料整理归档等工作规范方面进行调查；另一方面，从社会工作介入的角度上说，对低保对象的入户核查不仅仅是对其家庭经济状况的核查，同时也包括对低保对象生存现状、家庭环境、精神需求、资源需求、健康需求等方面的服务需求的调查和评估，对低保对象这些需求数据的获取和分析对社会工作之后的服务介入是非常必要的。根据需求分析的结果，进一步围绕链接资源、提升服务对象能力等内容和目标，设置服务方案并提供社会融入、能力提升、心理疏导、资源链接、宣传倡导等方面的社会工作专业服务。

从更具体的角度来看，低保入户核查不仅是整个低保审批过程的重要环节，而且是对低保对象进行规范管理的重要手段。从核查程序上看，低保入户核查工作主要分为以下内容：

（1）根据入户核查的内容及邻里走访的情况对比在保对象填写的《低保申请表》和申请材料，查看填报的内容是否属实，按每户的核查情况如实填写《低保申请人家庭经济状况核查表》。

（2）查看低保金是否按月或按季度发放或划拨到个人账户，审批机构是否严格按照低保对象家庭困难程度按档次发放低保金，查看个人账户的低保金是否按月或按季度领取。根据入户的情况如实填写《城乡低保金发放和领取情况核查表》。

（3）对审核机构的核查则主要包括：①查看镇（街道）在受理申请人提交的低保申请材料时，是否登记备案，两榜公示期满后是否做好公示情况记录并留存《公示通告》原件。②查看镇（街道）保存的《低保审批表》；查看民主评议记录，是否由镇（街道）一级组织，以村（社区）为单位进行民主评议，民主评议人数、成员类别、评议时间、评议程序、评议内容是否符合要求；查看公示通告原件和公示点公示情况照片，两榜公示期是否满 7 天，公示内容和公示地点是否符合自治区要求。按每户核查情况如实填写《城乡低保申请、审核程序核查表》。

以上内容全部核查结束后，按一户一套核查材料的原则整理入户收集到的资料，一次性提交《低保申请人家庭经济状况核查表》《城乡低保申请、审核程序核查表》《城乡低保金发放和领取情况核查表》《核查工作监督评价表》等 4 张表格一式两份、一份到点核查工作记录、一组工作照片等资料，并且还要结合整个入户的核查得到的数据和情况拟写专题调查报告，作为对整个入户核查工作的总结、低保工作漏洞的梳理以及改进工作的建议，至此，整个核查工作才算圆满结束。

总的来说，低保入户核查不仅是对申请人申报情况和提供证明的验证，同时可以比较全面地了解申请人的生活状况，左邻右舍对申请人家庭生活状况的评价，它是一个取证的过程，其质量直接关系到审批结果。对新增城市低保对象，要经过群众申请关、入户调查关、民主评议关、公示监督关、审核确认关，审核结果公示和审批结果公示的“五关两公示”的流程，群众无举报的对象才能被审批，入户调查率达100%。另外，实行低保对象分类管理，对A类每年、B类每半年、C类每月或每季度进行入户核查，经调查符合条件的，继续享受，不符合条件的，则及时取消。只有真正将低保入户核查工作长效且规范化地执行下去，才能真正避免低保审批及各项管理工作中的“骗保”“错保”“人情保”“关系保”现象，实现“应保尽保、应退尽退”的工作理念，稳步落实“精准扶贫”的重要思想。

（二）南宁市城市低保入户核查数据分析

1. 核查对象的抽取及构成

本次入户调查的范围囊括南宁市六个城区的低保对象，即兴宁区、江南区、青秀区、西乡塘区、邕宁区、良庆区。同时要特别说明的是，由于部分低保户集中安置于经开区、高新区的廉租住房内，故本次将这部分集中安置的低保对象单独列入经开区、高新区当中进行独立分析。总体上看，本次调查的抽样数为1143户，其中有效抽样数量为1138户，占总体样本数量（2923户）的38.93%。除了江南区和青秀区略低于33%的覆盖率，其余区域均达到了标准且抽样比例也基本符合总体大多抽样原则。

2. 南宁市低保工作现状分析

（1）部分城区家庭低保金额未按时领取

本次核查低保家庭收入情况时，部分低保对象未按时领取低保金，其主要因为身体原因或存折不在身上等情况导致不按时每月领取低保金，其中邕宁区、经开区与良庆区不按时领取低保金的比例较大，建议社区民政工作人员对此类低保对象进行跟踪调查，并积极宣传低保金发放和领取政策，不让救济资金用到其他方面。

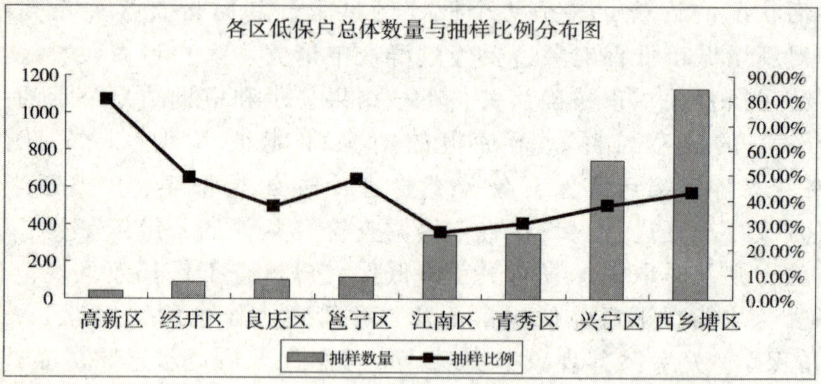

	抽样数量	总体数量	抽样比例
高新区	32	40	80.00%
经开区	43	88	48.86%
良庆区	38	102	37.25%
邕宁区	58	120	48.33%
江南区	93	348	26.72%
青秀区	107	349	30.66%
兴宁区	280	743	37.69%
西乡塘区	487	1133	42.98%
合计	1138	2923	38.93%

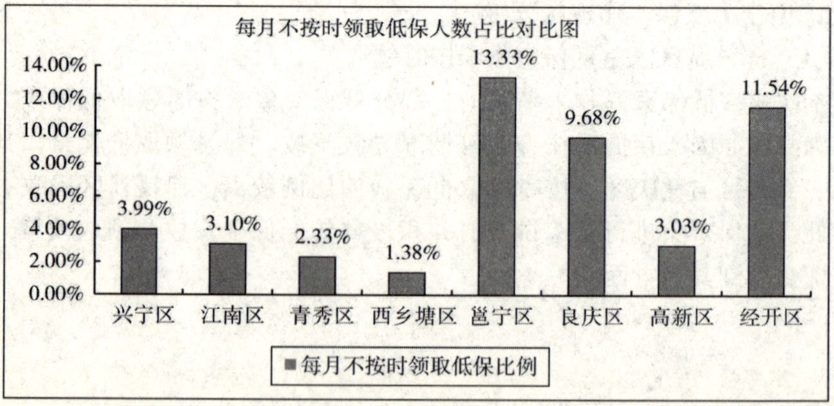

（2）核查家庭收入与申报时收入变化大

本次入户核查过程中整体出现家庭收入不稳定情况较多，其中根据数据显示核查出的家庭收入各城区都有大于申请时的家庭收入，其中良庆区收入核查差异较大，其余依次为江南区、青秀区、经开区、兴宁区、高新区、西乡塘区、邕宁区。此类低保家庭应该加大核查力度，对低保金补助人数比例进行适当调整，对家庭收入进行详细的跟踪调查。

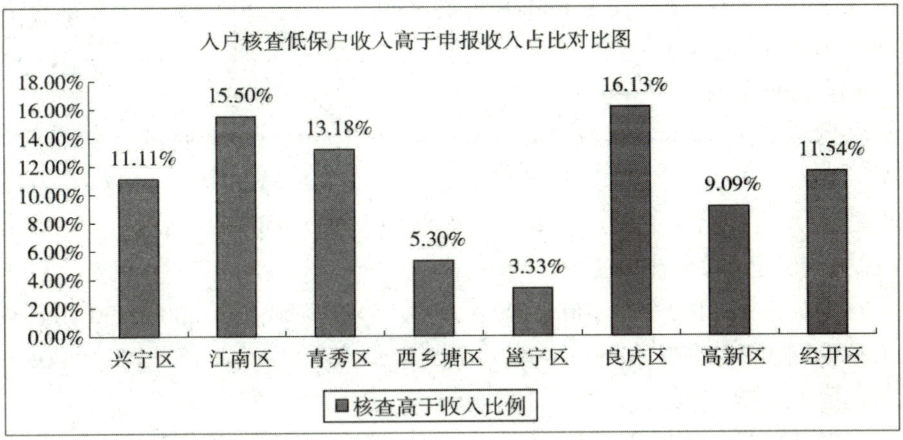

（3）核查前后低保金补差变化（以100元为区间对比）

通过下图1—5数据显示，核查后家庭经济收入发生变化，且需进一步查实低保金补差金额增减人数比例情况，其中核查前后根据低保家庭收入进行低保补差变化情况如下：

①兴宁区低保金补差变化

补助金额1—100元名额增加人数比例1.14%，100—200元名额降低人数比例为0.28%，200—300元名额增加人数比例1.14%，300—400元名额降低人数比例为1.71%，400—500元名额降低人数比例为1.71%。

②江南区低保金补差变化

补助金额1—100元名额增加人数比例1.55%，100—200元名额降低人数比例为5.43%，200—300元名额增加人数比例为1.55%，300—400元名额降低人数比例为1.55%，400—500元名额增加人数比例为2.33%。

③青秀区低保金补差变化

补助金额1—100元名额增减人数比例不变，100—200元名额增加人数比例为1.55%，200—300元名额增减人数比例不变，300—400元名额降低人数比例为2.33%，400—500元名额降低人数比例为3.10%。

④西乡塘区低保金补差变化

补助金额 1—100 元名额降低人数比例 3. 60%，100—200 元名额降低人数比例为 4. 87%，200—300 元名额降低人数比例 4. 24%，300—400 元名额增加人数比例为 1. 37%，400—500 元名额增加人数比例为 11. 55%。

⑤邕宁区低保金补差变化

补助金额 1—100 元名额增减人数比例不变，100—200 元名额降低人数比例为 3. 33%，200—300 元名额降低人数比例 3. 33%，300—400 元名额降低人数比例为 1. 67%，400—500 元名额增加人数比例为 8. 33%。

⑥良庆区低保金补差变化

补助金额 1—100 元名额增减人数比例不变，100—200 元名额增加人数比例为 1. 61%，200—300 元名额降低人数比例为 12. 90%，300—400 元名额降低人数比例为 4. 84%，400—500 元名额增加人数比例为 9. 68%。

⑦高新区低保金补差变化

补助金额 1—100 元、100—200 元名额增减比例不变，200—300 元名额降低人数比例为 15. 15%，300—400 元名额降低人数比例为 15. 15%，400—500 元名额降低人数比例为 6. 06%。

⑧经开区低保金补差变化

补助金额 1—100 元名额降低人数比例 7. 69%，100—200 元名额降低人数比例为 9. 62%，200—300 元名额降低人数比例为 5. 77%，300—400 元名额增加人数比例为 3. 85%，400—500 元名额增加人数比例为 13. 46%。

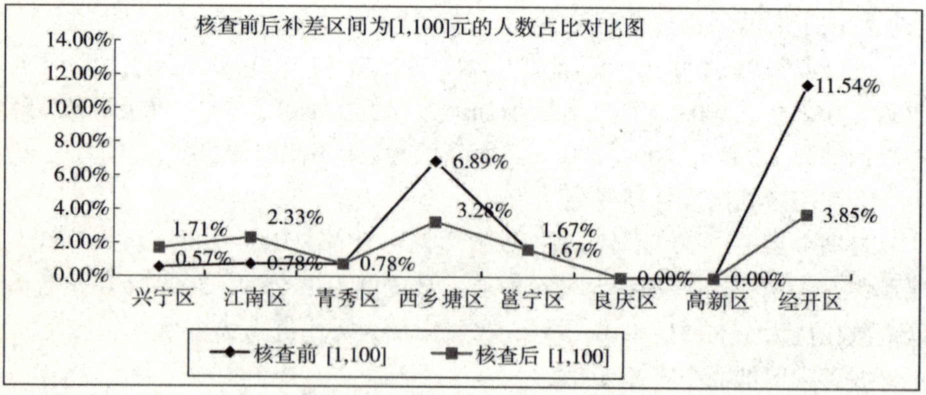

图 1

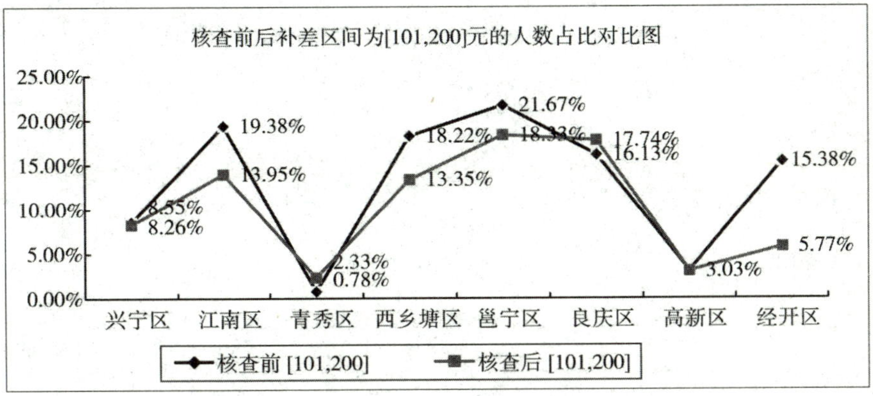
核查前后补差区间为[101,200]元的人数占比对比图
25.00%
20.00%
15.00%
10.00%
5.00%
0.00%
19.38%
13.95%
8.55%
8.26%
2.33%
0.78%
18.22%
13.35%
21.67%
18.33%
17.74%
16.13%
3.03%
15.38%
5.77%
兴宁区
江南区
青秀区
西乡塘区
邕宁区
良庆区
高新区
经开区
核查前 [101,200]
核查后 [101,200]

图 2

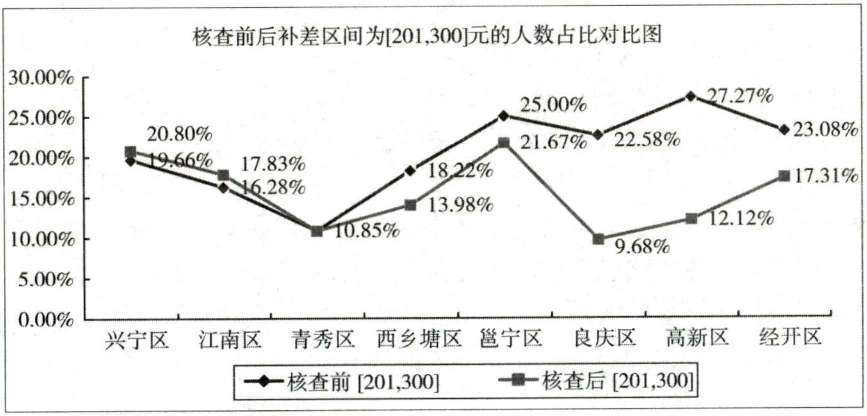
核查前后补差区间为[201,300]元的人数占比对比图
30.00%
25.00%
20.00%
15.00%
10.00%
5.00%
0.00%
20.80%
19.66%
17.83%
16.28%
10.85%
18.22%
13.98%
25.00%
21.67%
22.58%
9.68%
27.27%
12.12%
23.08%
17.31%
兴宁区
江南区
青秀区
西乡塘区
邕宁区
良庆区
高新区
经开区
核查前 [201,300]
核查后 [201,300]

图 3

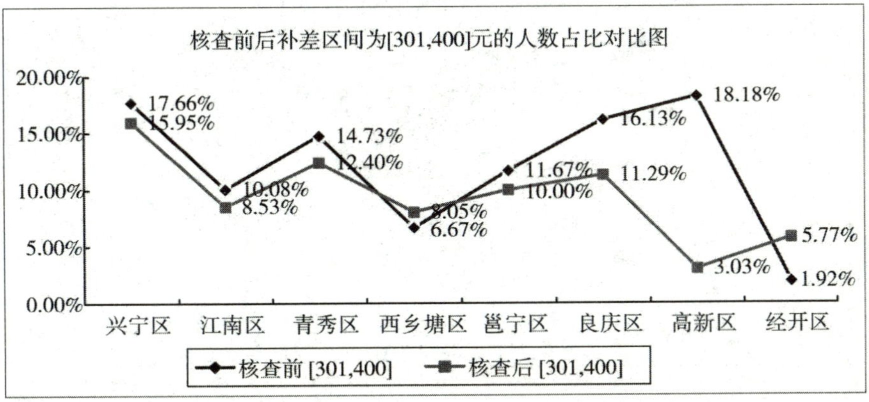
核查前后补差区间为[301,400]元的人数占比对比图
20.00%
15.00%
10.00%
5.00%
0.00%
17.66%
15.95%
10.08%
8.53%
14.73%
12.40%
8.05%
6.67%
11.67%
10.00%
16.13%
11.29%
18.18%
3.03%
5.77%
1.92%
兴宁区
江南区
青秀区
西乡塘区
邕宁区
良庆区
高新区
经开区
核查前 [301,400]
核查后 [301,400]

图 4

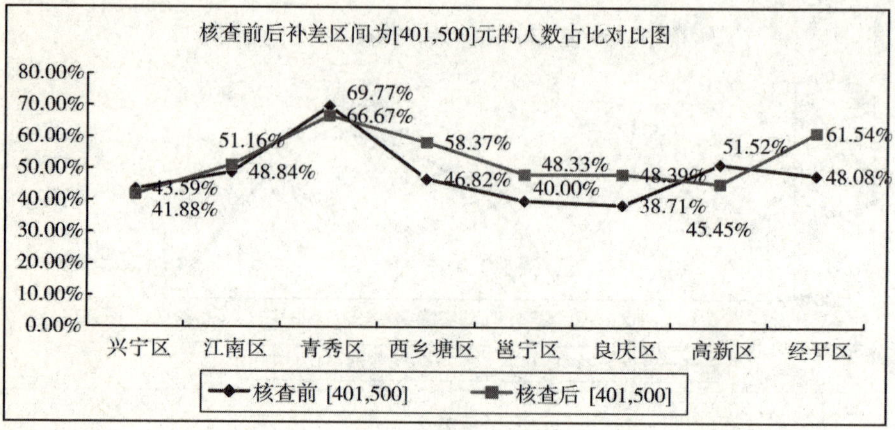

图5

3. 低保户的社工服务需求现状

（1）低保户生活方面需求统计分析

①亲朋好友赠送成低保户日常穿着的主要来源

从低保户穿着需求方面来看，大多数低保户（67.07%）的日常穿着主要来源于亲朋好友的赠送。值得注意的是，自己花钱购买日常穿着的比例高达23.81%，慈善机构捐赠占比仅为0.56%。因此，在对低保户的救助过程当中，除了及时、足额发放低保金之外，也应当想方设法提高慈善机构捐赠日常穿着的比例，为自己花钱购买日常穿着的低保户节流，换个角度说，也相当于加大了救助力度。

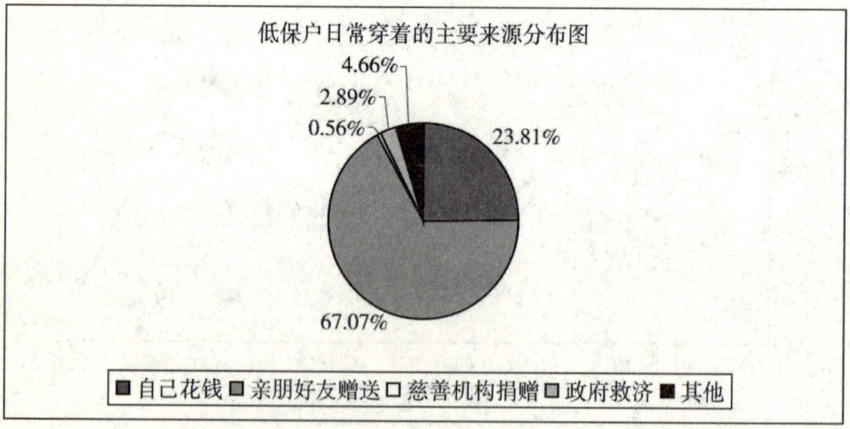

②低保户日常穿着与区域交叉对比分析

从不同区域低保户家庭成员穿着的主要来源分布图看，日常穿着主要来源于自己花钱购买的低保户主要集中在高新区；来源于亲朋好友赠送的经开区比例占比最高，江南区、良庆区、青秀区、西乡塘区、兴宁区和邕宁区基本持平。经过统计计算，不同区域低保户日常穿着的主要来源存在显著性差异。结合不同区域低保户日常穿着来源的特点，可以有针对性给予救助，例如，在高新区可以加大慈善机构捐赠力度。

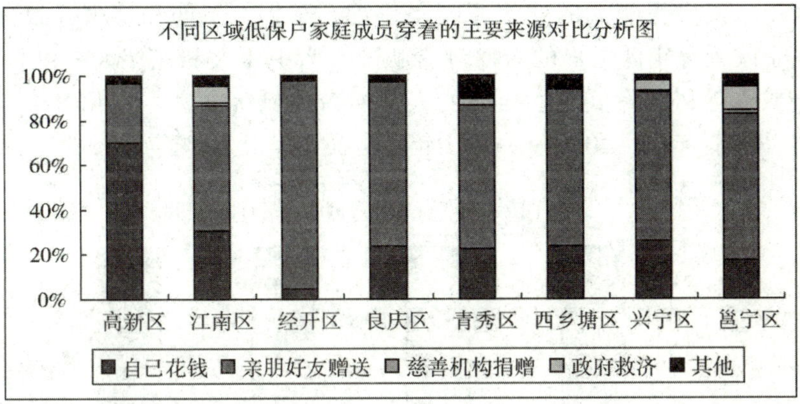

③低保户自身健康状况令人堪忧

从低保户自身健康情况分布图看，健康比例较低，仅为12.65%；残疾人居多，高达41.68%；患有慢性疾病（如高血压、冠心病、糖尿病、肺病、心脏病、肝病等）占比20.05%；患有重大疾病（如癌症）比例相对最低，为5.57%。总的来说，低保户群体的健康情况令人堪忧，提高低保户群体的身体健康水平迫在眉睫。

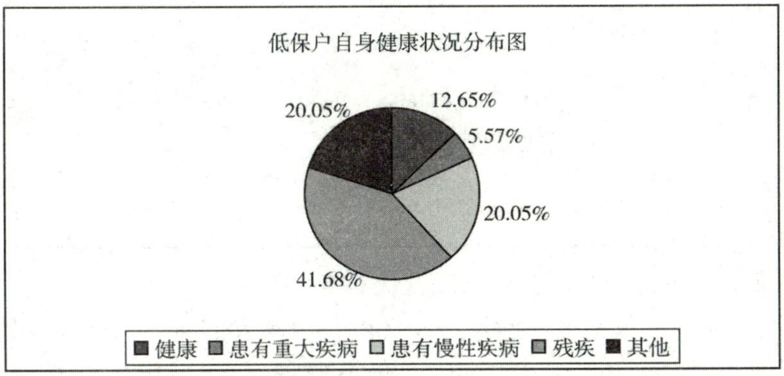

④低保户自身健康状况与年龄段交叉对比分析

从不同的年龄段低保户自身健康情况分布图来看，成年人的健康比例远低于未成年人。在年龄段为18—39岁的低保户当中，残疾人数占比

（66.32%）较高。在年龄段为40—59岁的低保户当中，健康人数占比（9.35%）降到了最低，然而患有慢性疾病的人数占比（19.96%）大幅上升，残疾人数占比（45.68%）有所下降。在年龄为60岁以上的低保户当中，患有慢性疾病的人数占比（28.41%）继续上升，残疾人数占比（26.94%）继续下降。经过统计计算，不同年龄段的低保户自身健康情况存在显著性差异。总的来说，找出青年人的残疾原因（例如：车祸、工伤和疾病导致残疾等）将有利于改善青年低保户的身体健康状况。为中年人和老年人提供相应的医疗检查或许有利于降低慢性疾病的人数所占比例（备注：根据社会学定义，18—39岁为青年人，40—59岁为中年人，60岁以上为老年人）。

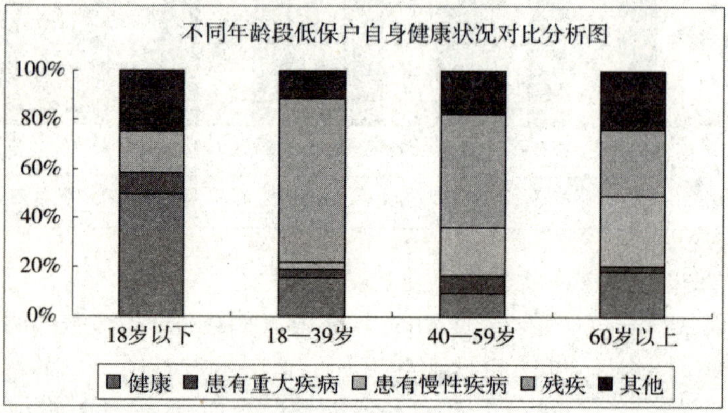

自身健康情况	18岁以下	18—39岁	40—59岁	60岁以上	合计
健康	6（50.00%）	15（15.79%）	52（9.35%）	49（18.08%）	122
患有重大疾病	1（8.33%）	3（3.16%）	40（7.19%）	7（2.58%）	51
患有慢性疾病	0（0.00%）	3（3.16%）	111（19.96%）	77（28.41%）	191
残疾	2（16.67%）	63（66.32%）	254（45.68%）	73（26.94%）	392
其他	3（25.00%）	11（11.58%）	99（17.81%）	65（23.99%）	178
列合计	12	95	556	271	934

⑤低保户家庭成员的健康状况喜忧参半

从低保户家庭成员健康状况分布图看，健康人数与不健康人数基本上持平，分别占比50.36%和49.64%。在不健康人数当中，患有慢性疾病（16.72%）和残疾（14.23%）的人数占比远高于患有重大疾病的人数占比（2.18%）。结合大部分低保户自身健康状况不佳来看，家庭成员的健康尤为重要，若是家庭成员健康状况也出问题，无疑是雪上加霜。社会救助应当结合实际，更多地为家庭成员不健康的低保户提供救助。

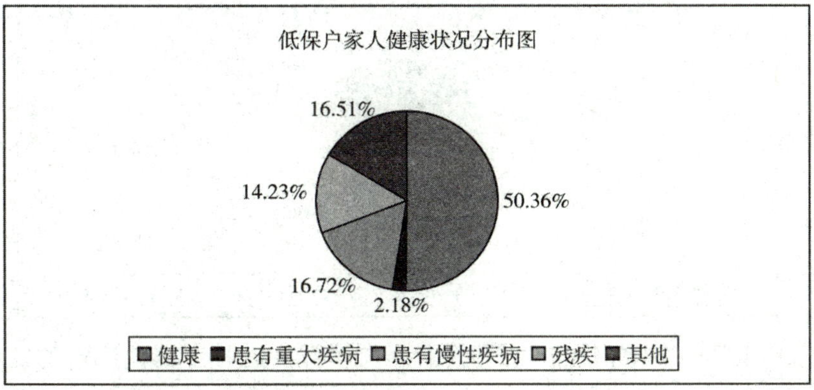

⑥低保户对疾病预防的意识较低

从低保户户主最后一次体检的时间分布图可以看出，大部分低保户户主（66.73%）最后一次体检的时间大于一年，这也从侧面反映了大部分低保户无法做到每年一查，未能对健康状况引起足够的重视。提高低保户家庭成员对疾病等潜在威胁的重视程度或许会有利于减少各种急性或重大疾病的发生率，从而改善低保户的生活境况以及质量。

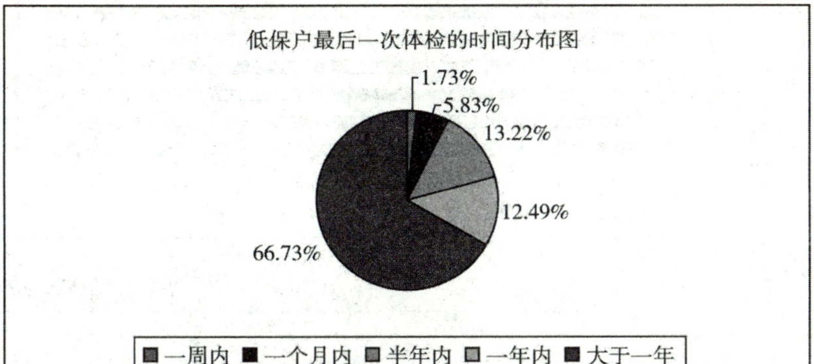

⑦低保户家庭对医疗服务内容需求较大

从低保户家庭在生活上最需要的帮助项目来看，医疗检查和药品所占比例较大，分别为29.45%和34.99%。其次是食品与衣物，所占比例分别为12.64%和9.20%。结合低保户自身的健康状况和低保户家人的健康状况来看，医疗方面救助是如今低保户家庭在生活上最需要的以及最为迫切的。

⑧不同区域低保户生活方面最需要的帮助交叉对比分析

从不同区域的角度看，邕宁区和经开区的低保户在生活方面对衣物与食品的需求比例高于其他区域；高新区的低保户对药品需求最为迫切，其药品

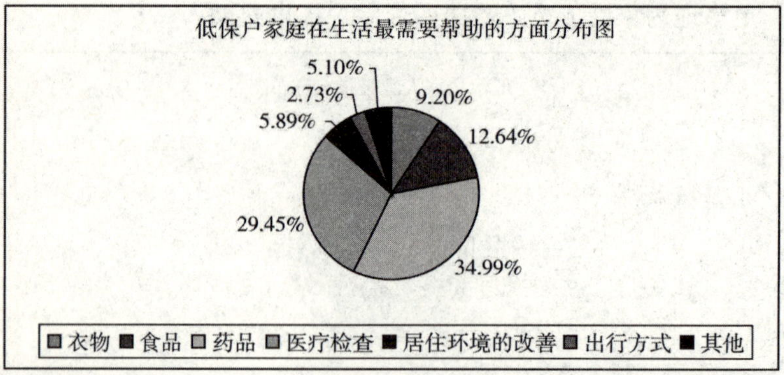

占比远高于其他需求占比；除了高新区与经开区之外，其他区域的低保户都对医疗检查的需求比例较大；出行方面需求，高新区与江南区也显著高于其他区域。经过统计计算，不同区域低保户在对生活方面需求的帮助存在显著性差异。结合低保户家庭对医疗服务内容需求较大来看，主要需求会出现在除邕宁区和经开区之外剩下的区域。

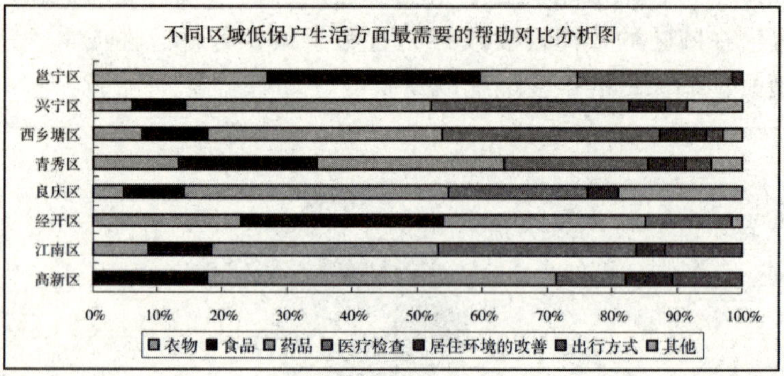

	高新区	江南区	经开区	良庆区	青秀区	西乡塘区	兴宁区	邕宁区
衣物	0（0.00%）	8（8.70%）	14（22.95%）	2（4.76%）	14（13.46%）	51（7.74%）	21（6.21%）	18（26.87%）
食品	5（17.86%）	9（9.78%）	19（31.15%）	4（9.52%）	22（21.15%）	67（10.17%）	28（8.28%）	22（32.84%）
药品	15（53.57%）	32（34.78%）	19（31.15%）	17（40.48%）	30（28.85%）	237（35.96%）	127（37.57%）	10（14.93%）
医疗检查	3（10.71%）	28（30.43%）	8（13.11%）	9（21.43%）	23（22.12%）	220（33.38%）	103（30.47%）	16（23.88%）
居住环境的改善	2（7.14%）	4（4.35%）	0（0.00%）	2（4.76%）	6（5.77%）	48（7.28%）	19（5.62%）	1（1.49%）
出行方式	3（10.71%）	11（11.96%）	0（0.00%）	0（0.00%）	4（3.85%）	16（2.43%）	11（3.25%）	0（0.00%）
其他	0（0.00%）	0（0.00%）	1（1.64%）	8（19.05%）	5（4.81%）	20（3.03%）	29（8.58%）	0（0.00%）

（2）低保户精神方面需求统计分析

①在家看电视成低保户打发闲暇时间的主要手段

从低保户对闲暇时间安排的分布情况看，最主要的还是在家看电视，占比为36.46%；其次是跟街坊聊天，占比为24.10%。结合低保户自身的健康情况来看，大部分低保户是残疾人士，聊天和看电视这种无须太多行动的活动成为他们打发闲暇时间的主要手段也合情合理。值得注意是，通过其他手段（其中以看书、看报、睡觉和打零工为主）打发闲暇时间的低保户也占有相当大的比例，为36.19%。

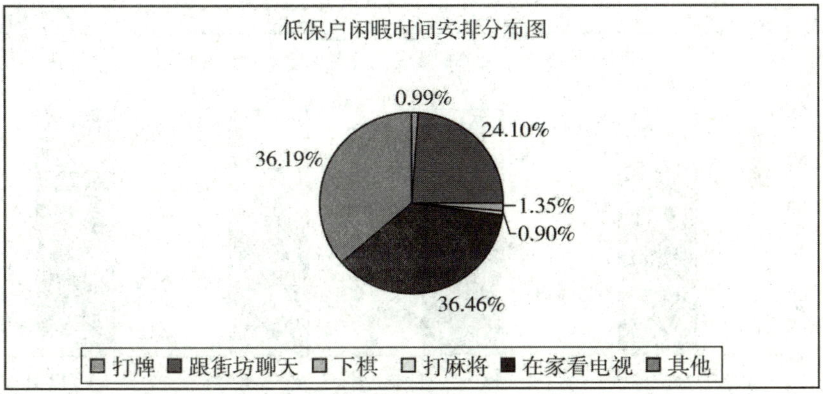

②低保户与本社区人员交流频繁

从低保户与本社区人员交流的频率分布来看，每天都有交流（40.25%）与一周两三次交流（19.61%）的比例占到了将近70%，说明低保户与本社区人员还是相互比较了解的，这对于公平公正地对低保户的资格审查与评估会有一定的积极作用。

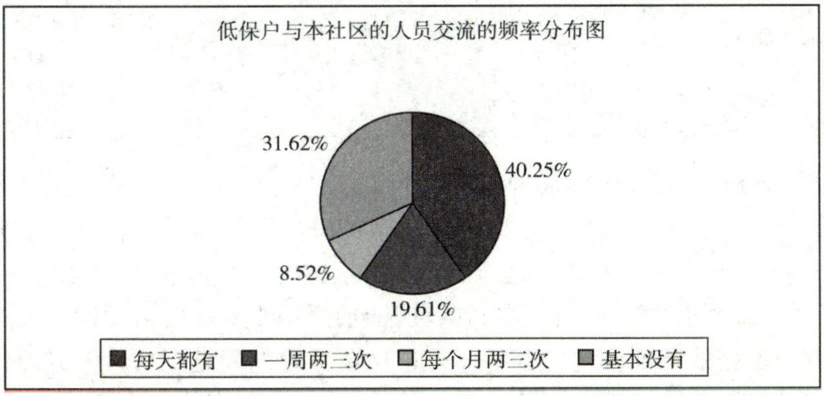

③不同年龄段低保户与本社区人员交流频率交叉对比分析

从不同的年龄段低保户和本社区人员交流频率对比分析图可以看出，成年人中年段越大交流频率也越高，也就是说在60岁以上的低保户当中，每天都有交流的比例达到46.55%，然而在18—39岁的低保户当中每天都有交流的比例只有21.52%。经过统计计算，不同年龄段低保户与本社区人员交流的频率存在显著性差异。因此，在低保户资格审查与评估的时候，对青年人的审核需要多方面了解，因为有可能由于与本社区人员交流较少，以至于在民主评议的环节没有能够得到客观、公正的评选。

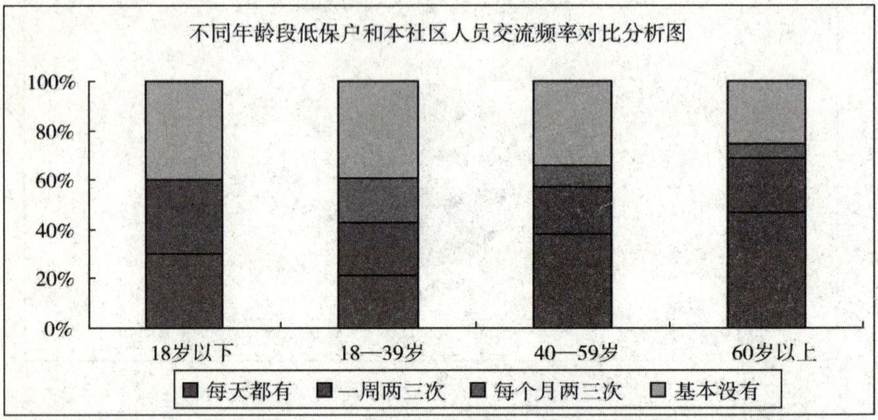

	18岁以下	18—39岁	40—59岁	60岁以上
每天都有	3 （30.00%）	17 （21.52%）	181 （38.35%）	108 （46.55%）
一周两三次	3 （30.00%）	17 （21.52%）	89 （18.86%）	52 （22.41%）
每个月两三次	0 （0.00%）	14 （17.72%）	40 （8.47%）	13 （5.60%）
基本没有	4 （40.00%）	31 （39.24%）	162 （34.32%）	59 （25.43%）

④低保户参加社区活动的积极性不高

从低保户近半年内参加社区活动次数的分布图可以看出，大部分低保户（66.13%）近半年内参加社会活动次数为0次，参加过1—2次的也仅占27.60%。如何使低保户积极参与到社区活动当中来？社区活动的形式是否符合低保户偏好的特征？这些都是值得进一步考虑的问题。从另一方面说，通过参与社区活动，也能使低保户和本社区的居民有更多的交流机会。

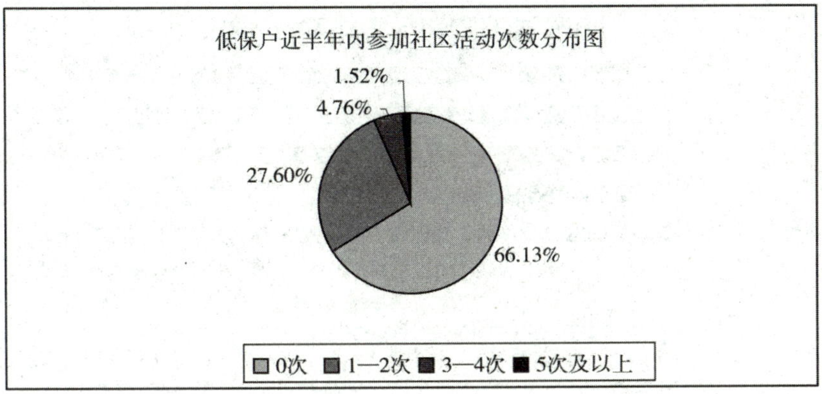

⑤低保户希望能举办更多的公益性社区活动

从低保户希望举办的社区活动类型分布图中可以看出，第一是公益性活动（社区服务、义工、义诊、义教）还是低保户最关注的，占比33.61%；第二是互助性活动（邻里互助、社区帮扶等），占比26.67%；第三是教育性活动（环境保护、医疗卫生、就业指导、技能培训、文化宣传），占比14.72%。总的来说，由于低保户生活相对比较困难，所以大多数希望能够有更多的公益性活动也是理所当然。然而希望举办教育性活动的低保户未占到大部分，这可能也与低保户群体整体文化程度偏低有关。通过进一步将低保户希望举办的社区活动类型与低保户的文化程度交叉对比分析发现，未上过小学的低保户对公益性与互助性类型的社区活动热情度较高，具有初中文化程度的低保户则对娱乐性与教育性的社区活动热情度较高。经过统计计算显示，不同文化程度的低保户对社区活动类型的偏好上存在显著性差异。

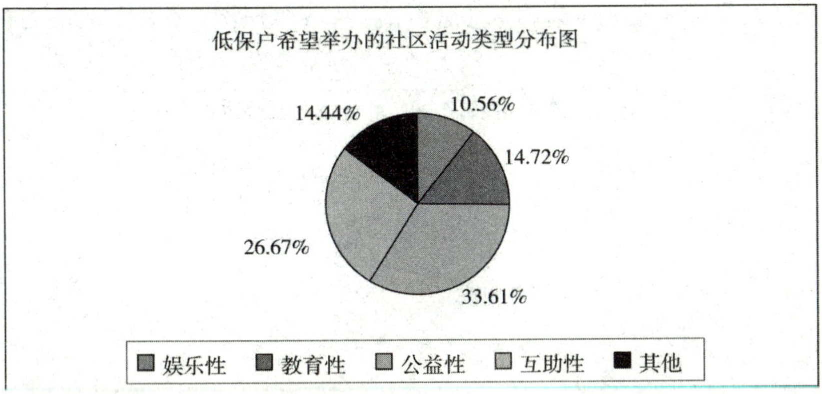

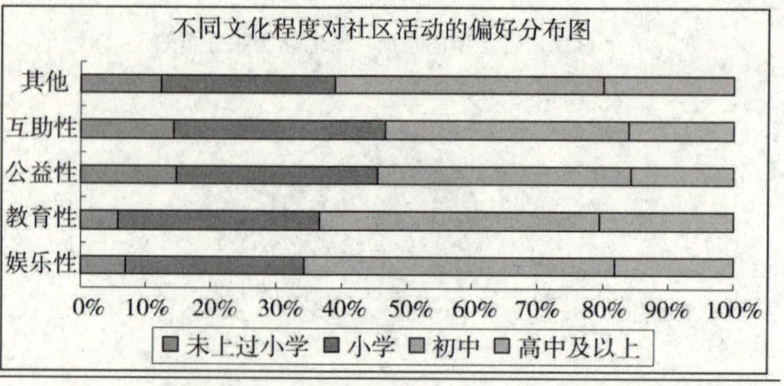

	未上过小学	小学	初中	高中及以上
娱乐性	10 （6.99%）	39 （27.27%）	68 （47.55%）	26 （18.18%）
教育性	12 （5.85%）	63 （30.73%）	88 （42.93%）	42 （20.49%）
公益性	69 （14.62%）	146 （30.93%）	183 （38.77%）	74 （15.68%）
互助性	54 （14.40%）	121 （32.27%）	140 （37.33%）	60 （16.00%）
其他	25 （12.44%）	53 （26.37%）	83 （41.29%）	40 （19.90%）

（3）低保户能力方面需求统计分析

①低保户对就业技能培训与信息获取热情较低

从低保户希望能够得到能力提升帮助的方面看，大部分（30.73%）低保户希望能够得到生活技能培训的帮助。对就业方面的帮助显得缺乏兴趣，低保户希望能够得到就业技能培训的占比仅为14.78%，希望获得就业信息的仅占10.63%。在感情帮助方面，如情绪控制和人际交往能力，只有少量低保户认为是有必要的，约占13.28%。这可能与大部分低保户无劳动能力的因素相关。

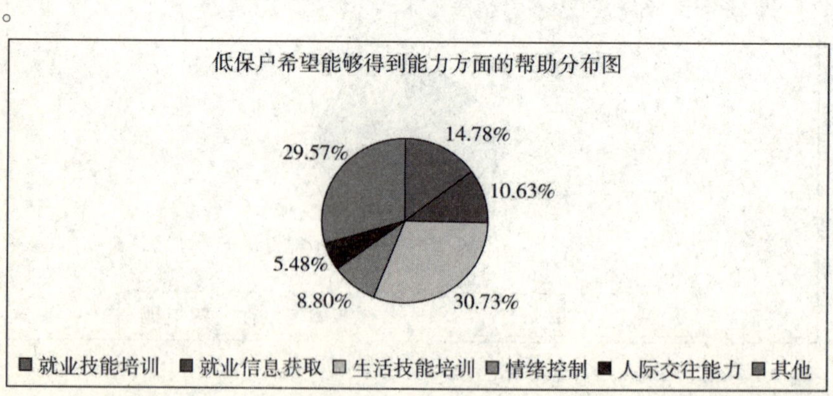

②低保户父母希望子女能够得到课业辅导与就业支持

从低保户希望子女能够得到帮助的类型分布看，课业辅导与就业支持首当其冲，占比分别达到了 36. 21%和 34. 29%，远高于其他的帮助类型。从这个结果来看，应安排志愿者对低保家庭的孩子进行课业辅导。低保户自身在就业技能培训以及信息获取方面没有多大的兴趣，然而他们更多的却是希望子女能够得到就业支持的帮助。

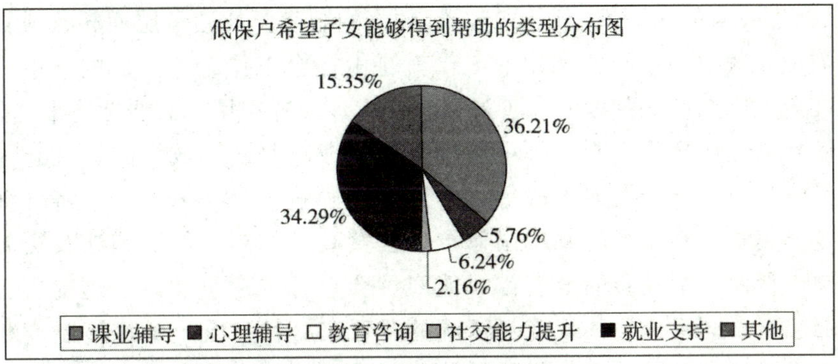

③低保户对低保政策的各方面都较为了解

从低保户对低保政策了解程度分布图看，低保户对申请程序，申请条件和低保金领取等低保政策还是比较了解的。只有很少一部人（19. 7%）对低保政策一无所知，对这部分人群进行耐心的讲解低保的相关政策还是有必要的，力争让所有的低保户或其家庭成员都能够对低保政策有足够的了解，以便能够得到及时的救助。

（三）城市低保制度实施过程的影响因素分析

1. 国家层面

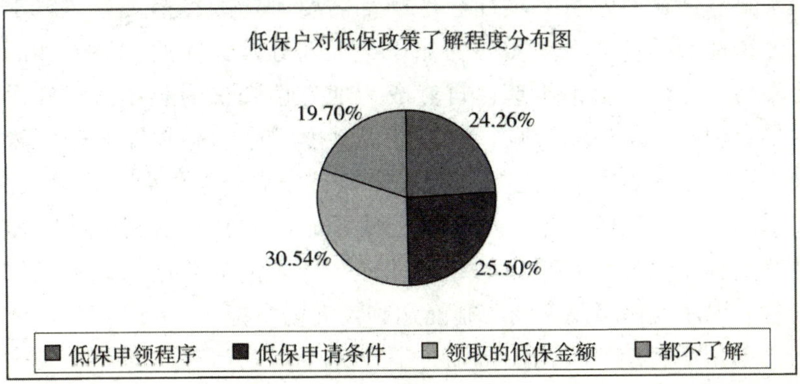

从制度的设计上看，国家一项政策制度设计得高效与否一定要与制度的受益者结合起来。任何制度都需要一个环节将制度所蕴含的社会资源转变为各种具体的服务，并通过各种实际的服务推动惠及低保对象，从而实现低保制度的目标。如何设计这个推动的环节，将是实现低保制度进一步完善的关键步骤之一。当然这也是如今各部门尝试将社会工作引入低保制度中，共同推进低保制度完善的原因之一。社会工作职业的产生是由其特有的“助人自助”、辅佐政府的职业性能所决定的，政府的制度要从政策层面转化成具体的居民福祉，这中间的服务转化的工作就是由社会工作者去完成的。也正因如此，社会工作在低保制度的完善过程中所应该发挥作用的必要性越来越凸显。

从社会经济环境上看，一项制度推行得成功与否、成效的显现与国家当时的经济实力、社会发展阶段等方面因素的影响是分不开的。经济环境因素是制定、实施公共政策的基本出发点。公共政策的制定与实施涉及资源的配置问题。任何一个社会的政府都只能对社会资源的存量加以合理配置，而绝不可能超量。同时，公共政策对资源的配置又必须在既定的经济制度和体制框架内进行，离开了一定的经济结构、制度和体制去制定和实施某种公共政策，必然要引起经济制度、体制的反弹。因此，资源的分布与既定的存量、既成的经济制度和体制乃是公共政策过程的基础，是实际影响到低保制度推行的客观存在因素。

2. 社区层面

（1）地方性知识规范

一种制度的实施效果如何，在很大程度上与能否充分利用制度实施地的本土资源有关。充分利用本土资源就意味着制度的实施要与实施地本土传统习惯相协调，也就是说在实践活动中要充分利用地方性知识。每一个人的社会活动都具有地域性，每一项社会活动都需要一定的民俗规范，由于人类的有限性使得他们的社会活动需要的知识绝大部分是具体的和地方性的。在社区，居委会作为地方自治组织，自然成为地方性知识的载体，对各项制度的实施效果有着不可忽视的影响。城市低保制度实施的有效性在于保障符合低保标准人群的最基本生活，这些对象的审核首先需要居委会工作人员的参与。居委会干部在社区工作多年，对每一个社区成员的基本情况即具体知识都非常清楚，这些知识都具有明显的地方性，而且非常个人化，只有充分利用这些地方性知识才能保障制度的实施能达到预期的目标。

（2）基层政权组织机构

基层政权组织是国家意志在行政体制最底层得以实现的最重要部分，也是最亲民的部分。只有通过基层政权组织，国家的政权体系才得以延伸和实现。而这一组织在社区就特指社区居委会了，它虽是居民自治组织，但也要负责管理社区日常事务，还要承担起具体落实和执行国家政策的责任。如果没有这一层关系，那么国家制度和政策的推行就只能停留在政策层面而无法形成具体的服务措施落实到群众当中。本次研究中，包括整个的入户核查的过程，如果没有社区居委会的参与，那么我们的核查工作将无法进行，就连最简单的低保户的家庭具体在哪里核查人员都无法找到。由此可见，社区居委会在贯彻落实低保政策制度的过程当中所起到的作用是基础性的，也是关键性的。

3. 个体层面

从前文的入户核查数据分析就可以看出，低保户个体的各方面需求是影响城市低保制度推行走向的主要因素。从大的层面上说，一项国家制度的推行首先是应民意而生，也会应民意而发展。个体能够对低保制度的实施产生影响，主要体现在其经济收入、主观意念、身体健康状况等方面。经济收入决定低保户对物质上的需求程度，收入的减少导致物质的匮乏，也就是我们说的低收入群体，低收入群体越庞大，就表明政府在低保制度的推行过程中需要投入的财力更大，那么在国家财力有限的前提下，低保群体越大低保制度推行的难度就更大；低保户的主观意念也会影响到低保政策的推行，主要是体现在保持公平公正上面，有的低保户认为导致其贫困的原因是国家或社会发展环境造成的，国家就应该对此作出补偿，在这种观念的引导下，低保政策在实施过程中如何绕开低保户的个人因素而做到客观公正就显得尤为重要。

二、社会工作介入城市低保核查服务的过程

从上文的数据及影响因素分析可知，城市低保制度的实施过程要从政策层面转化成具体的服务措施，就需要第三方机构或组织的介入。只有将第三方机构的作用发挥出来，将低保政策分解成各项具体的服务措施并付诸实施，才能最终将国家政策转化成低保户的福祉，实现低保政策的推行目标和效果。

（一）社会工作介入低保核查服务的必要性

1. 国家层面：推动低保政策宣传，营造良好的制度氛围

城市低保制度在推行过程中需要不断发现问题，再推动新的政策去弥补

和不断修正，从而逐步完善体制建设。而每一项政策的推出都需要配套推行新一轮的宣传和学习工作，当然也会对低保政策的一些基本信息重复地宣传。制度的完善过程就是一个不断宣传的过程。社会工作者在开展低保入户核查过程中会同时将低保政策带到低保户家中，包括低保政策宣传资料的派发及现场解答低保户提出的疑问等。除此之外，社会工作者还会定期面向低保户开展大型、中型、小型不同规模的社会政策宣传活动，同时在过程中组织各种有趣的游戏，推动非低保户的社区居民共同参与，共同推动低保政策的宣传，以此营造良好的社会政策宣传氛围。

2. 社区层面：促进社区低保管理工作的改进

社会工作者在低保入户核查过程中会发现和总结社区中的低保工作不足之处，并撰写形成政策建议。在社会工作服务开展的过程中，社会工作者会实际进驻到社区当中，与社区居委会共同工作，共同推进社区低保工作的规范化管理和服务。驻扎基层，借助个案工作、小组工作、社区工作三大工作方法，定期组织低保户参与活动，充分结合低保户的需求开展各类社会工作服务。同时，与社区工作人员共同推进社区低保管理工作的规范化、科学化管理，完善各项工作程序，提升管理的效率。

3. 个体层面：实现低保户社会功能的恢复

社会工作的服务更多地关注低保户个体的实际需求，采用个案工作对低保户开展面对面服务，促进其自身信念的改变、社会功能的恢复及解决困难能力的提升；采用小组工作对同类问题的低保户开展团体的辅导和跟进，以此建立低保户的社会支持系统，促进低保户之间的沟通和交流；采用社区工作推进社区氛围的改善，为低保户链接社会资源，促进低保户的社会融合和提升解决困难的能力。

社工的介入有助于促进低保户生存观念的改变、社会的融入以及就业等能力的提升。从低保入户核查来看，同样是经济核查，社会工作所关注的并不仅仅是低保户的条件是否符合低保标准，更关注的是低保家庭的生存现状、精神状态及除了国家的经济支柱以外的其他需求。国家的低保金不仅仅只是起到维持基本生存的作用，社工的介入将会引导低保户将国家的支持转化成精神动力和生计改善的希望。引导其正确认知国家的支持只是暂时性的，并不能成为其一辈子可以依靠的力量，从而纠正观念，促进低保户积极寻找改变现状的解决办法，寻找增加家庭收入的途径。

（二）社会工作在低保核查服务过程中的角色定位

社会工作可以在低保制度的介入中发挥三方面作用：一是专业基础作用，

主要是提供物质救助、心理疏导等专业性、基础性服务；二是理念支持作用，所有低保工作人员、社会工作者都应以救助对象的物质和精神生活改善需求为本，将贯彻实施法律政策与提供社会工作式的人文关怀相结合；三是功能发展作用，推动建立富含社会资本的现代社会保障体系，增强救助对象的自助生活能力，发展社会功能。

社会工作可以发挥多方面作用，但很多时候这个作用是综合性的。应组建综合化的低保社工队伍，每位社工可以有不同的任务侧重和专长，但必须互相配合、作为一个整体来行动。综合化的低保社工队伍主要承担针对低保对象的各项具体服务职能，扮演直接服务者、评估者、转介者、倡导者、管理者等多重角色。这种模式可以保证服务的整体化，也更有利于实现低保救助的发展性和预防性目标。

（三）社会工作介入低保核查服务的过程

1. 低保评估系统的社会工作介入

社会工作介入低保评估系统是指引进第三方核查机构，引进社会工作服务机构全面承接低保户的入户核查工作，由专职的社会工作人才队伍进行低保核查的各方面工作。这种介入包括对低保户准入门槛的介入、家庭经济核查的介入以及享保后的跟进管理程序的介入几大方面。

一方面，社工的介入不仅可以保证在经济核查过程中尽量求证低保户真实存在的家庭收入，克服收入界定难的问题，也可以在核查过程中避开居委会、低保户本身的刻意隐瞒，力求核查过程的公平公正。另一方面，交由第三方机构开展核查工作，专项地进行全面的核查，可以保证评估过程中各项工作的精细化和系统化；再一方面，社会工作的介入，不仅仅是对已享保对象家庭收入的再核查再审定，也可以通过社会工作长期服务的开展发现处于贫困边缘、又徘徊于低保标准线外的困难家庭，通过社会工作的进一步确认可以将这一部分家庭纳入到国家的救助体系当中，由此实现“应保尽保，精准扶贫”。同时，运用专业的工作方式与技能，为低保工作中出现的难题及纠纷提供意见，为改善乡镇低保的审核、评定和管理等工作环节提供支持。可以说，低保评估系统由社会工作的介入可以有效促进低保工作的规范化、科学化及其公平性。

下面列出社会工作介入低保评估系统的新型运行模式的流程图，希望能够相对直观地体现出社会工作在低保系统中所发挥的作用。

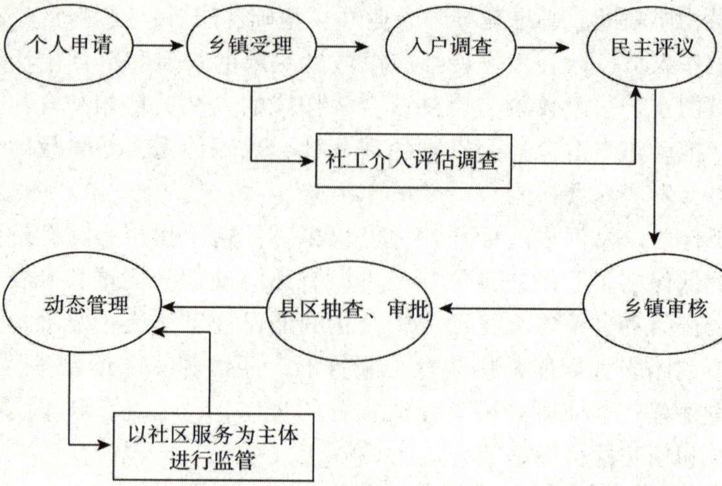

社工介入低保评估系统新型运行模式流程图

上面所说“社会工作介入低保核查的过程”相当于专业程序中的“预估”，利用专业方法、采用多种渠道收集全面的资料，通过对核查收集到的资料进行分析，反映问题的真实情况。这里的“介入”并不仅仅是只依靠社工去评断是否应该享受低保，而是通过社会工作者的评估调查来反映出申请人的具体困难及真实的经济状况，以及这些现状可能会引发的进一步的问题等。这些核查收集回来的资料将成为低保行政人员决定是否给予享受低保待遇的重要参考。

2. 个案工作方法的介入

个案工作是社会工作三大方法之一，是社会工作者以个人或家庭为工作对象，利用社会工作的专业方法和技巧为困境中的个人或家庭提供个别化服务，解决和预防个人或家庭的问题的一种专业工作方法。我国的城市低保制度是以户为单位进行救助，家庭是低保工作的基础单位，可见低保工作在社会工作的实务角度上看实质就是个案工作。社会工作者在开展低保户的服务工作过程中，可以遵循个案工作的原则，运用个案工作的方法与技巧来开展低保救助工作。着重协助城市贫困者澄清认识，为其提供个案管理服务和职业规划服务，促进低保户的社会融合、舒缓情绪解决心理困扰、增强家庭内外支持力度。通过多角度的社工服务恢复其社会功能，协助其走向“自助、自立、自强”之路。

开展低保户的个案工作服务，需要做好以下几方面工作：

（1）协助低保户改变生存观念，澄清认识

社会工作者在对低保户进行核查和入户访谈的过程中发现许多低保户普遍都存在对国家、对低保金的依赖，这一现象存在的一个重要原因就是低保户对国家低保政策的认识比较模糊，甚至有些对国家给予的救助所持的观念和思想是错误的。首先，低保户对国家低保政策认识不足，有的低保户认为“国家给的钱，不拿白不拿”；其次，就是低保户对自己的现状认识不足，认为“我自己年龄大了，出去找工作没人要”，国家就应该给予我补助。更有的低保户对自身所处的环境认识不清，觉得自己的贫困现状都是社会造成的、国家造成的，国家就应该对自己的这一现状承担一定的责任。

对于低保户存在的这些观念误区，社会工作者在开展个案服务时向低保户耐心解释低保政策，澄清案主对当前的福利政策认识，使他们明白低保政策只是帮助最需要帮助的人，低保金是为了保障基本生存而发放的，这不是一种平均主义，也不是人人都可以向国家要救助。同时引导案主对自身现状的形成原因进行重新审视，明确自身处境的真正成因，鼓励案主勇于尝试，在具有就业能力的前提下进入社会去找准自己的位置，而不是盲目地否定自己。另外，还需要协助案主澄清对环境的认识，协助案主适应环境。许多案主对社会转型期的一些政策变化不理解、不适应、怨天尤人。改革是大势所趋，个人必须适应环境才能生存。必要的情况下还可以为案主进行适当的心理疏导，鼓励他们建立积极向上的人生态度。

（2）开展个案管理服务①

个案管理是指社会工作专业人员为一群或某一个案主整合协助活动的一种过程。在此过程中，整合各不同单位的人力资源互相沟通与协调，以团队合作的方式为案主提供所需要的服务，并扩大服务的效果。当案主所需要的各项服务必须经由许多不同专业的人员、福利机构、医疗保健单位或人力资源来达成时，个案管理即可发挥协调与监督的功能。

个案管理从社会工作的实务层面上看可以发挥如下一些功能：①评估案主自己的能力，促进案主发挥自身的能力来适应环境的挑战；②评估案主家庭及其相关的初级群体对案主的支持作用，促进家庭及其相关的初级群体发挥对案主的正面支持作用；③评估案主所能接触和运用的正式资源和个人资源，促进案主运用正式资源和个人非正式资源发展自己；④评估案主不断改变的需求，根据需求的变化提供跟进服务。

① 齐芳：《个案工作在城市贫困者救助中的介入策略》，《社会工作实务模式》，第37页。

个案管理强调系统、全面地为服务对象提供服务，因此在为低保对象提供服务时，就不能简单地停留在提供低保救助方面，而是根据每个低保家庭的不同情况，建立个案档案，提供多方位的就业、医疗、就学等系统服务，发挥个案管理的功能，才能让案主摆脱对福利的依赖。

（3）帮助低保户进行职业生涯规划

社工在入户探访过程中发现许多低保户家庭成员是具有劳动能力的，而摆脱贫困最基本的路径就是以自己自身的劳动去创造财富，才能改变现状。但是这部分的低保户普遍在观念上习惯了政府的救济，或是对自身所具有的能力认识不清，不能全面评估自身周围环境所存在的可利用的条件，因此他们对自己的职业规划是模糊的，甚至是没有规划的，这就导致了许多低保户在求职过程中的失败，甚至是直接放弃了去寻找就业的途径。

社会工作者在对案主进行职业生涯规划辅导时，要着重引导案主去了解自己，评估自身现有的条件，特别是在就业态度及观念上的辅导；链接资源为案主进行职业技能培训，使之掌握或提升求职技能，更好地融入社会职业队伍中；最后，培养案主谋求生计发展的决心和动力，让案主相信自己能够通过一定的决策和计划去经营生活，改善现状。

3. 小组工作方法的介入

以小组社会工作方法介入城市低保户的服务，为低保户创造共同学习的机会，建立社会支持系统。由社会工作者策划和指导，通过小组活动过程及其组员之间的互动和经验分享，促进社会功能的改善，达到组员的转变和成长。

小组工作的内容可以分为以下几类：一是自我提升类小组，小组的主题可以是生命历程、社区与我、焦虑处理、理想生活设计等；二是生计发展及资源开发类小组，社工与由低保户组成的组员一起认识、分享并寻找社区已有的社会资源。鼓励他们用行动去建立社会资本，一起学习各类相关的政策法规，或通过一起组织起来学习一门手工艺术等，提升自己的技能，提高整合社会资源的能力；三是社会支持类小组，即沟通交流小组。如根据社区实际情况，组织社区成员开展由“社区成员代表”“社区协商议事委员会”或“社区居委会”等社区自治机构与社区低保户的面对面商议会、茶话会。通过各方的交流，可以消除低保户在社区居民中的误解，提升社区居民对低保户的认知度和熟稔度，创造和谐融洽的社会支持系统，同时可以促成社区中的“一对一”帮扶服务。

4. 社区工作方法的介入

社区工作是基层扶贫工作中采用的重要方法，社会工作在社区扶贫工作过程中可以从“社区资源开发和链接”“社会支持环境的改变”“低保政策的社区倡导”以及“社区关照氛围的提升”等方面开展工作。社区工作主要以社区及社区居民为服务对象，通过发动和组织社区居民参与集体行动，确定社区的问题和需求，在动员社区现有资源的同时向外争取社会协助，有计划、有步骤地解决和预防社会问题。

社会工作者采取地区发展、社会策划、社会行动等社区工作模式，协助社区举办适合本社区低保人员的技术培训、就业辅导、政策宣传等一系列有助于低保对象走出困境的活动。通过这些活动增加社区对低保户及低保政策的了解，共同推动社区居民主动参与到低保政策的推行过程中来，营造良好的社会帮扶氛围，为低保户树立稳固的社区支持系统。

三、社会工作介入城市低保核查服务的工作机制探讨

（一）完善政府购买服务运行机制

制度的建立和完善，是政府依法行政的基础和前提。一是建立以项目为导向的政府购买服务长效机制。从近期目标来看，应根据社会救助工作需求，选取如对救助对象入户调查、心理服务等适合实行政府购买服务的项目，尽快开展试点工作，摸索经验教训。从长远目标来看，政府应对适宜政府购买服务社会救助项目进行可行性和必要性研究，按照一定的程序确定政府购买服务的范围、内容、资金需求，并做好相应预算，使政府购买服务工作持续健康发展。二是建立严格组织实施程序。政府部门应按照方式灵活、程序简便、公开透明、竞争有序、结果评价的原则组织实施政府购买服务，采取公开招标、邀请招标、竞争性谈判、单一来源采购等方式确定承接主体。要对承接主体进行资质认定，从专业资质、内部治理、人才资源等方面进行全面评估。购买主体与承接主体应签订书面合同，合同应当明确政府购买服务的内容、期限、数量、质量、价格等要求，以及资金结算方式、双方的权利义务和违约责任等内容。同时，对政府购买服务项目的内容、价格、资金使用情况、有关技术指标等，应向社会公布，接受有关部门、服务对象及社会的监督。三是建立政府购买服务绩效评价机制。对社会救助领域政府购买服务项目的综合成效进行客观评估，构建政府部门、服务对象、专业机构组成的综合性评价机制，按照过程评价与结果评价、短期效果评价与长远效果评价、社会效益与经济效益评价相结合的原则，对政府购买服务项目的数量、质量

和资金使用绩效等进行考核评价，促进社会救助领域政府购买服务工作向职业化、专业性、规范化发展。

（二）推动社会救助管理和服务形成稳定的项目化团队

在城区一级建立专门机构来承接社会救助管理和服务工作，政府将社会救助都委托给这样的专门机构，由其专门发展社会救助专业化的服务，把服务和管理结合起来。在街道（乡镇）一级，可以设立救助社会工作队，全面承担社会救助的综合服务，扮演直接服务者、评估者、转介者、倡导者、管理者等多重角色。每个团队至少有5名社会工作人员，各自有不同的任务侧重和专长，互相配合，作为一个整体来行动。

稳定的项目化团队的建立是保证社会工作介入低保工作的必要前提也是重要保障。主要从以下几方面开展：首先，在推动居民家庭经济状况核查的过程中，利用新机构建立和新编制批复的机会，倡导各省（自治区、直辖市）在招考录用工作人员时，尤其是专业技术岗位，应要求报考人员具有社会工作专业背景；其次，家庭经济状况核查工作应根据政策鼓励社会力量参与，形成固定的第三方评估的格局；最后，民办社会工作机构应主动与省、市、县、乡四级居民家庭经济状况核对机构建立信任关系，做好承接低保项目的准备。

（三）加大社会组织培育力度

社会组织是政府购买服务的承接主体，社会组织的发展水平直接关系到政府购买服务的质量。政府要通过多种手段不断加强社会组织能力建设与规模培养，促进社会组织发展壮大、为我所用。一是通过建立评估激励机制，鼓励社会组织加强内部管理和质量建设。贯彻落实《社会团体登记管理条例》①，对组织的基础条件、内部治理、工作绩效和社会评价等方面进行综合评估，获得3A级以上评估等级的社会组织，可优先接受政府职能转移，优先获得政府购买服务，优先获得政府奖励。获得3A级以上评估等级的公益性社会团体可以按照规定申请公益性捐赠税前扣除资格。获得4A级以上评估等级的社会组织在年度检查时，可以简化年度检查程序。二是大力加强专业社工人才队伍培养，提高社会组织业务能力与竞争水平。政府购买服务涉及的项目，多在基层且政策性强，对工作人员的综合素质有较高要求。因此，要充分依托高等院校、社会工作专业人才培训基地等资源优势，建立健全专业社

---

① 民政部令第39号（2010年12月20日）。

工人才培养计划与培训体系，不断加大培训力度；要完善专业社工人才评价与激励制度，建立专业社工与志愿者联动服务机制，丰富社会工作专业人才资源，不断提升社会工作专业服务效果，使社会工作专业人才队伍的数量、结构和素质能力适应政府购买服务的需要，满足服务需求。三是通过项目培育与引导，促进社会组织专业化、规模化发展。对信誉良好、工作质量优异的社会组织，可以签订长期服务合同，鼓励他们加强自身能力建设，适应政府购买服务的项目要求，不断提升参与和承接社会救助服务的能力水平，扩大自身影响力，成为政府部门可以依赖和托付的合作伙伴。

（四）建立公开透明的信息共享平台

要按照公开、公平、公正的原则，构建一个程序透明、过程开放、公众广泛参与的公共服务平台，政府部门在公共服务平台公开政府购买服务的相关制度规定，公开政府购买服务的项目、时间、内容、要求、资金等事项，让社会组织和公众了解和监督政府购买服务工作；社会组织可在公共服务平台公开组织性质、组织规模、主营业务、承接能力等事项，供政府部门有针对性地进行选择。通过增强政府部门和社会组织间供求信息的对称性，促使公共服务的相关信息在所有利益相关者之间有效多向流动，提高公民参与度和社会公正度。

开展政府购买服务，把本来由政府承担的一些职能逐步交给社会组织来承担，使政府工作人员能够在一定程度上从烦琐的事务性工作中解脱出来，集中有限的精力重点做好监督、管理、规划、评估等工作，有效促进政府职能转变，深化社会领域改革；对社会组织而言，则获得了更大的生存空间和更好的发展机遇；而困难群众则从中享受到了更专业、更优质的服务。从而形成政府主导、社会参与、百姓受益的三方共赢的局面。

广西养老服务机构考核评级制度建设研究

苏耀南 刘洪光 陈 宇 梁 峻 黄孚乔 韦 俊 刘洁俐
陆伟丽

摘 要：对养老服务机构进行考核评级制度建设，是促进广西养老机构规范化发展、有效调节社会养老资源合理配置、促进养老机构加强自身建设与自我完善、走适合自身发展道路的需要。广西考核评级制度建设的基本思路是：转变观念，正视养老机构考核评级制度的重要性；借鉴我国各地的实践情况，选择具有权威性和执行性的评估主体；在评估过程中除了重视硬件评估外，还应当评估服务机构的服务质量、人力资源配置情况以及社会公信力等软件方面；借鉴经验与因地制宜并重；要针对制度建设的各个环节进行调节与把控，包括评级考核制度的制定、制度的执行和制度的评估三个方面。考核评级制度建设的主要内容包括：标准化指标体系建设、参与及激励机制建设、考核评级管理体系建设。为此需要制定并出台建立考核评级制度的政策文件，加快养老机构的标准化建设，尽快制定出台相关标准；建立科学的养老机构考评指标和考评方法；加强养老机构等级评估人才队伍的建设。

关键词：养老机构 考核评级 制度建设

一、养老服务机构考核评级制度建设的必要性与可行性

（一）养老服务机构考核评级制度建设的定义

1. 制度建设的定义

根据《辞海》的解释，制度是“要求成员共同遵守的，按一定程序办事的规程”。其具有一定的指导性和约束性，鞭策性和激励性，规范性和程序

性。而制度建设，正是其生成过程。所谓“制度建设”，是指在中国特色社会主义制度框架内，按照社会发展现实要求、发展规律和人自身发展的要求对社会关系的规范化的形式，是对制度的优化、创新和完善活动，对主体的制度意识培育活动。具体来说，其包括制度意识、制度需求、制度批判、制度设计、制度构建、制度实践、制度评价等几个环节。制度意识是人们认识到制度建设的重要性，并理性科学地建设制度，自觉地用制度规范行为，确立自己的价值追求，这是制度建设的前提。制度需求是社会发展和人的发展对新制度的需求，这是制度建设的基础和依据。制度批判是在充分研究和确定新制度需求的基础上，对旧制度的扬弃，包括人们在观念上接受制度改革的必要性和现实中对旧制度的否弃。制度设计是在确定了社会发展目标的基础上，根据社会发展和人的发展的现实要求，甄别真实需求和虚假需求，设计新的制度形式和运行模式。制度构建是对制度设计的各种新形式进行判别、加工、构建改革的制度体系和制度改革的方式、顺序及其衔接。制度实践是制度改革由观念形态变为现实存在的活动，是发挥制度作用的过程，这是制度设计、制度构建的直接目的。制度评价是制度建设的重要内容，也是检视制度建设效果、推进制度建设的重要环节，其标准与所要解决的问题和制度建设目的直接相关。上述各个环节必须相互依序衔接才能发挥作用①。

2. 考核评级制度

考核评级制度是指靠凭着对照养老机构服务标准，采用一定的考评方法，评定养老服务机构的服务质量、人员、设施、管理、信誉等情况，并将上述评定结果反馈给养老服务机构的一种制度。

3. 养老服务机构考核评级制度

养老服务机构考核评级制度是指养老服务机构按照一定程序依法制定的、要求其成员共同遵守的规程。

（二）养老服务机构考核评级制度建设的必要性

随着我国老龄化程度的加剧，养老服务业被倒逼快速发展。如何在快速发展的过程中，实现养老服务质量的提升就显得非常必要而且重要。而对养老机构进行考核评级，以评促建就是服务质量提升的一个重要手段。广西作为全国养老综合改革试验区，建立科学、合理的考核评级制度对综合改革试

① 徐斌，刘海军：《制度建设的特征、规律及评价标准》，载《北京师范大学学报》（社会科学版），2012年第1期（总第229期）。

验区的示范作用、对广西养老机构的良性运行及协调发展具有十分关键的作用。

1. 养老服务机构考核评级制度建设是促进广西养老机构规范化发展的需要

我国养老机构的发展起步晚、底子薄、配套政策法规不健全，属于典型的“未备先老”，这一情况对于广西的养老机构而言更为突出。据广西民政厅的统计数据显示，截至2014年年底，全区共建成养老机构1497个，拥有养老服务床位14.48万张，每千名老年人拥有床位18.54张，远远不能满足区内老年人的现实需要。另外，现有养老机构所存在的服务内容单一、人员队伍管理不规范、设施建设不完备、管理机制不健全等问题，严重制约了广西养老机构的发展。就制度建设的约束与规范作用而言，建立养老机构考核评级制度，不仅有利于提高广西养老服务机构的专业化、社会化和规范化水平，更有利于加快和提高这项公共服务的效率和经济效益，成为稳定和提高养老服务产品质量的重要保证，从而保障养老机构服务的健康发展。为此亟待建立广西养老机构考核评级制度，以对其进行规范化评级和管理。

2. 养老服务机构考核评级制度建设是有效调节社会养老资源合理配置的需要

制度具有一定的指导作用，能帮助政府就资源的配置作出合理的决策。就国际发展经验而言，养老服务机构评估体系在发达国家不仅是养老机构资金来源的重要凭证，更是保证养老机构服务质量的主要措施。因此，建立科学、合理的养老服务机构评估与考核体系对于广西政府而言，有利于其对养老机构资源的分配和需求状况进行充分了解和掌握，并为其后期资源的合理配置提供科学的依据。

3. 养老服务机构考核评级制度建设是促进养老机构加强自身建设与自我完善的需要

目前广西养老服务机构多元并存，主要包括公办、民办、公办民营、民办公助等多种形式，不同性质的机构的服务宗旨、硬件投入等方面存在明显差异。对于一些新设立的私营性质的养老机构而言，由于缺乏非营利组织的规范操作以及资金来源，难免会在服务质量上有所欠缺。而制度具有激励和鞭策作用，通过考核评级制度的建设，能把各社会养老服务机构的发展置于社会和政府的监督之下，通过“以评促建”的方式，有利于促进养老服务机构提高自身的运作效率和服务质量，从而促进养老服务机构的专业化、社会化、规范化。

4. 养老服务机构考核评级制度建设是促进广西养老服务机构走适合自身发展道路的需要

在实践中，我国多个地区已经认识到养老机构考核评级的重要性，建立了基本的评估体系。可是面对繁杂的国外社会服务组织的评估理论，我国养老机构的考核评级缺乏统一的标准和规范，对于考核模式、考核方式的选择还缺乏系统考量，还不能将国外的评估经验与我国的实践相结合。这一困境也是广西目前所面临的，且其目前还缺乏结合区内养老机构发展实际的考核评级体系。因此，建设养老机构的考核评级制度为广西社会养老服务机构的发展提供了一个标准化模板，同时为广西养老服务机构考核评级制度理论的本土化发展提供实践反思，推动理论本土化的发展。

（三）养老服务机构考核评级制度建设的可行性

1. 技术标准建设的可行性

2015 年 11 月 15 日，中国质量认证中心发布了国内首个养老机构质量评价标准 CQC9101-2015《养老机构质量评价》。该标准通过了国家发改委、科技部、全国老龄办、国家认监委、民政部社会福利中心及四川省泸州市民政局、河北省涿州市新兴产业示范区经济发展局等地方政府，北京大学附属第六医院、清华大学等科研院所，中建集团和养老机构等组成的专家评审组的共同评审，是国内第一次尝试将国际标准化组织（ISO）于 2015 年 9 月发布的国际标准 ISO9001：2015《质量管理体系要求》与养老服务规范要求相结合，所形成的融合科学的管理理念和方法的养老机构质量评价标准，填补了国内养老服务领域质量评价的空白。相关专家表示，该标准的研究过程深入，并进行了一定范围的预评价，对于养老机构管理及服务质量提升具有较强的指导作用，具备了开展示范推广的条件①。因此，CQC 的研究成果为探索养老机构考核评级制度的监管机制改革创造了技术方面的前提条件和可行性。

2. 业务指导建设的可行性

近年来，加快推进养老事业发展是民政部门在政策创制中的亮点。随着 2013 年新修订的《中华人民共和国老年人权益保障法》赋予民政部门在养老机构管理上的更大职权，《养老机构设立许可办法》《养老机构管理办法》应

---

① 郝丽娟：《第三方评价：让养老机构服务走向标准化》，载《质量与认证》2016 年 03 期。

运而生，“一法两规章”对养老机构的设立许可、法律责任、服务内容等作出了明确规定，也更明确和凸显了民政部门对养老机构的统筹、服务、监管等三大功能。这一制度安排为民政部门全面介入养老服务机构的管理提供了坚实的法律支撑，更为养老服务机构考核评级制度的建设与落实提供了组织保障。另一方面，对民政部门而言，怎样迎接挑战，履行好法律赋予的职权，以推动养老机构健康发展是其需要探索的问题。而建立科学、规范、操作性强的考核评级制度有助于各民政部门更有效地发挥其统筹与指导功能，有针对性地实行其管理。

3. 政策规范建设的可行性

2013 年 6 月颁布的《养老机构管理办法》（民政部令第 49 号）中第二十九条规定：“民政部门应当建立养老机构评估制度，定期对养老机构的人员、设施、服务、管理、信誉等情况进行综合评价。养老机构评估工作可以委托第三方实施，评估结果应当向社会公布。”2014 年，民政部、国家标准化管理委员会、商务部、国家质量监督检验检疫总局和全国老龄工作委员会办公室发布了《关于加强养老服务标准化工作的指导意见》，其中明确提出：“积极推进养老服务领域管理标准化。要加紧制定和实施养老机构等级划分与评定、养老服务质量评估和等级评定等标准，统筹推进等级评定、合格评定和标准示范建设工作。要按照职能转变要求，尽快启动养老机构与组织的等级评定，加强第三方评估，建立养老服务评估专家库，不断提高养老机构规范化建设水平。要积极借鉴国际及其他行业经验做法，积极开展服务质量满意度测评。鼓励相关养老机构开展质量管理体系建设，并积极申请第三方认证，以逐步提高内部管理的规范性和透明度。要在养老机构等服务单位开展认证认可和检验检测活动。”这些法律法规明确了对养老服务机构进行评估的内容和要求，从而成为建立养老服务机构考核评级制度的重要政策依据。

二、我国养老服务机构考核评级制度建设现状

（一）我国养老服务机构考核评级制度建设取得的成就

1. 养老服务机构管制政策的标准化

我国养老服务机构考核评级制度的发展与对养老机构标准化管理的要求是息息相关的。自 2009 年开始，我国针对养老机构的管理进入了标准化时

期。针对养老机构层出不穷的安全事故，2009 年民政部决定在全国开展“两规范+一标准”落实情况专项检查，并且制定了非常详细的、具有针对性的检查表，表格的指标内容包括设施设备和环节、服务、管理和队伍建设四个维度。2010 年，民政部发布了《关于在民政范围内推进管理标准化建设的方案（试行）》，提出在民政领域开展等级评定、合格评定及标准示范建设等管理标准化建设，这可谓是养老服务机构考核评级制度的雏形。2012 年国家标准委、国家发改委等 27 部门印发了《社会管理和公共服务标准化工作“十二五”行动纲要》。随后，2013 年又制定了《社会管理和公共服务综合标准化试点细则（试行）》，民政部发布《关于加强养老服务标准化工作的指导意见》。在此期间，民政部及相关部门还先后颁布实施了《老年养护院建设标准》《老年人社区日间照料中心建设标准》《养老护理员国家职业技能标准》《养老机构安全管理》《养老机构基本规范》《光荣院服务规范》《老年人能力评估》等一系列国家标准和行业标准。由此可见，这一时期国家关于养老机构管制政策的标准化倾向非常明显，规章越来越细致，操作性越来越强，政策的工具化和理性化愈加明显。

2. 养老服务机构宏观制度的建设

首先，对《中华人民共和国老年人权益保障法》的修订进一步从法律层面规定了养老机构设立条件、准入许可和变更、终止、收费项目和标准等准入和管理制度，明确了相关部门对养老机构的管理职责。另外，2013 年，民政部制定了两部重要的部门规章——《养老机构设立许可办法》和《养老机构管理办法》，这标志我国养老机构管制政策开始走向成熟。其次，政府购买养老服务的制度化。从 2002 年公布的《中华人民共和国政府采购法》开始，政府购买养老服务逐渐走向制度化。2014 年 8 月，财政部、国家发改委、民政部、全国老龄工作委员会办公室联合发布《关于做好政府购买养老服务工作的通知》。《通知》明确提出：“到 2020 年，基本建立比较完善的政府购买养老服务制度，建立健全由购买主体、养老服务对象以及第三方组成的综合评审机制，加强购买养老服务项目绩效评价，绩效评价结果要向社会公布。”

3. 养老服务机构评估的制度化

目前，我国养老机构的评估工作由两个体系完成，一是民政体系，包括两个部门，即主管部门和登记部门，其中主管部门主要开展星级评定工作；登记部门，放在民办非企业的序列进行组织评估。另一个则是卫生体系，主要针对带有医疗护理功能的护理院等。2013 年民政部发布了《养老服务业标准化建设规划（2013—2017 年）》（征求意见稿）计划用 5 年时间基本建立覆盖全面、重点突出、结构合理的养老服务业标准体系。可以预见，基于多方综合的组织评估将是政府对养老机构监管的重要组成部分①。

（二）我国养老服务机构考核评级制度建设的不足

当前，我国养老服务机构的考核评级制度还处于发展阶段，由于科学性、客观性、全面性等缺失，使得评估体系还不成熟，考核评级体系本身包含的内容并不健全，不能充分根据评估体系来判定老年人的全部需求。具体存在以下几个方面的问题：

1. 评估主体单一

要作出适当的评估，首先要正确定位评估主体。尽管政策支持和鼓励第三方评估机制介入养老机构的考核体系，但就目前各地的实践而言，我国养老机构考核评级主体大部分局限于政府民政部门，其承担了大部分的考核责任。虽然在对养老机构的考核中政府有不可推卸的责任和义务，但就我国养老机构的资金筹措途径而言，其大多来源于政府或政府给予的优惠政策。因此，此定位容易将评估流于形式，成为腐败滋生的温床。另外，单一的评估主体不能完整、客观地反映被评估对象的实际状况及需求，不利于考核评级制度目标的实现。

2. 考核标准缺乏针对性

由于我国的民间养老机构考核评级制度起步较晚，不仅缺乏本土化的理论指导，更缺乏有效的实践指导，从而难免具有一定的盲目性。从各地相继出台的养老机构考核评级办法来看，其等级划分大多是在参考酒店星级评定的基础上对养老机构进行评级的，即通过规模、环境、设施设备、管理和服务几个方面的硬性指标将养老机构划分为五星级、四星级、三星级和二星级等。这种划分方法实行起来有据可依，并且能够借鉴酒店评级的经验，简单易行，但是没有考虑到养老机构的特殊性，通过指标用硬性的数字对养老机构的评级不够全面，在某些方面有失偏颇②。另外，在评估养老机构的服务过程上没有充分利用过程评估的手段，对于难以量化和考评的指标缺乏考量，没有进行深入的调查和访谈，更没有充分征求服务对象的意见。

3. 考核内容流于形式

养老机构作为服务机构，其目的是为老年人提供所需要的服务。但是我

---

① 张再云：《新中国成立以来我国养老机构管制政策的基本分期走向》，载《南方人口》，2015年第1期第30卷。

② 赵欢，李鑫宇，刘璐：《养老院等级评定制度的探究与改进》，载《价值工程》，2013年11月。

国对于养老机构的评估过程却忽视了服务对象是否满意这一关键因素。老年人作为养老机构的服务对象，比起床位多少、绿化面积大小等指标来说，老年人内心的满意程度事实上才是决定养老机构等级的关键。养老服务机构服务的首要目的是要让老年人满意，因此，养老服务机构要通过质量评估体系完善评估内容和服务内容，要有利于服务体制的建立和完善，从而提升社会对养老服务的满意程度。

4. 考核评级制度缺乏法律规范

从当前各地已经出台的相关规范性文件来看，考核评级制度标准不一，可行性欠缺，难以保证实施的有效性，还需要更高层面的法律规范的出台。而奖励符合质量标准的机构，监督不符合质量标准的机构的工作改进，对最终不能达到质量标准的机构取消资格，或吊销执照，所有这些行为的实施都需要一个评估的前提，需要有法可依。

三、广西养老服务机构考核评级制度建设的初步探索

（一）制定养老服务机构考核评级制度的政策

2015 年 12 月，广西民政厅出台了《广西养老机构标准化试点建设工作方案》，方案对广西养老机构标准化建设作了明确的规定。根据方案的精神，民政厅建设了广西民政养老服务信息平台（附件一），制定了《广西养老机构星级评定管理暂行办法》（附件二）、《广西老年人能力评估管理暂行办法》（附件三）、广西壮族自治区老年人能力评估表（附件四），出台了《关于做好民办养老机构补贴工作的通知》。

（二）建设广西民政养老服务信息平台

国务院《关于积极推进“互联网+”行动的指导意见》提出“促进智慧健康养老产业发展”，开启了“互联网+养老”的新时代。为了提升养老服务信息化水平，适应“互联网+养老”发展新要求，广西民政厅正在积极搭建养老服务信息服务平台。广西民政养老服务信息平台项目建设内容包括：养老机构许可登记管理、养老机构补贴审核管理、统计查询、机构管理、业务管理、日间管理、对外服务管理、养老机构星级评定、老年人能力评估、民办养老机构补贴。通过信息平台的建设，整合了分散的社会养老服务资源，实现养老需求与企业发展需求的对接，让互联网成为连接老年人、企业和政府

的桥梁。通过考核每一个养老机构养老服务信息平台的内容，可以一目了然地发现机构的服务质量，作为机构考核评级的一个重要指标。（具体内容见附件一）

（三）开展广西养老机构试点星级评定工作

根据《广西养老机构标准化试点建设工作方案》的安排，民政厅出台了《广西养老机构星级评定管理暂行办法》，对广西社会福利院、广西重阳老年公寓、金太阳老年公寓、南宁市社会福利院、真情老年公寓和金色阳光护理院等6所养老机构进行试点星级评定。试点星级评定期间，由广西养老机构星级评定评审组的专家到试点养老机构开展养老机构星级评定现场预评工作，并召开评审反馈会。

评审工作分听取汇报、现场考察、查阅材料、反馈意见等4个环节，采取现场核查和查看材料方式进行。在听取汇报会上，养老服务机构从养老机构概括、近年来取得的成绩、工作中存在的不足以及评审工作自评情况等方面进行汇报。汇报结束后，评审组一行深入各养老服务区进行现场核查，全面了解养老机构的养老服务建筑布局、环境卫生、设施设备等硬件方面的内容。然后分小组查看环境、膳食、医疗、护理、社会工作和行政管理等方面的材料，各小组专家严格按照《广西养老机构星级评定细则（试行）征求意见稿》的评分标准进行考察评分。

在评审反馈会上，评审组各小组组长围绕《广西养老机构星级评定细则（试行）征求意见稿》的内容对养老服务机构进行评估意见反馈。试点养老机构表示，将根据评审组专家提出的意见和建议，进一步改善养老服务环境、完善考核材料、规范养老业务管理、提升劳务服务质量，全力以赴广西养老机构星级评定评审工作。通过开展广西养老机构星级评定工作，督促了养老服务机构审视自身的服务质量并及时提升服务质量，同时对在全区范围开展养老机构星级评定工作做好了前期基础，促进了《广西养老机构星级评定管理暂行办法》的完善。

四、广西养老服务机构考核评级制度建设的构建

（一）考核评级制度建设的基本思路

从国内外养老机构管理与考核的经验来看，对于广西养老服务机构考核

评级制度建设而言，需在以下几个方面进行调整：第一，转变观念，正视养老机构考核评级制度的重要性。随着广西老龄化程度的加深及失能、半失能老年人口数量的增加，机构养老会成为更多老年人的首选，养老机构在社会养老服务体系中的作用会更加重要。因此，对于这一项公共服务的监管措施必须要有，而且要结合广西的实际情况，制定出科学的考核评级体系。另一方面，随着各种社会力量尤其是大型资本的引入，广西养老服务产业发展迅猛，各类养老机构的数量和规模骤增。区内养老机构已不是传统概念中简单设置的福利院、敬老院模式，对养老机构进行考核评级能起到规范行业整体运营的作用。第二，借鉴我国各地的实践情况，选择评估具有权威性和执行性的评估主体。就目前而言，民政部门是各地养老机构考核评级的评估主体，但也有部分地区引进了第三方评估机制，如上海率先启动第三方评估机制，帮助政府和社会监督养老机构服务质量，促进养老服务业沿着健康轨道发展。第三，在评估过程中除了重视硬件评估外，还应当评估服务机构的服务质量、人力资源布置情况以及社会公信力等软件方面。从各地相继出台的考核指标来看，目前大部分地区对于养老服务机构的评级制度借鉴的是酒店星级评定的标准，更偏向于对硬件指标的考核，而忽略了对公共产品用户体验的考核以及人力投入等软件方面的评估。因此，广西在建立养老服务机构考核评级制度时应充分结合上述三类指标要素，作出全面的考核部署。第四，借鉴经验与因地制宜并重。目前，广西养老机构考核评级制度方面存在较大空白，借鉴国内外先进和成功经验是填补此项空白的捷径，尤其是吸取养老文化及老龄化进程与广西相近的地区的经验。但是，由于广西在养老服务立法基础、保险制度和经济发展水平上与其他地区存在一定差距，可以采取逐步引进的方法，先尝试性地引进部分核心考核制度控制核心质量，初步建立适用于广西养老机构服务质量评价指标体系，再作进一步完善和扩充。

此外，要针对制度建设的各个环节进行调节与把控。一般来说，养老机构考核评级制度建设包括评级考核制度的制定、制度的执行和制度的评估三个方面。制度的制定是指养老机构考核评级制度建设主体根据法律法规和上级有关规定，结合各地养老机构的实际，在充分酝酿的基础上，依照一定的程序，起草、讨论、通过、发布制度的过程。制度的执行是指制度建设主体对制度的贯彻落实过程，再好的制度，如果不在实际中执行，只能是一纸空文。制度评估是对考核评级制度的科学性、实效性以及制度之间的相互协调性进行评价，如发现问题及时作出相应调整的过程。

（二）考核评级制度建设的基本原则

构建广西养老服务考核评级制度需要遵循科学性、以人为本、适用性和可持续性四大基本原则。

第一，从科学性而言，考核评级制度的建立应建立在充分学习国内外成熟研究成果的基础上，并不是指标越多、体系涉及的面越广就越好，而是各级指标与评估指标体系设置的简繁、粗细、深浅要适度，要为后期制度的实施提供科学的指南。

第二，制度建设的初衷是为了方便人能够更有效地进行管理，最终是为人服务的，其制定、实施与评价过程都离不开人的参与。而且就养老机构的性质而言，它是一项面向所有老年人的公共服务，因此，以人为本原则应贯穿于养老服务机构考核评级制度建设的始终。

第三，判断一种制度的优劣，不能纯粹从理论上进行论证，要从特定的实际情况出发，考察它是否具有一定的适应性。考察制度与工作发展水平、工作体制性质以及工作调节方式之间的适应程度。

第四，养老服务评估指标体系必须具有可持续性，不但要适应经济社会的不断发展，而且需要有自我更新自我调整的能力。

综上，符合这四大原则的指标才具有使用价值和现实意义。

（三）考核评级制度建设的主要内容

1. 标准化指标体系建设

标准化指标是考核评级的重要内容。广西养老机构的发展正迈入一个新的阶段，对其考核评级既要关注硬件设施，又要重视机构的运行过程的评估，即软件评估。关于硬件评估，一般会涉及居住环境、法人资格、注册资金、组织机构、建筑、防火等硬件设施。其中法人资格、注册资金是以往评估中特别注意的，而往往忽视居住环境、防火等方面。硬件评估是养老机构顺利推进的物质基础和安全保障，因此对其评估仍然需要加强。关于软件评估，主要是关注服务质量、社会公信力、人力资源等，比如，服务对象对养老机构的服务质量是否满意，是否实现人性化的管理，工作人员是否具备专业素质等。这里体现了评级中既要保证科学规范，又要具有人性化。服务质量与机构的管理、机构人员的专业素质有直接关系。从国外的实施情况来看，养老机构的申办者以及工作人员的资质认证在发达国家是必不可少的条件。对广西而言，由于老年专业教育基础薄弱，社会工作职业化也刚刚起步，现阶段要求其进行资质认证是不切实际的。但是，养老机构考核评级制度所包含的内容需要强调参加管理学习和专业培训，尽快提升养老机构的人力资源。

2. 参与及激励机制建设

从北京、上海等发达地区的经验来看，养老服务机构等级评估采取的是自愿参与原则。根据标准化评估指标，将参评的养老机构划分为不同等级并颁发相关的登记证明，这对于养老机构具有一定的激励作用。对于广西养老服务机构的考核来说，该模式值得借鉴，但需要在此基础上配套建立激励机制，如对参评的机构提供实际的支持，如对于不同等级的养老服务机构在床位费补贴、护理费补贴、硬件投入上有一定的倾斜，提高养老机构参与考核评级的积极性与主动性，使得养老机构考核评级制度常态化发展。另外，实行养老服务机构按星级收费也是调动其参与的激励措施之一。从广西实际情况来看，养老机构床位率低于全国平均水平是既成事实，但床位空置率高（特别是民办养老机构）也是养老机构发展所面临的困境，从而直接影响到养老机构的运营。通过评级来调整养老机构收费状况可提升其竞争力，吸引更多的老人入住，进而推动养老机构的发展。

3. 考核评级管理体系建设

考核评级管理体系包括对考核评级的组织、权限、评定人员、评定程序等内容的要求。首先，需要建立一个多层次、广覆盖的养老机构考核评级组织体系，在广西壮族自治区层面设立养老机构星级评定的统筹机构，负责全区养老机构考核评级的组织和实施工作。同时，在市一级设定评定委员会，统一负责评定和监督全市养老机构星级评定及标志的使用；各区（县）成立评定小组，负责辖区内养老机构星级评定工作的具体实施。在权限要求方面，需要结合组织体系有层次地规定各评定机构的职责权限。评定人员的选拔上，需综合考虑专业背景、思想品德、工作经验等。其次，还需制定一套完整的评定程序，从养老机构申请评估到制定评估方法，再到组织评定、审核，到最后的公示与颁证等，都应严格按照相关程序进行。

（四）加快养老服务机构考核评级制度建设的对策

1. 加快养老机构评级立法，为考评工作创造良好的环境

首先，要以明确法规认定以政府职能部门为主体的机构等级评估监管体制，明确养老机构评级的监管主体，便于统一对机构评比进行指导和管理；其次，要以立法的形式明确养老机构评级的地位，规定其范围和用途，加强评级机构本身业务的法律法规的建设，包括准入、考核、自律监管等法律规

定，评级的原则、程序、方法的法规要求，以及评级机构应该承担的法律责任等；最后，建立养老机构评级法律制度，使养老机构的经营、管理、资金状况等资料有效地公开，为社会养老资源的有效配置提供依据，降低养老资源整合的成本，提高养老机构运行的效率。

2. 制定并出台建立考核评级制度的政策文件

在国家层面，《养老护理员国家职业标准》规定了养老护理员的工作内容、技能要求和知识水平。《老年养护院建设标准》（建标 144-2010）这一养老服务业建筑标准的发布实施明确了养老机构的建设要求，为养老服务设施建设提供了基本依据。而从各地的实践来看，很多省市也在充分调研本地实际的基础上，颁布实施了一批养老服务业的规范性文件，为相关标准的研制提供了技术准备和参考，对促进养老服务业的规范化、科学化发展发挥了促进作用。而广西养老机构星级评定无法可依是目前考核评级制度建设的桎梏。为保障养老机构考核评级制度的执行力与长效性，必须把加快考核评级制度建设列入政府工作规划，加快制定相关政策文件，明确考核评级的主体、对象、手段措施、不同级别养老机构能够享受的资格和优惠政策等，比如：由民政厅社会福利处主管，委托第三方机构开展评级。

3. 加快养老机构的标准化建设，尽快制定出台相关标准

标准化建设是新时期国家对养老服务机构管理所实施的重要措施，很多规章越来越细致，操作性越来越强，政策的工具化和理性化愈加明显，标志着我国养老服务机构的管理向科学化、规范化发展。民政部于 2013 年发布了《关于推进养老服务评估工作的指导意见》，对推动建立统一规范的养老服务评估制度作出了要求。在这样的宏观背景下，部分省市已相继出台养老服务机构考核评级办法。标准化建设是养老服务机构考核评级制度的基础，相比于其他地区，广西关于养老服务机构标准化建设的步伐略微滞后。因此，为了加快养老服务机构考核评级制度建设，首先需要加快养老机构的标准化建设，尽快制定出台相关标准，使得养老服务机构考核评级制度有据可依。

4. 建立科学的养老机构考评指标和考评方法

养老机构考评要通过借鉴国内外先进做法和经验，养老机构考评除了规定的环境、法人资格、注册资金、组织机构、建筑、防火等硬件设施，以及服务质量、社会公信力、人力资源等软件设施外，还应包括养老机构发展的创新要素和经营管理的风险要素。一般来讲，养老机构安全经营风险和责任要相对较大，因此，养老机构考评应将风险管理纳入指标体系。可以根据科

学有效的评估指标体系衡量自身的等级，不断优化社会资源和提高资源整合的效益，以期更好地促进养老机构发展规范化。

5. 加强养老机构等级评估人才队伍的建设

养老机构等级评估的专业技术性、主观判断性较强，对从业人员的知识、经验和能力的要求较高，而当前有关专业人才匮乏，影响了养老机构评级的发展，因此，要大力加强评级人才队伍的建设，可从以下几方面着手：对评估人员实行资格准入制度，对任职资格作出明确的规定，推行资格考试制度，同时加强专业人才的培养，对在职的人员实行定期的培训，提高从业人员的业务水平。

6. 落实考核评级制度建设所需要的资金

资金保障也是考核评级制度建设中的重要环节，考核评级制度的建立、执行与评估，都离不开与之相应的配套资金的投入与管理。另外，针对各养老机构参评的激励机制也需要资金支持。因此，落实考核评级制度建设所需要的资金是该制度得以执行的前提。另外，对该专项资金的监督管理也是考核评级制度建设需要考量的范围，如何加强资金的使用效率，防止资金挪作他用也需要有相应的规定与监督机制。

参考文献

[1] 吴玉韶，王莉莉，孔伟，董彭滔，杨晓奇等．中国养老机构发展研究［J］．老龄科学研究，2015，(8)．

[2] 高慧鸽，钟悦文．我国养老机构发展中存在的问题及对策分析——以洛阳龙门疗养养老院为例［J］．决策探索，2010，(3)．

[3] 韩露，王冠军．不同养老方式老年人心理健康状况及心理需求的比较研究［J］．精神医学杂志，2013，(1)．

[4] 张岭泉，林顺利．高端养老公寓服务需求及产业发展的影响因素分析［J］．经济论坛，2012，(9)．

[5] 徐斌，刘海军．制度建设的特征、规律及评价标准［J］．北京师范大学学报（社会科学版），2012 年，(1)．

[6] 郝丽娟．第三方评价：让养老机构服务走向标准化［J］．质量与认证，2016，(3)．

[7] 张再云．新中国成立以来我国养老机构管制政策的基本分期走向［J］．南方人口，2015，(1)．

[8] 赵欢，李鑫宇，刘璐．养老院等级评定制度的探究与改进［J］．价

值工程，2013，(11)．

[9] 王莉莉，吴子攀．英国社会养老服务建设与管理的经验与借鉴[J]．老龄科学研究，2014，(7)．

[10] 郭红艳，王黎，彭嘉琳，谢红．境外养老机构服务质量评价体系研究进展及启示[J]．中国老年学杂志，2016，(3)．

基于社区需求的社会服务购买研究

——以南宁市青秀区为分析单位

何肇红　卢雪梅　朱　琳

摘　要： 社会服务购买既是政府推进国家治理体系和治理能力现代化的客观要求，同时也是引导和培育社会组织健康发展的重要举措。本文选取南宁市青秀区作为分析单位，具体就民政领域的社会服务购买而言，从经费投入、购买内容、监管评估、公众效益四个维度描述了南宁市青秀区社会服务购买的现状，探究了制约社会服务购买的专项经费不足、政策配套不实、专业人才匮乏、评估监管缺位四个现实困境，并从政策导向、资源整合、分类供给、责任效益四个路径为实现社会服务购买的可持续提出建议。

关键词： 社区需求　社会服务购买　社会工作

一、青秀区社会服务购买的现状

青秀区，隶属于广西壮族自治区南宁市，是南宁政治、经济、文化、科技、教育、金融、信息和会展中心，是广西壮族自治区、南宁市对外展示改革开放成果的“城市名片”。青秀区在行政区划上辖 5 个街道、4 个镇、2 个管委会，地域面积为 872 平方公里，人口共计 62.30 万人。

（一）社会服务购买的经费投入

2014 年，青秀区率先在南宁市引入“智慧社区”平台系统，投入 195 万元在新竹、蓉茉、凤岭北 3 个试点社区建设“智慧社区”，搭建管理服务支撑平台。

据《青秀区民政局2015年工作总结和2016年工作计划》显示，青秀区2015年安排村（社区）惠民资金1850万元，其中社区惠民资金使用率达到95.8%，村惠民资金使用率达到96.5%，均已完成绩效工作指标。投入280万元资金对10个村委会服务用房和14个社区居委会服务用房进行维修，目前城区51个城市社区服务用房面积均已达到500平方米以上，最大的新竹社区已经达到了2450平方米。此外，在社区养老方面，青秀区投入120万元建设了5个自治区级和3个城区级农村幸福院。全力推进居家养老日间照料中心项目建设，投入190万元资金完成了8个社区居家养老日间照料中心项目建设任务。投入570万元资金新建1所城市养老服务中心，目前已开工建设。

此外，2015年青秀区还选择了包含凤岭北社区在内的8个试点社区，每个社区支配20万元经费，由各社区根据自身情形引入不同的专业团队，开展更加贴近居民实际的志愿者服务。

（二）社会服务购买的项目内容

南宁市昆仑社会工作服务中心在青秀区南湖社区开展志愿服务活动，包括“重阳寻宝”“亲子教育服务”“跳蚤市场”“邻里百家宴”等6次社区活动；进行志愿者招募5次，登记注册志愿者87人，开展志愿者培训2次，志愿者团建1次，志愿者服务总时长205小时；根据社区实际情况，每周三下午开展“四点半课堂”服务活动。

广西和乐社会工作中心在凤岭北社区开展糖尿病慢性病小组、过期药品回收、“四点半课堂”、家庭国学堂、家庭阅读小组和乐健康学堂等社区服务活动，同时也会进入社区学校开展未成年人心理健康课程等服务，进一步提升社区的服务质量和服务水平。

南宁市乐益行社会工作服务中心联合青秀区新竹街道办新竹社区，以社区为基础，开展为期一年的志愿服务记录制度推广项目。项目旨在探索建立志愿服务记录管理体制和运行机制，使志愿者服务记录常态化，倡导社区志愿服务行动，发挥志愿服务者的力量，普及志愿理念，培育志愿文化，弘扬和传播志愿精神。

青秀区其他辖区社会组织充分利用自身优势开展一系列为民惠民公益活动，社区卫生社会组织充分利用地域优势为社区居民提供就近就医，积极为社区居民提供日常公共卫生服务，辖区11个社区卫生服务中心每年为居民开展免疫接种工作18万人次，建立健康档案近20万人，接待门诊36万人次；辖区96家民办幼儿园在补充公立教育资源，更好地满足日渐增长的社会教育资源需要基础上，每年吸收入园儿童1.2万人；39家教育培训学校积极为社会提供就业政策咨询、技能培训、岗位开发和创业指导等服务，每年培训各类专业人员17万人次；14家农村协会积极协助政府部门为居民提供农业播种、产品创新等科技类专业化的社会服务，每年培训各类农村专业人员1.2万人次。

青秀区还根据不同类型社会组织，选择5家服务意识强、基础设施好的社会组织品牌单位作为城区各类社会组织服务（孵化）基地，并制定了城区各类服务（孵化）基地工作职责，加强分类指导培育孵化服务工作。

南宁市青秀区主要以购买项目为主，而且主要偏向志愿服务方面的项目，项目主要以购买社会工作单项服务为基础进行设计，购买单项项目和购买综合项目在服务方面均以服务人群为标准进行分类和目录制定。

（三）社会服务购买的监管评估

目前，青秀区管辖社会组织共293家，每万人拥有社会组织数3.5家，远远高于全广西平均水平（每万人拥有0.93家）。

在社会服务购买的监管评估上，主要还是以社会组织年检和抽查为主。2014年青秀区新成立民办非企业单位21家，这21家社会组织被自治区评定为3A级以上社会组织进行表彰。截至2104年，登记成立社会组织322家，其中应年检的286家（社团72家，民办非企业单位214家），参加2013年度年检的286家，参检率100%。严肃查处社会组织违规违法行为，共排查辖区登记的社会组织参与国际活动11家，约谈社会组织26家。累计举办社会组织管理人员培训班3期，培训256人次，社会组织管理员工作能力和管理水平不断提高。

就社会服务购买的具体项目设计、服务流程、实施效果的评估上，青秀区目前还没有很好的专业评估程序和评估标准，也没有邀请第三方机构或者是联合相应的职能部门开展评估活动。

（四）社会服务购买的公众效益

无论是社区惠民资金的使用，还是社区志愿服务活动的开展，以及“智慧社区”的建设，都获得了社区居民的好评。

在青秀区新竹社区，通过社会服务的小区组建扶贫帮困队、爱心助老队等12支爱心小分队，依托这支全民志愿队伍，2015年共开展志愿服务活动182次，受益居民达1万多人次，同时，南宁市乐益行社会工作服务中心组织的“快乐同行”新竹小组常年在新竹社区设点开展志愿服务活动。正如社区主任覃毓宁所说，“志愿者和受助对象的角色随时可以“互换”，邻居有困难，大家帮一把，“不仅要留下外来的‘雷锋’，还要让社区居民自觉地学雷锋、当雷锋。”

在青秀区凤岭北社区，广西和乐社会工作服务中心在社区内组织的家庭国学苑、手工艺制作、妈妈的心灵课阅读小组、社区保健与推拿等活动引起了居民的热情参与，2015 年共开展志愿服务活动 50 多次，受益居民年约 2000 多人次。服务中心苏朝丹主任说：“从一开始社会服务中心建立初期的无人问津，好不容易开展一次活动，就几个人来，到现在，越来越多的居民每到周末就来中心问有没有活动，有什么事也乐意找社工帮忙，我们真正融入了社区。”

在青秀区南湖社区，南宁市昆仑社会工作服务中心利用小区资源，开展了 8 组亲子家庭，利用手工制作与互动的形式增进了亲子合作沟通，促进亲子关系更加密切，为家长与孩子之间搭起一座沟通的桥梁，促进了亲子感情的交流，让家长以后在与孩子相处的每一刻，逐步了解培养、教育孩子的重要性，从而促进孩子的健康成长。

从以上几个社区社会服务购买的公众效益上看，三个不同的购买主体在特定的社区资源范围内，利用社会组织自身优势和特定领域的专业性为社区和谐、社区建设、社区发展发挥了重要的作用。

但就青秀区整体而言，这些社会服务显然是带有尝试性和是示范性的，并且这些社区服务目前主要集中在城市社区，农村社区社会服务购买仍然是一片空白。

二、青秀区社会服务购买的困境

（一）专项经费不足致使社会服务供给有限

从政府财政的专项资金的使用看，2015 年青秀区社区相关经费高达 2000 多万元，但是从社会服务购买的角度看，数额却较小，经课题组的调研和综合估算，社会服务购买专项经费不足 300 万元。

据统计，“十二五”期间北京市对市级社会建设专项资金累计投入 3. 8 亿元，购买 2432 个社会组织服务项目，开展 35 万场次活动，累计认定“枢纽型”社会组织市级 36 家、区级 233 家、街道（乡镇）级 445 家，联系各级各类社会组织 3 万多家①。

2012 年，广州市本级财政投入政府购买服务 2. 93 亿元，2013 年继续加

① 《北京日报》，2016 年 2 月 17 日。

大对社会组织的扶持力度，安排政府购买服务经费 3.61 亿元，资助社会组织从事社会管理和公共服务工作。

2012 年，上海市静安区就购买社会服务项目 179 个，购买金额达到 4500 万元，其一年一区的投入比青秀区的投入多出 10 倍①。

课题组通过调查发现，青秀区很多的所谓社区建设或社会服务购买经费的使用并不是从社会服务购买的统计路径计算的。现阶段政府财政对社区的投入，主要还是以政府惠民资金流的方式进行。更直接地说，政府对于社区社会服务的资金流走向集中在基础设施建设上，对社区居民的直接服务购买不足。

此外，政府购买社会服务主要是由中标的社会服务机构和民政部门签订合同，而资金拨付来源于财政局，由于还未建立专门的财税制度，政府购买项目的经费常常不到位，加之社会组织自筹经费的能力还严重不足，只能依靠政府购买项目，一旦政府拨款不及时，就会导致社会服务机构经费来源紧张，有的甚至发不了社工工资，造成社工人员流失，社工机构经营困难。

现阶段，社会组织自身的合法性地位、社会认可度、动员社会资源的能力还处于初级阶段，社区居民对于社会组织的认知过程也证明了这一点，加上自身机构发展受限和能力建设跟不上服务的需要，没有足够的社会资源动员能力来应对社会服务内容和品质的提升，一旦政府购买资金出现中断或是拖欠，相应的社会服务就会中止或者是应付过去，不利于社会服务的持续开展。

更重要的是，现阶段青秀区社会服务购买的专项资金，并没有一个统一的归口，很多资金分散在不同部门，这就会造成很多资金的使用没有统一规划，甚至出现资金使用重复、挪用等现象。

（二）政策配套不实致使社会服务落地受阻

国务院及其相关部委发布的《社会工作购买指导意见》明确规定，各级人民政府要高度重视社会服务购买工作，根据各地财政情况，配比相应的社会服务购买资金，并出台相应的政策法规，确实推进社会服务购买工作。

各级政府要因地制宜地将社会服务购买工作落实到位，但具体的执行过程中，政策配套不实在一定程度上阻碍了社会服务购买的落地，具体来说包

① 邓玮：《公共性视角下政府购买社会服务的困境及优化》，载《重庆大学学报（社会科学版）》，2016 年第 1 期，第 203—208 页。

括三个方面。

一是政策文件出台，但相应的配比资金以及相关支持性内容则是空的，没有相应的配套资金，项目就无法按时完成，更谈不上高质量的完成，或者只有下拨资金，没有配套资金，很多项目的开展就只能追求评估结果，对于购买服务对象的满意度、认可度、持续性都不能把握，核心原因在于配比资金要看当地财力和受重视程度。

二是政策文件出台过程中，因各方面的利益机制难以协调，很多配套内容也就不了了之。加上社会服务购买过程中的程序或是方式不规范，致使社会服务购买变成了指定服务购买，政策配套也就出现了社会服务购买的博弈现象及其行动策略偏差的局面。

三是文件出台过程中，由于领导同志发生变动，之前领导特别器重的项目，一旦相应的领导调岗或者是离职，缺乏了领导的重视和督办，社会服务的配套政策就会落空，自然在扶持力度上就会减弱。

政策配套实际上是地方性政府对于社会服务购买得以落实的重要保障，政策配套不实，自然会出现社会服务购买不可持续问题。

（三）专业人才匮乏致使社会服务品质初浅

社会服务专业人才短缺问题是当前广西社会组织发展面临的主要瓶颈，严重制约了社会组织公共服务提供能力。自2008年全国首次社工考试开考至今，广西通过社会工作者职业水平考试、拿到证书的不足2000人，这个数字与《广西壮族自治区社会工作人才队伍建设中长期规划》（2010—2020年）要求的8.5万社会工作人才储备差距实在太大，而且绝大多数人都不是在社会组织或社工机构工作，社工人才的缺口非常大。更何况很多政府基层工作人员考社工证，主要是本着加薪晋升去的，不能有效解决人才使用和储备的问题。尽管广西各大院校每年培养近500名社工专业及相关专业类人才，但很多毕业生都没有选择“社工”这个职业。主要原因是社会工作岗位薪酬水平低、工作量大、接受社会负面信息过多致使“社会服务专业人手不足”。因此，广西社会组织人手短缺且人员流动性强的现象还十分普遍。

在调研中，我们还发现社工普遍工作经验不足，工作三年以上的社工便是“资深”社工，甚至可以充当机构的督导，这种“拔苗助长”的模式也不利于社工的成长，对于社会服务购买项目的承接也会造成隐患。此外，青秀区现有的社会组织除广西和乐社会工作服务中心、南宁市乐益行社会工作服务中心、南宁市昆仑社会工作服务中心等几家相对成熟外，规模都非常有限，组织的专业社工一般都在1人至3人之间，一方面其承接社会服务的能力值得怀疑；另一方面，也使得社会组织没有足够的实力和地位与政府处于平等谈判和协商的位置，在服务项目的谈判过程中，社会组织常常处于从属地位，没有足够的话语权，这进一步助长了政府行政管理的惯性思维，也使得社会组织提供专业服务的积极性得不到应有的重视。

专业人才匮乏严重是青秀区社会服务购买的重要问题，离国家《中长期社会工作人才队伍规划纲要》，建立一支宏大的社会工作队伍的要求还有较长的时间。就青秀区而言，作为广西、南宁对外展示改革开放成果的“城市名片”，社会工作人才队伍建设尤为重要。

（四）评估监管缺位致使社会服务效益不佳

由于政府相关管理人员受专业性限制，缺乏相关专业知识，长期以来，政府也没有做过专业的社会服务购买，对于如何开展社会服务或者是社会工作服务，政府还是个门外汉①。因此，对社会服务是否合格、社会组织管理是否规范、项目设置是否合理等内容很难作出准确的判断，这就难免出现对社会组织的监管不力，对社会组织服务过程中存在的隐患缺乏必要的洞察力。政府在与社会组织签订合同后，对于社会组织的服务效能如何，政府作为服务的购买者未能够对社会组织建立日常监管制度，还未有建立专业的成熟的第三方评估机构，很难及时纠正社会工作服务中的不足，导致发现问题的滞后性，使购买社工服务的效率降低。更为无奈的是政府作为服务的购买者，对社会组织提供服务还存在传统的行政管理的惯性思维，对其服务效能的考核往往偏向政绩化，对社会组织进行行政干涉，把政府采购服务所约定的契约关系用“我出钱，你办事”的现实逻辑相置换②，忽视社会服务的价值理念和服务伦理，限制了社会工作服务机构和社会工作者自身的专业性和自主性，派遣到服务岗位或项目点的社会服务人员实际上成为用人单位雇用的工作人员，主要承担行政事务，体现不了专业性，弱化了社工的职业认同和成就感，造成很多社会工作者选择离职。社会组织为了应付检查，完成政府下派的任务，只好放弃专业服务的规范性和长远性的要求，使社会组织独有的服务社会的功能被削弱甚至丧失。

---

① 蔡慧：《我国政府购买社工服务的实践研究与反思》，南京：南京大学，2013年版．第44—45页。

② 张兴杰等：《政府购买社会工作服务：实践检视与未来政策选项》，载《浙江学刊》，2013年第5期，第202页。

评估监管缺位核心是无论是购买方，还是实施方，都需要第三方的评价和判断，不能既作为购买者或实施者，又作为评价者，这样对于服务内容的质量监管、服务效果的评价没有相对客观公正的评判机制。评估监管的缺位最后只会损害服务接收者的热情和对社会服务购买的信任，如何评估监管严重缺位将会降低民众对于政府的公信力，更会损害社会组织发展的程度和路径。

三、青秀区社会服务购买的设想

（一）基于政策导向推动社会服务购买立法

政策作为中国社会服务得以持续推进的重要核心，为社会管理创新和社会服务具体实践提供了依据。长期以来，社会服务的践行主要是依靠政府辅助机构或者是直属机构来进行的。这种通过政府的行政延伸在一定程度上有利于整体推进社会服务，但同时也暴露了社会服务的专业性和职业化问题。

经过近 30 年的实践，我们越来越清晰地认识到，社会组织作为社会服务的核心载体和重要力量，无论是在专业服务品质上，还是在社会满意度上，都比政府组织的延伸机构更具有优势。加之近十年社会组织的快速发展，它们已经能够承担社会服务的重要使命和职能。

在多年的社会服务中，社会组织不仅在服务上不断创新，植根于具体的服务内容和设计，同时在探究社会政策影响和相关法律规范的问题上也积极贡献智慧和力量。具体来说，在政府的主导下，专业社会组织通过承接政府委托的社会政策专项研究，促进了政府相关法律条文的出台，在确保社会服务专业化、跨专业发展能够与时俱进的条件下，提升整体社会服务的素质①。社会组织通过社区服务活动，增进社区居民对于社会服务的认知度和判断力，拉近了社区居民与社会服务组织之间的距离，实现了社会服务执行的社区基础。

各级政府进入市场购买社会公共服务，实际上是以地方财政预算参与资源的社会配置，政府公共权力通过购买的方式进入市场领域，从而使市场主体的生存空间受到极大压缩，这也不利于市场主体的发展。正确的做法应该是，各级政府以公共财力，依照法律规定通过招标拍卖的方式向市场主体购

① 杨洋：《澳门模式对内地政府购买残疾人服务的启示》，载《残疾人研究》，2014 年第 3 期，第 57—60 页。

买社会公共服务。如果没有明确的法律依据，各级政府把本来应该由自己提供的公共服务，完全交给市场主体来完成，那么，政府提供公共服务的合法性就成问题。提供公共服务是各级政府法定的职责，只有在特殊的情况下政府才能向社会机构购买社会公共服务[①]。

因此，社会服务购买的立法显得尤为重要。目前，从国家层面，党的十八届三中全会提出“加大政府购买公共服务力度”。李克强总理将其概括为建立惠而不费的公共服务发展新机制[②]。以财政部、民政部牵头的各部委也已经出台相关文件和相应规划，但各省自治区、直辖市在具体的执行上还面临一些障碍，这些障碍主要与当地经济社会发展水平相关。2016 年 3 月，《中华人民共和国慈善法》的出台，在一定程度上规范了社会服务，特别是社会服务中的资源使用和筹集问题，将对社会服务的供给和规范带来前所未有的机会，给予社会组织开展社会服务提供了法律基础和服务信心。基于政策导向的社会服务购买立法需要在宏观层面、中观层面以及微观层面上作出不同的考量。

对于青秀区民政领域而言，在相应的国家、省市相关法律法规的具体执行上，需要制定相应的实践标准和条文，在对于规范社会服务购买，推进社会服务的科学化和可行性上做好文章。

具体来说，要制定《青秀区社会服务购买实施办法》《青秀区社会服务购买项目设计和社区需求论证实施细则》《青秀区社会服务监管评估实施细则》《青秀区社会服务专业人才队伍建设意见》等。

（二）基于资源整合保障社会服务购买持续

资源整合就是围绕特定的事项或者活动动员相应的人力、物力、财力以及智力。社会服务的购买不仅需要资金、需要人才、也需要健全的社会服务购买的规范流程，这些要素都应该纳入资源整合中进行考虑，而不仅仅是经费的问题。

首先，财政资金能否大量注入，是社会服务购买能否顺利推动的关键。建议南宁市将政府购买社会服务经费列入年度财政预算，市财政局编制政府购买服务资金投入规划，逐渐加大财政支持力度。民政部门在留用的彩票公益金中，按照固定比例安排资金，用于购买社会服务。建立公共财政对社会组织的资助和奖励机制，鼓励民间资本参与，政府给予一定的政策扶持，拓

---

① 刘克梁：《关于政府购买公共服务工作的理性思考》，载《社科纵横》，2015 年第 8 期，第 282—283 页。

② 徐永光：《公益市场有效供给十八招》，载《中国慈善家》，2014 年第 6 期。

宽公共服务资源。同时，重点扶持一批公益服务性社会组织，将其改制为独立的合伙制或有限责任制市场主体，确立其独立法人地位。

其次，社会组织也有责任和义务通过自身的社会资源网络，为社会服务购买的后续需求资源进行动员，可以通过社区服务基金建立、社区众筹、社区资源链接等方式推动社会服务的可持续。比较好的社会组织还可以根据社区服务的需求利用互联网等现代技术平台，拓展资金的来源渠道，甚至在服务流程和内容的设计上动员多家社会组织参与，实现协同服务平台。

再次，人力资源是社会服务具体实施的核心点。就目前的情况看，社会服务的具体执行还面临专业人才和专业服务的问题，社会组织应该“建立规范合理的社工晋升机制，确定社工人才的薪酬待遇，吸引和稳定优秀的社工人才，实事求是地解决社工的实际困难”，保障社工的工资待遇要不低于当地平均工资水平，并且在此基础上提高社工的待遇水平①。通过组织平台吸引力的提升，使更多社工人才主动加入团队中来，真正做到“以事业留人、感情留人和适当的待遇留人”②。同时，要加强人才培训与开发，不断提高现有组织成员的专业能力，通过明确的职业分工，将专业社工人员从诸多的行政事务中解放出来，让专业人做专业事；在人才建设方面，社会组织还要注意为志愿者提供服务社会、服务他人的机会和平台，充分利用志愿者和草根精英的力量，善于将社区居民、大学学子、退休职工等纳入志愿服务队伍中，在减轻机构运行成本的同时，强化社工人才队伍的建设。

在具体人才的需求上，根据课题组测算，青秀区需要在乡镇（含街道办事处）建立社会工作服务中心 11 个，在城市社区建立社会工作服务站 63 个，在农村社区建立社会工作服务点 23 个，这是一个涵盖了城市社区与农村社区的社会工作服务体系。为了保证这一社会工作服务体系的正常运行，青秀区需要聘任社区督导 2 人，社区督导助理 11 人，社会工作者 97 人，社区志愿者 1440 人；如果从社区工作服务的人群看，青秀区需要社会工作人才 485 人，其中老年服务工作者 97 人，儿童服务工作者 97 人，残疾人服务工作者 97 人，军烈属服务工作者 97 人，其他服务工作者 97 人；从社区工作服务的内容看，青秀区需要社会工作专业人才 679 人，其中调解服务工作者 97 人，救济服务工作者 97 人，优抚服务工作者 97 人，医疗服务工作者 97 人，教育服务工作

① 杨君，徐永祥：《新社会服务体系：经验反思与路径建构》，载《学习与实践》，2013 年第 8 期，第 106 页。

② 张绍华：《社会组织社会工作人才队伍建设研究》，载《社团管理研究》，2012 年第 7 期，第 47—49 页。

者97人，其他服务工作者97人。总的来看，青秀区要能正常开展初级社区服务工作，最保守的估算需要社会工作专业人才97人；要保证青秀区的社区服务水平处于中间层次，需要社会工作专业人才485人；要确保青秀区社区服务水平走向综合层次，需要社会工作专业人才679人。

最后，社会组织的能力建设是重要方面，不能只会投标中标，还要将投标中标之后的完标做好。不能只拿钱不干事。就我们了解的情况，很多组织获得政府的社会服务购买项目之后，并没有严格按照中标书的要求开展服务，而是有意识、有准备地为迎接评估项目收集和制作材料，并没有在具体的社会服务上下足功夫。

社会服务购买的持续性不仅取决于政府的财政能力，也与社会组织的自身能力关联，动员资源的社会组织的核心能力。

（三）基于分类供给明确社会服务购买内容

中国公共服务大致分三个板块，有三个相应服务主体：一是行政审批等事项服务，由各个政府部门直接负责，基本不委托；二是教科文卫体范畴的服务，主要通过大量的事业单位组织来提供；三是介于上述两者之间的福利民生服务事项，这是当前开展得较多的服务内容。在当前各地政府财力有限的现实条件下，政府购买可先重点投入在福利民生领域，但随着改革的深化及购买服务机制的完善，购买主体应进一步拓展，凡是能由社会组织提供服务的，都应由社会及市场提供。特别是要利用目前事业单位分类改革的契机，将原来事业单位承担的公共服务逐渐以购买的方式实现，在此基础上逐步向其他的政府部门包括党政部门拓展。另外，可借鉴国外政府购买服务的经验，制定出“政府转移职能目录”和“政府购买公共服务目录”，以政策法规的形式明确公共服务边界。要求在目录范围内的公共服务都必须实行政府购买，通过强制性的要求进一步推动购买服务的扩大，最终实现应买尽买①。

基于分类的供给，还需要将社会服务的种类进行必要的划分，并对需要特别关注的领域优先考虑。民政部社会工作研究中心邹学银②等人的归纳，目前，有如下社会服务领域需要供给。

老年人社会服务。推动实施老年人社会照顾计划，主要开展生活救济与

---

① 邓玮：《公共性视角下政府购买社会服务的困境及优化》，载《重庆大学学报（社会科学版）》，2016年第1期，第203—208页。

② 邹学银，卢磊，陶书毅：《政府购买社会工作服务目录指南研究》，载《社会工作与管理》，2014年第1期，第42—53页。

照料、照顾护理、休闲娱乐、权益维护、情绪处理、精神慰藉、心理疏导、家庭支持、社区参与、临终关怀等服务，同时应重点关注高龄老人、老年痴呆症者、残疾老人、失独老人和空巢老人。旨在建立系统化、专业化和人性化的养老服务体系，实现“老有所养、老有所乐”的目标。

流动人口社会服务。推动实施“城市流动人口社会融入计划”，主要为流动人口提供生活扶助、就业援助、生计发展、权益维护、家庭教育、社区参与、居民互助及政策宣传倡导等服务。旨在积极推动流动人口融入城市生活，增进当地居民与流动人口的互动、理解与互助，实现当地居民与流动人口的和谐相处。

农村（留守人员）社会服务。推动实施农村留守人员社会保护计划，主要帮助农村留守儿童、妇女和老人缓解生活困难，开展生活帮扶、安全与健康、儿童学业辅导、休闲娱乐、心理疏导、情感支持、村民互助、社区自治及社区网络关系建设、政策倡导等服务，构建完善的社会保护与支持网络。

残障人士社会服务。推动实施残障人士社会照顾计划，主要开展生活照料、康复训练、就业创业、精神慰藉、心理疏导、互助网络、社区教育、社区参与、社会融入及政策宣传倡导等服务，同时应重点关注残障老人、重度残障人士和多重残障人士等。旨在建立系统化、专业化和人性化的助残服务体系，提升残障人士的生活质量，促进残障人士的社会融入。

特殊人群社会服务。推动实施特殊群体社会关爱计划，主要针对药物滥用人员、有不良行为青少年、艾滋病病毒携带者、精神病患者、流浪乞讨人员、社区矫正人员、服刑人员、刑释解教人员等特殊人群，开展行为偏差纠正、法制教育、生活帮扶、就业帮扶、习惯养成、心理疏导、情绪处理、信心重建、家庭辅导和关系重构、社区参与、环境适应和政策宣传等服务，促使他们恢复社会发展功能，积极融入社会并发挥自身社会价值。

受灾群众社会服务。推动实施受灾群众生活重建计划，主要围绕各类受灾群众的经济、社会、心理和精神需求，开展生活救助、生计项目开发、心理疏导、精神重构、社区重建（含人际关系和情感支持）、社区教育（含防灾减灾知识普及）及资源链接与整合等社会工作专业服务，帮助受灾群众重树生活信心、修复社会关系、恢复生产生活。

儿童及家庭社会服务。推动实施儿童及家庭发展计划，主要为14岁以下儿童及其家庭提供儿童救助、社会保护、家庭教育、家庭关系、教育与成长、社会适应、学业督导、同伴发展、权益维护（如家庭暴力）、卫生保健、妇女发展和信息资讯等服务。旨在建立建设以家庭为基础，以社区和机构为依托的儿童保护与发展网络，确保儿童健康快乐地成长，解决家庭问题。

青少年社会服务。推动实施青少年成长计划，主要为14岁至18岁的未成年人开展生活救助、学业与就业辅导、生涯发展规划、价值观引导、生活教育、人际交往、兴趣培养、自我认知、心理疏导及社区教育等服务，以帮助青少年解决问题、克服困难，恢复功能和获得全面发展。

职工社会服务。推动实施职工服务计划，主要为各类单位组织尤其是各种企业职工开展员工帮扶计划（Employee Assistance Program，包括职业发展、家庭支持、人际支持、困难帮扶等）、企业管理支持（包括企业社会责任、企业文化建设、员工关系等）和劳动争议处理（主要是矛盾调解、关系协调和权益维护等）。旨在建立和谐劳动关系，在员工职业与福利发展的基础上提升企业效率，使得职工更有效地投入社会经济建设与发展中。

军队及优抚安置社会服务。推动实施军人适应与融入计划，主要为部队和现役军人开展军营文化建设、军地共建、新兵入伍适应服务、人际交往、压力缓解、心理疏导和老兵退伍角色转换等服务。其实施领域包括军事政治和行政机构、军事医疗等后勤机构、军人家属福利设施、军队社区服务设施等方面。旨在为部队和军人提供社会化的发展性服务，促进军人适应部队和融入社会。

医务社会服务。推动实施医务社会工作推进计划，主要面对患者提供心理社会评估和干预、心理和精神调节、医患关系改善、矛盾调解、患者和家属情绪疏导、社区医疗照顾、悲伤辅导及为绝症患者提供临终关怀等服务，面对医护人员开展医护人员培训和辅导、搭建和谐的公共关系、心理缓解等服务。旨在促使医疗机构有秩序地运作与管理，改善医患关系，使得医院服务更加多元化、人性化和专业化。

（四）基于责任效益加强社会服务购买监管

一是要充分发挥政府与社会组织的双重监督作用。要根据购买合同，对服务过程、服务绩效和资金使用等进行全面的跟踪检查和审计。尤其对政府重大社会服务购买项目，更应组织成立专门评估小组，重点评估项目执行过程和实际效果以及执行效果与设计效果的差异，对项目运作中存在的问题及时提出整改措施或终止购买项目。要做好信息公开工作，将承接服务社会组织的资质条件、项目名称、服务目标、服务标准、服务方式、服务准则以及政府购买计划、项目招标的重要信息等向社会公开，便于接受社会的公开监督。要建立并完善问责机制，当服务不达标时，追究社会组织的违约责任，要求其承担损失，追回财政资金，并且还要追究政府相关部门的责任。要建立应急预案，如果出现社会组织不履行协议或实在无能力履行协议的情况，能及时提供适当的解决方案。

二是要建立并完善科学的社会组织承接公共服务的评估体系和评估机制。首先是引入包括监察、审计、财政等政府相关部门以及会计事务所等第三方和社会公众在内的多元评估主体，尤其要切实发挥专业评估机构、专家在评估中的作用，确保政府购买服务的客观、公正性。其次要健全包括社会组织运作管理、经费使用、服务成效、服务对象反馈等内容在内的评估指标体系。最后是实行全过程动态监管。明确相应的监管部门，制定实时动态的管理办法，对申请、招标、实施、结项、评估、反馈等一系列具体环节实行全程监督，形成从准入到履行合同到退出的实时动态监管。事前，重点评估项目需求、社会组织的资质；事中，采用政府部门抽查、媒体监督、社会公众意见反馈等多种方式重点评估社会组织对项目的执行情况；事后，主要是依照合同规定与估标准评估项目的实施情况。并且要以评估结果为依据建立社会组织诚信与履约情况数据库，为今后政府购买服务作参考①。

建立多元化的监督、评估机制。需要建立内部监督与外部监督，国家监督、专业监督与社会公众监督相结合的多元化、多层次的监督机制。内部监督包括政府系统内财政部门和购买部门监督，外部监督包括立法、司法、审计、独立第三方机构等方面的监督；国家监督是指立法、行政、财政、司法等部门的监督，专业监督是指专家监督、第三方专门机构监督等，公众监督是指消费者和其他公众的监督。由以上监督主体，针对购买流程实施全方面的监督评估，具体包括：确定评估方式和标准，对购买前的价格、成本、可行性评估，购买中计划执行的监督、评估（包括购买程序、资金支付、服务水平与价格等），购买后服务质量、绩效的监督与评估等。通过完善的监督与评估机制保证服务的效率、公平、质量和责任②。

政府作为社会服务购买的责任主体和监管单位，既要在社会服务购买过程中让渡适当空间，给予社会组织发展的机会，又要明确自身在社会服务购买中的责任范围，履行好自己的职责，监管要依托多元机制，共同推进社会服务的购买。

---

① 张讯：《地方政府购买服务存在的问题及对策研究》，2015 年第 6 期，第 110—115 页。

② 许燕：《国外政府购买公共服务范围及特点比较分析》，载《价格理论与实践》，2015 年第 2 期，第 109—111 页。

参考文献

[1] The Tools of Government：A Guide to the New Governance. NewYork：Oxford University Press，2002.

[2] Privatization：The key to better government. E. S. Savas. Chatham House Publishers press，1987.

[3] Stiglitz，Joseph E. The economic role of the state. USA：Wiley-Blackwell press，1989.

[4] 张汝立，陈书洁．西方发达国家政府购买社会公共服务的经验和教训［J］．中国行政管理，2010，(11)．

[5] 彭婧，张汝立．论政府购买服务的发展演进［J］．北方民族大学学报（哲学社会科学版)，2014，(6)．

[6] 岳经纶，郭英慧．社会服务购买中政府与 NGO 关系研究——福利多元主义视角［J］．东岳论丛，2013，(7)．

[7] 林闽钢．我国社会服务管理体制和机制研究［J］．华中师范大学学报（人文社会科学版)，2013，(3)．

[8] 杨君，徐永祥．新社会服务体系：经验反思与路径建构［J］．学习与实践，2013，(8)．

[9] 顾江霞．政府购买服务契约的权力运作逻辑——基于珠三角 B 市购买社会服务的研究［J］．广东工业大学学报（社会科学版)，2013，(4)．

[10] 范燕宁．政府购买公共服务“双主体”政策背景下社会工作专业机构面临的机遇与挑战［J］．社会工作，2013，(5)．

[11] 朱静君．政府购买公共服务的问题与着力点探索［J］．广东工业大学学报（社会科学版)，2013，13 (6)．

[12] 王刚．政府购买社会服务：风险及其合理分担机制构建［J］．电子科技大学学报（社科版)，2013，(6)．

[13] 林闽钢，周正．政府购买社会服务：何以可能与何以可为？［J］．江苏社会科学，2014，(3)．

[14] 赵环，严骏夫，徐选国．政府购买社会服务的逻辑起点与第三方评估机制创新［J］．华东理工大学学报（社会科学版)，2014，(3)．

[15] 陈为雷．政府和非营利组织项目运作机制、策略和逻辑——对政府购买社会工作服务项目的社会学分析［J］．公共管理学报，2014，7 (3)．

[16] 马贵侠，叶士华．政府向社会工作机构购买服务的运作机制、困境

及前瞻［J］．广东工业大学学报（社会科学版），2014，（1）．

［17］王辉，张为波．中国社会组织参与社会管理的功能与限制［J］．西南民族大学学报（人文社会科学版），2014，（7）．

［18］邹学银，卢磊，陶书毅．政府购买社会工作服务目录指南研究［J］．社会工作与管理，2014，（1）．

［19］高芙蓉．政府购买社会服务研究综述［J］．郑州轻工业学院学报（社会科学版），2015，（3）．

［20］彭少峰，杨君．政府购买社会服务新型模式：核心理念与策略选择［J］．社会主义研究，2016，（1）．

［21］唐钧．政府购买社会服务的政策缺失［J］．中国党政干部论坛，2015，（3）．

［22］季璐．政府购买社会服务的政策工具箱和匹配性考察［J］．苏州大学学报（哲学社会科学版），2015，（4）．

［23］郭明．政府购买社会服务的实践路径、成效及限度［J］．政法学刊,2015，（4）．

［24］赵环，严骏夫，徐选国．政府购买社会服务的逻辑起点与第三方评估机制创新［J］．华东理工大学学报（社会科学版），2014，（4）．

［25］叶托，胡税根．政府购买社会服务的绩效评估指标体系研究［J］．广东行政学院学报，2015，（2）．

［26］林闽钢，周正．政府购买社会服务：何以可能与何以可为？［J］．江苏社会科学，2014，（3）．

［27］卢新，曲延春，胡爱敏．政府购买服务：研究最新进展与前瞻［J］．中共济南市委党校学报，2015，（6）．

［28］潘建雷，马俊达．政府购买非营利组织社会服务问题研究［J］．地方治理研究，2016，（2）．

［29］顾瑞兰．香港政府向 NGO 购买社会服务的做法及启示［J］．经济研究参考，2015，（49）．

［30］吴月．吸纳与控制：政府购买社会服务背后的逻辑［J］．学术界，2015，（6）．

［31］刘雨佳．西方国家政府购买公共服务的历史发展及对我国的启示［J］．经济研究导刊，2016，（7）．

［32］鲍洪杰．我国政府购买服务模式比较及其机制研究［J］．生产力研究，2015，（1）．

[33] 钱凯．我国政府购买公共服务问题的观点综述［J］．经济研究参考,2014,（71）．

[34] 中共中央关于构建社会主义和谐社会若干重大问题的决定．

[35] 国家中长期人才发展规划纲要（2010—2020年）．

[36] 国家中长期社会工作人才发展规划（2010—2020年）．

[37] 广西壮族自治区中长期人才发展规划纲要（2010—2020年）．

[38] 广西壮族自治区贯彻落实《关于加强社会工作专业人才队伍建设的意见》的实施方案．

[39] 党的十八届三中全会通过的《中共中央关于全面深化改革若干重大问题的决定》．

[40] 国务院办公厅《关于政府向社会力量购买服务的指导意见》．

[41] 财政部《关于支持和规范社会组织承接政府购买服务的通知》．

[42] 南宁市人民政府办公厅《关于印发南宁市关于政府购买公共服务的实施意见的通知》．

广西草根公益组织发展需求调查研究

罗　杨　蓝　芳　韩　俊　赵红旭

摘　要： 本研究通过对广西51家样本草根组织进行问卷调查，分析广西草根公益组织发展现状中的优势与不足，并探究其根源，寻找解决之道。总体上看草根组织发展速度较快、服务内容多样、前景广阔，在资金使用和人员激励上有所长，但是也存在人员专业水平偏低、机构规模较小、宣传渠道缺乏、资金来源单一等限制性因素。针对现状和成因，本研究从政府和草根公益组织自身两个方面，提出了改革管理体制、加强监管监督、完善法律法规、注重培训人才、实现合作发展等建议。

关键词： 草根组织　公益组织　问卷调查

一、广西草根公益组织发展现状分析

（一）组织发展中的优势现状

1. 发展速度较快，注册以社团性质为主

近年来，广西各级民政部门坚持“培育发展与监督管理”并重的方针，充分激发和释放社会组织发展活力，加大执法监察工作力度，促进了社会组织数量和质量同步提高。截至2015年6月底，在全自治区各级民政部门依法登记的社会组织达21016个，其中社会团体12497个，民办非企业单位8465个，基金会54个。社会组织得到健康有序发展，广泛参与社会公共服务和社会治理，为推动广西经济社会发展发挥了积极作用。[①] 我们所收集的51份问

① 广西社会组织网，2015年10月22日报道。

卷涉及的51家草根公益组织中注册率为72.55%，注册最早时间为2001年4月，其中2012年至今注册的比例达49.02%。注册的机构中60.78%为社团，少部分为民办非企业单位及基金会，国际组织数量为0。说明2012年“松绑”以来，广西社会组织得到了快速发展、其合法性不断提高。同时，2014年全国有社会组织166.8万个，广西2.1万个，占比1.25%，占全国平均值1/34=2.9%的一半不到，也说明广西社会组织的发展速度虽快但与全国发展水平相比仍然较低，未来发展空间较大。

2. 服务领域具有多样性、集中性

选项	小计	比例
与儿童及青少年相关	42	82.35%
妇女及家庭服务	13	25.49%
与老人相关	32	62.75%
与残疾人相关	18	35.29%
与矫正相关	5	9.8%
与社区社会相关	14	27.45%
与法律援助相关	3	5.88%
与环境保护相关	23	45.10%
其他	8	15.69%

调查结果显示，51家样本机构的主营业务包括关爱抗战老兵、关爱地贫儿童、关爱孤寡老人、关注留守儿童及与生物多样性保护相关的调查、研究、培训、考察、规划、咨询、科普、宣传、社区可持续发展等，服务领域主要集中在青少年、老人、残疾人及环保四个方面，服务参与度最高为儿童及青少年相关，占82.35%；其次为与老人及环保相关，分别为62.75%、45.10%。其他领域则包括与妇女及家庭、社区社会、法律援助及矫正等相关，服务领域较为广泛。但其中涉及法律援助与矫正领域的机构比例较小，均不足10%。这说明广西草根公益组织关注领域广泛，但重点分明，主要集中在个体关注、安全关注上，而缺少公共卫生、扶贫、心理、法律、社会性别等其他细分领域。这也能够反映出整个的公益领域还处于初期阶段，组织的规范化程度、专业化水平及能力、资金等不足限制着服务领域的扩大和服务水平的提高，只有集中力量做好青少年、老人、残疾人及环保四大基础领域的服务后，才能更多地考虑到其他的困难群体。

3. 资金用途规范

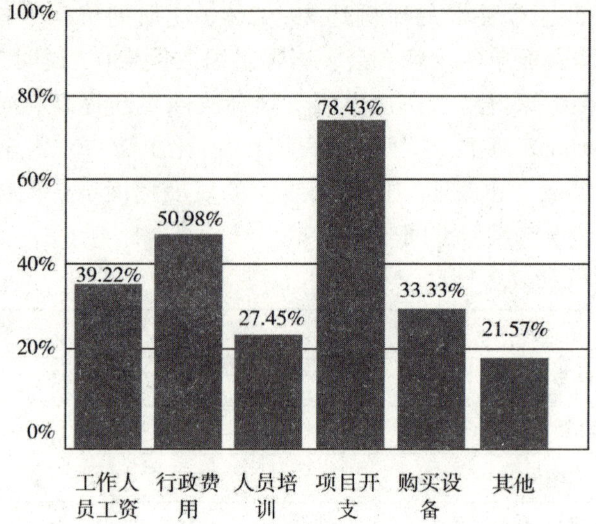

项目支出占比最大说明大部分的机构资金都用到了实处，78%的机构以项目资金支出为主要支出，近 50%的机构行政费用为主要支出。其他则主要用于工资、培训、设备购买等，经费使用规范，用途正当。但与此同时，不到三分之一的机构主要支出用于人员培训，也说明机构对工作人员的发展与机构专业化发展支出较少。仅有不到 40%的机构主要支出包括工作人员工资，说明很多机构都是依靠志愿者来运行的，其专业化程度较低。

4. 公益组织发展前景认可度高

在调查机构未来 3 年的发展形势过程中，76. 47%的被调查者认为组织未来三年发展前景乐观，13. 73%的被调查者认为前景不乐观，而只有 1. 96%的人认为机构未来 3 年发展前景较差。说明绝大部分被调查者对自身机构的未来发展持乐观态度，对公益组织的发展前景认可度高。作为新兴的行业，公益事业正处于蓬勃发展的状态，虽然目前发展水平相对较低，但公益人士还是坚信公益事业会有一个光明的未来。

5. 机构的激励措施多样化，以精神激励为主

作为民间和志愿性质的机构，软实力才是它们最重要的工具。从内部来看，它们已经想方设法在这方面做了很多，从制定评估机制到培训交流，机构为工作人员提供了充分的激励机制。但其不足的是，机制虽健全，其实行效果不尽如人意。根据访谈得知，奖励制度实行效果较差，主要原因包括管理能力不足、交流平台与交流机会的缺乏、资金不足、专业培训人员及专职

工作者的缺乏等。

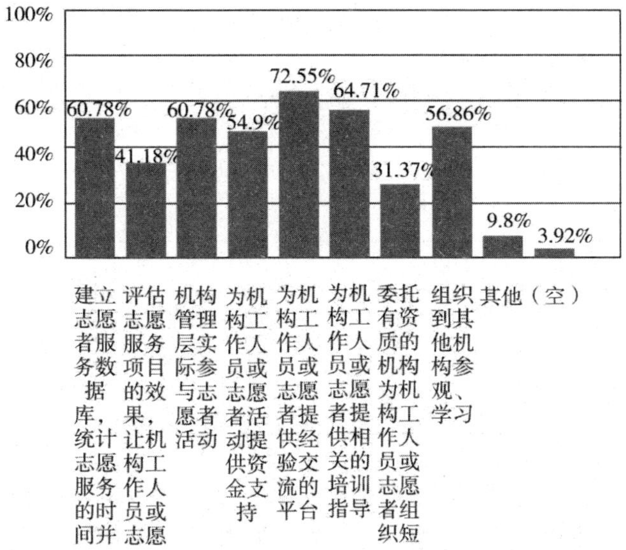

（二）组织发展过程中的不足

1. 从业人员学历水平偏低，性别差异明显

选项	小计	占比
高中及以下（包括中专、中职）	6	11.76%
大专	21	41.18%
本科	19	37.25%
硕士	1	1.96%
博士	1	1.96%
其他	3	5.88%

被调查者中，从事公益事业的人员来自食品、销售、IT 等各行各业，其中文职类人员占多数，从事财务、律师、顾问等专业人才较少。从业人员中普遍学历偏低，主要以大专及本科学历为主，硕士及其以上学历占比较低，仅占 3.92%。51 位被调查者主要来自机构管理人员、工作人员及志愿者三方面，其中 74.5%来自机构的管理层，19.6%来自工作基层，5.9%来自志愿者。受访者中男性占 41.18%，女性占 58.82%。说明从事公益行业的女性明显较多。我们在访谈过程中了解到，其主要原因有两方面：一方面公益行业的低

薪资使男性难以承担沉重的家庭经济负担，而经济压力相对较小的女性则比较能接受这一低薪工作；另一方面，相对而言，女性感情比较细腻敏感，富有同情心。

2. 多数机构规模较小，管理机制不健全

选项	小计	比例
无志愿者，都是工作人员	4	7.84%
有志愿者，50 人以下	8	15.68%
有志愿者，50—100 人	9	17.65%
有志愿者，100—500 人	19	37.25%
有志愿者，500 人以上	11	21.57%

根据机构拥有的志愿者数量调查显示，约 7.84%的机构没有志愿者只有工作人员。与此同时，拥有 20 位工作人员以上的机构占比仅为 3.92%，约 50%的组织工作人员数量少于 3 人，20%的组织没有机构工作人员。这说明广西现在的公益机构志愿者还比较少，大部分机构规模较小、成立时间短。

此外，机构的核心领导权掌握在极少数人的手中，5 人及以下核心领导人数占绝对比重为 56.86%，10 人以上占比较小，仅为 13.73%，近 50%的机构没有明确的组织架构。说明大部分机构内部管理机制不成熟、职权分工不明确。

3. 机构网络宣传平台缺失

调查结果显示，51 家机构中，仅 52.94%拥有自己内部的网站和平台，其中主要以微信平台运营为主，占比为 49.02%，此外，以网络平台公众号运营的仅占 29.41%。近半数的组织机构没有自己的网络宣传平台，说明机构宣传主要面向内部的熟人圈子，仅有少数机构突破了熟人圈开始向公众投放信息。

4. 资金主要来源于自筹，组织造血能力不足

本次问卷调查了 51 家草根公益组织的主要资金来源、主要支出项目及机构每月人员开支情况。调查结果显示，自筹社会资金及企业捐赠为草根公益组织的主要资金来源，基金会支持、志愿者或会员会费收入及产品和服务提供也占了较大比重，此外，以政府资助、自身投资收益及其他来源为主要资金来源的机构占较小比例。由此可见，广西社会公益发展的土壤较好，位列前四的都是政府以外的资源，说明社会支持公益，但政府支持力度较低；另外，这些资源中，只有约 8%是属于机构可持续发展性质的资源类型，说明目前广西公益主体上是输血型公益，严重缺乏造血能力。

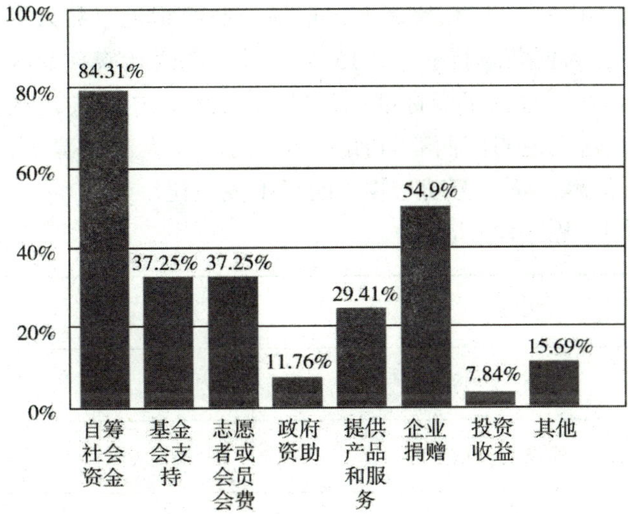

5. 机构工作人员月均开支普遍较低

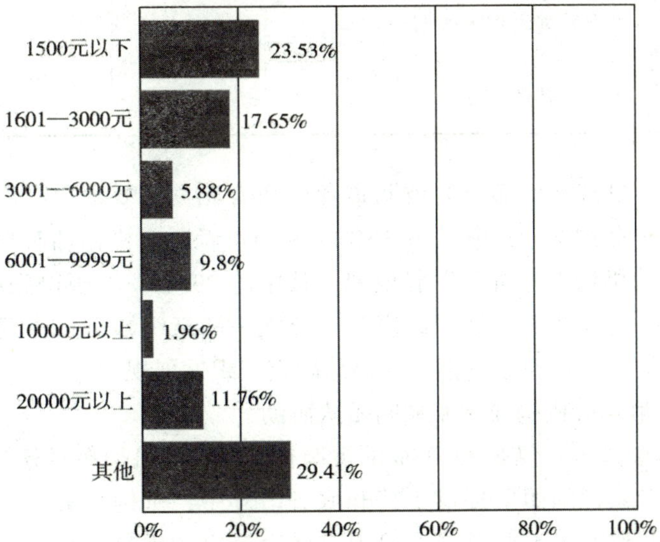

调查结果显示，公益机构工作者每月收入普遍较低，41.18%的机构中工作人员收入为3000元以下，其中23.53%的机构人员收入在1500元以下。而2016年3月24日广西人才市场发布的广西人才网联系统2015年薪酬报告显示，2015年广西人才网联系统中用人单位发布职位的平均薪酬为每月3826元，比2014年的3413元每月增长12.07%。而保安/家政服务类、餐饮/娱乐类、行政/文职/后勤类、物流/仓储/运输类和物业管理类等职位的平均薪酬较低，其平均薪酬分别为每月2426元、每月2757元、每月2974元、每月

3118 元和每月 3120 元。[①] 相比之下，草根公益组织近半数人员工资低于广西平均工资水平，为低薪酬行业。2015 年 4 月，广西壮族自治区人民政府下发《关于调整全区职工最低工资标准的通知》，发布区内一类地区最低工资标准调至 1400 元，这也说明广西有近四分之一的公益人士做着辛苦繁杂的工作、拿的却是最低保障工资，劳动与收入明显不成正比。

6. 组织发展规划不充足

选项	小计	比例
有	29	56.86%
机构目前没有发展规划	5	9.8%
希望得到第三方支持，设计规划完成发展规划	15	29.41%
有没有发展规划无所谓	1	1.96%
其他	1	1.96%

调查中，只有极少部分的被调查者认为有无发展规划无所谓，大部分认为发展规划非常必要，其中，56.86%的被调查者所在机构拥有自己的发展规划。近 40%的机构没有自身发展规划，其中的 29.41%希望得到第三方支持，帮助其设计并完成发展规划。这说明三分之一的组织缺乏自身建设能力及相应的专业人员，并希望通过第三方协助制定组织发展规划。

7. 难获第三方机构或专家顾问团队协助

调查结果显示，仅有 33.33%的被调查者所在的机构在服务领域有获得第三方机构或专家顾问团队提供支持和服务。其中，机构与第三方机构或专家顾问团队的合作方式主要以公益组织接受第三方的项目方案，并从中选择合适的项目予以支持或委托第三方机构协助机构制定服务项目规划，但由机构负责后续的实施为主。即机构获得帮助的机会较少，且协助方式为暂时性协助，无益于机构长远发展。

① 引自中国人才网，2016 年 5 月 4 日，http：//www.cnrencai.com/salarinfo/364568.html.

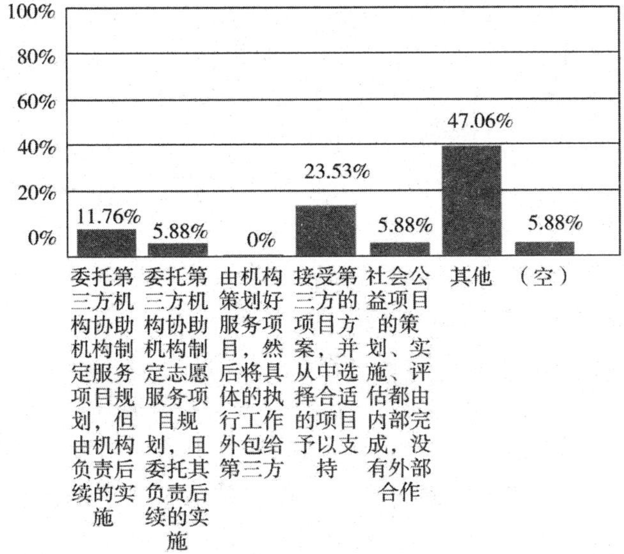

8. 面临人才、资金缺乏等难题

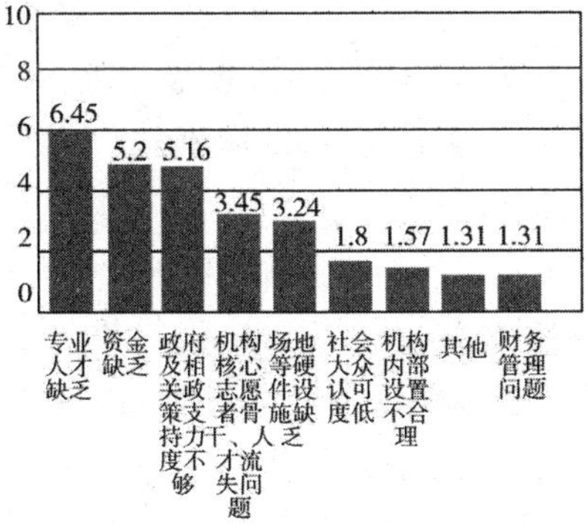

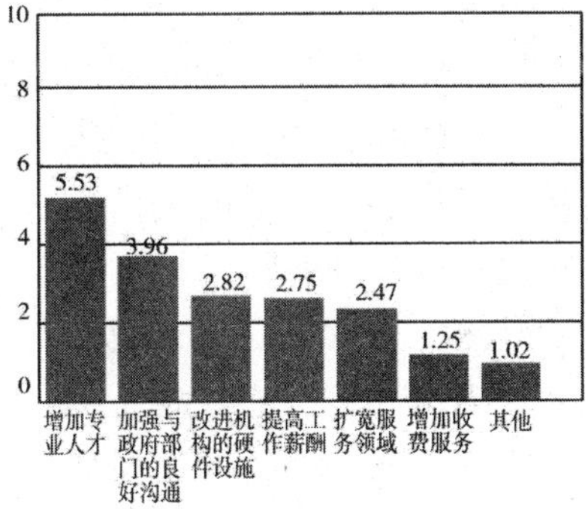

机构发展主要面临的三大问题是人员、资金和政府支持。资金需求是最为迫切的问题，主要体现在硬件设施和薪资水平上。说明目前草根公益组织资金上的缺口很大。除此之外，在其他选项中，近三分之二被调查者认为机构发展目前还存在缺乏对工作人员、志愿者及团队建设培训与公益宣传力度不足的问题，少部分人登记注册困难、机构内部权责不明确等问题。

二、组织发展的困境根源分析

（一）管理体制改革逐步推进，法律法规建设不足

为解除双重管理体制的障碍，自 2012 年 3 月起，广西已对公益慈善、社

会福利、社会服务这三类社会组织的注册登记“松绑”，可以直接由民政部门登记管理。2015 年 5 月，《广西四类社会组织直接登记管理暂行办法》出台，规定全区行业协会商会类、科技类、公益慈善类、城乡社区服务类等四类社会组织办理成立登记、变更登记和注销登记，可直接向本行政区域内登记管理机关申请登记，不再需要业务主管单位审查同意。这一举措很大程度上缓解了此前公益组织找不到“婆家”而无法登记的情况。“松绑”政策在一定程度上解决了注册难题，但同时仍有许多草根公益组织局限于 3 万元的登记“保证金”门槛之外，“松绑”政策难以惠及。

近年来，《广西四类社会组织直接登记管理暂行办法》《广西壮族自治区民政厅社会组织孵化基地管理暂行办法》等是关于非营利组织管理的法律依据，但从执行效果来看，现行法规只有宏观原则，没有实施细则、可操作性不强。且广西各级地方政府由于缺乏对相关政策和管理的重视，对公益组织缺乏有效培养和监督。

（二）专业人才缺乏，人力资源水平低

小规模组织或处于创业初期的社会组织往往采用非组织化管理，随着组织的不断深化和发展，只有引进专业人才才能解决组织发展困境。但在现实中，薪酬待遇、发展空间是人们选择职业的重要指标。一方面，在公益行业当中，高强度、高容量、长时间工作的草根公益组织在薪酬待遇、社会保障等方面较差，在发展空间方面，草根公益组织普遍缺乏对机构工作者的技能及职业规划培训。虽然公益人在工作方面成就感较高，但迫于现实经济压力，许多人不得不离开公益领域投向其他行业。另一方面，社会工作专业人才极度缺乏，按照《社会工作专业人才队伍建设中长期规划（2011—2020 年）》的要求，到 2020 年，我国社会工作专业人才总量要达到 145 万人，目前距离这个目标仍有 100 万左右的缺口。目前，广西境内仍有许多草根公益组织没有专职人员或从业人员能力水平普遍偏低，小型机构则由于资金缺乏，多招收富有热情但经验不足的实习生、毕业新生或低学历者。因而，新人在项目执行、机构事务管理过程中经验、能力不足，效率较低。同时。机构还须花费大量精力培养新人，一旦新人培育成功，又会因为薪酬、工作强度等问题出现人才流失现象，长此以往形成的恶性循环不利于机构的发展。

除了专业社会工作人才以外，专业的管理型人才、培训人才、财务管理人才也是草根公益组织稀缺的资源。不少机构的发展困境是由于不善管理、财务不清、分工不明等因素造成的，因而工作人员专业性对机构的发展发挥

主导性的作用，管理不到位、专业化能力不足等会影响机构的服务水平，从而影响资助方、公众及服务对象的认可度，并加剧筹资困难，这又使机构陷入能力不足与筹资困难的恶性循环。

（三）低薪酬难以吸引专业人才

在我们研究的被访者中，41.18%的机构中工作人员月薪资为3000元以下，其中23.53%的机构人员月薪资在1500元以下。此外，据南都公益基金会、腾讯公益慈善基金会等于2010年年底联合发布的《中国公益人才发展现状及需求调研报告》显示，大部分公益人月薪资在5000元以下，约占90%，其中无固定收入和月薪资在1000元以下的共占18.4%，1000—2000元的占17.5%，2000—3000元，占25.7%。近四成机构未给员工缴纳社会保险。67%的NGO从业者表示工作强度非常大或比较大。

据北京市统计局发布的统计数字显示，2012年度，北京市职工平均工资为62677元，月平均工资为5223元。而调查结果显示，还是有相当一部分公益慈善从业者的待遇尚未达到平均工资水平。在“你目前的工资月收入是多少”一问中，超过七成的公益从业人员工资水平在6000元以下，其中，选择2000元以下占13.77%，2000—4000元占31.88%，4000—6000元占24.64%。[①] 在我们的调查当中，公益从业人员收入在3000元及以下的占41.18%，说明全国公益行业收入普遍较低，广西地区较北京等发达地区公益行业收入更低。2014年9月20日，财新网发布的《2014年中国公益行业人才发展现状调查》指出，中国公益行业人才外向型流失明显，其中薪酬低、行业外机遇吸引及家庭因素是导致人才流失的三大原因。同时，据行内人员表示，缺乏职业规划和良好的发展平台，从而使从业人员缺乏安全感也是人才流失的重要因素。

（四）资金缺乏，筹资渠道单一

调查结果显示，广西地区草根公益组织资金来源主要为自筹社会资金、企业捐赠、志愿者或会员会费收入等。自下而上的草根公益组织不同于自上而下的非营利组织，很少能获得体制内的资源，多以社会筹资及志愿者捐赠为主，资金管理过程中经常受到社会各界质疑。此外，与美国社会组织发展相比，目前广西草根公益组织在筹资过程中缺乏基金会这一筹资平台，基金

① 公益时报：《公益行业人才与薪酬态度大调查数据综述》，2013年9月17日。

会支持较少、境外资金来源也明显不足，且缺乏自身经营收入，难以支持机构发展的资金需求。目前广西草根公益组织在活动开展过程中，常以活动经费AA分摊的方式进行，使本来收入有限的公益行业工作者担负更多经济压力。因资金缺乏，难以聘请专业工作人才、提供职业技能培训、志愿者培训、拓宽服务领域等，机构专业水平不足、缺乏筹资能力强的工作人员又使机构陷入筹资难题，如此形成的循环困境，使机构难以为社会提供更好的服务。总之，草根公益组织目前的筹资渠道跟筹资方式非常有限，既有外部制约的身份难题，也有自身筹资能力不足的因素。

（五）组织自身管理机制不健全，成长平台缺失

1. 缺乏规范的人员管理办法

草根公益组织的人员大致由两部分人员构成，一部分是工作人员，包括全职或兼职人员，另一部分是志愿者。但无论是工作人员还是志愿者，机构都对其缺乏相应的管理，具体表现为：①工作人员身兼多职，组织内部分工不明确、工作安排混乱，工作效率低。这些问题如果不能很好得到解决，将会影响组织的服务效能及项目运行与评估。②志愿者招募与选拔机制单一，缺乏相关培训。草根公益组织志愿者招募条件普遍要求较低，庞大的志愿者团队如若不能对其进行有序的管理，将导致组织涣散、凝聚力不强、人员流动频繁、服务效率低等不良后果。在我们的调查中，21.57%的机构没有工作人员，意味着兼职工作者需要负责机构项目运营、志愿者管理、资源链接等各方面的工作，身兼多职、职能不明确导致工作效率低下。

2. 机构间缺乏交流成长平台

2016年2月，民政部发布2016年中央财政支持社会组织参与社会服务项目立项名单，我区17个社会组织项目共获中央财政资助520万元。17个项目中，包括12个A类发展示范项目300万元、2个B类承接社会服务试点项目90万元、2个C类社会工作服务示范项目100万元、1个D类人员培训示范项目30万元。从这些数据中可以看出，财政支持项目中涉及能力建设和人员培训方面的项目及资金都很少。在我们的调查数据当中，孵化机构只有1家，涉及公益组织人员技能培训方面的机构为0。同时，调查中94.12%的被访者希望参加区内社会组织管理相关培训或其他交流活动。这就说明，广西区内公益从业者及相关机构对公益组织人员技能培训及机构间交流需求度较高，但目前区内从事相关领域的机构及平台较少，难以满足社会需求。广州的社会组织经常在社会组织培育基地、交流中心等地召开主题沙龙、工作研讨会、

新春交流会等。在2012年首届广西公益论坛基础上成立的广西公益联盟就是这样一家服务区内公益组织的交流平台，它是一种合作和交流的机制而不是实体。其高峰时有80多家成员机构，也在公益人才培养、公益组织行业内交流等方面发挥了一些积极作用。但由于2014年的第三届广西公益论坛被政府相关部门紧急叫停，这一交流机制后续的很多活动相继流产。因而目前广西草根公益组织不仅缺乏交流活动、缺乏能够进行交流活动的平台，同时也缺乏与政府部门的沟通交流。

（六）机构间缺乏团结协作精神

目前广西登记的社团组织有上万家，遍布广西各地、涉及养老、环保、青少年成长等各个领域。根据访谈得知，广西各草根组织之间协作意识薄弱、沟通交流不足，主要体现在：①相同服务领域的机构以竞争相对，缺乏经验沟通与交流；②组织之间资源共享不足，组织之间不愿将相关资源承让给相关能力较强的组织，包揽资源及能力不足造成资源浪费；③组织间缺乏公平竞争与合作意识，受地域观念限制，阻碍了区域资源的交流运用。因而地域观念、不良竞争信念及协作精神的缺乏是广西区内草根公益组织发展道路的一大障碍。

三、对策和建议

（一）政府为草根公益组织创造良好的制度与社会环境

1. 改革管理体制，实现管制型政府向服务型政府转变

首先，政府要转变观念。政府要转变传统观念，充分认识新时期社会组织的地位、作用，准确把握全区社会组织的发展路径，积极探索适合区内社会组织发展的管理思路，注重社会组织发展、规划与管理，并将其纳入经济社会发展计划和政府绩效考核体系，帮助解决发展中的困难和问题，为社会组织发展提供良好的环境。

其次，是转变政府职能。①政府要逐步完善行政管理体制，改革创新政府管理方式，推动公共服务体制机制的创新，健全社会服务体系，将原由政府部门承担的资产评估、鉴定、咨询、认证、检验检测等职能逐步交由法律、会计、信用、检验检测认证等专业服务机构承担，激发社会组织参与公共服务的积极性。②政府要加强草根公益组织的培训管理，支持或成立规范化的

社会组织培训机构及交流平台，专业系统培训公益机构从业人员，健全社会组织工作人员工资、保险、福利等政策，提高公益机构从业人员社会福利、解除工作人员后顾之忧，从而使社会组织更好发挥自己服务社会、推动社会文明进步的作用。③政府还应建立或落实社会组织财税支持政策，通过税收减免、政府购买服务、建立社会组织发展基金等支持措施，促进社会组织专业化、规范化建设。

最后，改革登记许可制度。由于社会组织具有自发性的特点，其服务领域各不相同，反映了不同群体的利益需求。因此，政府应该根据社会组织的性质及服务领域实行分类管理，对不同性质和组织形式的社会组织采用不同的评估方法，制定不同的登记条件，采取不同的登记形式和登记程序。相应的，对不同性质的社会组织提出不同的监管要求和监管重点。充实行政执法力量，加大对社会组织违法、违规行为查处、惩罚力度，逐步实现由对社会组织成立时的“登记”管理向成立后的行为管理过渡。

2. 完善法律法规，为社会组织发展拓宽空间

在“松绑”条件下，目前我区已经打破双重管理的不足，基本实现行业协会商会类、科技类、公益慈善类、城乡社区服务类等四类社会组织办理成立登记、变更登记和注销登记。全自治区公益组织的发展获得了新的空间，在新的发展路径中，需要政府改进管理体制，加强监督管理，进一步完善法律法规，加紧修订和出台社团、民非相关条例，将法律法规落到实处，切实保障公益组织及公益人的合法权益。同时要强化行政执法工作、落实操作细则，健全执法查处的主体、程序、监督、处罚等有关规定和法律文书，加强执法力度。

政府要建设配套的政策法规。一是要完善社会组织财政税收法律制度，加大对社会组织财政支持力度、完善税收优惠政策，为社会组织的发展提供政策和法律支持；完善相关法律法规，激励社会捐赠和以各种形式参与支持社会公益事业建设，支持社会组织的成长与发展。二要建立公益资产监管体系。根据社会组织的性质，明确监管内容和监管主体，完善审计法、破产法等法律，把社会组织资产纳入规范内容，建立和完善社会组织清算程序，防止公益资产的流失；建立社会组织发展基金会或基金管理委员会，募集社会组织发展的资金，接受社会组织注销、撤销后的剩余资产，促进公益资产的管理和有效利用。三要建立社会组织成员的社会保障体系，以法律制度的保障吸引专业人员进入社会组织，实现社会组织专职人员的职业化，并将这些专职人员的医疗、失业、养老等纳入到社会保障体系，增强社会组织可持续

发展能力。

3. 加强资金支持，加大政府购买服务力度

社会组织作为第三方，是政府与市场失灵情况下的补充。政府的职能下放，在支持公益领域发展上的主要体现为购买服务。党的十八届五中全会提出："创新公共服务提供方式，能由政府购买服务提供的，政府不再直接承办；能由政府和社会资本合作提供的，广泛吸引社会资本参与。"国务院办公厅下发的《关于政府向社会力量购买服务的指导意见》明确要求，"在公共服务领域更多利用社会力量，加大政府购买服务力度""不断创新和完善公共服务供给模式，加快建设服务型政府。"

广西目前拥有数千个草根公益组织，就今年而言，获民政部项目资金支持的只有 17 个机构的 17 个项目，剩下的数百个公益机构仍然需要自行筹资解决机构运行、项目支出等问题。此外，政府在购买服务的过程中，其公开性与公平性没有很好体现出来。在方式上，公开性、竞争性的服务购买较少；在程序上，政府购买服务的运作程序不够规范，资金明细也没有公开透明；在对象选择上，政府购买的服务偏重实践服务类，对管理培训类项目不够重视。

然而，政府应以公开透明为原则，在增加政府购买服务的同时鼓励公益机构公开竞争，增进政府与机构沟通交流的同时促进公益领域的良性发展，明确权责：第一，完善政府购买社会组织公共服务的体制、法律与政策建设，尤其要明确规定社会组织管理的制度衔接及社会组织的责任要求、内部治理、行业自律与第三方监督评估等。第二，打破政府治理中"大政府、小社会"的观念，明确政府机构权责与职能，改变一些政府行政人员对社会组织的地位作用存在认知上的偏差，鼓励社会组织参与建设。第三，政府购买社会组织服务过程中，建立"购买者、生产者、使用者与评估者"之间桥梁的信息共享平台，规范购买程序，过程与信息公开透明度。第四，强化政府购买社会组织公共服务的有效监管，界定清晰的监督主体与监督职责，避免各监督主体在实施监督过程中存在监督范围模糊、责任交叉的现象，有针对性地对采购资金预算进行监管。

另外，政府分配资源——财政资助上，项目申请评估的标准、评估者资质、评估过程和评估结果的公布，需要透明化。在项目执行结果上，也同样需要评估，评估项目执行的效果、影响等，并透明化公布。透明化是用好这些钱最好的方式。这些财政资助的资金需要用到刀刃上，就是对广西公益组织未来发展的可持续性产生具体的支持性作用，具体体现就是：一是公益的

创新性，能够形成有影响、可复制、可推广的公益模式；二是公益的能力培养，能够更好地从面上帮助更多的公益组织加强自身发展；三是公益的推广，能够让更多的企业和社会成员了解到公益组织的需求和重要性，从而形成全社会支持公益的局面。

4. 加强监督管理

加强草根公益组织的监督管理，包括对其社会资产监督、合法行为监督及其信用体系监督。资产监督包括资金来源与资金使用的合法性；行为监督指组织活动过程中不违反相关法律规定，信用监督则主要表现承接政府项目过程中各项评估真实可靠性。近日，厦门市民政局印发《厦门市社会组织信用信息管理实施办法》，正式建立社会组织信用信息“黑名单”和“红名单”制度，被列入“黑名单”的社会组织，将可能被限制或取消其参加公益招投标和承接政府购买社会组织服务项目。[①]“黑名单”和“红名单”制度建设是信用监督的有效手段，将使社会组织纳入到政府的有效监管之中，在强化组织合法运行的同时，利于提高组织自身的竞争力、提高社会公信力。因而政府应对我区的草根公益组织建设加强监督、完善组织信用体系，使组织发展纳入信用体系、规范有序发展。

5. 加强公益宣传力度，培养公民意识，创造良好的社会环境

我国自古以来就不缺乏公益精神，就现代而言，人们缺乏的是公益认知。转变公益理念将是我国公民正确认识公益的关键一步。由于我国政府主导地位的自上而下的政治体制，多数公益资源都来源于政府，部分公民会产生“政府万能”的信念，而忽视自身对社会发展的责任。在公益事业的发展过程中，政府无疑担当着重要角色，但若要真正实现放权，仍需给予社会组织足够的信任，帮助规范化的社会组织增加宣传力度、提高社会认可度。一方面，政府可通过建立官方网站平台，对社会组织进行政策传达，并通过平台管理组织、扩大社会组织认知度、加大组织间信息交流与资源共享；另一方面，政府鼓励公益组织申请注册服务商标，采用直营、加盟等连锁经营模式，开展集团化服务，形成品牌连锁服务，早日实现公益行业化独立发展，促成“政府支持+组织运行+公民参与”的公益发展新模式，通过市场化强化社会组织的存在意义与价值。

---

① 公益慈善周刊，2016年第17期，第15—16页。

（二）草根公益组织加强自身建设，突破发展困境

1. 注重管理与培训，促进组织专业化管理

作为市场化时代中的公益组织，应适应市场发展，建立现代社会组织制度，提高服务社会能力。这就要求公益组织一方面要健全权责明确、协调运转、有效制衡的法人治理结构，明确会员大会、理事会、监事会和管理层的职责，完善议事、选举、机构、财务、人事等各项制度。推动组织独立发展，减少社会组织行政化倾向，保障社会组织的自主性及独立性。另一方面要加强社会组织人才队伍建设，建立社会组织人才招募机制、内部激励和约束机制、人员考核机制等，加强组织管理、发挥从业人员的工作积极性和主动性。

2. 注重培训、吸纳人才，提高组织专业化水平

公益组织只有在解决了政府与市场解决不了的问题时，才有其存在的价值和意义。而对于草根公益组织来说，解决问题的能力代表着其专业化水平。目前社会上出现了许多孵化机构，支持社会组织及专业人才的培养，我国也在加强社工人才队伍建设并计划到2020年培育145万社会工作专业人才。在外部环境有利发展的条件下，草根公益组织则要树立广泛吸纳人才的理念，健全员工激励机制，为专业人才创造更为宽广的自我发展平台。同时，专业人才的吸纳也是实现大学生就业的重要途径。对社会组织负责人、业务工作人员进行法律法规、项目运作、业务技能、专业知识等方面的培训也是提高组织专业化的重要手段。

3. 拓宽筹资渠道，实现自主经营管理

资金是限制机构发展的最重要因素，公益组织虽然有好的项目，但是缺乏运作资金也是枉然。一方面，公益组织要提高提升专业水平、提高市场竞争力，努力争取更多的政府财政资金，同时积极对外交往，争取境外资金、企业赞助等多项资金支持；另一方面，公益组织需要实现规范化、市场化管理，将自己的项目通过市场推广出去，才能更多地造福社会。市场化不等于商业化，而是通过公益组织规范化管理，构建服务品牌、形成公益组织相关的产业链，为资金来源提供稳定坚实的后盾。

4. 自我监督，提高组织公信力

公益组织身为政府与市场的补充，处于社会发展的基层，其合法性、自我监督能力及社会联系紧密程度与其公信度成正相关。因而，首先，草根公益组织必须增强自身合法性建设，通过登记注册成为合法性社会组织。其次，要健全自律机制、财务公开，自觉接受政府及社会监督，获取外部支持。最

后，要加强社会联系，包括加强机构与政府之间的交流、机构与机构之间的交流及机构与公民之间的交流，全方位加强机构与社会的联系，全面提高组织公信力。

5. 打破地域限制，实现合作发展

合作是整个社会组织发展的重要主线。①要加强组织间的合作。组织间跨越地域限制，实现资源共享、经验交流与人才交往，是草根公益组织最直接的自我发展路径。一方面将组织交流制度化，定期召开交流会议。交流形式可多样化，包括座谈会、联谊会、公益沙龙等形式，促进组织亲密关系的构建和发展。交流对象可吸纳全国各地区公益组织人才。另一方要构建机构合作交流平台、搭建经验共享平台，形成行业性良好合作与竞争，实现资源共享与经验交流学习，将促使区内草根公益组织朝向高效率、高资源利用率及高专业性的方向发展。②要加强组织与政府之间的合作，规范组织经营管理模式，自觉接受政府监督、争取政府项目资金及政策支持等。③要加强组织与公司企业的合作，通过项目制定、面向企业宣传等，建成公司企业认领项目的机制。小项目小公司认领、大项目大公司支持的方式既能将社会组织服务推向社会，也解决了资金来源问题。总而言之，实现组织、政府、企业的三方合作是公益组织未来发展的新趋势。

促进社会组织参与社会治理的路径探讨

黄子年

摘　要：新一轮行政体制改革的突出亮点是在政府简政放权转变职能过程中注重发挥市场机制和社会力量作用，将该由市场配置资源的事情放给市场决定，适合社会组织承接的职能交由社会组织承担。把社会组织纳入社会治理的主体范畴，充分发挥社会组织在社会治理中的积极作用，是我们党改进治国理政方式的重要举措，对推进国家治理体系和治理能力现代化具有重要意义。本文从当前社会组织参与社会治理的时代背景分析，阐述社会组织在社会治理中的作用，通过广西玉林市社会组织参与社区治理的主要实践和存在的问题、困难进行剖析，并就如何发挥社会组织在社会治理中的重要作用，探讨社会组织参与社会治理的路径。

关键词：社会组织　社会治理　制度建设

一、广西玉林市社会组织参与社会治理的主要实践

截至2015年年底，玉林市全市共有各类社会组织2211家（社会团体1161家、民办非企业单位1047家、基金会3家）。2014年11月20日，玉林市制定了《玉林市政府关于政府购买服务的实施办法》和政府向社会力量购买服务指导目录（共319项），首次以专门文件予以明确规范，明确了购买服务的指导思想、基本内涵、实施原则等内容，将社会组织列入了供给主体，进一步加大了政府向社会组织购买公共服务的力度，也为社会组织更好地参与公共服务提供了发展契机。通过两年来的实践和探索，玉林市购买服务的范围和力度也在逐年扩大。2015年通过购买服务、补助等形式为社会组织提供资金

1223.12万元。

（一）行业协会商会在服务中真正成为政府的助手和伙伴

近年来，玉林市把社会组织承接政府购买服务项目作为加快推进社区、社会组织、社工“三社联动”建设重要手段，积极引导社会组织建立完善运行机制，参与社会服务，通过承接服务项目运作，体现社会组织关注民生、改善民生的作用，使社会组织的知名度和社会公信力明显提高。玉林市现有行业协会商会193个，分布在各个行业和各个领域，在行业调查、行业规划、行业企业交流、行业产品流通、政府节能环保推广等方面向社会提供服务。如博白县燃气协会，积极争取政府节能推广资金，为全县2万多农户和养殖基地修建沼气池，并组建专业沼气建设和配套维修专业队伍，指导沼气池建设和跟踪维修服务。玉林市中药材行业商会，协助政府举办一年一届中国（玉林）中医药博览会，承接会务筹备，搭建交易平台，组织国内外200多家企业和基地产品参展，为中药材种植加工企业打造品牌，树立玉林中药材专业形象。从2012年起，玉林有11个行业协会商会逐步承接政府职能转移，变管理为服务，成为政府服务企业、服务社会、服务民生的好助手。

（二）民办非企业单位在服务中有效增加知名度

玉林市登记成立有民办非企业单位1047个，在医疗救助、社区老人日间照料、农民工培训和复退军人就业培训、科技品种推广等领域提供服务。从调查总体看，整体走向为：开展服务单位的数量少，服务的领域不够宽，但开展服务的单位均能把国家购买服务的资金转化为优质服务，让党和政府关注民生、改善民生的政策惠及符合要求的服务对象，社会反响大，社会效益好。如玉林市桂南医院，从2013年至2015年连续三年承接中央财政资金支持社会组织参与社会服务项目，向社会困难群体提供医疗救助。其中，2013年至2014年实施贫困老年性白内障患者手术项目，两年来累计为1080名贫困老年性白内障患者免费进行手术，其便民利民的服务做法在广西民政厅全区性会议推广。玉林市华港中等职业技术学校，发挥自身的师资优势，承接购买的复退军人就业培训项目，从2012年起，整合教育资源，针对复员退伍军人的特点，设置相应的专业培训学科，每年为200多名复员退伍军人进行就业技术培训，为社会输送高素质的专业人才。玉林市有机农业生产协会，承接少数民族贫困地区农民工生态有机农业生产技术培训项目，为贫困地区农民工350人进行有机生态农产品种植和加工技术培训，为国内外30个有机农业产业基地培养了一批精通有机生态产品技术和营销技能的新型农民。

（三）公益慈善组织和社区服务组织在服务中提升社会公信力

2015年以来，实行社会组织直接登记后，四类社会组织发展速度非常快，截至目前，广西玉林市已达到96个，社会发展、民生需求为这类组织生存和发展提供了良好的环境。目前，玉林市这类组织在承接政府购买服务项目方面开展公益性服务非常活跃，整体趋向为：参加服务组织比例高，服务领域宽，服务受益面大，面向困难群众，惠及困难群体，服务满意度高，社会关注率高。如玉林市红豆义工协会，充分利用其义工会员多、各类专业人才齐备的特点，开展残疾儿童服务，为100名智残肢残儿童建立服务档案，开展专业辅导，使社会一批心理障碍和肢残障碍的青少年得到关爱。玉林市乐善社工协会，承接社区基本养老服务“快乐夕阳新天地”项目，深入东明、胜利垌社区为老年人提供居家养老、膳食、社交、康复保健、情感支持以及其他发展性服务。公益慈善社会组织通过服务行动，有效参与到社区治理中，提升了它们的社会公信力。

从以上社会组织承接政府购买服务项目、参与社会治理情况分析的整体走向看，虽然服务开展取得了良好的社会效益，引起社会的广泛关注，但是从参与面和覆盖面看，数量少领域窄，该项工作缺少政策层面引导支撑，缺少单位法人主动性、创新性支撑，受制于政府职能转变的程度和速度，受制于社会组织的规模和功能。这有待于加强深入的探讨研究寻找对策，有待于形成机制整体推进。

二、社会组织参与社会治理中存在的问题

（一）政府和社会各界对社会组织的认同度不高

当前，社会公众对社会组织提供的公共服务仍存有一定的疑虑，认同度还不高。政府和社会各界对社会组织特别是民营社会组织缺乏信任。首先，对社会组织发展趋势的认识还不够。这体现在两个方面：第一个方面，是社会组织的定位。目前部分政府部门对社会组织的认识不到位，由于机构改革和职能转变还未深入触及部门核心利益，在以往工作经验和传统办法继续可以盛行的情况下，还存在着让社会组织干不如自己干的思想。第二个方面，是社会治理的目标。中央提出社会治理的现代化目标其根本实现途径是多元

权力的参与，社会组织就是其中重要的一个参与主体，目前不少部门对多元概念的理解还不深刻。社会治理的最终目标应是通过多元权力对公共事务的参与，在权责分明的基础上，相互依赖，达到“整合社会资源、满足居民需求、维护公共利益、推动经济发展”的目的。

2016年3月，民政部、财政部调研组到玉林市进行政府对社会组织购买服务调研，从参与调研的政府工作人员发言中可以看出，部分政府部门思想认识不到位，对社会组织和社会治理工作研究不够深入，对社会组织缺乏足够信任、认可度不高，不愿意将政府部门可以转移出去的事项移交社会组织承办。如玉林市财政部门就表示，政府购买服务会优先考虑企业，不考虑社会组织，因为社会组织相对弱小，实力不够雄厚，因此造成玉林市政府购买服务的财政预算内资金部分，没有社会组织能够参与进来。

（二）社会组织的内部管理不完善，筹款能力有限

从玉林市社会组织运行的实际情况看，绝大部分社会组织在组织管理、财务管理方面较为规范，但在筹资措施和项目策划开发等方面与政府、企业和社会的需求仍有较大差距；部分社会组织没有严格履行章程，存在乱用会费、超范围经营等现象，这些问题在一定程度上损害了社会组织形象，弱化了社会组织参与社会管理的基础。大多数社会组织资金短缺，基本上仅够支付专职人员工资、物业费和办公经费，没有充足经费可用于开展项目和活动。尤其是从政府职能转变而形成的行业性社会组织，多数接受政府的财政拨款和补贴，造成社会组织独立性差，过分依赖政府，损害了社会组织的民间性特征，社会组织演变成了“准下级组织”，逐渐出现“行政化”管理倾向。社会组织参与社会治理除了受资金限制外，还受到人力资源的限制。人才短缺是社会组织面临的主要困难之一。许多社会组织工作人员来自于政府转移人员和离退休人员，管理理念和方式相对落后，且专职人员较少。

（三）政府在管理社会组织方面尚存欠缺

一是政府职能转变尚不到位。社会组织参与社会治理本质上是政府权力向社会的回归。当前政府在转变政府职能、向社会放权等方面已经取得了一定成效，但从总体来看，政府职能转变还远未到位，政府仍然承担了很多本不应该由其承担并且也做不好的事情。二是没有建立起常规或应急状态下的信息沟通机制和民主协商机制，在应对突发事件时，这种缺乏规范联系的弱点就暴露出来了。三是对社会组织的管理力量不足。从玉林市来看，目前仅

在民政局设有民间组织管理科，仅有两名编内工作人员，这与社会组织的蓬勃发展不相适应。由于管理人员有限，实际上很难对广大社会组织实施有效监管。

（四）相关法规滞后于社会组织发展

政府与社会组织之间的责权关系不明晰，在社会组织的法律地位、应享有的权利与义务、对社会组织必要的扶持、保护与监督等方面，尚未形成完整的制度体系。虽然我国已颁布《社会团体登记管理条例》《民办非企业单位登记管理暂行条例》和《基金会管理条例》，我国的社会组织仅依靠民政部门和业务主管单位根据上述条例进行监督管理，管理手段行政化的痕迹十分明显，各级党组织的作用未能得到有效发挥。这使得大部分社会组织与政府部门的合作处于弱势，法人自主性不强，自律能力和服务力量不足，社会公信度不高，组织行为缺乏规范和透明度。

三、社会组织参与社会治理的路径探讨

（一）从顶层设计上重视制度建设和整体规划

民政部门作为社会组织的登记管理机构和主管政府部门，为推动社会组织的健康发展做了大量的探索和实践工作。然而，社会组织的管理和发展工作是一个涉及众多方面的综合性系统工程，单靠一个部门很难实现全面的系统变革，必须站在全局和战略的高度，加大和提高培育发展社会组织的协调力度和层次，重视推进社会组织发展的制度建设和整体规划。从目前社会组织发展迅速并发挥突出作用的深圳和上海来看，不仅民政部门发挥着重要的推动作用，还将培育发展社会组织上升到了政府整体协调推动层面，以所在一级政府的名义发布培育发展社会组织相关政策文件，体现了较强的政策整合能力。深圳和上海的探索充分说明，要为社会组织发展解开体制机制不合理的症结，必须提高社会组织的政策整合水平，重视培育发展社会组织的制度建设和整体规划。在目前的体制环境下，可以考虑成立由市级分管领导牵头，专门统筹促进社会组织发展的协调领导小组，联合民政、发改、财政、税收等部门领导共同参加，协调小组可将办公室设在民政局，由民政局负责具体工作事项。协调小组统一考虑关于社会组织登记管理制度改革、资金扶持、人才培育、捐赠免税政策、购买公共服务等所有关于社会组织发展的重

大事项和政策法规，协调各主要相关政府部门，调动各方面的积极性。通过高层协调机构提高政策的整合能力，为社会组织的发展提供强有力的制度保障机制。

（二）完善政府购买社会组织服务机制，建立起制度化的公共财政购买公共服务保障机制

国际经验表明，是否纳入公共财政体制，对于政府购买社会组织服务的规范化进程所产生的影响存在明显差别。如果纳入公共财政体制，意味着进入政策议程，处在权力机关的有力监督之下，资金使用的正当性与合法性也具有了切实保证。当前，政府购买社会组织服务项目的资金来源主要有三种：专项资金、预算外资金、预算内资金。为建立稳定的投入机制，相关行政职能部门应在编制年度预算时，提出拟购买服务项目报同级财政部门审核；财政部门依据相关规定对项目及其预算进行审核后，纳入财政预算统筹安排。同时，也可利用福利彩票公益金，拓宽购买社会组织服务的资金渠道，以便形成财政预算资金承接成熟项目、福彩公益金开拓购买新项目的衔接机制，探索拓宽政府向社会购买服务的投入方式，促进公益性社会组织的快速发展。当然，纳入公共财政预算体制，不仅仅是资金供给渠道的变化，也意味着政府购买社会组织服务的制度化有更高的标准和要求，即政府购买社会组织服务应该有整体规划、计划，且与年度预算时间及过程保持一致。

目前，社会组织参与政府购买的实践已经在很多地区有效展开，公益创投也成为各地探索政府购买服务的新方式。在继续推行的基础上，政府应更加注重发挥引导作用，吸引企业、公众等多种社会力量的参与，提供更多的人力和资金。在公益创投形成一定的运行机制后，政府应逐渐退出主导地位，使企业和公众成为资源提供的主体，从而避免基层社会组织对政府资源的过度依赖。

（三）注重分类培育，加快社会组织的发展壮大和能力提升

在培育发展社会组织的具体工作中，我们既要总结来自民间的实践，也要总结各地政府的做法，还要借鉴国外的成熟经验。在此基础上，再结合各地在不同经济社会发展阶段的实际情况，因地制宜地发展符合各地特征的社会组织。从总体上，可以根据社会组织的不同种类、不同特点和不同作用，围绕社会公众的需要和经济社会发展现状，实行分类指导和管理，主持、引导和规划社会组织的合理发展。

四类社会组织直接登记后，在很大程度上促进了四类社会组织成立的积极性与可能性。经过地方试点的不断涌动与全国性政策改革的有力推动，新立社会组织数量呈现放量性增长，通过统筹规划重点培育和有意引导，为老服务、残疾人救济、公共医疗、法律援助等领域的公益性社会组织快速增长，行业类、科技类、社区服务类社会组织也有所提升。政策的推进性影响显而易见。由此可知，社会组织成立环节审批登记的放开不仅大大增加了社会组织的总数，更对社会组织的发展类型和发展趋向产生引导作用。

（四）加强党对社会组织的领导，充分体现党的领导在社会组织创新社会治理中的政治核心作用

加强社会组织中党的建设既是巩固党的执政基础的需要，也是更好地在社会组织中传递党和政府的声音，动员和引导他们积极参与社会治理的内在要求。贯彻中办《关于进一步加强社会组织党的建设工作的意见（试行）》，切实加强社会组织党建工作，确保社会组织沿着正确的政治方向发展。通过推进立法，鼓励和规范社会组织服务于公益社会事业、参与社会治理，支持和推进有关社会组织及其与政府合作等方面政策法规的制定。应在党建活动中吸纳社会组织的参与，吸收社会组织参与对党组织的监督，参与对党组织绩效的评估，并且协调社会组织的公共服务活动；支持党员积极参加社会组织发起的活动，如志愿服务、慈善救助等公益活动等。

加强社会组织党建工作。各级“两新组织”工委要牵头抓总，统筹规划，加强对社会组织党建工作的指导。民政部门要在社会组织设立、变更登记、年检评估等过程中，指导和督促社会组织落实党建工作。在民政部门设立社会组织综合党委，抓好归口管理的社会组织的党建工作。根据社会组织的特点，创新组织设置方式，因地制宜地设立和调整社会组织党组织，努力实现应建尽建目标。落实社会组织党建工作经费保障，社会组织党员缴纳的党费可全额返还社会组织党组织用于党组织活动，有经营收入的民办非企业单位和中介组织等党组织工作经费应按税法规定进行税前扣除。各级财政应对社会组织党建工作经费给予适当的补助。加强在社会组织党建体制机制、方式方法、载体平台等方面的创新实践，激发社会组织党建工作的生机活力。

（五）健全社会组织管理制度，推动社会组织完善内部治理结构

贯彻中办、国办《行业协会商会与行政机关脱钩总体方案》，稳步推进行业协会商会与行政机关脱钩工作，进一步激发社会组织活力，建立脱钩行业

协会商会年度报告制度。贯彻《中华人民共和国慈善法》中慈善组织认定、募捐资格管理、慈善活动支出比例和管理成本、慈善组织信息公开等政策。

按照现代社会组织体制要求，围绕增强依法自治能力，推动社会组织建立健全现代法人治理结构。完善会员（代表）大会、理事会、监事会制度。建立以章程为核心的人事、财务、档案、资产、活动管理、机构管理、议事决策等内部管理制度，完善内部组织架构。将诚信建设内容纳入社会组织章程，落实民主选举、民主决策、民主管理、民主监督，推进社会组织明确权责、依法自治、发挥作用。建立健全法定代表人离任审计和责任追究制度，规范社会组织服务和收费行为。引导社会组织重视人才队伍建设，提高工作人员专业化、职业化水平。建立多部门联合执法机制，加强执法监察，加大对社会组织违法违规行为的查处力度。

（六）加强社会组织人才队伍建设

从政府层面上，制定社会组织人才发展专项规划，加快建立与社会组织发展需要相适应的人才队伍，吸纳专业人才、高层次人才和急需紧缺专门人才到社会组织工作。有关部门和组织应开展与社会发展需要相适应的从业人员基础培训和专职人才专项培训工作，重点培养职业化、专业化、年轻化的社会组织管理人员。加强社会组织专职人员从业管理，鼓励社会组织专职人员申报助理社会工作师、社会工作师等职业水平考试。人力资源和社会保障部门要为社会组织专职人员的专业技术职称评审工作提供相关服务。鼓励社会组织从业人员到党政机关和事业单位交流锻炼。积极探索在社会组织人才中选拔任用干部。鼓励高校开设社会组织管理专业。

从社会组织内部管理上，必须从引进和开发两方面入手：一是完善人才引进机制。一方面，在获得了足够的资金支持之后，适当提高社会组织从业人员的薪资待遇，以吸引专业的管理人员。在此基础上，激励他们追求自我实现，留住和持续吸引专业管理人才，促进社会组织向专业化转变。另一方面，充分发挥志愿者的作用，弥补专业人才的不足。社会组织应利用高校教育资源，与相关高校建立协作关系。这样不仅能为大学生提供社会实践基地，也可以吸引优秀的大学生在毕业后直接投身到公益事业中，拓宽社会组织的人才获取渠道。二是社会组织还可以充分利用各地形式多样的孵化基地所提供的学习机会，对组织成员进行战略规划、组织治理、财务管理、公益创投指导等多方面的辅导培训，提升组织成员的理论和实践能力，进而促使社会组织尽早具备市场竞争能力，在参与社会治理时脱颖而出。

（七）充分发挥社会组织孵化基地的作用

社会组织孵化基地是社会治理深化改革的重点项目和创新载体，是集社会组织孵化培育、能力提升、项目支持、成果展示、信息服务等功能为一体的公共服务平台，主要通过整合政府、社会力量，有针对性地为初创期和转型期社会组织提供支持帮助，孵化基地为社会组织提供党建引领、社会组织培育、社会组织专业人才培养、社会组织问题研究、社会组织项目发展、社会组织规范化标准建设、社会资源对接、社会组织信息公开、公益宣传等支持。

在这一点上，上海市的社会组织孵化基地就是很好的尝试。目前，上海市共建成 18 家社会组织孵化基地，覆盖全市主要行政区。在孵化基地内，有效的孵化机制及专业的开发项目，保障了基层社会组织的顺利起步和成形。例如长宁区社会组织创新实践园通过发挥公益性社会组织孵化基地、社会组织创新型人才培养基地、公益服务资源有效整合基地和承接政府转变职能项目基地的作用，实现了对辖区内社会组织的指导服务、孵化培育、引领示范、人才培训、联动互助和项目对接功能。广西区内的社会组织孵化基地建设，柳州市去年已率先成立，玉林市今年也即将挂牌成立。加强孵化基地的基础设施建设，充分发挥孵化基地的枢纽作用，促进社会组织的健康有序发展。发挥各级社会组织孵化基地的集聚辐射效应，加快社会组织的培育扶持发展，更好地发挥社会组织在改善民生福祉、创新社会治理中的积极作用，从而实现政府职能主动转移，社会组织及时接力，社情民意多方反馈，创新项目应需而生，优秀人才蓬勃成长，促使社会治理在更高的平台上实现创新。

参考文献

[1] 王浦劬．国家治理、政府治理和社会治理的基本含义及其相互关系辨析［N］．社会学评论，2014，(3)．

[2] 殷昭举．创新社会治理机制［M］．广东人民出版社，2011.

[3] 王兴彬，程楠．十二五期间我国社会组织事业获得全面长足发展［N］．中国社会组织，2016，(1)．

乡村民主建设与治理的现状、问题和对策

——以容县为例

杨　武　廖　剑　李进中　朱素梅　张　强　覃苾茜

摘　要：“天下之权，惟民主是主”，唯有乡村民主的公平正义才能使每一个村民真正行使他们当家做主的权利，才能使百姓发自内心地拥护和爱戴我们的党和政府，才能真正地实现社会主义和谐社会的发展。“乡村民主是在静脉和动脉中循环的健康血液，肌体的正常功能靠它维持，但它绝不应出轨，就像血不能流出脉管一样。”乡村基层民主在自治的过程中，各种问题层出不穷：村民自治组织权责不清，村级组织“行政化”问题突出；村民参政议政能力较弱，村民自治水平有待提高；村民法治意识普遍不强，乡村治理环境亟待优化；公共服务供给能力薄弱，村民自治组织凝聚力不强；乡村社会组织发展滞后，群众组织治理能力有待提高等。种种问题警示我们：乡村治理成为一场意义深远的改革。我们必须正视这些问题并找到解决的途径，才能推进乡村民主建设的健康发展。

关键词：民主　乡村治理　村民自治

一、乡村民主治理建设及乡村治理模式

人民即民主，民主一词的源头是希腊文“demos”。它是人们在一定的阶级范围内，以平等原则以及少数服从多数的规定，来共同治理国家事务的一种管理制度。治理是在权力的分配和运作下，对国家、对社会、对人民加以领导管理来达到一种管理目的的活动。一个国家的国情以及所要面临的使命决定了这个国家将要实行的民主形式。而中国所处的历史阶段以及当前我国

所面临的历史任务决定了我国实行的是可治理的民主。鲍勃·杰索普曾提出："社会治理的目标是保障人民安居乐业、社会安定有序。创新社会治理的目的不是为了把社会控制住，不发生社会问题，而是要建构一种与现代社会相适应的有效的'自组织治理'。"为此我们一直在探寻符合我国乡村发展的自治模式。中国近代政治活动家、启蒙思想家梁启超曾这样定义民主——"民主制度，天下之公理。"，而乡村基层民主自治制度就是一种基本的民主制度，它是在党的十一届三中全会以后不断深化和发展起来的，是乡村政治经济发展的必然要求和结果。人民公社时期的乡村治理模式为"政社合一"，随着经济社会的发展，这一治理模式不能满足当前社会的发展需要，为此1982年《中华人民共和国宪法》中重新明确肯定了农村基层的治理模式——实行"政社分离"，从根本大法上承认这一模式为群众性自治组织；1988年《中华人民共和国村民委员会组织法》开始试运行；1998年修订的《中华人民共和国村民委员会组织法》，以法律的形式将村民自治制度确定下来。按照《中华人民共和国村民委员会组织法》的有关规定，村委会是村民的自我管理、自我教育、自我服务的基层群众性自治组织。自此，村民自治的治理模式在全国开始推行普及。

二、我国乡村治理模式的变迁

（一）封建社会，皇权不下县，乡村交由乡绅自治

"普天之下，莫非王土；率土之滨，莫非王臣"成为封建社会根深蒂固的观点，为维持社会关系稳定、巩固皇权统治起着极其重要的作用。在这一传统观念的影响下，产生了以乡里制度、保甲制和职役制等为主要类型的乡村治理制度。古代乡村治理的最后阶段为"职役制模式"，即县为基层行政组织，县以下的乡村以保甲制为载体，是以代表封建皇权的乡绅为核心而建立起来的乡村自治模式。总的来说，这一时期的乡村治理模式虽然存在一定的自治，但由于封建社会皇权的干涉和乡绅治理的功利性，并没有使我国的乡村治理模式发展成为真正的乡村民主自治模式。在长达2000多年的封建社会里，高度中央集权的乡村治理模式注定要被时代所淘汰！

（二）民国时期，政治统治力所不逮，放任型的所谓地方自治

民国初期我国乡村治理模式仍旧是国家权力渗透下的乡绅社会模式，与

此前不同的是这种乡绅自治受政府的操控性开始减弱，逐渐呈现出人民的自治性。这种治理模式由政府在乡村的代理和乡村自治团体共同组成，它是执政政府在缺乏民众的支持和信任的一种无奈的治理放任，但这种治理放任也并不完全代表治理放纵。民国时期，以“德”为标准推选族长或是族长推举品德高尚的人成为政府在乡村的“代言人”。而此时作为乡村自治的代表，他们在传达政府旨意的同时也学会了为村民的合法权益提出上诉，向上面反映情况。诚然，这种具有了一定“放任”权利的治理模式是乡村自治历史的一大进步，使得我们向民主自治又迈向了一步，但它离我们真正乡村民主自治仍然相去甚远。

（三）人民公社时期，政社合一“依附—保护”关系的管治

人民公社时期，乡村治理模式转化为“政社合一”，即农村人民公社在作为一种经济组织的同时也成为一种政权机构。它既负责全社的农业生产，而且还对村民的政治生活等实施统一管理。由于人民公社控制了乡村的政治、经济、文化方方面面，公社社员的衣食住行、生老病死都依附人民公社，国家动员和整合乡村社会的能力空前增强。这种治理模式实际上是一种将国家行政权力和社会权力高度统一的基层政权形式，具有高度集权性即“依附—保护”性过强，在一定程度上使得计划与实际脱节，容易出现“浮夸风”现象，而农民也在这种治理模式下失去了生产的自主权，激化了乡村矛盾，同时打击了他们的生产积极性。总体而言，政社合一“依附—保护”关系的管治是“弊大于利”，这种弊端的严重性就在于它与乡村真正“自治”的脱节，广大农民并没有实现他们当家做主的愿望，仍然受制于行政领导组织的统一管理。

（四）20世纪80年代以来，以深化“村民自治”为重点的“乡政村治”治理模式

改革开放以后，由于“人民公社体制作为国家以‘阶级斗争为纲’整合控制农村的方式，已经无法担当起发展农村经济和管理农村社会的职能”。“乡政”和“村治”是“乡政村治”的两大内容，“乡政”即由乡镇政府对乡村进行管理的一种制度，它代表的是国家政府权力，肩负着贯彻落实和宣传国家在基层的方针政策；“村治”即村民自治，自治权利包括实行民主选举、民主决策、民主管理和民主监督，它是社会权力的体现，更是人民真正行使当家作主权利的一种表现。然而20世纪80年代以来，“乡政村治”却面临两难困境，诸如在实际的乡村治理中部分乡政府强权干涉和介入村委会的工作，

在某种程度上削弱了村治的自主管理性和公平性，严重违反了《中华人民共和国村民委员会组织法》关于乡政只能对村治进行指导而不得干涉村民自治事务的规定，以至于出现村民自治的高度“行政化”。乡政与村治理应相互依存，共同促进，共同发展。我们要清楚地看到村民自治的行政化管理有利也有弊，要实现乡政与村治之间的和谐发展，厘清两者间的职责划分是实现“乡政村治”的重中之重。此外，解决“乡政”与“村治”的矛盾，提高村民素养，加强村民自治意识也必不可少。最后我们也要看到，20 世纪 80 年代以来随着经济体制的改革，农村经济文化的发展，村民民主自治观念的增强，这种模式下的村民自治还是取得了显著的成绩，只是在历史的进程中还有待我们去探索，去完善。

三、当前乡村民主治理存在的问题及成因分析

（一）乡村治理组织权责不清，村级组织“行政化”问题突出

“权责分明，才能耕好为民服务的责任田”，然而当前乡村民主治理中却出现了权责不清，职责分工不明，村级组织行政化问题突出的不良现象。主要体现在以下两个方面：

一是基层乡镇政府对村庄事务的干预过强。

为了解“乡村自治”的真实现状，笔者通过实地走访和问卷调查的方式到容县的容州镇、容西镇、十里镇、自良镇等 15 个镇的村庄发放问卷调查对镇政府的作为进行了调查。每镇发放问卷 60 份，共 900 份，回收 800 份，回收率约为 88.9%，现将情况汇总如下：

表 1　您所在的村，村干部是怎样产生的

A. 镇任命	B. 镇政府提名，村民推荐相结合	C. 村民通过无记名投票选举产生	D. 其他（请注明）
0 人	380 人	355 人	65 人

从表一数据中可以看出，镇政府在村干部的选举中干涉过多，由镇政府提名的比例占了 47.5%，村民自主选举权不能得到充分使用，从而也制约了乡村民主自治的发展。当然，按照“坚持党的领导，充分发扬民主，严格依法办事”的原则，镇党委在村支部和村委会干部选举中加强对村干部的资格审查是必要的，但个别地方却出现了在民主酝酿候选人的环节没能充分听取

民意的现象，而是凭镇领导的主观意志选定，在制度上没能落实有效措施去防止。

表 2 镇对村民代表大会干涉吗

A. 干涉	B. 不干涉	C. 不清楚
511 人	233 人	156 人

分析由上述表二的数据可得知，镇政府对村民代表大会干涉太多，对村庄事务干预过强，存在越权现象。

“乡政村治”是当前镇农村的基本治理模式，然而在实际的工作中却出现了“乡政”与“村治”的矛盾冲突，这种矛盾表现得尤为突出的是乡镇基层政府过度强调政府管理，导致在乡村民主管理的过程中出现了“越俎代庖”的现象，使得村委会失去了真正的“自治权”，从而无形中出现了乡村自治的附属行政化，阻碍了乡村民主自治的发展。其具体体现在：

一方面是基层乡镇政府没有转变陈旧的工作理念和创新工作方式，对村民自治没有足够的信任，大胆地放权。在工作中沿用旧模式、旧思想，将村民委员会当作了自己的下属行政机构，从而控制了村委会的人事选举，通过实现对村干部的掌控来控制村庄事务。村民在失去选举权的同时也失去了真正自治的权利。比如目前乡镇党委政府承担的是自上而下运动式的工作布置、工作安排，导致乡镇为了完成上级布置的工作任务，也会向村里传导压力，干预村庄事务。当来自上级的任务一个接一个叠加的时候，村里来不及消化、贯彻落实。为了完成任务，弄虚作假，命令式、简单化的工作方法就会出现。这也是村里认为没有自主权的重要因素。另一方面，镇政府的“越位”管理还体现在村委会对于在自治范围的一些集体生产、农业经营等村庄事务也没有自主决定权和掌控权，而是受到镇政府的干涉和控制。部分乡镇领导干部“个人主义”强烈，以错误的“政绩观”来衡量工作，喜欢对农村发号施令，沿用传统的管理方式对乡村自治进行行政管理。中国乡村自治自始就脱离不了国家的主导，离不开上级政府特别是乡镇政府的指导，而指导的质量决定了村民自治的质量，尤其是有些地方把指导变成包办，这就促使村委会对乡镇政府的依赖关系的形成。而村民自治的积极性和主动性也在这种依赖关系中渐渐地消磨殆尽，并没有从根本上保护到农民的利益。

二是村“两委”（村党支部和村委会）职责不明，协调力不足。为了了解村民和村干部对村“两委”关系的认识，笔者在问卷调查中针对此项内容进行了调查，数据统计如下：

表 3　您是如何看待村委会与党支部两者之间的关系

A. 无任何关系	B. 指导和协作关系	C. 领导与被领导关系	D. 不清楚
2 人	200 人	355 人	243 人

根据表三的数据显示，能正确认识村“两委”关系为“领导与被领导”关系的比例约为 44.4%，而半数以上的人对村“两委”的关系认识错误或认识不清。

现行乡村自治组织机构为村“两委”即村党支部和村委会。根据《中华人民共和国村民委员会组织法》规定：“村民委员会是村民自我管理、自我教育、自我服务的基层群众自治性组织，实行民主选举、民主决策、民主管理、民主监督。村党支部参与重大政治、经济活动，但不能决定一切、包揽一切。”然而经实地调研发现，目前大部分乡村出现了村“两委”权责不清、争名夺利的现状。一方面表现在部分村党支部出现揽权现象，违反有关规定包办村民自治范围内的事情，使村委会丧失了应有的基本权利，难以发挥应有的“自治”作用；另一方面表现在部分村委会“过度自治”，认为村党组织不应关心村务工作和村里的经济，只需管好党内建设即可，使党组织的领导核心和监督作用被弱化。例如某位村主任在全县统一开展的乡村清洁工程中，自己不作为不部署，而村支书安排人完成工程后，却在村里大肆宣扬村里的事须以他说的为准，村支书安排的人员均不记工，使得村支部的工作处于被动地位。而“两委”如此分庭抗礼的直接后果就是使得村组织如同一盘散沙，大大减弱了村组织的执行力，制约了乡村民主化进程的发展，也影响了和谐新农村的建设。此外，乡村自治“行政化”问题突出，主要表现在乡村自治一直以来以基层政府控制为核心，使得村民自治组织的“两委”的治理实权名存实亡，渐渐地失去了本应具备的治理能力和综合分析能力，在很多情况下只是成为政府在乡村的一个“遥控”，没有真正地实现民主自治，不利于乡村自治的建设发展。

（二）村民参政议政能力较弱，村民自治水平有待提高

表 4　您参加过您村的村民大会吗

A. 没有参加	B. 每次都参加	C. 有时参加，有时不参加
147 人	250 人	403 人

表 5　村里决定重大事项时，您（　　）

A. 很少参与决定	B. 一般都参与决定	C. 没参加过	D. 其他
169 人	380 人	241 人	10 人

表 6　如果您没有参与村里重大事务的决定，原因是

A. 一般都不参加决定	B. 制度不允许，没这规定	C. 村委会领导不通过村民直接决定	D. 正好不在村里
485 人	0 人	0 人	315 人

由表四、表五、表六可知村民自觉参与村民大会的人数少之又少，每次都参加的比例约为 31.3%，而在村里决定重大事项时很少参与决定与没参加决定的人数比例约占了 51.3%，而他们不参与村里重大事务决定的原因有约 67%的人是以自己“一般都不参加决定”为由，另外还有约 33%的人是因为在村里作重大事务决定时自己“正好不在村里。总的来说，以上三个表格皆反映了村民参政议政意识不强，自治水平还有待进一步提高。

我国的基本社会制度为村民参政议政提供了根本的保证，然而“事不关己，高高挂起”这似乎已经成为村民对待村里事务的一种常态。例如：有的村民对与己有关的议题非常热心，积极参与；与己无关的或关系不大的事情则漠不关心，不闻不问。究其原因，一方面许多乡村的百姓参政议政意识薄弱，对村民自治的重大意义认识不足，不懂得合理恰当地运用手中的民主权利参与村务的管理，表达自己的意愿。特别是在我国一些边远贫困山村如果要求农民放下手中农活，放弃赚钱养家的时间来参政议政几乎是不可能的事。部分村民们认为参加村里议事必须发误工补助，否则就不去参加。由此可知，大多数村民把参政议政当作了自己分外的事。另一方面，由于村民文化水平不高，素质低下导致了他们对公共事务发言和协商的能力比较弱，面对村委

组织的“一事一议”，不是集体失声沉默，就是被村干部牵着鼻子走。他们对自身作为公民的权利、义务知之甚少，对自己的权利、义务缺乏正确的认知。一般情况下，村民不会正确主张自己的权利诉求，而是把权利诉求寄托在各级政府和领导身上，希望领导能够为自己做主，保护自己的权益。有的村民群众不清楚自己具有哪些民主权利，更不用说正确行使好这些权利。而村民这种薄弱的参政议政能力严重制约了村民自治的发展；三是当乡村治理过程中问题频出，使得村民不再相信村委会，认为村民自治并没有好效果，甚至认为乡村自治只是一种形式，导致更多的村民在面临下一次公共事务商讨的时候不愿发言表达意见。如此恶性循环，降低了村民自治的效果，阻碍了乡村基层民主政治的健康发展。

（三）村民法治意识普遍不强，乡村治理环境亟待优化

表 7　您是通过什么方式获得法治知识的？

A. 广播电视报纸	B. 网络	C. 普法宣传学习	D. 听别人说的	E. 其他途径
200 人	20 人	200 人	300 人	80 人

通过表七的数据，我们可以了解到村民在了解法治知识的途径中有一部分人是通过“听别人说的”，而这种“听说”的法治知识又并不一定准确，甚至有些是道听途说，此外通过普法宣传学习获得法治知识的只占 25%，村民法治知识有待普及。

列宁曾说：“文盲是处在政治之外的，不识字就不可能有政治。”乡村自治需要村民具有基本的文化水平，才能深刻地认识和贯彻落实村民自治的法律法规。然而，当前大部分受过高等教育有知识文化的农村青年都选择了外出城市务工，留下来的都是文化程度低、思想观念比较传统落后的老一代。这批留在农村的老一代由于文化素质普遍不高、法治意识不强，对于村干部不依法办事、独断专横、破坏民主的事情，他们自然也不懂得运用自身拥有的权利通过监督来维护乡村的治理环境。许多村民缺乏系统的法律知识，基层政府在长期的行政工作中没能严格依法办事，硬法、软法并存，加上中国长期的“人治”和“熟人社会”“人情社会”的影响，农民法制观念、法律意识普遍不强。近年来，有关村委会选举中贿选事件的报道频频出现，无一不折射出村民法治意识的欠缺。且看一个真实的事例：容县容州镇某村书记在村委换届选举中，为了当选村主任，利用职权指使授意各种人员并且亲自

参与，在全村以请吃喝的形式给自己拉选票，严重违反了《中华人民共和国村民委员会组织法》《中华人民共和国选举法》等法规。透过案件的背后，我们看到的是部分村干部对村民自治的法律法规不够重视，甚至明知故犯，而农村群众对村民自治的内容也了解不足，缺乏民主自治意识，在他们的概念里根本不懂得什么是村民自治，如何进行村民自治。村民对法治意识的缺乏，严重地损害了村民自治的公正性，也不利于乡村民主建设的发展。

（四）公共服务供给能力薄弱，村民自治组织凝聚力不强

表8　您对镇政府与村委会在履行公共服务职能方面的评价

A. 好	B. 一般	C. 差	D. 非常差
118人	209人	316人	157人

由表八统计得出，村民对镇政府与村委会在履行公共服务职能方面评价非常低，800人中，认为镇政府与村委会在这方面做得好的只有118人，约占14.8%；认为做得非常差的157人，约占19.6%；认为做得差的316人，约占40%。非常差和差共占了59.6%。由表格反映可知农村公共服务供给水平不足，主要体现在以下两个方面：

1. 基层政府给予农村公共服务不足

现阶段农村公共服务供给的主要力量为政府和村委会。“基础不牢，地动山摇”，加快建设服务型镇政府意义非凡，镇政府是我国的基层政权组织，是沟通党和政府与人民群众之间的桥梁，是农村改革发展稳定的基石。过去我国实行农业支持城市工业发展的政策，我国财政的农业支出长期缺位。农业属于弱质产业，农业劳动生产率低，收益低，城乡收入差距越来越大，使我国农村基础设施严重落后，特别是基础教育、医疗卫生、文体娱乐、道路交通、排水排污、垃圾处理等。作为农村公共服务供给的主要承担者，政府应加强服务意识与责任意识，切实解决农村的生产和生活中所缺乏的教育、卫生、社会保障等基本公共服务。物质文明是精神文明的基础，唯有提高农村公共服务供给能力，村民才会有自治的民主性。

2. 村委会公共服务供给能力弱

除此之外我们还要重视公共服务供给的另一主要力量——村委会，近年来由于农村基层组织的不作为，导致社会服务能力匮乏，缺乏凝聚群众的物质基础，使得村民自治力量涣散。例如村委会在办理公共事务和公益事业时，不能提供很好的社会服务，还要依赖村民集资出力，诸如此举的行为，容易

使村民丧失参与自治的积极性，而我们的村民自治也达不到应有的效果。而对于村民而言，互惠性合作意识的减弱以及对村治认同感的下降，也导致了他们参与村民自治的积极性丧失。为此，政府、村委会、村民间应当通过构建有效的合作机制来提升乡村公共服务能力，增强村民自治组织凝聚力。

（五）乡村社会组织发展滞后，群众组织治理能力有待提高

2015年中央一号文件明确提出“激发农村社会组织活力，创新和完善乡村治理机制”。乡村社会组织是具有互助合作性质的组织，是村民参与社会活动的重要形式之一，也是联结农民与政府及社会的纽带，对于农村各方面的发展发挥着不可或缺的作用。乡村社会组织的建设在一定程度上可以丰富村民的生活，带动村民对生活的积极性。然而当下乡村社会组织的发展出现滞后现象，主要体现在：一是乡村社会组织的法律法规不健全，缺乏相关的监督机制和竞争机制，使得这些社会组织缺乏自律性。二是乡村社会组织管理混乱，部分管理人员素质低下，组织行为不规范。三是乡村社会组织生活内力不足，农民参与积极性不强。针对农村社会组织存在的不足，今后在大力发展农村社会组织的过程中，一方面要完善有关乡村社会组织的管理条例，规范运行。另一方面要建立村民监督机制，健全竞争机制，引导社会组织健康发展。此外，为了激发乡村社会组织的内生活力，可以通过相关政策鼓励更多的高校毕业大学生进村服务，以大学生为榜样教育、提高群众组织治理能力，提升社会组织服务效能。

四、对提高乡村治理科学化水平的思考

（一）厘清乡村治理组织的权责边界，完善乡村治理体制机制

表9　您对目前的乡村民主自治的总体情况及乡村治理体制的满意度是

A. 很满意	B. 较满意	C. 一般	D. 不满意	E. 很不满意
100人	148人	155人	287人	110人

从表九的数据可以看出，大多数村民对当前的乡村民主自治及乡村治理体制是不满意的。800份问卷中满意度（包括很满意、较满意）约为31%，而不满意度（包括不满意、很不满意）约为49.6%。上述数据反映了当前乡村民主自治和治理体制存在一定的缺陷，而造成这种结果的原因之一是干部

间的权责不明，界限不清，以至于在乡村自治中问题百出。

“权责分明，干部才能有为”，“乡政”与“村治”是新形势下农村两大基本治理模式，唯有明确好两大组织各自的职责权限和工作范围，才能更好地构建起各自的行为界线和工作规范，从而有效地建立起互动畅通的沟通机制与衔接机制。完善乡村治理首要工作就是要明确职责分工，明确界定权责边界。为了理顺两大基层组织管理机构的关系，明确两者的职责，做到事有专管，人有专职，我们可以从以下几个方面去努力：

第一，要实现乡镇管理与乡村自治的有效结合。乡镇政府在乡村自治建设中起着引导和组织的作用，是促进乡村自治建设的重要力量。乡村自治是村民实现当家做主权利的途径之一，对经济的发展，社会的进步产生深远的影响。要实现乡镇管理与乡村自治的有效结合，一方面要求乡镇政府转变工作观念。这种观念转变的直接体现就是要对乡村事务“放权”，改变以往一切“包揽”“包办”的现象，将“人事选举权”“经营权”“生产权”等还权于村委会，还权于村民自治。另一方面，要求创新管理体制。新农村建设的发展离不开乡镇政府的指导与支持，同样美好的乡村建设也离不开村民自治的共同配合和努力。乡镇政府（“乡政”）和村民自治（“村治”）在本质上都是立足于为人民服务，实现经济发展，社会长治久安，这两股力量都是新农村建设的“中流砥柱”缺一不可。因此，乡镇政府要改变传统、陈旧的“领导式”的管理体制，真正实现对乡村的“指导式”管理体制，引导和支持乡村民主自治的发展。

第二，要加强村“两委”的责任意识和服务意识，牢记李克强总理的“大道至简，有权不可任性”。在农村，我们要注重加大对农村优秀干部的挖掘学习力度，让他们以身作则，以自身优秀事迹来起到带头模范作用，增强农村基层干部的责任意识和奉献精神。而小岗村优秀村党委书记沈浩就是值得我们学习的模范之一。同时还要加强对村“两委”的入职培训，提高村“两委”班子的素质，在培训中重点讲解村“两委”的责任分工以及相关法律法规，还要共同学习《中华人民共和国村民委员会组织法》等有关规定，明确各自肩上肩负的职责，杜绝互相扯皮，互相推诿现象的发生。

第三，要做到权责边界清晰，离不开法律制度的保障。“没有规矩不成方圆”，乡村自治问题多多，责任分工不明，很多时候是缺乏与之相适应的法律法规，部分干部以缺少相关规定为由推卸责任，而乡村管理混乱的局面自然不可避免地出现。为此，农村基层组织要加大力度推进乡村民主自治法制化建设，建立健全民主自治体制，规范乡村民主治理行为，村里的大小事务均应按有关规定办理，做到有法可依，有章可循。只有制度规范化，乡村治理才能达到应有的效果。为了明确责任分工，我们可以在乡镇和农村建立干部引咎辞职制和干部领导负责制，对于乡村治理中出现的失职行为，要追究相关村干部的责任，借此强化他们的责任意识，更好地推进乡村自治的发展。

（二）加强村民参政议政能力培训，提高村民自治能力水平

乡村民主治理的目的和意义在于让更多的村民参与到公共事务的管理中，最终实现自我管理，自我监督，自我服务。由于长期以来农村经济文化水平的滞后，村民自治观念落后，参政议政意识不强，缺乏对公共事务的热情关注和参与，进而使得村委会的工作也难以顺利开展，直接削弱了村民自治效果。因此为了提高村民自治能力水平，加强对村民参政议政能力的培训、提高他们的民主意识和参与意识、提升村民自治的思想政治素质任重道远。政府和村“两委”一方面可以联合定期举办村民参政议政能力培训班，通过寓教于乐的多种形式对他们进行教育培训，不断提高村民素质，加强村民对自治内涵、意义的认识，积极引导他们行使参政议政的权利，推进乡村社会健康有序的发展。另一方面政府要加大对农村经济文化建设的投入。马克思曾说“物质决定意识，经济基础决定上层建筑”。唯有农村经济的发展，才能带动文化的发展，村民的素质才会有所提升，村民自治工作才能取得更加长效的发展。此外，还可以建立培训激励机制，解除村民的后顾之忧，对参加培训教育的农民给予相应的误农费，从而充分调动村民参政议政的积极性，激励更多的村民参与到培训中，提高自身民主素养。最后，还要鼓励村民自觉参与乡村自治，参与农村公共事务的管理和公共利益事件的讨论和决议，所谓“实践出真知”，如果只是组织群众参加培训班学习，告知他们乡村自治的重要性，却没有发动他们参与到乡村自治的实践活动中，那么一切行动就变成了纸上谈兵，村民自治水平也只能停滞不前。

（三）加强干部群众普法教育，优化乡村治理环境

一要加强对村干部的普法培训。当前乡村治理中，很多村干部对“村民自治”认识不足，认为“自治”就是自我管理，村干部们想怎么治理就怎么治理，想干什么就干什么无须征求村民意见，村里大小事务都应由村干部说了算。突出表现在部分村干部独揽大权，以权谋私，许多关系到村民公共利益的问题没有经村民代表大会商讨便由村干部私下自行裁决。例如某县某乡村干部没有征得村民同意便私自卖掉集体所有的林地，经纪委调查核实，该

村“两委”班子确实存在没征得村民代表大会讨论通过便私下以低价卖出集体林地的事实问题，最终“两委”班子被予以警告处分惩罚。此外村干部还存在种种违法违规操作，诸如私下为自己办理低保、假借村民之义虚报粮田面积以达到骗取更多的良种补贴款等。这些问题使得村民对乡村自治渐渐地失去了信心和信任，极大地影响了乡村自治建设的发展。

二要加大对村民的民主法治宣传。现阶段村民法治观念的滞后，民主、自治意识较低，使得乡村自治难度加大。主要表现在：对“自治”概念认识不清，认为村民自治只是村干部的事；参政议政能力较弱，在许多公共事务的商讨中自始自终都只是以一个“旁听者”的身份而不是“参与者”的身份投入到村民自治事务中；维权意识薄弱，不懂得运用手中的自治权利，维护自身合法权益；法治意识不强，没有充分发挥群众监督的作用。为此，对村民进行普法教育的宣传，增强村民的民主法制意识，提高他们依法参政议政的能力，培养起他们在村民自治中的主人翁意识，是新农村和谐发展的需求，也是社会长治久安的需要。

三要在全社会营造普法宣传的良好氛围。加强对干部群众的普法宣传需要政府、农村基层组织、新闻媒体等的共同努力。首先，作为政府要加大对农村普法宣传的建设力度，可以邀请有关法制教育专家到农村进行民主法制教育宣传，也可以组织一些民主自治“示范村”的村主任或村支书到各地农村现身说法并传授相关自治经验，还可以通过文艺下乡演出的寓教于乐的形式进行宣传。其次，作为村民自治组织的负责人，要通过发动群众广泛参与村民自治活动来逐渐培养他们的民主法治意识和参政议政的能力。同时还要充分利用农村现有条件，合理利用海报、宣传橱窗、公告栏、广播、照片等多种形式定期对村民进行普法教育宣传。最后，作为新闻媒体要充分发挥舆论宣传作用，要深入基层农村，向干部群众宣传法律法规的同时，还要多报道一些做得比较好的自治村作为全社会学习的榜样，而对一些违规操作的乡村治理也要进行大胆揭露，提高公众关注度，传播社会正能量。

（四）提升乡村公共服务供给水平，提高村民自治组织凝聚力

提升乡村公共服务供给水平，推进乡村经济建设是首要之务。为推进乡村经济建设，政府首先要完善农村道路设施建设。因为货物流通、经济发展的大动脉便是道路，只有完善的乡村路网结构，才能实现城乡之间的沟通交流，才能促进农产品的流通，才能提高乡村综合服务水平。其次，提升乡村公共服务供给水平，政府和村委会要起到模范带头作用，带领村民因地制宜

地发展特色农业经济，要敢于大胆创新，为当地经济的发展招商引资，为农民出谋划策。

提升乡村公共服务供给水平，加强乡村文化建设是当前之举。为了加强乡村文化建设，政府和村“两委”应致力于建立健全农村公共文化服务体系：加大文化宣传、法制宣传等，提高村民自身文化素质；不断完善村民体育健身中心，购进体育器材，为乡村建设一个体育健身中心，促进村民健康体魄的发展；鼓励农民自行组织文艺团体，发展和继承乡土文化，丰富乡村文化生活，使村民做到劳逸结合；改善农村医疗卫生条件，解决村民“看病难，看病贵”的问题，加强对乡村卫生人员的培训，提高他们的服务水平；重视乡村教育培训，成立乡村农民教育教学点，定期向村民传达有关帮扶政策以及农业科学知识的普及，提供农业技术服务等。深入开展和谐乡村精神文化建设，有利于凝聚村民自治力量，有利于形成健康进取的农村风尚。

（五）培育发展农村社会组织，畅通多元主体参与乡村治理渠道

乡村自治制度实行以来，治理问题和矛盾层出不穷，究其原因之一是乡村治理渠道单一化，缺乏多元的组织基础，自然也缺乏一道沟通国家、社会、乡村与农民间利益关系的桥梁。

表 10　您认为发展农村社会组织作用的得失如何？

A. 有积极作用，应该大力发展	B. 人为推动意义不大，应顺其自然	C. 积极、消极作用兼有，慎重发展	D. 负面作用更大些，不应提倡
506 人	148 人	146 人	0 人

在关于农村社会组织作用的得失问题的调查中，有 506 人认为“有积极作用，应该大力发展”，约占 63.3%；认为“负面作用更大些，不应提倡”的为 0。由此得知，大部分村民觉得发展农村社会组织意义重大，发展农村社会组织是新形势下促进新农村发展的重要举措之一。

2015 年中央一号文件《关于加大改革创新力度加快农业现代化建设的若干意见》中明确提出：“激发农村社会组织活力，重点培育和优先发展农村专业协会类、公益慈善类、社区服务类等社会组织。”发展农村社会组织成为乡村治理转型的必然要求，是壮大乡村自治的社会基础，也是实现乡村治理多元化的举措之一。农村社会组织在实践中提高了村民参政议政的意识，拓宽了乡村治理的渠道，进一步地加强和巩固了乡村自治力量，推动了基层民主的发展，是新农村建设的中坚之源。

乡村自治的重要之举在于培育发展各种类型的农村社会组织，通过培育发展农村社会组织，充分调动农民的积极性、主动性和创新性，集合多元主体力量共同参与乡村自治建设，不但改善了仅靠政府和村“两委”管理下社会公共服务功能不足、社会管理能力低下的现状，而且激活了乡村自治的活力，成为新农村建设不可或缺的主要力量之一。我们要着重从以下几个方面去做：

首先，要真正地实现权力下放，充分发挥农村社会组织的社会管理和社会服务功能。乡村治理“行政化”问题突出的原因之一，就是由于基层政府和村党组织在乡村治理的过程中过度“谨慎”，对各种农村社会组织拥有绝对的领导权，没有真正地将权力下放给其他的农村社会组织，使得这些乡村组织没能在乡村自治的过程中充分发挥它们的服务功能和沟通协调作用。

其次，鼓励多元主体参与乡村治理，构建多元农村社会组织。为了构建多元农村社会组织，一方面政府和村“两委”要出台相关鼓励政策和提供更便利条件引进农村以外的社会力量参与农村建设，例如鼓励一些企事业单位驻乡服务成立农村企业经济发展服务站，指导农村经济的发展和农村企业的建设；可以实现上级干部下乡活动，到村挂职，指导乡村民主建设的发展；另外还要鼓励社会文艺团体在乡驻点，带动乡村文化的发展；也可以支持一些爱心人士在村成立志愿服务乡村协会，充分发展乡村的公共事务和公共事业。还可以引进大学生村官参与乡村建设，激化社会组织的内生力，带动乡村民主政治和经济文化的发展。

最后，完善农村社会组织发展的管理体制，实现农村社会组织法制化管理。当前，农村社会组织发展滞后与管理混乱有着重要关联。而管理混乱的根本原因是相关管理体制的缺乏，导致农村社会组织在管理的过程中无法可遵、无章可循，在自身管理混乱下难以发挥应有的社会功能，为此完善农村社会组织的法律法规成为当务之急，我们可以在宪法大纲之下制定出符合当地实际的一些管理条例，例如：《农村社会组织管理条例》明确规定农村社会组织的登记管理程序，以及所具有的权利和义务等，使得农村社会组织有法可依、有法可循，推动乡村自治法治化进程。

农村医疗救助存在的问题与对策

——以百色市平果县为例

潘加忠

摘　要：解决好民生问题是当前民政工作的首要任务。自广西各级民政部门开展农村医疗救助制度以来，农村困难群众基本医疗保障水平得到明显提高，但距离农村困难群众的期盼还有较大的差距，重特大疾病仍然威胁着农村困难群众的健康和生命安全，动辄数万甚至数几十万的自付费用，导致农村困难群众因病弃医、因病致贫、因病返贫现象十分突出。为切实解决农村困难群众就医难问题，推动广西正在开展的精准扶贫工作，尽快实现广西500多万农村困难群众脱贫，确保至2020年广西农村困难群众能与全国、全区同步全面建成小康社会。本文以平果县开展的农村医疗救助制度为例，分析广西农村医疗救助现状存在的问题，提出对策建议，使广西农村困难群众都能实现“病有所医”目标，促进广西农村社会稳定和谐。

关键词：农村医疗救助　问题　对策

农村医疗救助是指对没有参加以及没有能力缴纳新型农村合作医疗保险的，或者缴纳新型农村合作医疗后无力承担自己支付部分的农村困难群众进行帮助的一种社会救助。广西是中国西部经济欠发达地区，农村人口占全区总人口的70%以上，截至2015年年末，全区还有538万贫困人口。建立完善的农村医疗救助制度，实现广西农村困难群众“病有所医”，使农村困难群众不因病致贫、因病返贫，不仅确保广西至2020年能与全国同步全面建成小康社会，而且对促进广西农村经济发展和社会稳定具有重要的现实意义。

一、平果县农村医疗救助制度现状

平果县全县区域面积2485平方公里，辖9镇3乡181个村（社区），2015年年末全县总人口52万人，其中农村人口45.6万人，占全县总人口的87%，农村贫困人口4.8万人，占全县农村人口的10.5%。

平果县农村医疗救助制度同广西各地一样，自2003年开始由各级民政部门组织实施，其发展主要经过以下三个阶段：

第一阶段（2003年至2007年）：农村医疗救助以门诊救助和住院救助为主，救助对象仅限于农村五保对象。这一阶段救助对象少，救助标准低，需要支出的农村医疗救助资金量不大。5年间全县仅支出农村医疗救助经费122万元，年均24.4万元。如下表：

年份	救助人数（次）	救助金额（万元）
2003	321	22.2
2004	427	20.1
2005	484	23.6
2006	514	24.7
2007	583	31.4

第二阶段（2008年至2011年）：救助对象从农村五保对象扩大到农村低保对象。农村医疗救助制度开始与新型农村合作医疗政策衔接，救助对象因病治疗费用须经新型农村合作医疗报销后自付部分才向民政部门申请农村医疗救助。这一阶段救助对象从农村五保对象扩大到农村低保对象，救助对象人数大增，支出的农村医疗救助资金量较大，全县4年间支出农村医疗救助经费1122.37万元，年均280.59万元。如下表：

年份	救助人数（次）	救助金额（万元）
2008	1011	98.5
2009	1214	101.49
2010	2316	290.6
2011	2887	631.78

第三阶段（2012年以来）：农村医疗救助开始实行住院救助、门诊救助

(包括慢性病)、重特大疾病医疗救助等综合救助。这一阶段救助对象从农村五保对象、农村低保对象逐步扩大到农村低收入人群、残疾人家庭、重灾户等困难群体，需要支出的农村医疗救助资金量更大。这 4 年间全县支出农村医疗救助经费 3506. 48 万元，年均 876. 62 万元。如下表：

年份	救助人数（次）	救助金额（万元）
2012	3201	736. 69
2013	3507	740. 03
2014	4609	1186. 25
2015	4905	843. 51

从平果县农村医疗救助情况来看，农村医疗救助对象明确，救助对象逐步扩大，投入的农村医疗救助经费也逐年提高，从而有效地缓解了农村困难群众看病难问题。但仍存在农村医疗救助覆盖面小、资金筹集渠道单一、有病种限制和最高救助金额限制（封顶线）、救助标准低等问题。建立完善广西农村医疗救助制度应该从取消各种不合理限制，扩大覆盖面、拓宽筹资渠道，加快广西农村医疗救助法制建设，实现广西农村困难群众“病有所医”目标，遏制农村贫困蔓延，促进广西农村社会的公正与和谐。

二、平果县开展农村医疗救助工作的做法和取得的成效

（一）平果县开展农村医疗救助工作的主要做法

1. 根据不同阶段明确农村医疗救助对象

平果县农村医疗救助的对象主要明确为：

第一阶段（2003 年至 2007 年）：救助对象仅限于农村五保对象。

第二阶段（2008 年至 2011 年）：救助对象为农村五保对象和农村低保对象。

第三阶段（2012 年以来）：救助对象从农村五保对象、农村低保对象逐步扩大到农村低收入人群、残疾人家庭、重灾户等困难群体。

2. 资助参加新农合

新型农村合作医疗政策实施以来，平果县民政部门每年都落实专项经费资助农村医疗救助对象参加新型农村合作医疗。对农村五保对象由民政部门全额资助其参加新型农村合作医疗（代缴参合费）；对农村低保对象按 60%的

标准资助其参加新型农村合作医疗。通过资助参加新型农村合作医疗，使全县农村五保对象和农村低保对象这一“最需要救助的人群”都能享受到新型农村合作医疗保障。农村医疗救助对象因病治疗费用经新型农村合作医疗报销后自付部分再申请农村医疗救助。这一做法使农村“最需要救助的人群”都能享受到新型农村合作医疗和农村医疗救助双重基本医疗保障。

3. 按种类和标准救助

平果县农村医疗救助分门诊救助、住院救助和重特大疾病医疗救助。

（1）门诊救助

门诊救助病种：对患有常见病、慢性病需长期维持治疗的门诊救助有恶性肿瘤放化疗、血友病、肺结核、类风湿性关节炎、冠心病、糖尿病等16种。

救助标准：2003年至2007年起步阶段，平果县对农村医疗救助对象每年给予最高限额200元的门诊救助。2008年至2013年对农村医疗救助对象每年给予最高限额400元的门诊救助。2014年以后，农村医疗救助对象门诊救助标准是当年新型农村合作医疗个人缴费标准的10倍。如2014年平果县新型农村合作医疗个人缴费标准60元，门诊救助标准最高限额为600元。2015年新型农村合作医疗个人缴费标准90元，门诊救助标准最高限额为900元。2016年新型农村合作医疗个人缴费标准120元，门诊救助标准最高限额为1200元。

（2）住院救助

平果县农村医疗救助对象因病住院，不受病种限制，住院医疗救助费用不设起付线，但有最高救助限额（封顶线）。

救助标准：平果县现行农村医疗救助对象住院救助标准为：属农村五保对象的按应计入的住院医疗救助费用的100%给予救助，年累计救助最高限额为3万元。属农村低保对象中的重度残疾人（指残疾等级为一级、二级的残疾人，以第二代残疾人证或残疾军人证为准）按应计入的住院医疗救助费用的95%给予救助，年累计救助最高限额为1.5万元。属其他城乡低保对象按应计入的住院医疗救助费用的90%给予救助，年累计救助最高限额为1.2万元。属低收入家庭重病患者按应计入的住院医疗救助费用的80%给予救助，年累计救助最高限额为6000元。

救助对象跨年度住院治疗的，可按两个年度分别给予住院医疗救助。住院医疗救助工作实行属地管理。农村五保对象从县级民政部门审批其纳入五保对象之日起享受住院医疗救助待遇。农村低保对象从县级民政部门审批其纳入农村最低生活保障范围之日起享受住院医疗救助待遇，从其退出农村最低生活保障范围的次日起不再享受原有的住院医疗救助待遇。

（3）重特大疾病医疗救助

平果县现行的重特大疾病医疗救助采取“病种”和“费用”相结合的方式，对医疗费用过高、自付费用难以承受的救助对象给予重特大疾病医疗救助。

平果县纳入重特大疾病医疗救助范围的病种有儿童急性白血病、儿童先天性心脏病、乳腺癌、宫颈癌等27种疾病。

凡患以上病种的救助对象经基本医疗保险、大病保险、各类补充医疗保险、商业保险补偿（报销）后，一次诊疗过程或同一病种年度累计个人自付的合规医疗费用仍超过3万元的，方可申请重特大疾病医疗救助。

救助标准：平果县现行的重特大疾病医疗救助标准，属农村五保对象的年累计救助最高限额为1万元；属农村低保对象的年累计救助最高限额为5000元。属农村低收入家庭成员的年累计救助最高限额为3000元。

4. 明确申请救助程序和办法

（1）门诊救助：符合门诊医疗救助条件的对象，在县内定点医疗机构就诊的直接在就诊医疗机构申请救助。没有在定点医疗机构就诊的由本人向所在乡（镇）人民政府提出申请，同时填写平果县城乡门诊医疗救助申请审批表，经乡（镇）人民政府审核后报县民政局审批。

（2）住院救助：农村五保对象和农村低保对象经县内医疗机构确诊需住院治疗的，在办理出院手续时凭五保证和低保证在县内医疗机构通过农村医疗救助即时结算平台办理即时结算，无须申请。住院医疗救助金由定点医疗机构先行垫付，再由县级民政部门按月或按季度与定点医疗机构结算。

（3）重特大疾病救助：符合重特大疾病救助的对象向村民委员会提出书面申请，填写申请表（一式两份），如实提供户主身份证复印件、户口簿复印件、乡镇、县级以上医院医疗诊断书、医疗费用单据和新型农村合作医疗机构报销的凭证或证明（不含临时看病费用）、必要的病史材料，经村民代表会议评议同意后，报乡镇人民政府审核，符合条件的报送县民政局审批。

（二）平果县农村医疗救助取得的主要成效

平果县开展农村医疗救助制度以来，出台了《平果县农村医疗救助暂行办法》（以下简称《暂行办法》），对农村医疗救助制度的基本原则、救助对象、救助标准、资金来源、基金管理、医疗服务、组织管理等内容作出了明确规定。同时，根据《暂行办法》分别制定了《平果县农村医疗门诊救助实施办法》《平果县农村医疗住院救助实施办法》《平果县农村医疗重特大疾病救助实施办法》。农村医疗救助办法的实施，对农村贫困人群中因病而无经济能力进行治疗的人群，或者因支付数额庞大的医疗费用而陷入困境的人群，实施专项帮助和经济支持，使他们获得必要的卫生服务，以维持其基本生存能力，防止农村困难群众“因病致贫”“因病返贫”起到了一定的保障作用。平果县农村医疗救助对象从第一阶段仅限于农村五保对象，到第二阶段扩大到农村低保对象，到第三阶段（2012 年以来）逐步覆盖到残疾人家庭、低收入家庭、重灾户等困难群体。农村医疗救助基本覆盖到全县农村最困难群体。建立起了“农村医疗救助与新型农村合作医疗相衔接”的农村医疗救助模式。2003 年至 2007 年起步阶段，平果县农村医疗门诊救助，救助标准年累计救助金额最高不超过 200 元，至 2013 年门诊救助标准已提高到 400 元。2014 年以后，门诊救助标准是当年新型农村合作医疗个人缴费标准的 10 倍。如 2014 年新型农村合作医疗个人缴费标准 60 元，门诊救助标准为 600 元；2015 年新型农村合作医疗个人缴费标准 90 元，门诊救助标准为 900 元；2016 年新型农村合作医疗个人缴费标准 120 元，门诊救助标准最高限额为 1200 元。2016 年，凡患有重特大疾病救助对象经基本医疗保险、大病保险、其他补充医疗保险、商业保险补偿（报销）后个人自付部分仍超过 3 万元（不含）的给予大病救助（二次救助）。属农村五保对象的重特大疾病救助标准年累计最高限额为 1 万元；属农村低保对象的年累计救助最高限额为 5000 元。属农村低收入家庭成员的年累计救助最高限额为 3000 元。2012 年以来，平果县在县内各定点医疗机构建立农村医疗救助即时结算平台，为农村医疗救助对象提供“一站式”服务。农村医疗救助制度在农村基本医疗保障体系中，尤其是在开展农村精准扶贫工作中发挥了一定的“托底”保障作用。

三、农村医疗救助制度存在的问题

（一）救助对象覆盖面还不够宽

农村医疗救助作为一种低层次的以减免医疗费用的医疗保障形式，能够保障农村贫困人群的健康保障权益，体现了社会公平。但从平果县农村医疗救助情况来看，救助面还不宽，例如 2015 年全县支出农村医疗救助经费 843. 51 万元，得到救助人数 4905 人（次），仅占当年全县 4. 8 万贫困人口的

10.2%。救助对象仍以农村五保对象和农村低保对象为主，农村低收入家庭、重度残疾人家庭、受灾户重病患者等困难群众仍没能纳入门诊救助和住院救助范围，因经费不足，只有极少数能享受到重特大疾病医疗救助。救助覆盖面小，广大农村困难群众仍面临“因病返贫”“因病致贫”问题。“小病拖，大病扛，重病等着见阎王”“住上一次院，三年活白干”仍成为许多农村困难群众面临大病来袭时的真实写照。

（二）救助标准还比较低

农村医疗救助与新型农村合作医疗政策衔接后，广西现行的农村医疗救助门诊救助标准是当年新型农村合作医疗个人缴费标准的10倍。如2015年新型农村合作医疗个人缴费标准为90元，年门诊救助标准仅为900元，这对患有常见病、慢性病需要长期药物维持治疗的农村五保供养对象和农村低保对象来说仍解决不了问题。现行的重特大疾病救助必须经基本医疗保险、大病保险、其他补充医疗保险、商业保险补偿（报销）后超过3万元的才能纳入重特大疾病医疗救助，且现规定的重特大疾病救助标准最高的为1万元，最低的仅3000元。由于物价上涨等多种原因，重特大疾病患者的医疗费用都较高，对自付部分超过数十万甚至数几十万以上的家庭，仍属杯水车薪，微乎其微。这种救助标准无法从根本上帮助特殊群体解除医疗费用压力。农村困难家庭医疗救助需求大，医疗费用高、医疗负担重，而救助标准偏低，在一定程度上影响了农村医疗救助效果。

（三）门诊和重特大疾病救助仍有病种限制

目前，广西农村医疗救助除住院救助没有病种限制外，门诊和重特大疾病救助仍有病种限制，门诊救助限于恶性肿瘤放化疗、血友病、肺结核等16种疾病，重特大疾病救助限于儿童急性白血病、儿童先天性心脏病、乳腺癌、宫颈癌等27种疾病。

设定病种限制，如果农村困难群众所患疾病没有在规定的病种之内，就无法享受到农村医疗救助，使一些有较大医疗开支家庭，因没有被列入农村医疗救助范围失去救助机会，而成为新的特困群体。

（四）新农合参合费用逐年提高，给农村困难群众带来新压力

农村医疗救助制度主要针对农村中最贫困的群体。新型农村合作医疗的覆盖对象是全体农村村民，但其有参合费用、起付线、报销比例以及封顶线

等诸多制度限制，这使得新型农村合作医疗只能关注覆盖面而不能倾斜支持贫困农民家庭，且新型农村合作医疗参合费用逐年提高。广西刚开始实施新型农村合作医疗时参合费每人每年仅10元，2015年参合费已提高到每人每年90元，至2016年已提高到每人每年120元。参合费逐年提高对农村家庭对象来说是一笔不小的负担。对农村普通家庭或低收入家庭来说，如果没有能力缴费参加新型农村合作医疗就享受不到新型农村合作医疗救助，一旦因病家庭医疗费用开支大大超过家庭正常经济收入，这些普通家庭或低收入家庭将成为新的农村特困群体。对民政部门来说，要全额资助农村五保对象、农村低保对象参加新农合也是一笔不小的费用。如平果县2016年要全额资助全县47035名农村低保对象、五保对象参加新型农村合作医疗，参合费高达564.42万元。新型农村合作医疗参合费用逐年提高，给农村困难群众带来了新的压力。

（五）农村医疗救助资金来源单一，社会参与度不高

目前，广西农村医疗救助资金主要靠上级转移支付和地方财政配套，筹资来源单一，缺乏稳定增长机制。以平果县为例，从2012年至2015年，农村医疗救助经费占民政专项支出比例分别为2.15%、2.82%、3.34%、4.78%。但还远远不能满足农村贫困人口医疗需求。如平果县2015年全县支出农村医疗救助经费843.51万元，救助人数仅4905人（次），仅能基本解决农村五保对象和农村低保对象的医疗救助费用，农村低收入家庭申请重特大疾病医疗救助因无经费无法给予救助。为保证救助资金不超支，各地在实行中不得不设置了救助比例和封顶线，导致那些不在册的农村医疗救助对象或那些刚超过救助标准及处于临界状态的特殊群体得不到救助。二是目前农村医疗救助方式均属政府行为，社会力量没有完全调动起来，社会力量参与农村医疗救助的比例还很小。三是没有形成完善的优惠政策体系和强大的舆论氛围，难以撬动社会资金和民间资本。这种状况，尤其是对于财政收入不好的市（县、区）来说，农村医疗救助资金不足问题显得更加突出。

（六）政策衔接还不够紧，部门协调不够到位

目前，民政部门主管的农村医疗救助制度虽然与新型农村合作医疗进行了一定程度的政策整合，但在实际操作过程中农村医疗救助和新型农村合作医疗各自使用独立的结算平台，还没有建立统一的即时结算平台，仍然存在各自为政的现象，信息数据没有完全实现共享，横向协调衔接有时出现脱节，

重复救助现象时有发生，影响了农村医疗救助效果。农村医疗救助的实施涉及诸多部门，由于部门之间的协调不够及时，往往出现救助资金不能按时拨付到位，数据平台不够通畅共享等问题，从而导致农村医疗救助有时不能实现即时结算。

四、加强广西农村医疗救助的对策建议

（一）扩大农村医疗救助覆盖面

农村医疗救助在整个医疗保障中起到兜底保障作用，在全面建成小康社会进程中，尤其在开展精准扶贫工作中，做好农村医疗救助工作是有效减少农村困难群众“因病致贫、因病返贫”的一项重要保障工作，也是实现农村困难群众“病有所医”，同步建成全民小康社会目标。广西属经济较落后地区，各级政府应合理确定农村医疗救助对象范围，扩大农村医疗救助的覆盖面。一是在以农村低保对象、农村五保对象为重点救助对象的同时，也将低收入家庭中老年人、未成年人、重度残疾人和重病患者等纳入救助范围。二是在全区这次开展精准扶贫工作中确定为精准扶贫对象的农村困难群众中不属农村五保对象和没纳入农村低保对象的应全部纳入农村医疗救助范围。三是对生活条件较好的农村群众，虽不属农村医疗救助对象，但其家庭成员因患大病，自付数额过大，使其家庭基本生活陷入困境的也应纳入农村医疗救助范围。四是对经济条件相对较差的地区和受灾地区要随时掌握困难群众因病无钱医治情况，符合救助条件的要及时纳入农村医疗救助范围。确保农村医疗救助真正覆盖到全体农村贫困村民，使“最急需医疗救助人群”与“最困难人群”都得到及时有效的基本医疗保障。

（二）取消病种限制，按个人负担的医疗费用界定救助标准

目前，广西农村医疗救助、门诊和重特大疾病救助仍实行费用结合病种，这种界定有一定的局限性和不确定性。究竟哪些疾病应该纳入救助范围、哪些不纳入，很难说清楚，且经常处于动态变化之中。根据疾病谱的变化，20世纪初威胁人类健康的主要疾病是急性和慢性传染病、营养不良及寄生虫病。20世纪50年代后人类疾病谱发生了根本的变化，危害人类健康的主要疾病是慢性病。21世纪以来我国居民主要疾病死亡率排名前三位的是恶性肿瘤、心脏病和脑血管病。设定病种限制，如果农村困难群众所患疾病没有在规定的

救助病种之内，那么这部分困难群众就无法得到农村医疗救助。显然，按病种界定有失公平、公正。按个人负担的医疗费用来界定救助标准比较合理，不仅便于测算补偿资金，也体现公平、公正。建议广西在制定的农村医疗救助办法中取消病种限制，以费用为标准界定救助标准。救助对象经新型农村合作医疗和其他医疗保险补偿（报销）后，属农村五保对象和农村低保对象的应给予全免；属农村低收入家庭和重特大疾病患者应根据个人自付的合规医疗费用为标准界定救助标准和救助比例，不受病种限制。

（三）取消最高限额救助（封顶线救助）

现行农村医疗救助，仍设有最高救助限额，如住院救助，年累计救助限额最高的为 3 万元，最低的为 6000 元。重特大疾病医疗救助，目前广西农村重特大疾病医疗救助标准为：一类人员（五保供养人员）的重特大疾病住院医疗救助，按应计入救助费用的 100%给予救助，年累计救助最高限额为 1 万元。二类人员（最低生活保障家庭成员）的重特大疾病住院医疗救助，按应计入救助费用的 80%给予救助，年累计救助最高限额为 5000 元。未参合参保的救助费用相应减半。三类人员（农村低收入家庭成员）的重特大疾病住院医疗救助，按应计入救助费用的 70%给予救助，年累计救助最高限额为 3000 元。这种救助标准对于自付部分仍高达数十万甚至数几十万元的农村贫困群体来说仍是“杯水车薪”。为帮助农村困难群众摆脱贫困，不“因病致贫”“因病返贫”，实现全面小康目标，建议取消最高限额（封顶线）救助。对一类人员（五保供养人员），经新农合和其他医疗保险补偿（报销）后自付部分按 100%给予救助，不设最高限额（封顶线）限制。对二类人员（最低生活保障家庭成员），经新农合和其他医疗保险补偿（报销）后自付部分按 80%给予救助，不设最高限额（封顶线）限制。对三类人员（农村低收入家庭成员），经新农合和其他医疗保险补偿（报销）后自付部分按 70%给予救助，不设最高限额（封顶线）限制。对大病治疗一花就是几十万元的，在经农村大病救助补偿后，仍解决不了因穷弃医、因病返贫的，再给予临时救助其他救助，确保农村医疗救助对象不因病影响其基本生活，实现全面小康目标。

（四）进一步完善农村医疗救助信息资源共享

各级民政部门是开展农村医疗救助的主体部门，要结合新型农村合作医疗救助工作实际，加快完善农村医疗救助“一站式”即时结算机制，实现农村医疗救助与新型农村合作医疗、大病保险等医疗救助信息管理系统的互联互通，方便救助对象就医诊治，在材料申报、信息核对上尽量减少对救助对象的要求。农村医疗救助对象民政部门在资助其参加新型农村合作医疗后，救助对象和新型农村合作医疗参合人之间存在着高度的重合，各级民政部门应尽快探索农村医疗救助与新型农村合作医疗信息源的整合机制，共享使用新型农村合作医疗的信息服务平台和信息管理系统，这样在救助对象认定、审核，费用报销方面会更加方便有效，减少农村医疗救助与新型农村合作医疗制度的运作成本和结合成本。对于不能进入即时结算系统进行医疗费用结算的农村医疗救助对象，各级民政部门要制订科学的实施方案，完善审批和核查机制，确保资金使用的公开、公平、公正，让农村医疗救助资金发挥最大效益。

（五）加大农村医疗救助资金投入，拓宽资金筹集渠道

农村医疗救助资金是农村困难群体享受医疗服务的重要保障，自治区、市、县各级政府要加大对农村医疗救助资金转移支付力度，县级财政部门要根据当年度农村医疗救助资金使用情况和上级财政补助资金情况，测算安排下年度本级财政农村医疗救助资金，并纳入年度预算。自治区财政在分配农村医疗救助补助资金时，增加对经济困难地区的补助，并加大对各地筹资情况和资金使用情况的考核力度。对资金不足部分可按照农村低保资金来源形式，按属地管理原则，由当地财政兜底。

拓宽农村医疗救助资金的筹集渠道。各级政府要根据农村医疗救助资金需求情况，在加大财政投入的同时，不断健全和完善多渠道筹资机制，鼓励和引导社会资金、民间资本社会慈善资金、福利彩票资金等纳入农村医疗救助基金范围，做大农村医疗救助基金蛋糕，适当弥补农村医疗救助资金不足。以政府投资为主，民间筹资为辅，落实市、县配套预算安排，逐年增加配套资金投入。

（六）进一步完善农村医疗救助与新农合政策的衔接，减免参合费用

新型农村合作医疗与农村医疗救助制度是农村社会保障制度的重要组成部分，政府作为社会保障制度的实施者，在其中无疑居于主导地位。农村医疗救助制度实施中所需资金及其运行的组织管理工作都由政府来完成。在新型农村合作医疗制度运行中政府同样发挥了主导作用，承担着制定政策、资

金投入、管理监督等职责。同时，在这两项制度中都涉及农村五保对象、农村低保对象和农村低收入贫困家庭，它们有共同的制度目标群体。而这两种制度共同的服务提供方又是定点的医疗机构。目前新型农村合作医疗有起付线和补偿比例，起付线和补偿比例就成了农村医疗救助对象就医的“门槛”。所以，各级政府在制定新型农村合作医疗政策时，对农村医疗救助对象和一般群众应实行区别对待，对农村医疗救助对象取消大病医疗救助起付线，适当提高农村医疗救助对象大病救助补偿比例。财政收入较好的县（市、区）应全免或减免农村医疗救助对象参合费，使农村医疗救助对象真正享受到新型农村合作医疗和农村医疗救助带来的实惠，真正建立起完善的“政府领导、民政主管、财政出资、各界捐助、卫计部门让利”的新型农村医疗救助机制。

（七）推行农村医疗救助与社会救助双重保障

现有的社会救助制度中，农村医疗救助制度处于附属地位，只能部分满足农村困难家庭的基本生存需求，无法从根本上帮助农村困难家庭摆脱贫困。应逐步改变农村医疗救助政策仅仅是一种支出的传统看法，推行农村医疗救助与社会救助相结合。在给予农村困难群众医疗救助的同时，也给予相关的社会救助，如生活困难救助、临时救急难救助、扶贫开发救助等。遏制农村困难群众贫困状况的固化和代际传递，提高农村困难群众的生活质量。

（八）强化部门责任，明确责任分工

广西农村医疗救助制度的实施涉及民政、卫计、财政等多个主体。各有关部门要认真履职尽责，密切配合，形成推动农村医疗救助工作的合力，做到各负其责，密切配合，共同抓好落实。民政部门要充分发挥农村医疗救助主管部门作用，做好农村医疗救助政策的制定和组织实施，负责做好救助对象的审核认定工作并建立救助对象动态数据库，方便对其提供高效、便捷的结算服务；财政部门要负责做好筹集并及时拨付农村医疗救助资金，保证农村医疗救助和新型农村合作医疗资金能同时进行“一站式”结算服务。同时，加强资金管理和监督，提高资金使用效益；卫计部门要加强新型农村合作医疗、大病保险与农村医疗救助政策的衔接，加强对定点医疗机构的监督管理，规范医疗服务行为，降低农村困难群众医疗成本，提高服务质量和服务水平。

（九）出台统一的农村医疗救助政策

从目前广西农村医疗救助工作来看，无论是农村医疗救助制度还是新型农村合作医疗制度，立法的层次较低，主要靠地方政府的规章制度进行管理。资金统筹层次低，还未形成具有较强法律约束力的筹资机制和自然增长机制、合理的补偿机制和有效的费用控制机制，管理的主观性和随意性因素很强。在目前的社会转型期，重特大疾病已成为我国农村困难家庭解决了生存问题后的头号“敌人”，如果“因贫致病、因病返贫”形成了恶性循环，其结果是农村困难家庭生活水准急剧下降，陷入了更为严重的贫困状态。为此，自治区层面应该出台全区统一的农村医疗救助政策，以立法形式规范农村医疗救助资金的统筹、资金使用范围、救助对象、审批程序和救助比例，依法加强对农村医疗救助资金使用的监管和督促检查，确保农村医疗救助资金发挥最大效益，增加制度的权威性。

（十）加大政策的宣传力度

农村医疗救助的对象是困难群体，生活在农村社会的边缘，他们的知识文化水平和对社会的认知水平相对低一些，为了让救助对象了解农村医疗救助政策，必须积极耐心地做好宣传教育工作。全区各级政府应根据当地具体情况编写一些通俗易懂的宣传材料，组织专家干部下乡举办讲座或者座谈会，及时宣传新的农村医疗保障政策，耐心解答群众对农村医疗保障的各种疑问。由于经济条件、居住条件等因素的限制，农村困难家庭接触疾病知识、卫生信息的机会也相对较少，各级政府应在加大政策宣传力度的同时，加强疾病知识的宣传和普及，帮助农村困难家庭改善身体素质。建议各级政府通过村委会工作人员、专业社工组织以及新闻媒体、广播电视、新媒体、网络等传媒的力量，结合广西各地开展的城乡清洁工程、爱国卫生运动、健康出行等活动对农村困难家庭定期进行卫生和疾病知识宣传及普及，帮助他们掌握更多预防疾病的知识，同时加大健身设施的建设，提升农村困难群众的健康质量。

（十一）完善慈善救助机制，建立慈善医院

慈善事业被视为社会的“第三次分配”，能够弥补政府的投入不足，同时尽可能对需要帮助的社会成员实施救助。随着广西社会经济的发展，慈善事业募集资金能力也会显著增强，全区各级政府应注重发挥慈善组织机构的作用，加快完善慈善救助机制，引导好慈善组织积极参与农村医疗救助工作，建立政府与慈善医疗救助之间的互补关系，充分体现政府救助为主体、社会慈善为补充，功能互补、有效的衔接模式，有利于弥补农村医疗救助资金的

不足，灵活调整救助对象和救助标准，补缺政府救助的覆盖“盲区”；有利于共同推进农村困难群众“病有所医”目标的实现。有条件的县（市、区）鼓励慈善组织建立慈善医院，加强慈善与政府医疗救助衔接，可以使农村患病困难群体得到最大限度的救治，最终实现全体农村居民病有所医。

（十二）健全农村医疗救助考核机制

强化政府实施农村医疗救助的责任意识。将农村医疗救助作为一项惠民工程和为民办实事工程来抓，列入县、乡两级政府绩效考核内容。真正引起县乡两级政府的高度重视，从而在机构、人员、经费、交通工具等方面提供必要的保障，使这一惠民工程真正落到实处，让广大群众充分享受到农村医疗救助的温暖和阳光。

总之，农村医疗救助保障工作关系到农村困难群众的民生问题和维护农村稳定的大局。广西农村经济还不发达，而目前重特大疾病仍成为威胁着广西农村困难家庭解决了生存问题后的头号“敌人”，农村困难群众因病无钱医治，因贫致病、因病返贫就会形成恶性循环，其结果是农村困难家庭生活水准急剧下降，陷入更严重的贫困状态。建立完善的农村医疗救助制度，是对全区农村困难家庭的有效保护，也是遏制全区贫困蔓延的必要手段，有助于促进广西社会的公正与社会和谐。

参考文献

[1]《关于农村家庭重大疾病医疗救助的思考》（当阳市玉泉办事处民政办公室 刘慧慧）.

[2] 广西壮族自治区人民政府办公厅关于全面开展重特大疾病医疗救助工作的通知（桂政办发〔2015〕124号）.

社会心理模式指导下困境未成年人社会工作标准化服务探索

——以南宁市困境未成年人社会保护项目为例

冯　志　黄江萍　潘　源　刘菁华

摘　要：政府购买社会工作服务项目试点化已成为趋势，为了使有限的项目试点在运作过程中达到可量化、可评估、可复制的效果，本文以广西众益社会工作服务研究中心承接的南宁市困境未成年人社会保护项目为例，探讨社会心理模式在困境未成年人社会工作服务中的标准化应用。这对于政府是否能够有效监管项目，承接方是否能够高质量完成服务，以及服务对象是否能够享受到适切服务都具有重要意义。

关键词：政府购买服务　困境未成年人　社会心理模式　标准化

一、概念界定

2013年，为探索建立未成年人社会保护制度，切实保障未成年人合法权益，民政部提出了“困境未成年人”这一新的概念，包括受经济贫困、监护缺失、家庭暴力、教育失当等影响而遇到生存困难、监护困境和成长障碍的未成年人。

社会心理模式（又名“心理社会治疗模式”）创始于1937年，由美国哥伦比亚大学的戈登·汉密尔顿在《个案社会工作的基本概念》一文中首次使用，应用于社会工作中以心理分析理论为导向，同时重视“人在情境中理论”对于服务对象的影响。运用社会心理模式来探索困境未成年人社会工作服务方式，通过改善服务对象所处的外部环境及自身心理状态为服务重点模块，更符合困境未成年人的需求和利益。

二、困境未成年人服务的现状及问题

（一）困境未成年人的生活状况

困境未成年人是一群长期处于困境的特殊群体，他们正处于个人成长和社会适应的阶段。从社会心理模式的三个视角来看，困境未成年人在社会支持网络状况、家庭状况和个人状况都面临着不同程度的问题及需求。

困境未成年人自我保护能力低，生理、心理等社会适应力差。由于困境未成年人生理、心理发育都不成熟，容易受到伤害，如果得不到来自社会、家庭的正确引导和支持，则很有可能采取不恰当的方式来应对眼前的困难，从而造成不良的后果，陷入更大的困境。另外，困境未成年人由于长期处于困境之中，极易自卑而且敏感，常常受到负面情绪的影响，难以融入到同龄群体当中。

困境未成年人家庭支持系统薄弱，亲子沟通不足。一方面，许多困境未成年人家庭面临着经济困难和生活困难，其父母文化水平不高，不得不到外地打工以维持生计，供孩子上学读书；另一方面，由于父母不在身边，亲子沟通受到限制，他们的情感诉求得不到父母的及时回应，缺乏判断是非能力的他们只能寻求外界的回应，在这个过程中他们也很容易受到一些不良影响。

困境未成年人缺乏足够的社会支持，救助资源链接系统弱。一是由于经济困难等原因，他们难以获得与其他同龄人同等的社会资源以满足其自身健康成长的需求；二是未成年人社会保护体系不够健全，社会缺乏对于困境未成年人的足够的关注，即使困境未成年人有求助的意愿也不知该向谁求助；三是由于困境未成年人本身缺乏辨别是非的能力，极易受到社会各种不良诱惑的影响，从而走上违法犯罪的道路。

困境未成年人面临的困境不是单一的，是多重而复杂的。社会支持网络不完善、家庭支持系统薄弱、自我保护能力弱都是困境未成年人陷入困境的原因，因而要满足困境未成年人的需求，实现促进未成年人健康成长的目标，困境未成年人服务的工作必须从各个层面进行有效介入。

（二）困境未成年人服务的现状

2013年，民政部印发了《关于开展未成年人社会保护工作试点的通知》，在北京市、河北省石家庄市、辽宁省大连市等20个地区开展未成年人社会保护试点工作，在各个试点成立未成年人社会保护中心。经过不断的尝试和摸索，我国在困境未成年人社会保护领域的工作已取得了初步成效，尤其是民政部等10部门联合开展的、为期三年的“流浪孩子回校园”专项行动已成功帮助64483名流浪未成年人顺利返校复学。2014年7月，民政部又一次印发通知将未成年人社会保护试点工作推向了其他78个地区。其中，广西壮族自治区南宁市、桂林市和柳州市也被列入试点地区。

虽然近年来我国关于未成年人保护领域的制度和措施不断完善，但是政府作为行政职能部门，在提供直接服务方面心有余而力不足。因此通过政府购买社会服务的形式，将专业社会工作引入困境未成年人社会保护领域，探索社会工作介入困境未成年人社会保护工作的标准化服务模式是必然趋势。

政府购买社会服务在当下已然成为政府、民间社会组织之间实现通力合作的最理想模式。但是，当前政府购买困境未成年人服务仍然无法避免出现以下几个问题：

第一，购买方缺乏指导经验。在国内，困境未成年人社会保护领域以政府购买社会服务的形式将政府与社会组织相互联结的合作模式仍处于探索阶段。与以往的政府采购不同，政府购买社会服务不仅仅是结果购买，更是过程购买。因此，除了需要考量结果量化的指标之外，还需要评估服务结果及过程成效。但如何选择合适的承接方；如何确定服务的指标、资金投入；如何开展服务成效评估，都是当前面临的困难。因此，在缺乏经验的基础上，政府作为购买方只能根据以往的行政工作经验进行决策，但却往往达不到理想的效果。

第二，政府购买服务专业性体现不足。困境未成年人不同于一般的未成年人，他们所面临的困境需要更专业的服务人才，以更具针对性的专业技术投入到服务中。然而，由于没有标准的工作模式及流程，除了少数购买方及承接方明了其中的专业性外，社会对于其专业性的认可存在缺失，进而影响政府购买服务资金的可持续支持。

三、社会心理模式介入困境未成年人社会工作服务的基本思路、具体做法及实施效果

以南宁市困境未成年人社会保护项目为例。南宁市困境未成年人社会保

护项目是由南宁市本级财政拨出专项资金，由广西众益社会工作服务研究中心承接，目的在于拟构建以南宁市困境未成年人保护工作试点来推动未成年人社会保护工作。广西众益社会工作服务研究中心以此为平台，以南宁市青秀区为试点，以监护缺失为困境未成年人一大成长特点，用“驻校社工+社区保护”结合的道路，在社会心理模式指导下探索出可量化、可评估、可复制的困境未成年人社会保护标准化模式。项目的总目标是建立南宁市青秀区监护缺失未成年人保护个案介入试点；分目标是完成服务区域内监护缺失未成年人基本信息收集，建立服务对象/潜在服务对象基础数据库，对监护缺失未成年人及其家庭提供综合介入服务，构建监护缺失未成年人社会支持网络，加强未成年人保护服务领域社会工作人才队伍建设。

前期调研发现，监护缺失未成年人作为一个特殊的群体，除了具有生理、心理发育不成熟，自我保护能力低，容易受到伤害等特征之外，他们还面临着生理、心理等社会适应力差的困境。监护缺失未成年人权益受损的两大原因在于：一是社会因素：监护人能力低下/缺失或监护人缺失；二是个体因素：未成年人在心理及生理方面自我保护能力弱。为此，本项目就从“监护缺失”以及“未成年人自我保护能力弱”两个模块着手。

（一）基本思路

1. 实施模式

本项目采用社会心理模式作为标准化服务指导模式，重视社会群体和社会资源对个人的影响，朋辈群体、社区环境以及其他社会资源的合理运用，以监护缺失未成年人本身、其家庭、其所处的社会环境（学校/社区）为切入点，对其身心成长进行需求监测与满足。

2. 实施内容

根据社会心理模式，服务提供可分为三个维度：一是预防维度：监护缺失的家庭环境；二是保护维度：未成年人本身自我保护能力以及社会保护状况；三是托底维度：未成年人权益受损的补救。

预防维度：项目伊始，项目社工对于监护缺失未成年人及其家庭进行需求调查。根据南宁市未成年人社会保护中心提供的困境未成年人名单，通过与未保专干取得联系，走访监护缺失未成年人，并通过滚雪球抽样法，对数据库内 20 名监护缺失未成年人进行需求调查。结果发现，监护缺失未成年人最主要的需求是社会支持网络的构建，达到 90%。其次是人际交往的需求、亲子沟通的需求和自我情绪管理的需求。

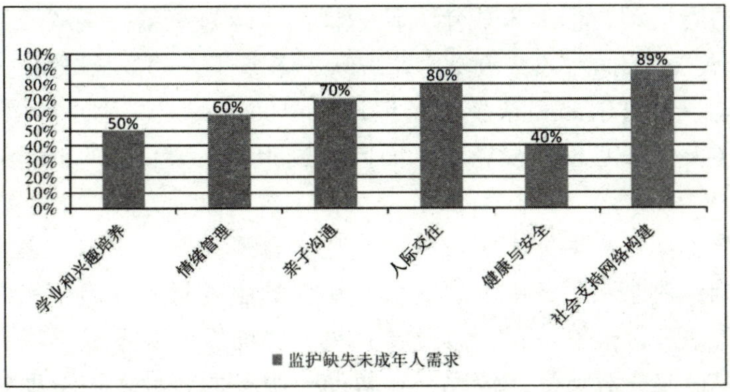

同时，项目社工也对以上 20 名监护缺失未成年人的家长/监护人进行了需求调查。结果显示，有 90%的家长非常关注孩子的健康与安全，超过 83%的家长不知如何辅导孩子的学业，还有 62%的家长不知如何辅导孩子的情绪。

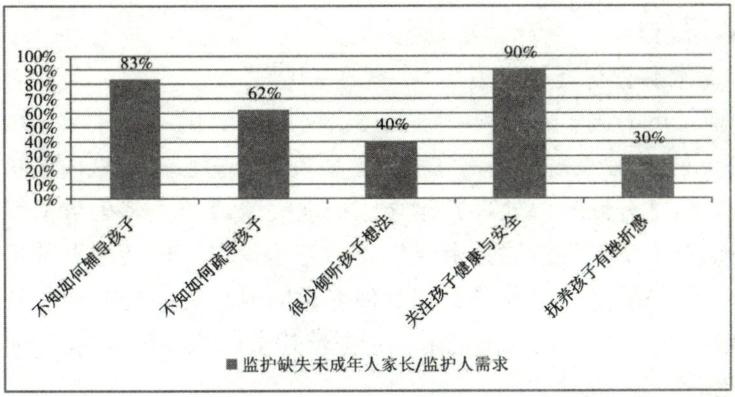

保护维度：项目社工在抽样区以内选择了一所位于城中村的小学，成立了驻校社工站，借助学校环境加强对困境未成年人的社会保护服务。为了避免歧视型服务对服务对象造成的反效果，项目社工将服务对象所处的社会环境（学校整体环境）作为介入点之一，抽取了涵盖学校监护缺失未成年人人数最多的某年级学生共 237 名，开展未成年人社会保护需求调查。根据调查得知，约有 50%的学生对自己成长的生理和心理变化有一定的了解，并且都接受自己成长过程中的变化；67. 1%的学生在人际关系方面都表现出希望结交更多朋友的需求；21. 5%的学生表示在和朋友相处的过程中遇到了困难，需要提高人际交往的技巧；超过 50%的学生在升学、家庭、人际交往方面都感觉到了一定的压力。针对调查结果，该项目社工为服务对象提供了个案咨询及辅导，未成年人成长小组和未成年人自我保护工作，以及未成年人志愿者培训等服务内容。例如，与学校共同开展了主题为“阳光心态，七彩童年”

的心理活动周活动，帮助未成年人认识情绪、疏导情绪、缓解压力；并通过家长加油站、家长面对面交流坊为监护缺失未成年人的家长/监护人提供心理支持；通过亲子俱乐部和亲子剧场促进亲子间的沟通交流，掌握沟通技能；针对未成年人生理心理阶段特点，面向未成年人、家长、学校教师开展性教育活动。

托底维度：与购买方南宁市救助站建立合作关系，根据“发现—报告—跟踪”机制，对于在服务中发现的权益受损的服务对象开启个案的同时，向南宁市救助站进行报告备案，通过转介服务协助服务对象获得应有的救助保障，同时跟进服务对象受助情况，在救助与服务的转换上与救助站进行无缝对接。

（二）具体做法

1. 实施流程

（1）需求调查与资料收集

根据南宁市未成年人保护中心 2015 年 6 月修订的《南宁市未成年人风险等级评估标准》，以及现有的潜在服务对象资料，对服务区域内监护缺失未成年人的基本信息进行分析处理，建立监护缺失未成年人基础数据库。数据库内一共登记有 139 名监护缺失未成年人的基本信息，包括个人基本信息、家庭状况、社会关系状况以及监护现状简介。同时，对能接触到的服务对象及其家庭环境开展了监护缺失困境未成年人及其家长/监护人需求评估。

（2）服务切入点确立

服务切入点精确定位为：监护缺失未成年人个人及其监护环境。项目依托地理位置的优势，在南宁市园湖路小学成立了南宁首家由南宁市未成年人社会保护中心在公办学校设立的社工站——成长驿站。项目社工借助这一平台为全校师生提供个案咨询及辅导、未成年人团体辅导、亲职教育、家长支援中心和未成年人兴趣和能力培养等服务，为监护缺失未成年人营造有利于自身改善的家庭与学校环境，并重点关注监护缺失未成年人个人需求及成长。

（3）专业服务开展

社区方面，项目社工与各社区的未保专干取得联系，对未保专干进行监护缺失未成年人保护工作思维革新培训，并带动社区未保专干作为社区监护缺失未成年人的安全网，针对所属社区服务对象及时互通信息，帮助未保专干与服务对象建立了正面关系，减少服务对象对未保专干的陌生感与排斥感，定期走访监护缺失未成年人及其家庭，收集相关资料，了解他们的需求，为其建立并更新服务档案以及选择适切的服务。

学校方面，通过学校提供的充足的活动场地，包括一间个案工作室、一间小组活动室、两间教室等，为服务的开展提供了良好的基础。项目社工以驻校社工站为平台，一方面通过开设心语信箱、心语时间、阅读时间等渠道，及时掌握监护缺失未成年人的信息；另一方面通过对学校心理老师及班主任进行未成年人保护培训，将其对于监护缺失未成年人的思维定式由“拖后腿的学生”向“有特殊需求的学生”转变，从改善师生关系角度为服务对象服务。

家庭方面，项目社工将侧重点放在监护缺失未成年人的家长/监护人的监护意识提升和监护能力提升方面，为家庭关系紧张的监护缺失未成年人及其家庭成员进行家庭关系重建与改善服务 126 人次，帮助家庭经济困难和生活困难的监护缺失未成年人构建社会支持网络。家长学校通过邀请专家开设讲座，为家长提供了许多实用的亲子沟通技巧；亲子课堂则以活动的方式，让家长和未成年人共同参与，在体验式互动游戏当中，去感受和理解彼此，帮助家长/监护人和未成年人加强亲子沟通，增进情感。

个人方面，对在心理、情绪等方面存在困扰的监护缺失未成年人进行个案心理辅导服务 94 人次；对在自我保护、社会交往等方面存在困难的监护缺失未成年人，主要以开展小组工作的形式提供服务 258 人次；同时培养未成年人志愿者，以未成年人服务未成年人的方式，促进监护缺失未成年人在朋辈群体的合作与互助当中，满足自尊心，树立自信心，实现自我能力提升。

2. 实施技术

以个体需求为本，改善首先要对其进行需求调查和评估，并通过社会工作专业方法，满足其需求，预防未成年人权益受损。可以通过个案工作、小组工作和教育工作坊的技术为其提供服务。本项目在正式提供服务之前，首先对已有监护缺失未成年人的资料进行核查，并通过抽样的方式对未成年人进行需求调查和评估。接着，根据不同的服务需求设计不同的服务内容，采取不同的技术。

服务对象 B 是一名不善与人交往的困境未成年人，因自己身材偏胖常常感到自卑，在与他人交往的过程中也经常发生摩擦。社工在为其提供个案服务辅导的同时，邀请其一起参加人际交往能力提升小组，通过学习社会交往的技巧，在与其他组员的互动当中发掘自身优势，树立了自信心。

以改善个体所处监护环境为保护保障，提升家庭的监护能力。本项目在实施过程中，非常注重监护缺失未成年人与其家庭成员的互动与交流。家长学校的开设，为监护缺失未成年人家长/监护人提供了心理支持和技能学习的支持。例如用爱呵护，陪伴成长；亲子课堂；情商训练心理讲座，都为家庭/监护人搭建了学习和提升监护能力的机会与平台，促进了家长与孩子的亲密沟通。

服务对象L患有先天性脑瘫，需要接受长期的康复治疗。服务对象到了要上小学的年纪，考虑到其康复情况较好，母亲费尽心思联系到了一家公办学校。但是由于服务对象的身体情况特殊，母亲非常担心服务对象难以适应学校生活。为了使服务对象能够尽快适应，母亲在生活中对服务对象要求比较严格，有时候还会责骂服务对象，产生沟通不良的问题。社工通过多次会谈，帮助服务对象母亲缓解焦虑情绪；通过陪伴服务对象玩耍、做功课，渐渐巩固了与服务对象的信任关系。每次与服务对象谈话时，社工都会就服务对象所面临的问题引导服务对象进行思考，并引导服务对象与其母亲共同商量解决办法。在此过程中，社工也密切关注着服务对象与母亲的沟通状态，以便及时调整服务对象与母亲的沟通方式向更好的方向发展。随着服务对象越来越适应学校生活，服务对象的生活节奏已经渐渐稳定下来，服务对象也在班级里认识了不少的新朋友，学习到了新知识。母亲看着服务对象的生活已走上正轨，感到非常欣慰。同时服务对象母亲再也不用一整天都待在家照顾案主，既有了个人的放松时间，也有了外出工作的时间，焦虑的情绪也得到了缓解。

提高监护缺失未成年人社会保护的关注度，营造公平成长的机会是核心任务。监护缺失未成年人虽然是一类特殊的困难群体，他们所拥有的资源状况难以满足自身健康成长的需求，但过度的关注和偏袒也会因其强烈的自尊心而感到更加自卑。因此，创造公平成长的环境，有利于监护缺失未成年人树立正确的意识，学习通过挖掘自身优势，提升自我能力来获取资源。在项目实施过程中，需要重点关注监护缺失未成年人，尤其是在团体活动当中预防可能出现歧视的状况。本项目通过培养未成年人志愿者队伍的形式，邀请监护缺失未成年人一起参与其中，与社工一起开展国际志愿者日宣传活动，帮助社工进行活动招募、提供志愿者服务等。这在一定程度上减轻了监护缺失未成年人的自卑感，为监护缺失未成年人实现自身成长营造公平的社会环境。

服务对象C是家中的独生子，为父母老来得子。父母从事个体工商营业，平时较忙，疏于对服务对象的照顾和管教。刚刚进入小学的C难以适应学校生活，常常以自我为中心，缺乏纪律意识，且在与同学相处时感觉到非常困难，人际关系紧张。社工针对服务对象的情况，一方面邀请服务对象参与自我能力提升小组；另一方面积极帮助服务对象重新构建社会支持网络，恢复了家长、老师和同学在其成长过程中的陪伴和支持作用。目前，服务对象的自我约束能力、人际交往能力都得到了提升，违反课堂纪律的频率逐渐减少；同时也慢慢改变了以自我为中心的意识，学会了如何与同学相处，已适应了当前的校园生活。

（三）实施效果

1. 量化产出

本项目年度总服务时间超过7680小时，总受益人数将近1600多人。完成了服务区域内全体监护缺失未成年人基本信息分析处理，建立了基础数据库两个；完成了对服务区域内全部一级风险等级、部分二级风险等级监护缺失未成年人进行问卷调查及需求评估80份，提交了一篇监护缺失未成年人现状调查报告；开展监护缺失未成年人个案服务63个，困境得到有效改善比例达80%；开展各类小组活动24节；开展监护缺失未成年人校园社工服务调查研究，填写问卷237份，并形成了一篇研究报告；组建了一支由30名高校志愿者和166名小学生志愿者组成的帮扶监护缺失未成年人志愿者队伍。

2. 质性产出

第一，在社会心理模式指导下形成了监护缺失未成年人需求板块。经过对服务对象个案研究显示，其中，监护缺失是导致未成年人陷入困境的关键环境因素，加之，未成年人自我保护能力的高低，直接对其权益受损的状况产生不同影响。

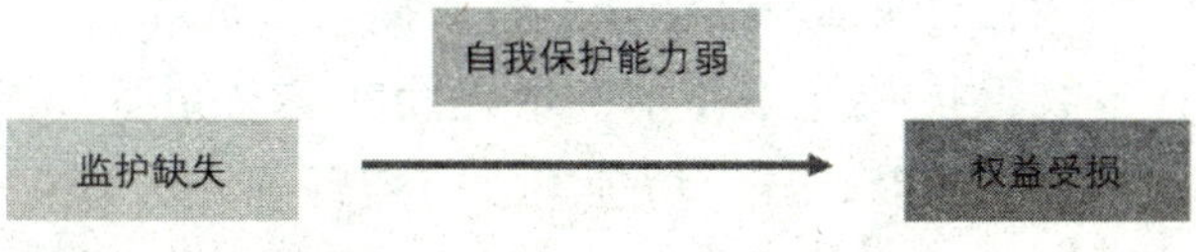

（1）未成年人监护缺失

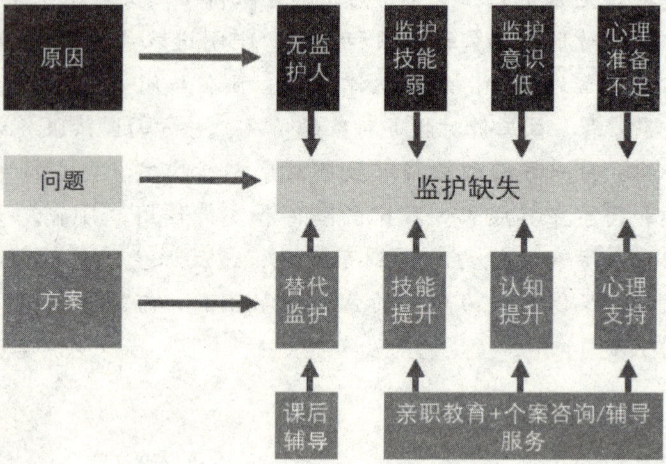

具象：监护缺失具体呈现为：第一，监护人缺失；第二，监护人监护能力低下或缺失。

分析：监护缺失原因为：第一，监护人空缺；第二，监护人监护能力弱；第三，监护人监护意识低；第四，监护人心理准备不足，不能胜任监护人的角色。

应对策略：第一，替代监护，对于非孤儿类监护缺失未成年人，开设课外辅导或兴趣班组活动，填补监护人的时间空缺；第二，提升监护技能，开展亲职教育及家长小组；第三，提升监护意识，开展家庭服务，进行社区宣传，提高监护人责任感；第四，为监护人提供心理支持服务，开展家庭个案咨询与辅导、家长互助小组等服务。

（2）未成年人自我保护能力弱

具象：监护缺失未成年人会呈现出问题行为，性格两极，与人交往产生障碍，学业落后，自信心低下等特征，难以抵抗外界诱惑，对外界危险因素辨识不清，经常出现因自身原因或外界原因导致自身权益受损。

分析：原因在于：第一，未成年人自我危机意识低；第二，朋辈支持系统弱；第三，自我保护技能低；第四，求助系统弱。

应对策略：第一，开展成长/教育小组，提升未成年人危机意识；第二，开展互助小组、自我保护技能工作坊，增强朋辈支持系统，提升自我保护技能；第三，开展个案咨询及辅导，协助案主链接资源。

第二，形成“驻校社工站为依托，未保服务辐射社区”的未成年人社会工作服务新模式。由于监护缺失未成年人生活在特定的社会环境中，如社区、

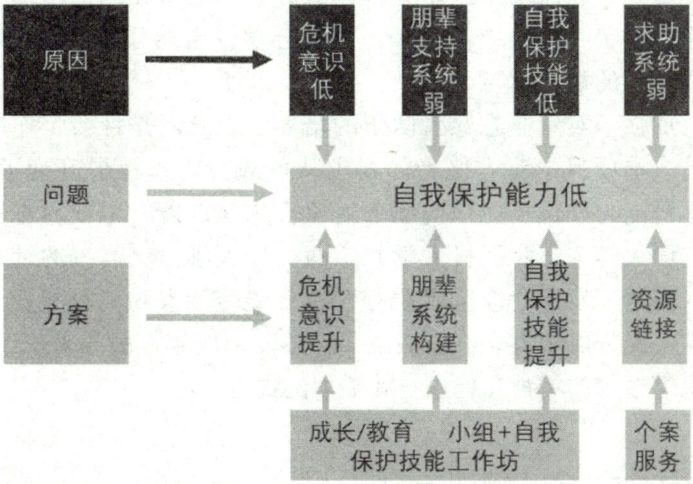

学校、家庭。从社会心理模式的角度，接触并改善服务对象所处的特定社会环境，有助于服务对象成长。同时，根据项目初期调查结果显示，存在监护缺失问题的困境未成年人居住分散、排外，在社区中不易接触，因此本项目首先以驻校社工站为接触服务对象和建立关系的起点，由校内向社区推行服务辐射，对监护缺失未成年人进行定期探访，帮助链接社会资源，为未成年人及其家庭提供个人成长、家庭关系、人际交往和自我能力提升等多方面的社会工作专业服务。最终，设立于园湖路小学的驻校社工站得到南宁市未成年人社会保护中心和园湖路小学的大力支持和帮助，受到了全校师生的热烈欢迎，专业服务得到有序开展。

第三，完善了现有的未成年人社会保护服务。社会工作介入未成年人社会保护工作后，将服务维度从预防未成年人违法犯罪扩展到助力未成年人及其家庭成长，将服务目的从杜绝恶性事件发生延伸到提升自我保护能力。例如，学龄儿童性健康教育小组是针对未成年人自我保护能力弱而开展的小组活动，小组从身体认知、青春期知识和预防性侵害三个层面，通过参与式小组，达到了帮助未成年人了解自己、了解异性，进而促进性别上的相互尊重和理解，同时提升了自我保护的技能。

第四，强化了未成年人社会保护服务的专业性。采取“三社联动”——社会保护服务、驻校社工服务和志愿者培养三个维度服务，设计“心语时间”平台，接收来自服务对象的信件，收集服务对象的相关信息，并通过信件约谈服务对象，进一步建立服务关系；将收集到的信息录入数据库，及时反馈到未成年人社会保护中心，并建档进行及时的需求监测；对有个别需求的未成年人由社工为其提供个案或个案咨询服务，对具有相同需求的未成年人则由社工带领志愿者开展小组活动等；并联合学校定期开展校园活动，促进监护缺失未成年人的社会参与。

第五，加强了对专业志愿者队伍的培养。志愿者是社会工作服务中必不可少的支持，本项目中对志愿者的要求从一般劳力支持提升到了专业支持，即志愿者本身能力和特长应该与服务对象需求相匹配。本项目志愿者招募与培训针对广西大学、广西医科大学和广西民族大学三大高校的社会工作专业学生开展。同时，发挥“志愿者服务”本身能带给参与成员成长的作用，本项目还组建一支未成年人志愿者队伍，通过以未成年人服务未成年人的形式，培养他们志愿奉献的精神、促进自我能力的提升。

四、社会心理模式介入困境未成年人服务工作的先进性意义

其一，政府购买困境未成年人服务有利于推动政府部门职能转变，实现“专业的人做专业的事”。未成年人社会保护中心作为民政部门的下属机构，是困境未成年人的专门救助机构，承担着直接救助工作。以政府购买社会服务的形式开展困境未成年人社会保护服务，有利于促使未成年人保护中心与服务承接第三方专业机构建立起专业合作关系，明确未成年人保护中心的监管与托底职责，以及第三方专业机构的服务职责。

其二，政府购买困境未成年人服务有利于整合社会资源，科学分工合作开展困境未成年人社会保护服务。社会组织本身也是一种社会资源，政府购买能够将这些社会资源以资金的力量进行集中整合，高效地为困境未成年人提供服务。同时，社会组织依靠其非官方背景的优势，更容易与服务对象建立起积极的合作关系，推动服务对象现状的改善。

其三，政府购买困境未成年人服务有利于提高困境未成年人社会保护服务水平和效率。政府购买多采取竞争性购买的方式，一方面有利于促进更多优秀的社会组织通过良性竞争参与到困境未成年人社会保护服务领域中来；另一方面，有利于促进社会组织不断提高自身的服务水平和工作效率，保证服务质量。

五、完善社会心理模式介入困境未成年人服务工作的对策和建议

（一）加强多部门联动合作，创造有益的社会环境

家庭监护缺失、求助系统弱是困境未成年人最大的特点，且困境未成年人的问题通常是复杂的、多变的，因而在社会心理模式的指导下，营造良好的社会环境，有利于促使困境未成年人自我个人能力的提升和发展，满足困境未成年人的需求，改变困境未成年人的现状。而要创造有益于困境未成年人改变的社会环境，仅仅依靠某一部门或某一机构的力量是远远不够的，还需要民政局、教育局、妇联等多部门采取联动合作，只有足够充足的合作磨合时间，才能为服务对象提供长期有效的服务支持，共同推动困境未成年人的健康成长。

（二）适当延长服务周期，保障服务成效

政府购买资金虽然来自政府财政的支持，但是“一年换一个地方”的试点模式并没有充分从服务对象需求满足的角度出发。以珠三角地区为例，试点采取“定地方，换机构”的模式进行，一旦开始试点就会有持续购买资金投入，但是承接的社会组织会因为评估的结果以及新一轮招投标的结果而发生更替。以本项目为例，困境未成年人由于长期处于困境当中，许多问题和需求都需要长时间去解决和满足，本项目在刚与服务对象建立起关系时就要面临项目结束的问题，无法使服务对象的需求得到真正的满足。

本项目作为南宁市政府购买困境未成年人社会工作服务项目试点，其目的在于探索以政府购买困境未成年人社会工作服务项目的标准化服务形式。但是一年的服务时间仅仅足够对服务对象进行第一次模式输出及反馈，无法监控服务对象后续发展状况，对于标准化模式的形成存在一定限制。

（三）社会心理模式要贯穿项目的始终，避免两套标准

社会心理模式应用于困境未成年人社会工作标准化服务，应该是贯穿于项目的始终，包括项目设计、项目实施、项目评估等各个环节，这也是社会工作服务标准化的要求。目的在于避免在服务实施和评估时出现不同的衡量标准，既不利于服务购买方对服务进行准确有效的评估，也不利于为困境未成年人选择更合适的服务提供者和服务内容。另外，社会心理模式指导下的困境未成年人社会工作标准化服务更注重困境改变的过程，因而评估不应只

注重服务的量化指标，还应该注重服务实施的成效。

参考文献

[1] 李国绪．困境未成年人的社会保护研究［J］．法制论坛，2015.

[2] 徐前权，陈欢．困境儿童不再无助——未成年人社会保护中心的性质分析及职能完善［J］．黑龙江省政法管理干部学院学报，2015，(2)：139-141.

[3] 许尔君．未成年人社会保护制度研究［J］．长沙民政职业技术学院学报，2014，(1)：33-41.

[4] 许小玲．政府购买服务：现状、问题与前景［J］．思想战线，2012，(2)：75-78.

[5] 徐家良，赵挺．政府购买公共服务的现实困境与路径创新：上海的实践［J］．中国行政管理，2013，(8)：26-29.

[6] 魏中龙，巩丽伟，王小艺．政府购买服务运行机制研究［J］．北京工商大学学报（社会科学版），2011，(3)：32-38.

[7] 李慧刚．基于项目管理的社会工作服务项目标准化研究［J］．项目管理技术，2016，(3)：30-33.

[8] 李玉娜．专业社工介入困境儿童社会保护的案例研究——基于北京市丰台区困境儿童社会保护项目的调研［D］．北京：中国青年政治学院，2015.

[9] 李雪．未成年人社会保护服务现状研究——以B市试点工作为例［D］．北京：中国青年政治学院，2015.

[10] 李芹．失助未成年人权利保护与社会救助研究［J］．中国青年研究，2013：10-14.

广西民政部门法律顾问制度规范化研究

邵倩波　莫　涛　覃炳文

摘　要： 党的十八届三中全会将“普遍建立法律顾问制度”列为改革任务之一，十八届四中全会决定“积极推行政府法律顾问制度”。自治区政府提出到2015年12月底，普遍建立政府法律顾问制度。经过调查，我区民政部门尚未普遍建立法律顾问制度。本文对广西民政部门法律顾问工作现状进行了简要分析，发现的问题主要包括：民政部门聘请的法律顾问来源单一、数量较少；一般采用直接协商的方式选聘法律顾问；部分单位的经费来源还不是财政预算；服务方式多样，服务频次却一般，等等。本文厘清了制度规范化要明确的四个问题：一是民政部门聘请法律顾问的必要性，二是法律顾问的角色定位，三是法律顾问与法制机构、法律顾问室之间的关系，四是法律顾问的工作原则。本文最后提出规范广西民政法律顾问制度的建议：第一，制定或修改民政部门重大行政决策程序规定；第二，制定遴选法律顾问的程序规定和法律顾问工作规则；第三，建立健全法律顾问管理机制；第四，完善法律顾问制度的保障体系。

关键词： 民政　法律顾问　制度规范化

一、广西民政部门法律顾问工作现状

（一）市一级民政部门普遍聘请了法律顾问，县一级民政部门未普遍聘请法律顾问

我区14家市一级民政部门普遍聘请了法律顾问。但在随机调查的27家县一级民政部门中，只有11家聘请了法律顾问。

（二）聘请的法律顾问来源单一、数量较少

在随机调查聘请了法律顾问的23家民政部门中，有21家聘请的法律顾问只限于律师（律师事务所），1家聘请的法律顾问包括律师和政府工作人员；17家民政部门聘请法律顾问的数量为1人。

（三）聘请法律顾问的民政部门基本上有专人负责

在随机调查聘请了法律顾问的23家民政部门中，8家表示是由本单位法制机构负责，4家表示指定了专职人员负责，9家表示由本单位指定的兼职人员负责，2家表示未确定负责人员。

（四）一般采用直接协商的方式选聘法律顾问

在随机调查聘请了法律顾问的23家民政部门中，13家表示直接与拟选聘对象协商，4家表示从政府法律顾问人才库挑选，5家表示用征询或接受推荐的方式；没有1家使用“发布选聘公告、择优选择”的方式。

（五）大部分单位未制定遴选法律顾问的程序规定和法律顾问工作规则

在随机调查聘请了法律顾问的23家民政部门中，6家表示已经制定遴选法律顾问的程序规定和法律顾问工作规则，10家表示看政府和上级要求，6家表示打算拟定，1家表示尚未计划。

（六）聘请法律顾问合同的内容基本趋同

在对聘请法律顾问合同内容进行调查时，选取了合同期限、法律顾问服务事项、费用等必备条款进行了解。结果发现，民政部门与法律顾问签订合同的期限大部分是一年。法律顾问服务事项一般包括重大政策措施的法律论证、合法性审查；重要规范性文件的研究、论证；重要、疑难行政复议案件的研究、论证；代理行政诉讼；重要合同、协议的审查、洽谈；民政事务工作涉及的具体法律问题研究、论证；等等。法律顾问费用大部分是0—2万元。

（七）部分单位的经费来源不是财政预算

在随机调查聘请了法律顾问的23家民政部门中，只有10家表示聘请法律顾问的费用直接从财政预算支出，1家表示请示财政部门解决，12家表示

用其他方式解决。

（八）服务方式多样，服务频次却一般

提供法律服务的方式上，大部分单位表示综合采用当面沟通、即时通讯工具沟通、电子邮件和信函等方式，不特别限定法律顾问提供法律服务的方式。在随机调查聘请了法律顾问的23家民政部门中，13家表示法律顾问提供法律服务频次一般；6家表示法律顾问偶尔提供法律服务；只有4家表示法律顾问经常提供法律服务，因为本单位要处理很多法律事务。

（九）法律服务文件的要求和管理方面表现不一

在随机调查聘请了法律顾问的23家民政部门中，被问及“法律顾问向你单位提供的咨询答复、法律意见是否规范”时，7家回答“法律顾问一般会提供正式、规范的答复文书、法律意见书”；8家回答“经本单位要求，法律顾问会提供正式书面的法律文书”；8家回答“法律顾问能及时提供法律服务，解决问题就好，本单位不作形式化的要求”。

在随机调查聘请了法律顾问的23家民政部门中，被问及“你单位对法律顾问工作是否专门建档”时，10家回答“有专人负责，已经专门建档”；3家回答“没必要专门建档，相关文件由各业务部门处理即可”；8家回答“尚未考虑专门建档的问题”。

（十）民政部门对法律顾问提供法律服务的满意程度尚可

在随机调查聘请了法律顾问的23家民政部门中，8家对法律顾问提供的法律服务表示“很满意”，10家表示“满意”，5家表示“一般”。

二、需要先厘清的四个问题

（一）民政部门聘请法律顾问的必要性

在思想认识上，从政府职能部门的领导干部到普通执法人员，对法律顾问制度还没有形成统一的认识。在此，主要从政府职能部门聘请法律顾问认识误区的角度阐述聘请法律顾问的必要性。

1. 误区一：中央推行政府法律顾问制度只是政治上的安排

“普遍建立法律顾问制度”是党的十八届三中全会提出的改革任务之一，

十八届四中全会提出了明确要求。有的政府及其职能部门认为这只是政治上的安排，虽然在工作中也推进建立法律顾问制度，但思想认识上并不重视，这样就使得法律顾问工作流于形式，达不到中央任务部署的工作要求。

要认识到，推行政府法律顾问制度，是法治建设的重要组成部分。我国宪法第五条规定："中华人民共和国实行依法治国，建设社会主义法治国家。"改革开放30多年来，中国特色社会主义法律体系已经形成。但是，国家的法治建设，仍然任重而道远。习近平同志于2013年1月22日在北京指出，"要加强对权力运行的制约和监督，把权力关进制度的笼子里"。[①] 推行政府法律顾问制度，建立法律顾问队伍，保证法律顾问在制定重大行政决策、推进依法行政中发挥积极作用，这是党中央在"深入推进依法行政，加快建设法治政府"中开出的良方。2015年10月23日，民政部新闻发言人、办公厅副主任陈日发表示，"目前个别地方的基层办事部门仍要求出具婚姻登记相关证明，使群众陷入两难，这是个别基层部门依法行政落实不到位"[②]。基层部门在执法的时候，如果有法律顾问把关，这类"使群众陷入两难"的情况就可以避免。可见，作为政府职能部门的民政部门，要充分认识到法治建设的重要性，要充分理解推行政府法律顾问制度的意义和作用，发挥好法律顾问的作用，依法决策、切实提高依法行政水平。

2. 误区二：民政部门涉法业务少，也很少制定规范性文件，没必要聘请法律顾问

有的民政部门认为，本单位涉法业务少，也很少制定规范性文件，没必要聘请法律顾问。这与下文阐述的法律顾问角色定位偏差有关。如果认为法律顾问只是处理具体的法律争议、审查规范性文件等业务，自然就会觉得没多大必要聘请法律顾问了。

3. 误区三：政府聘请法律顾问即可，民政部门没有必要聘请

有的民政部门认为，政府聘请法律顾问就可以了，职能部门没有必要聘请。这种认识没有注意到职能部门法律服务需求的特殊性。首先，政府聘请的法律顾问，有其特定的工作职责，只负责政府的一般法律事务。有的单位甚至反馈说，虽然政府聘请了法律顾问，但对民政部门的涉法事项"不闻不问"。其次，政府职能部门决策、执法有特定的法律体系规范，与职责相关，

---

① 新华网．习近平：把权力关进制度的笼子里，载 http://news.xinhuanet.com/fortune/2013-01/22/c_114459610.htm.

② 陈荞．民政部：依法行政落实不到位，载京华时报2015年10月24日第4版，http://epaper.jinghua.cn/html/2015-10/24/content_245601.htm.

有一定的特殊性。最后，在改革进程中，如何保障改革依法有序顺利推进，职能部门需要结合自己的实际进行研究，例如地方民政部门在推进实施社会组织管理改革、养老服务改革等工作中，就要依法把握相关的政策要求，依法推进相关具体工作。因此，在政府已经聘请法律顾问的情况下，民政部门依然要建立自己的法律顾问团队。

（二）法律顾问的角色定位

当前，大部分民政部门只是把法律顾问定位为“法律咨询员”或者“救火员”，有法律问题才咨询法律顾问，有行政复议、行政诉讼案件才想起法律顾问。这种定位与中央的定位有很大偏差。

第一，法律顾问不是依法行政方面简单的“参谋和助手”。有的学者根据对《全面推进依法行政实施纲要》的理解认为，“政府法律顾问的角色定位应当是本级政府依法行政方面的参谋、助手和法律顾问”①。实际上，该纲要是要求发挥政府法制机构的“参谋、助手和法律顾问”作用。法律顾问与政府法制机构并不等同。该观点混淆了不同主体的定位。

第二，法律顾问不是简单的“法律咨询员”，更加不应只是“救火员”。政府法律顾问可以也应当接受政府的法律咨询，提供法律意见，提供行政复议、行政诉讼案件的法律意见或者代理参加复议或诉讼。但这些只是政府法律顾问职责的一部分，如果只仅限于此，则显然没有发挥政府法律顾问应该起的更大的作用。

第三，应当发挥法律顾问在制定重大行政决策、推进依法行政中的积极作用。中共中央办公厅《关于全面推进依法治国若干重大问题的决定》明确指出，要发挥法律顾问在决策、依法行政中的作用。也就是说，要保证法律顾问的“参与度”，要发挥法律顾问在决策过程、依法行政过程中的作用，而不是形式上向法律顾问简单提出咨询。有学者就认为，“我国政府法律顾问大多扮演着没有实质约束力的咨询角色，客观上制约了政府法律顾问制度功能的发挥……改革语境下的政府法律顾问应定位为‘法治守护者’的角色”②。2016年6月16日，中共中央办公厅、国务院办公厅印发了《关于推行法律顾问制度和公职律师公司律师制度的意见》，该意见第三十条规定，党政机关讨

---

① 曹全来，周兵，李小鹏：《地方政府法律顾问制度实施问题研究——以广西政府法律顾问制度的建立和完善为例》，载《法制与经济》，2015年第8期，第7页。

② 宋智敏：《从“法律咨询者”到“法治守护者”——改革语境下政府法律顾问角色的转换》，载《政治与法律》，2016年第1期，第60页。

论、决定重大事项前，应当听取法律顾问的法律意见，“对应当听取法律顾问、公职律师的法律意见而未听取，应当请法律顾问、公职律师参加而未落实，应当采纳法律顾问、公职律师的法律意见而未采纳，造成重大损失或者严重不良影响的，依法依规追究党政机关主要负责人、负有责任的其他领导人员和相关责任人员的责任。”[①] 我区民政部门应当跟进学习、理解，不能再认为想咨询的时候再咨询法律顾问。

（三）法律顾问与法制机构、法律顾问室之间的关系

根据《关于推行法律顾问制度和公职律师公司律师制度的意见》的规定，法律顾问组成包括：（1）党内法规工作机构、政府法制机构。（2）党政机关内部专门从事法律事务的工作人员。（3）机关外聘的法学专家、律师。而党内法规工作机构、政府法制机构以集体名义发挥法律顾问作用。可见，法律顾问可以由机关内和机关外的相关人员组成。而政府法制机构本身具有“顾问”的职责，所以不能将法律顾问与法制机构混为一谈。

根据《广西壮族自治区人民政府办公厅关于建立政府法律顾问制度的意见》的规定，县级以上人民政府建立法律顾问室，日常工作由本级政府法制机构承担，具体负责本级人民政府法律顾问的联络、组织、协调等具体工作。县级以上人民政府法制机构负责本级政府法律顾问的确定、选聘等具体工作，并对本级政府工作部门的政府法律顾问工作进行指导。

综上所述，法律顾问、政府法制机构、政府法律顾问室三者有密切联系，但职责、定位不同，应当加以区别。

（四）法律顾问的工作原则

政府法律顾问应当遵循以下工作原则：第一，合法性原则。法律顾问提供法律服务，应当遵循宪法、法律和法规，以法律法规为准绳提供法律意见。第二，独立性原则。法律顾问应当保持中立，依法对行政决策、行政执法提供客观、公正的法律意见，不得出于对地方利益、部门利益和个人私利的维护提供违法、不客观、不公正的法律意见。第三，不得利用工作便利谋取私利。法律顾问应当遵守法律规定和合同约定，保守秘密，不得利用在工作过程获取的非公开信息或者便利条件为自己或他人牟取利益。第四，效率原则。

---

① 中共中央办公厅 国务院办公厅 印发《关于推行法律顾问制度和公职律师公司律师制度的意见》，载新华网，http：//news. xinhuanet. com/politics/2016-06/16/c_ 1119057810. htm.

法律顾问应当及时、高效提供法律服务，不得拖延。第五，责任原则。法律顾问应当对提供的法律服务负责，因为违法或过错造成行政机关损失的，应当承担相应的法律责任。

三、规范广西民政法律顾问制度的建议

（一）制定或修改民政部门重大行政决策程序规定

虽然自治区政府、自治区民政厅均出台了重大行政决策程序规定，但如何发挥法律顾问在重大行政决策中的作用，没有具体规定。第一，自治区、市、县一级民政部门，应当细化规定本部门重大行政决策的范围。自治区民政厅应当指导市、县一级民政部门制定或修改重大行政决策程序规定。第二，应当明确规定在本部门重大行政决策事项范围中，哪些事项在讨论、决定前，应当听取法律顾问的法律意见。第三，应当明确规定重大行政决策事项听取法律顾问意见的程序。第四，应当规定未听取法律顾问意见的责任。

（二）制定遴选法律顾问的程序规定和法律顾问工作规则

1. 制定遴选法律顾问的程序规定

在调查中，大部分单位都是直接与拟聘对象协商，其他遴选法律顾问的方式包括从政府法律顾问人才库挑选、征询或接受推荐，没有一家使用“发布选聘公告、择优选择”的方式。这反映遴选法律顾问的随意性，不够公开、透明、规范。

第一，法律服务属于应当纳入政府购买服务指导性目录的服务，购买法律服务应当遵循公开择优的原则。根据财政部、民政部和国家工商总局2014年12月颁布的《政府购买服务管理办法（暂行）》的规定，法律服务应当纳入政府购买服务指导性目录。而广西财政厅、民政厅和工商局于2015年6月发布的《关于加快推进我区政府购买服务工作有关问题的通知》也规定，应当重点推进公共法律服务等政府购买服务。既然法律服务属于政府购买的服务，就应当按照一定的方式和程序购买，通过公平竞争择优选择方式确定政府购买服务的承接主体。

第二，可以参照《广西壮族自治区人民政府聘请法律顾问遴选程序规定》制定民政部门聘请法律顾问遴选程序规定。自治区政府的该项规定非常简洁，主要从组织领导、工作原则、聘请法律顾问名额的确定、法律顾问遴选聘请

程序等几方面进行明确。民政部门特别是县一级民政部门，应当根据部门的工作实际，合理确定法律顾问的名额、遴选聘请程序。在调查中，有的县级民政部门表示，希望自治区民政厅统一制定规则。课题组认为，自治区民政厅应当考虑基层民政部门的需求，积极主动指导法律顾问遴选程序规定的制定。

第三，民政部门在制定遴选法律顾问程序规定时，应当结合当地工作实际以及提供法律服务的资源综合确定法律顾问的初选方式。有的地方政府及其职能部门，过于看重法律顾问的社会影响力、知名度，忽视法律顾问的实效性和针对性。有的地方政府及其职能部门，选择不切实际的公开遴选方式，忽略了更加切合实际的公开遴选方式。民政部门要注意防范这些错误倾向。

2. 制定法律顾问工作规则

在调查中，有的单位选择从政府法律人才库中挑选法律顾问，有的则通过其他方式遴选法律顾问。关键就在于缺乏本单位法律顾问工作规则。民政部门在制定法律顾问工作规则时，应当着重规定：第一，法律顾问应当符合的条件；第二，法律顾问的工作职责；第三，法律顾问的权利与义务；第四，法律顾问为重大行政决策等事项提供法律服务的要求；第五，法律顾问的解聘。

（三）建立健全法律顾问管理机制

第一，明确法律顾问工作的负责机构或人员。民政部门的法制机构负责法律顾问日常业务管理，没有法制机构的，应当指定专人负责。切忌由各业务部门直接向法律顾问提出法律服务的要求。在调查中，大部分单位由法制机构或者专职人员负责法律顾问日常业务管理。应当在具体的制度中把这一做法确定下来。

第二，法律顾问提供法律服务的形式应当规范化。在调查中，部分单位表示“法律顾问能及时提供法律服务，解决问题就好”，对形式并不严格要求。建议更正这一不规范的做法。一般情况下，应当要求法律顾问提供正式书面的答复或意见。如果情况紧急，或者其他没有提供书面答复或意见的，法制机构或负责人员应当及时做好相关记录。规范化管理法律服务的形式，有利于掌握法律顾问提供服务的数量与水平，更重要的是有利于掌握本单位法律工作的现状、问题与趋势，从而为行政决策、依法行政提供更直接有用的参考。

第三，应当对法律顾问工作专门建档并规定档案管理办法。在调查中，有部分单位尚未考虑专门建档的问题。政府法律顾问工作，是一项长期推进的工作，应当专门建档。档案应当包括：A. 法律顾问的管理文件，例如法律顾问工作规则、遴选法律顾问的程序规定等；B. 公开遴选法律顾问的文件，例如招标公告、投标文件、中标通知书、公告（公示）、通知等；C. 聘请法律顾问的合同；D. 法律顾问的基本信息；E. 法律顾问的答复、法律意见书等书面文件以及管理人员记录的其他文件；F. 法律顾问经费支出文件，例如内部报账单、发票等。在档案管理办法中，可以规定档案的管理部门、档案使用、档案公开与保密规定、违反管理办法的责任等。

（四）完善法律顾问制度的保障体系

中共中央办公厅、国务院办公厅印发《关于推行法律顾问制度和公职律师公司律师制度的意见》第三十三条明确规定，党政机关要将法律顾问经费列入财政预算，采取政府购买或者财政补贴的方式，根据工作量和工作绩效合理确定外聘法律顾问报酬，为法律顾问开展工作提供必要保障。在调查中，部分单位尚未能从财政预算支付法律顾问费用。这需要当地政府的配合。各地民政部门应当根据这两年支付的费用情况，综合财政预算、法律顾问的工作量和工作绩效、本部门法律服务的需求量等因素确定本单位法律顾问的合理报酬。

社会组织第三方评估机制法律问题研究

王继英　康　钦

摘　要：社会组织第三方评估机制是我国社会组织进行外部监督的一个有效途径，尽管我国社会组织第三方评估起步较晚，但是各地在实践中已经启动了第三方评估机构评估，并对慈善组织产生了一定的监管作用，对社会组织规范运行和管理，提升公信力具有非常积极的意义。当前，由于各种原因制约，相关立法的滞后，社会组织第三方评估机制仍然存在着一些法律上的问题，必须要在实践中不断的完善和改进，以适应社会组织发展的需要。

关键词：社会组织　第三方评估机制　法律问题

当前我国的社会组织发展迅速，参与社会活动的范围深度和广度都不断增强，但是由于基本国情、发展层次等问题的制约，各种社会组织发展良莠不齐，运行不规范、透明度不高等因素导致了一些社会组织的公信力遭到挑战和破坏，同时也给我国的社会组织的发展带来很多问题。社会组织要实现健康有序发展，实现规范运行和管理，提升公信力，就必须引入中立可信的评估机制，对组织的运行进行合理、科学的评价。为此，2015 年 5 月，民政部下发《关于探索建立社会组织第三方评估机制的指导意见》（以下简称《意见》），明确了建立社会组织第三方评估的总体思路、基本原则、政策措施和组织领导，对加快转变政府职能，激发社会组织活力，完善社会组织综合监管体系产生了重大而深远的影响。

一、社会组织第三方评估相关概念

按照当前我国法律规定，社会组织是指经各级人民政府民政部门登记注册的社会团体、基金会、民办非企业单位。社会组织评估，是指各级人民政府民政部门为依法实施社会组织监督管理职责，促进社会组织健康发展，依照规范的方法和程序，由评估机构根据评估标准，对社会组织进行客观、全面的评估，并作出评估等级结论。社会组织评估对推动政府监管方式改革，提高社会组织法人治理能力和丰富完善社会组织信用评价体系都起到了重要作用，也为政府向社会组织转移职能和购买服务提供了依据。在我国的政府改革实践中，在参与政府绩效管理的“第三方”的理解上，兰州大学管理学院院长包国宪教授将“第三方评估”的概念解释为：第一方评价是指政府部门组织的自我评价；第二方评价是指政府系统内，上级对下级作出的评价，这都属于内部评价。而第三方评价是指由独立于政府及其部门之外的第三方组织实施的评价，也称外部评价，通常包括独立第三方评价和委托第三方评价。

根据民政部发布的《关于探索建立社会组织第三方评估机制的指导意见》指出，建立社会组织第三方评估机制，是完善社会组织综合监管体系的重要内容，是社会组织评估的发展方向。“第三方评估机制”是我国政府对社会组织的管理逐步由直接管理转向间接管理，做好对社会组织的评估既需要具有专业性、稳定性、连续性的评估机构，也需要充分发挥公众对社会组织的监督作用。建立第三方评估机制有利于政府转变职能，淡化社会组织评估的行政色彩；有利于加强对社会组织的事中事后监管；有利于社会力量参与监督，增强社会组织评估工作公信力。

二、当前社会组织第三方评估机制存在的法律问题

从法律角度上看，当前社会组织第三方评估机制主要是需要解决“谁来评”“怎么评”“怎么管”这一系列问题。

（一）第三方评估评估主体、职责及其资质认定缺乏明确法律依据

当前针对社会组织评估和社会组织第三方评估的评估主体、职责及其资

质认定主要的法律依据是2011年3月1日开始施行的《社会组织评估管理办法》（以下简称《管理办法》）以及2015年5月下发的《民政部关于探索建立社会组织第三方评估机制的指导意见》（以下简称《指导意见》）。按照《指导意见》确定的社会组织第三方评估的基本原则——坚持政社分开，《指导意见》对第三方评估的评估主体认定所提出的要求，即民政部门所属的社会组织以外的评估机构，但其对社会组织第三方评估的评估主体认定的资质、标准以及程序等机制均缺乏明确的规定。当前，法律所明确规定的社会组织评估机构主体、职责及其资质认定标准则主要以《管理办法》中对于各级民政部门设立的社会组织评价委员会和社会组织评估复核委员会的主体认定、组成人员、委员条件以及程序进行的规定，《管理办法》第十四条同时也规定了“评估委员会可以下设办公室或者委托社会机构，负责评估委员会的日常工作”。目前按照国内各地的实际操作看，民政部门委托第三方评估主要依据的也是该项条款。评估委员会进行监管，由第三方负责委员会的日常工作，实际上就是由第三方承担了委员会的评估主体责任。就如何判定第三方是否具备评估资格条件、相关职责以及程序等问题《管理办法》并未有明确的法律规定，这就出现了法律的空白：如何判定评估者具备评估他人的资质。第三方既是运动员又是裁判员，同时又是负责民政部门下属委员会的日常工作的机构，这就明显违反了《指导意见》确定的社会组织第三方评估坚持政社分开的基本原则，从法律角度来说，社会组织第三方评估机构评估主体认定及其资质认定存在法律的空白和实际操作上的冲突。

（二）评估主体独立性受到外部制约

第三方机构参与社会组织评估作为一种独立、公正的社会自发行为，直到2011年我国才出台与社会组织评估相关的首部具有全国性的正式法律文件——《社会组织评估管理办法》，使社会组织评估工作开始实现有法可依。但是该文件虽然赋予了社会组织评估合法性，却没有明确第三方评估机构的准入机制和合法地位。按照《指导意见》要求，民政部门主要负责指导开展社会组织第三方评估工作，制定评估政策法规和标准，具体实施工作则由第三方评估机构独立承担。第三方必须是与评估对象、服务对象没有直接利益关系的“旁观者”，以实现公共决策客观、公正。第三方机构所具备的独立性是其建立社会公信和赢得支持的关键。像美国的兰德公司、布鲁金斯研究所、现代问题研究所等国际著名的评估机构具有的高度公信力就是建立在充分独立性评估上的。然而在国内，第三方机构恰恰缺乏的就是独立性，容易受到被评估机构利益关联或者受被评估机构和行政部门的干扰，独立性很难得到有效保证，评估结果也往往具有明显的倾向化，无法确保较高的公信力。一是第三方评估机构的竞争规则尚未有具体的法规进行规定，内部行业规范也缺乏统一的标准，评估程序、流程标准方面存在严重缺陷，目前的法律规定也规定得比较宽泛，缺乏可操作性，影响到评估组织的有序发展；二是缺乏对评估委托机构和评估对象的有效制约，容易导致服务委托环节的暗箱操作、政府监管角色的错位，难以遏制评估委托机构和评估对象干扰评估独立性的冲动，难以实现监管分离的行业发展机制。

（三）评估主体的监督及其问责缺位

在社会组织第三方评估机制当中，政府主要扮演监管者的角色。主要在三个方面：一是作为第三方评估的评估活动规则、程序的制定者，进行委托项目的事前、事中实施的监管；二是监督评估结果的运用，监督社会组织根据第三方评估的意见，及时进行整改，如果拒绝整改的，根据情况，政府可降低社会组织的相关资质，并且降低或取消相关政府资助；三是确保顺利的评估投诉救济处理机制，保障社会组织在评估过程中认为受到第三方评估机构或者工作人员不当表现，使其正当权益受到损害时，有畅通、及时以及依法公正的行政投诉渠道和法律救济途径。然而，依照目前现有的制度和法规，尚未有明确条文规定民政部门委托第三方进行评估如何进行监督，在进行社会组织第三方评估过程中出现问题时如何进行责任认定、追责和如何进行法律救济。

（四）社会组织第三方评估信息公开缺乏法律强制性

当前国内社会组织引入第三方评估机构主要开展的是项目评估，而从国外实践上看，独立的第三方能够发挥更重要作用，特别是在财务审计上，可以对违规者予以降级甚至取缔。在英国，法律明确规定对社会组织的评估信息采取的是强制性公开，特别是对慈善组织年度账目、经营状况信息披露的要求不亚于上市公司。而目前我国仅有《基金会管理条例》等行政法规中的个别条款对社会组织评估的有关信息公开进行了简单的规定，对评估信息如何公开，在程序上没有明确的规定，问责机制和惩处措施也存在欠缺。其次，信息公开缺乏有效的行政监管。由于我国对社会组织实行的是双重管理的体制，登记管理机关主要是通过登记注册来把握入口关，之后仅仅在年检时对社会组织进行信息检查，业务主管单位并不负责对社会组织的信息进行检查。

信息公开的真实性与信息公开程度监管都存在两个管理部门理论上都管，实际上却存在着都不管或者管不着的现象，第三方评估机构在获取完整信息方面存在相当的困难，也无法律上的强制性规定。

三、国内外对社会组织第三方评估机制法律问题研究现状及其借鉴

（一）国外社会组织第三方评估现状及有益经验

1. “资金独立性优先”的美国模式

为避免公信力受到正经来源干扰，美国比较注重公益资金的募集，公益资金的募集主要来自非利益相关机构捐款。2001 年成立的慈善导航就是一家具有很强公信力的第三方评估机构，该机构的启动资金来自两位创办人 John P. Dugan 和 Marion Dugan。2007 年后，慈善导航成立了 Charity Navigator 基金会，专门负责为其他的独立性评估机构筹款。为了保证 Charity Navigator 的独立性，慈善导航从不接受任何待评估的慈善组织以及相关捐赠者的捐款，以确保评估程序和结果的公平客观。其主要经验是完善的社会组织第三方评估机构得以实现独立市场竞争，政府制定完备的法律规章，第三方评估机构依照法律规则保持独立性、公正性而获得较高的公信力，不同评估机构通过公信力竞争吸引非利益关系者资金捐款，从而维持组织持续发展。

2. “会员资格认证及徽章颁发”德国模式

在德国，主要是德国社会福利问题中央研究所和德国天主教联盟负责监督社会组织，会员资格认证及徽章颁发对相关社会组织资格和评估等级进行认定，并对社会组织募捐所得的善款的使用情况进行严格的监督。德国社会福利问题中央研究所从 1893 年成立，参与其评估认定的会员慈善组织一般是经自愿申请加入，每年募集资金总数占全国的 50%左右，其会员机构只有经过评估，才能获得会员资格和徽章。研究所在对慈善组织进行评估时一般是以财务管理、行政成本、内部控制、治理结构等 12 项内容作为评估指标。此外，德国天主教联盟对社会福利组织进行审核的方式还包括颁发捐助徽章等，以此来认证这些组织是否具有募捐资格。其主要经验是依托宗教力量及其公信力结合政府认定的第三方评估机构对社会组织进行评估，进行高度的评估社会化，避免政府对社会组织评估的干扰。

3. 英国———政府主导型第三方评估

英国对社会组织的评估以准第三方机构为主、独立第三方机构为辅的形态。准第三方机构是成立于1860年的慈善委员会，该委员会虽然是政府机构，但不隶属于任何部委，且无须向内阁大臣负责，因此可称其为准第三方机构。慈善委员会负责社会组织的注册评估、风险评估、资产评估。独立第三方机构主要是英国社区联合会和英国明智捐赠。英国社区联合会是为公众服务的“看门狗”机构，评估社会组织的经济效率和组织行为；2005年成立的英国明智捐赠（Intelligent Giving）的主要工作，就是开展社会组织排名服务。

（二）国内社会组织第三方评估实践现状及有益经验

1. “第三方评估和评估委员会协同把关”上海模式

上海市主要是借鉴我国台湾、香港等地区开展的第三方评估经验，针对不同类型的社会组织分别制定了规范化建设评估指标，以项目委托的方式，2013年，上海市成立了社会组织规范化建设评估复核委员会，调整充实评估委员会委员，基本形成“市区两级联动，枢纽条块结合，第三方评估和评估委员会协同把关”的模式。例如杨浦区民政局委托复馨社工师事务所对区内为老服务机构实施第三方专业评估，进一步提升区内各级老年福利设施服务效能，复馨社工师事务所按照区民政局、区老龄办制定的考核标准，对全区养老机构、社区标准化老年活动室、老年助餐服务点和老年日间服务中心进行中期评估、年底考核及日常安全生产抽查评估。由复馨社工师事务所牵头组成工作组，负责项目的实施和推进，评估人员的招募、培训、组织评估，以及日常管理和专业评估能力提升等。

2. “政府委托第三方机构负责专业性的评审”深圳模式

从2009年8月，深圳市行业协会进行了第三方评估的试点，开始实行第三方独立评估的运作机制，实现了与国际的接轨，采用的做法是由政府委托第三方机构负责专业性的评审，这一举措开创了社会组织监督管理的新模式。当时受委托的第三方机构是深圳市鼎诚技术经济评价中心，该机构的一级指标主要是基础条件、社会评价、内部治理、工作绩效。此后，为了实现与第三方评估机构的合作机制的创新，深圳市民政局建立了保密机制，与评估中心签订保密协议，以保证相关信息不被泄露。

3. “中国红基会”模式

2012年官方的慈善机构“中国红基会”也开始引入第三方评估，由北京大学公民社会研究中心评估中国红十字基金会“5·12”汶川地震灾后重建公开招标项目，北京大学公民社会研究中心经过历时一年的实地调研给出的评估结果显示，在中国红基会“5·12”汶川地震灾后重建公开招标的17个项目中，有12个项目被评价为“比较成功”，5个项目被评价为“较不成功”。根据第三方评估结果，中国红基会对项目实施效果好的NGO给予后续项目资助支持；对于项目执行不力的限期整改，不达标则停止拨付甚至追回项目款。

4. 浙江模式

浙江省主要是以大力发展民办非企业单位、社会团体、市场中介机构和事业单位等多种类型的专业机构作为“第三方”。该省委托浙江省禾诚信用有限公司对基金会、民办非企业单位进行评估，委托会计师事务所对社团进行评估。

四、完善社会组织第三方评估机制的相关法律对策和建议

（一）加快专门的评估法律的制定与相关涉及的部门法条款的修订

首先，要进行立法和规则的建设，明确第三方评估机构的准入机制和合法地位，规避法律冲突，明确法律定位。为独立的第三方评估机构提供完善的法律保障。第三方评估机构其人员组织、遴选规则和选举制度通过立法来设置、制定《非营利组织绩效评估法》来规定评估机构的权利和义务，一系列行政法规、相关地方性法规等配套体制也是不可或缺的。其次，修订目前一些涉及第三方评估的部门法的法律条款。特别是涉及政府购买服务、享受税收优惠等方面的法律法规上的修订，使第三方评估评估结果与其激励政策实现法律保障。监督社会组织根据第三方评估的意见，进行及时有效的整改，政府运用评估结果对于评估合格及优秀的社会组织，政府应给予精神及物质双重奖励，而对于评估不合格机构，政府能够施加惩戒，轻者勒令整改，重者加以关闭。最后地方法规的配套制定。在上级法规的规范下，各地依据经济社会发展的实际以及社会组织发育水准的不同情况，要制定符合地方实际的《社会组织评估管理办法》配套实施条例。

（二）依照法律规则保持独立性、公正性而确保评估机构较高的公信力

独立性、公正性是社会组织第三方评估的生命线。第一，确定第三方评

估机构资金来源的法律规则与法律限制，法律规范下的市场竞争。依据国外第三方机构的发展经验，确保第三方机构的独立公正，其运作资金来源不受其利益相关者的影响与制约。这就要求，法律要明确独立第三方机构不得接受任何评估对象及其捐助者的捐款，其资金来源一般是公益资金。如美国具有较强公信力的第三方评估机构———慈善导航。该机构为了获取评估独立资金成立了 Charity Navigator 基金会，为慈善导航募集评估独立资金，从而保证了 Charity Navigator 的独立性。因此，我们应积极立法，倡导建立评估公益资金。第二，坚持政社分开，管评分离，由独立的社会机构进行专业化评价。正确处理好第三方评估机构与政府之间的权责界限，限制政府过多地干预和介入第三方评估过程，把政府的权力关在法律和制度的“笼子”里，避免使第三方评估机构沦为政府部门的附庸，通过法律规则确保第三方评估机构能够公正、独立地进行专业化评估，提升第三方评估机构和被评估的社会组织的独立性和公信力。相关的法律规则必须明确政府部门主要在于慈善组织的监管，作为专业第三方评估机构的社会组织或企业承接以往由政府部门承担的评估职能，政府可以作为监督的一方对第三方评估机构进行指导和扶持，但不能让其干预机构评估的具体过程。第三，通过法律法规进一步明确第三方评估机构的竞争规则，制定统一的第三方评估机构的行业规范，统一具体的流程、标准、评估程序。

（三）明确具有法律强制性的社会组织评估信息公开

完善第三方评估中社会组织评估信息公开制度，要尽快制定社会团体和民办非企业单位信息公开管理办法，形成政府监管、行业自律和社会监督相结合的综合监管体系，建立行政审批前置服务项目信息公开制度，推动慈善组织信息公开。特别是要进一步明确具有法律强制性的社会组织评估信息公开，制定具体条文规范评估信息的公开程序，将出台的社会团体和民办非企业单位信息公开管理办法，政府应以具体的法律条文要求具有募集资格的社会组织无条件地全面、系统公开组织信息，必须足够的刚性，且附加对不公开的清晰罚则，明确违反信息公开的问责机制和惩处措施，同时要建设覆盖全社会的慈善信息公开网络系统，使第三方机构能够依据全面、充分的慈善信息进行科学化评估，最终形成倒逼机制，促使第三方评估制度更加完善，作为专业第三方评估机构更加具有公信力，使专业化的社会组织第三方评估更能为社会所接受。

（四）评估主体的监督及其问责

通过部门法规、地方法规及行业规章明确第三方评估主体与评估对象之间的权利义务关系，对第三方评估的环境进行规范，规范第三方评估主体与评估对象之间、评估主体与利益相关者之间关系。首先，政府做好监管者，制定好第三方评估的评估活动规则、程序，进行委托事前、事中顺利实施的监管。其次，推动公众对评估主体的监督，公众作为第三方评估的推动力，资金及信息方面可以为第三方评估机构的发展提供支持，资金援助是第三方机构得以正常运转的基本要求，而信息援助则是第三方机构评估维持公正性的保证，根据国内外的实践经验，公众的举报及评价是监督评估机构的一种重要的手段。最后是完善社会组织第三方评估过程中出现问题进行责任认定、追责以及法律救济渠道，对那些违法违规，给国家和人民利益带来严重危害的第三方评估行为人予以问责，使其承担法律责任，赔偿损失、甚至承担刑事责任等。

参考文献

[1] 王先明．关于社会组织评估的思考与建议［J］．社团管理研究，2012（7）：44-45.

[2] 孙录宝．社会组织评估机制创新初探［J］．2014，(8)：13-14.

[3] 完善社会组织第三方评估机制仍需激励与约束［N］．中国经济时报，2015-5-12（2）．

[4] 高鉴国．美国慈善捐赠的外部监督机制对中国的启示［J］．探索与争鸣，2010，(7）．

[5] 徐永祥，潘 旦．国际视野下第三方参与慈善组织评估的机制研究［J］．江西社会科学，2014，(8)：205-206.

[6] 潘旦，向德彩．社会组织第三方评估机制建设研究［J］．华东理工大学学报（社会科学版），2013，(1）．

广西福彩系统销售管理体制改革探讨

秦国华

摘　要：随着宏观政治经济形势的不断变化和国家彩票运行管理机制的持续调整，广西福彩系统当前的机构体制和人事管理模式，已出现优势淡化、活力弱化、效率退化的现象，同时还存在名不正、机构重叠、内部矛盾多元化、激励机制欠缺和工作效率不高等问题，已不能适应市场经济条件下对福利彩票销售管理工作的新要求。必须对现行的管理体制进行全面改革，建立适应新形势、与市场经济接轨的销售管理机制，从而不断开创广西福彩事业的新局面。

关键词：机构体制　人事管理　深化改革　企业模式

广西福利彩票已进入而立之年，正步入一种成熟稳定的新常态。在事业推进的过程中，广西福彩曾在全国率先实施了销售体制、人事管理和分配制度的改革，取得过非凡的销售业绩并推动其他工作快速发展。然而，随着宏观政治经济形势的不断变化和国家对彩票行业运行政策的持续调整，当前的机构体制和人事管理模式已呈现优势淡化、活力弱化、效率退化的趋势，越来越不能适应市场经济条件下对福彩工作的新要求，全面深化改革势在必行。

一、广西福彩系统机构体制和人事管理现状

广西是我国内地福利彩票事业起步较早的省份之一。1987 年 12 月 25 日，柳州市以街头摆卖的形式，试销中国首次发行的龙年 1 元面额和广东省印制的 5 角面额纸质即开型有奖募捐券（后更名为福利彩票）。这是中华人民共和

国成立以来广西境内首次销售国家公益彩票。1988 年 2 月，自治区人民政府批准成立广西壮族自治区社会福利有奖募捐领导小组，下设办公室，由当时的民政厅城福处有关人员兼职组成。从此，广西有了专门的机构统一组织协调全区的社会福利有奖募捐工作。随后南宁、梧州等市也由当地市民政局福利科负责，先后启动了当地的社会福利有奖募捐工作。而今，广西福彩系统已进入而立之年，由于历史原因和宏观政策所限，形成了虽不尽如人意却又颇具地方特色的运行管理格局。

（一）政企难分身份尴尬

当前，广西福彩系统也和全国一样，举着为国家筹集公益资金的牌子，戴着事业单位的帽子，穿着企业的鞋子，走着市场化的路子，其实骨子里就是一家企业。日常工作中，广西福利彩票发行中心（以下简称区中心）根据《彩票管理条例实施细则》规定“制定本行政区域福利彩票销售管理办法和工作规范”的职责，开展相关工作并实施检查、督促，考核落实效果，承担着一定的管理职能，行政事务如学习教育、人事管理、财务工作、物资（技术、服务）采购也都按照事业单位管理模式运作。与此同时，又根据福利彩票的特性和市场规律，拟订本行政区域彩票销售实施方案，实施销售系统建设、运营维护和数据管理、资金归集结算，开展销售网络建设、产品研发、营销宣传、市场拓展、成本核算、业务培训和人才队伍建设等，这些都是与常规企业并无多大区别的经营管理业务。然而，行政管理与产品销售是两个不同的范畴，一个是政府职能，一个是企业行为。目前的福彩系统处于一种非官非企的身份，既是事业单位又有企业特点，既承担类似于行政管理的职能又直接销售彩票这种特殊商品。

（二）机构名称同职多谓

1991 年 3 月，自治区成立社会福利有奖募捐委员会，下设办公室，当时的自治区人民政府主席、分管副主席分别兼任委员会的主任和副主任，委员则由政府的各部、委、办、厅（局）的负责人组成。此后，各市、县（市、区）也相继成立相关机构，形成区、市、县（市、区）三级管理体制。同年 2 月还建立了自治区社会福利有奖募捐中心，1997 年 5 月，根据国家有关规定并经自治区编制委员会批准，更名为广西福利彩票发行中心。两年后即 1999 年 10 月，中国社会福利有奖募捐委员会宣布撤销。由于历史原因，广西的社会福利有奖募捐委员会自成立之后的 10 多年间，既没有开展过正式活动，未作过任何人事变动，也没有随国家对应机构的撤销而撤销，各级具体办事机构的称谓更是五花八门。目前，在14个地级市的福彩机构中，8个名为福利彩票发行中心，1个称之福利彩票发行管理中心，5个叫作社会福利有奖募捐委员会办公室，个别市虽然刻了公章、挂了牌子但人员都是兼职的，各县（市、区）的相关机构绝大多数已不能正常运转。

（三）管理体制“两条腿走路”

1999年，时值电脑彩票即将上市，时间紧、任务重、工作量大。为解决事业单位因编制所限进人难的问题，同时也为确保各项前期工作能如期完成，广西实行了彩票销售管理体制改革，即区中心通过聘任方式迅速扩充急需的工作人员，直接负责销售电脑彩票，同时组织指导全区的即开型彩票销售。各市级机构则在具体实施当地即开型彩票销售的同时，协助区中心的电脑彩票销售管理相关工作，形成了全国福彩系统中独特的“两条腿走路”的管理体制。在这种体制下，区中心通过在各市建立派驻机构的方式直接管理着数千个彩票投注站，电脑彩票占年度总销量的70%以上，平时各市在争取当地政府支持，配合相关部门打击非法彩票，协调解决站点建设和营销宣传工作与城市管理的矛盾等方面发挥着积极的作用，但对电脑彩票站点管理、市场开发和宣传营销等工作却心有余而力不足。由于市级机构人手本来就不足，一些人员还要兼顾其他民政工作，目前只能集中力量抓容易产生销量的中福在线视频彩票的销售，而大部分即开型彩票销售则依托电脑彩票投注站，靠区中心下属管理处人员配送彩票，发展社会销售网点、拓展市场的能力尤为薄弱，全区在电脑彩票投注站以外产生的销量还不足15%。严格地说，这“两条腿”一长一短，一强一弱，并不协调。另外，区中心与各市级机构是业务指导关系，在日常工作中也难免出现“政令”“肠梗阻”现象。

（四）人员结构多种身份并存

目前，在整个广西福彩系统中，人员结构、身份非常复杂。就区中心而言，10多年的改革变迁后存在三类人员，一是140名“正式”员工，他们当中既有在编人员，也有非编人员，所占比例分别为21%和79%；既有总部“机关”人员，也有分散在各市派出机构的人员，所占比例分别为57%和43%。这部分人员享受事业单位的工资福利。二是通过设立民间组织招聘93名维护管理员派遣到各派出机构，主要任务是服务站点和投注设备的日常维修保养，他们除领取相对固定的薪酬外，另从为当地市级机构配送即开型彩票过程中获得一定的收入。三是在南宁、柳州、桂林三市开设了多个直属中福在线视频彩票销售厅，108 名工作人员既有社会组织招聘，也有社会机构劳务派遣的，他们实行的是基础工资加销量提成的分配制度。而市级机构不仅人员力量悬殊，多的超过 10 人，少的只有 2 人，身份也各异，公务员、事业单位人员共存，专职兼职均有，当然也有在编和非编之分。

二、亟须研究解决的主要问题

（一）“名不正，言不顺”

《彩票管理条例》第六条规定：“国务院民政部门、体育行政部门依法设立的福利彩票发行机构、体育彩票发行机构，分别负责全国的福利彩票、体育彩票发行和组织销售工作。”同时还明确：“省、自治区、直辖市人民政府民政部门、体育行政部门依法设立的福利彩票销售机构、体育彩票销售机构，分别负责本行政区域的福利彩票、体育彩票销售工作。”意思很明确，就是中国福利彩票的发行权属于民政部依法设立的发行机构，各省、自治区、直辖市民政部门设立的销售机构只有销售职能。从这个意义讲，当前广西从自治区级到市级的福彩机构冠以发行中心的名称都是不合适的。在有奖募捐券早就改称福利彩票、国家社会福利有奖募捐机构也早已撤销的情况下，一些市的社会福利有奖募捐委员会办公室的存在是无法律依据的。虽然广西福彩已事业有成，但全自治区福彩系统目前机构称谓混乱的现象，既不符合国家相关规定，有损公益彩票的权威性和严肃性，同时也影响到广西民政系统和福彩行业的社会形象，甚至有可能引起公众对福利彩票合法性、真实性的质疑，不容小视。

（二）机构“重叠”，资源未能合理利用

为强化对投注站的精细化管理，实现服务前移，进一步拓展电脑彩票市场，同时也协助各市开展即开型彩票销售，区中心将 14 个地级市分成 6 个区，设立桂南、桂中、桂东、桂北、桂海和桂西 6 个区域管理处，又分别在 14 个市设立管理所。与此同时，各市民政局也配备一套人马负责即开型彩票的销售管理。这样一来，一是业务工作重复交叉。在同一个城市活跃着两支福彩销售管理队伍，彼此间是分工合作的关系，实际工作中重复交叉的现象不可避免。比如，区中心组织投注站开展电脑彩票宣传营销和从业人员培训，

市级机构为销售即开彩票也在做类似的工作。二是业务用房重复配置。到目前为止，区中心已为派驻 14 个市的机构中的 12 个购建了比较宽裕且具有自主产权的业务用房，剩下的 2 个也在选购之中。各市民政部门也给所属的福彩机构安排了专用的工作场所，其中半数还是独立院落。三是业务费用重复投入。由于工作侧重点、主营票种、工作思路和营销方法不同，经费预算来源及考核主体也不同，区市两级机构在日常工作中的人员安排、交通方式、活动模式以及广告宣传的投向、时段、规模等各有打算，相关业务费用无法统筹安排，难免出现费用重复投入的现象，也不能集中有限的资金办大事，无形中降低了有限经费的使用效益。

（三）内部矛盾客观存在

区市两级机构虽然同为一家人，也强调协同作战，但因为各有各的主管部门、各有各的分工，在日常工作中难免存在这样或那样的矛盾。一是自电脑彩票在广西上市起，区中心实施“一杆子插到底”的电脑彩票销售管理体制，各市因不参与电脑彩票的销售而未能分享到电脑彩票上市的成果，虽然基本上全部支配了即开型彩票的发行费，但在中福在线上市之前及被整改期间业务经费都是比较困难的，即使在中福在线正常销售的今天，少数销量欠佳的市仍存在经费缺口。尽管区中心每年都安排数百万元的扶持资金供各市申报项目，但对各市而言还是有“领救济”的味道，没有自己“当家”来得自由自在，因此在彩票发行费分配问题上对区中心颇有微词且由来已久。二是区中心各管理处（所）的工作重点在电脑彩票上，虽然有配合当地开展即开型彩票销售管理的职责，但对在投注站内的即开型彩票相关工作不敢“作主”，更不能越俎包办，只能操顺手之劳；市级机构觉得投注站和彩票配送人员都是区中心的，管理工作底气相对不足，成效受影响，加上在投注站销售的即开型彩票销量比较稳定，“旱涝保收”，开拓新的市场困难重重，电脑彩票相关业务又插不上手，因此，工作重点自然就放到见效快的中福在线视频彩票上。这种大家都管却又都管不到位的模式影响了即开型彩票的销售。三是由于受地域人口规模、经济状况等因素的影响，14 个地级市的即开型彩票销量大相径庭，多的一年销近 4 亿元，少的还不足 5000 万元，由此产生的发行费收入也就相差甚远，“贫富”差距严重，苦乐不均，有的市大量资金沉淀，有的市却“无米下锅”。这种资金沉淀不能用于平衡其他预算、分散管理又不能跨区域调剂使用的困局，不利于整个福彩事业的协调发展。四是管理处（所）的维护员日常的主要工作是服务站点和维修保养投注设备，同时还要兼顾为当地市级机构向投注站配送即开型彩票，他们的人事、工资福利都在区中心，而来源于市级机构的彩票配送费也不菲。平时他们听命于两个组织，完成两项虽然没有多大矛盾却又不好平衡关系的任务，难免出现顾此失彼或者两项工作都做不到位的现象。此外，区中心从电脑彩票的角度，市级机构以即开型彩票为着力点，对投注站实施双重管理，有时也因为工作不协调、口径的不一致而让投注站无所适从。同时，区中心本级内部也存在或多或少的矛盾，一方面，由于身份和工资待遇不同，在编人员职级分明，优越感较强，危机感偏弱；非编员工自认生不逢时，觉得低人一等，缺少主动担当的底气。另一方面，在编人员的人事管理工作也有待理顺。由于这部分人员从2000年起一直享受着聘用岗位相应的工资福利，原来的档案职级易被忽略，以至于多年原地踏步走，临到退休时才发现自己已经远远落伍了。

（四）业绩与待遇互不关联，激励机制尚待完善

在电脑彩票上市后的头十年特别是初期，广西福彩以改革创新树立了品牌，彩票年销量曾经位居全国第四名，这对于一个相对落后的省份而言非常不容易。其间全国大部分同行都到广西作过专项考察，成为业内的一面旗帜。这些成绩的取得固然与上级重视、社会支持密不可分，而区中心实行的人员工资福利与彩票销量挂钩的分配制度也发挥了重要作用。从2009年至今，相关部门按照“高套同类事业单位”的原则给区中心员工核定工资福利标准，虽然也有绩效考核的要求，却与此前的分配制度已不能画等号了。换句话说，就是当完不成销售任务时个人会减少一些收入，而即使销量突破再多也与个人利益无关。区中心如此，各市级机构就更不用说了，自广西销售福利彩票以来，工作人员一直享受着一般事业单位的工资福利，工作干多干少待遇一个样，彩票销多销少收入没差别。近几年来，虽然没有工效挂钩的激励，全区福彩系统广大员工凭着对民政工作的赤子忠诚，对福彩事业的一腔热情，仍全身心投入到福利彩票的销售管理工作中，保证了彩票年销量持续上新台阶，但凭心而论，久而久之这样的机制对事业的发展是极为不利的。

（五）销售管理体制未理顺，影响工作效率

这个问题全国各省份福彩机构都客观存在。由于政企难分的原因，对于本来就完全具备商品基本属性的福利彩票，却不能用常规的市场经济的理念、模式和手段去营销管理。在人员安排方面，事业单位编制人员占有一定比例，市、县（区、市）相当一部分兼职人员还是公务员，让国家公职人员从事商

品销售工作显然是强人所难。在日常行政工作方面，事业单位按部就班的工作模式往往使彩票机构的企业特性被忽略，与彩票销售关系不大的事务也占用了过多的时间、精力和人力资源。在财务管理方面，常规的商业机构应该实行严格规范的成本核算，而彩票机构仍然实行事业单位预算管理模式，重预算执行，轻效益考核。在资金使用方面，面对情况瞬息万变、机会稍纵即逝的市场，一次正常的营销活动，一项必须的采购计划，待层层报批或按政府相关规定走完程序后“黄花菜都凉了”。特别是在彩票销售方面，彩票机构与各代销商只是劳务关系，没有全面建立风险共担、利益共享的商业机制，一方替对方卖彩票赚取并不丰厚的代销费，另一方按合约结账两清，注重自身利益多，设身处地为对方着想少，更重要的是双方缺乏互信，从而不能形成齐心促事业发展的合力，当前的即开型彩票（刮刮乐）代销模式就是一个典型的例子。刮刮乐彩票就像一般商品一样，店面展示的品种越多，越能吸引公众的眼球，可选择的余地越大，越能刺激人们的购买欲望，销量必定越来越大。然而，现实是投注站站主必须先垫资向彩票机构购买彩票，花百分之百的钱去赚取不足百分之十的小利，当彩票保质期过后如销售不完，除未开封的可回收外，其余的损失还得全部自负，而且购进的彩票越多，风险越大。站主为保住投注站的经营权，唯一的办法就是如何在应付彩票机构和尽量减少风险中做文章，找平衡点。这样一来，即开型彩票就步入了一个投注站站主的积极性越小，站点可供人们选择的彩票品种就越少，彩票销售也就越难的恶性循环。

三、下一步改革设想

（一）当务之急先正名

针对广西福彩系统各级机构称谓混乱的现状，一是由自治区人民政府行文撤销“广西壮族自治区社会福利有奖募捐委员会”，各市再根据自治区文件撤销本级及县（市、区）的相关机构，对历史有个交代。二是根据《彩票管理条例》及其实施细则的相关规定，将“广西福利彩票发行中心”更名为“广西福利彩票销售中心”，各市级机构统一更名为“广西××市福利彩票销售分中心”。如果将销售部分改制成为企业，则在“广西福利彩票销售管理中心”下设“广西福利彩票销售总公司”，各市设分公司。

（二）重新整合资源

广西福彩系统实行的是“两条腿走路”的运行模式，其优越性在电脑彩票上市初期的几年里，改革成效是有目共睹的。然而，要解决客观存在的问题和矛盾，有必要对现行的管理体制进行改革，重新整合资源，理顺关系，解决现实存在的各种问题和矛盾，消除“肠梗阻”，从而把广西福彩事业做大做强，进一步开创新局面。2011年3月，中共中央、国务院《关于分类推进事业单位改革的指导意见》明确：“在清理规范基础上，按照社会功能将现有事业单位划分为承担行政职能、从事生产经营活动和从事公益服务三个类别。……对从事生产经营活动的，逐步将其转为企业。”5年过去了，全国福彩、体彩系统目前还没有敢开销售机构改制企业的先河。当年，广西福彩率先在同行中实施“三项改革”，成为系统中第一个“敢吃螃蟹的人”。在改革开放已30年且仍然崇尚“摸着石头过河”的今天，更应该发扬优良传统，进一步加快和深化改革的探索，对福彩系统进行第二次革命，以实现福彩事业的第二次腾飞。改革的总体思路是实行政企分开，管理与销售分离，就是借鉴同样属于国家特许经营的烟草系统的做法，将原来的销售职能从现在的彩票机构中彻底分离出来，成立彩票销售总公司和二级分公司。从此，管理部分继续按照公益类事业单位运行，履行彩票管理职能，工作人员拥有事业编制，享受相应的政治和生活待遇；销售部分改制成企业，按照市场经济的模式运作，工作人员全员竞争上岗，工资福利完全与业绩挂钩。实行企业化运营模式后，相关业务的决策和执行流程将得到简化，工作效率也会明显提升。宣传营销将更有针对性和时效性，更注重投入产出效果的考核评估。其他问题如成本控制、人事管理、工资福利等将迎刃而解，比如给投注站一定的授信额度，前面所说的投注站站主缺乏销售即开型彩票积极性的问题将成为过去。诚然，尽管彩票销售工作按照企业化运作，但在经营理念、目标追求、实现手段等方面必须与通常的商品销售企业有本质的区别，作为公益彩票的特许销售者，更应该自觉维护政府形象，履行维护公平正义、关心员工成长、对消费者权益负责、关注保护环境、救助社会中需要关心的群体等社会责任。

围绕改革的总体思路，具体有三个设想：

第一，走专业化道路，变“两条腿走路”为一专多能，主要内容是调整区中心组织架构，撤销市、县两级民政局所属的福彩机构。从自治区层面讲，就是撤销现行的区域管理处和驻市管理所，在14个市设立销售分中心（分公司）。对各市而言，就是让市、县民政局从烦琐的彩票销售管理事务中解脱出来，集中精力抓好其他民政工作，当然，没有彩票销售管理职能后，配合公安、工商部门打击非法彩票，帮助彩票机构理顺社会关系、营造良好的彩票销售工作环境，仍然是市、县民政部门的职责之一。各市福彩机构撤销后，原来的工作人员中，兼职的退出彩票行业，年老的就地退休，其他人员经培训后并入当地的销售机构，确保改革能够顺利推进。

第二，如果“设想一”难以平衡区市相关部门的关系，则将彩票销售分中心（分公司）划归当地民政部门，发行费与总公司按比例分成，原来区中心派驻当地的人员同时编入分中心（分公司）。

第三，当前面两种设想都无法实施时，继续维持当前的“两条腿走路”运行模式，只在区中心本级层面按“设想一”实施改革。

（三）彻底打破“铁饭碗”

国务院《关于加快推进事业单位人事制度改革的意见》中要求：“全面推行聘用制度。破除干部身份终身制，引入竞争机制，在事业单位全面建立和推行聘用制度，把聘用制度作为事业单位一项基本的用人制度。”同时强调：“通过聘用制度转换事业单位的用人机制，实现事业单位人事管理由身份管理向岗位管理转变，由单纯行政管理向法制管理转变，由行政依附关系向平等人事主体转变，由国家用人向单位用人转变。”区中心虽然早已实行了聘任制并且分别与员工签订了劳动合同，但严格地说这种仍然存在“铁饭碗”的聘任制是不彻底的，全员合同制也是有瑕疵的。针对这种现状，应该落实国家相关政策，顺应时代潮流，深入推进人事制度改革。实行管理与销售分离后，全部实行工作岗位双向选择，竞争上岗，通过竞聘直接参与彩票销售的人员，持公务员或事业编制的全部退出编制，原来从事销售工作的也可以竞聘管理岗位，真正体现用人公开、公平、公正，岗位能上能下，人员能进能出，待遇按劳分配、多劳多得，同工同酬的分配原则。不让在编员工原来按照事业单位人员所作的工资调整成为“空调”，不让同一团队中因身份差异而产生尴尬，让全体员工在更加平等和谐的环境中施展才华，开创新绩。

（四）恢复工效挂钩机制

国务院《关于加快推进事业单位人事制度改革的意见》中还提到：“进一步扩大事业单位内部分配自主权……对经费完全自理的，允许自主决定内部分配。对有条件的事业单位，要试行工资总额包干制度，搞活内部分配，同时，积极探索试行工资总额同经济效益挂钩的办法。”2014 年，颁布实施的

《事业单位人事管理条例》也明确："事业单位工资分配应当结合不同行业事业单位特点，体现岗位职责、工作业绩、实际贡献等因素。"因此内部分配模式也应该有点企业的样子。广西福彩区本级曾经实行过工效挂钩模式，充分发挥经济杠杆作用，让员工产生紧迫感和危机感，并在通过自身努力促进事业发展的同时，合理合法增加个人收入，进一步增强成就感、自豪感和团队荣誉感，看到自我存在的价值和憧憬，从而激发自身潜能持续、创新地为事业发展多作贡献，成效是值得肯定的。回顾广西福彩改革历程，分析当前环境状况，研判未来发展趋势，很有必要对曾经实行且被实践证明行之有效的人员工资福利与彩票销量挂钩分配模式进行调整完善，择机恢复实施并在全区销售系统实行。当然，恢复工效挂钩分配模式，应以符合政策法规并确保国家利益不受损害为前提，也不能以彩票销量作为唯一的考核内容，还要综合考虑安全、规范、创新、发展等因素。所设定的任务目标以通过团队共同努力后能够实现为原则，不能像天上的月亮高不可攀，也不能让员工不费吹灰之力就坐享其成，要让大家在科学的激励机制下，辛勤付出青春年华后得到合理合法的回报。

养老护理员队伍现状及对策研究

——以柳州市为例

廖小蓉　邓　涛　梁汉飞　梁　芳　刘长红　黎波波　黄少忠

摘　要：随着人口老龄化问题的到来和不断加剧，老年人的养老问题已经成为我国社会生活中不可忽视的一个重要问题。广阔的老年服务市场催生了大量的老年公寓、敬老院、老年服务中心等养老机构，这些机构的建立需要大量的护理员从事养老服务工作。在柳州市986个社会养老机构中，近千名养老护理员是最大的群体，无疑也构成了这个行业的主力军。他们的服务态度、文化素质、专业技能直接关系到入住老人的安危、生活品质，以及养老机构经营效益。目前柳州市因养老护理从业人员素质较低、教育培训尚未全普及、聘用管理不够规范，造成社会对其认同度不高，同时养老护理岗位工作强度大、收入水平低、职业保障少、从业风险高，因而对社会劳动力缺乏吸引力，供需存在严重失衡。这支队伍现状令人堪忧，已经影响到柳州市养老资源的有效利用和养老服务事业的健康发展。本文将结合柳州实际对养老护理员队伍现状、存在的问题和加快这支队伍建设对策进行分析，旨在打造一支数量充足、进出有序、专业水平高、服务质量好的职业化养老护理员队伍，切实维护广大老年人合法权益，推进养老事业健康发展。

关键词：柳州市　养老　护理员　现状　问题　对策

前　言

柳州市总人口为388.65万人，其中60岁以上老年人59.7万人，占15.36%。65岁以上老年40.1万人，占10.32%。按国际惯例，一般老年人口的3%需要特殊护理，也就是说有近2万老人需要养老护理，按1∶3计算，需要养老护理员6600人左右，柳州市养老机构养老护理员约800人，缺口在6000人左右，而现有护理员约有五分之一未取得养老护理员职称。目前，柳州市养老机构达986家（含幸福院288家、五保村261家、正在建设133家），床位13253张，千名老人拥有床位数22.2张。其中社会福利院7个（市有市级社会福利院1个，县级福利院6个），光荣院5个，市区民办养老机构17个（床位数3600张），柳州市每千名老人拥有机构养老床位数距离国家要求的标准（30张）还有一定差距。

一、柳州市养老护理员现状、存在问题及原因剖析

职业定义：养老护理员是指在社会养老服务机构，以老年人为护理对象的一种护理行业，它的基本任务是根据老年人的生理和心理特点及社会需求，为老年人的日常生活、疾病护理、心理护理等提供常用护理技术等，专职照顾老人的生活并为老人提供整体护理服务的工作而建立的团队。随着我国社会养老事业的发展，养老机构的护理工作除了一般意义的护理外，出现了如康复、理疗、临终关怀等新内容，并随着硬件设备的更新和新技术的广泛应用，对护理员的素质提出了更高的要求。我国2002年发布的《养老护理员国家职业标准》中，将养老护理员的职业等级分为初级（具备生活照料、基本护理技能）、中级（具备生活照料、技术护理、康复护理和心理护理技能）、高级（具备技术护理、康复护理、心理护理和培训指导技能）、技师（提供技术护理、培训指导和护理管理）四个等级，并对培训时间及内容、考试条件、鉴定方式等作出了具体规定。

2016年柳州市养老护理员摸底调查表

项目	国办养老机构 7家	民办养老机构 17家	光荣院 5家	老年日间照料中心 22家	居家养老服务点 250家	合计（人）	占护理员比例（%）
护理员人数	100	350	12	99	221	782	
年龄：30岁以下	28	86	3	22	67	206	26.3
40—50岁	61	223	6	57	129	476	60.9
50岁以上	11	41	3	20	25	100	12.8

续表

项目	国办养老机构 7家	民办养老机构 17家	光荣院 5家	老年日间照料中心 22家	居家养老服务点 250家	合计（人）	占护理员比例（%）
性别：男	11	34	2	7	20	74	9.5
女	89	316	10	92	201	708	90.5
户籍：本市	23	67	3	13	27	133	17
外地	77	283	9	86	194	649	83
学历：初中及以下	46	193	7	56	129	431	55.1
高中	5	86	3	22	48	164	20.9
中专	2	44	1	13	21	81	10.4
大专	39	19	1	8	17	84	10.8
本科	8	8	0	0	6	22	2.8
职业资格证	93	321	11	91	205	721	92.2
职称：无	36	67	4	17	37	161	20.6
初级	38	241	8	70	161	518	66.2
中级	18	31	0	10	20	79	10.1
高级	8	10	0	2	3	23	2.9
技师	0	1	0	0	0	1	0.1
月薪：2000元以下	65	146	6	52	108	377	48.2
2001—3000元	15	114	4	32	83	248	31.7
3001—4000元	20	90	2	15	30	157	20.1
4001—5000元	0	0	0	0	0	0	0

柳州市养老护理员与所需服务老人比例表

对象	规定比例	实际比例
护理员与自理老人	1：5	1：750
护理员与半失能或失能老人	1：3	1：125
服务人员数量占老年人口比重	1%	0.13%

（一）柳州市养老护理员队伍现状及存在问题

1. 护理员数量严重不足

柳州市现有养老护理员约800人，养老护理员主要由40岁以上的文化程度偏低的外来女性来担当，在未来5年至10年中，50岁以上女性护理员将逐渐退出护理队伍，目前40—50岁年龄段的护理员也将逐渐进入退休行列，或因家中子女生育而退出，特别是本地护理员将基本上退出。柳州市60岁以上老年人59.7万人，有失能老人10万人，仅这部分老人按照与护理员比例3∶1推算，柳州市养老护理员需求量超过3000人，实际全市现有养老护理员约800人，相应缺口接近3000人。目前以每年净增2.1万名老年人的速度在增长，在未来5年到10年，柳州市老年人口将增加10万—20万人，总数将达到70万—80万人，失能老人增至14万人左右，需要养老护理员4000人左右。

2. 护理人员结构不合理

（1）年龄结构不合理。年龄断档，队伍呈集体老迈的现状，大幅度削弱了养老事业的朝气和护理技巧的多样性，缺乏新鲜感与活力，老职工的比例偏大，年轻的护理人员比例偏低。据初步统计，柳州市在岗的养老护理员60%以上为50岁左右，护理人员平均年龄为44.3岁。近年出现部分90后年轻人从事护理员工作，初中毕业，从农村老家出来打工，文化程度低找不到工作，养老机构特别缺护理员，经过简单培训后就多在民办养老机构当护理员。护士学校毕业的90后外地学生，从事养老护理员工作的，多选择在公办养老机构工作。

（2）组成结构不合理。从事养老护理工作的人员基本上由三类人员组成：计划经济年代安排和解决就业问题吸收进来的人员；下岗再就业人员、失业人员和外来务工人员；大专院校、中等专业技术学校的毕业生。护理人员结构中农村中老年妇女和城镇下岗职工占到80%；家政公司短期培训人员占12%；部分医学护理人员转换岗位占1%—2%；大中专老年服务与管理专业毕业生占5%—6%。在这些组成人员中，八成护理员是外地人，女性居多，养老护理员的人力来源大多是周围农村或进城的农民工。

（3）知识结构方面不合理。表现为：护理人员总体素质不高，文化程度普遍偏低，专业人员少、技能差、素质低。大多数养老机构没有配备专业护理、康复保健、老年心理护理、法律咨询、社会工作等方面的专业人员，不能满足老年人的多样化需求，无法实现养老机构的专业化服务功能。受教育程度偏低，从柳州市养老护理员摸底调查表看出，护理人员本科及以上所占比例2.8%，大、中专所占比例21.2%，高中及以下所占比例76%。现有养护人员普遍存在服务技能和专业知识差的问题，只具备一般的服务技能和护理知识，普遍缺乏医学、心理学知识，无法对老人，特别是半自理、不能自理老人进行有效的专业护理。学习该项专业知识的本科以上学校毕业的学生很少，参与该项服务工作的本科人员更是鲜有人在。引入相对年轻、学历层次高的进入到养老护理行业非常困难。

3. 工资待遇低

2014年广西城镇非私营单位就业人员（包括在岗职工和其他就业人员）年平均工资为45424元，柳州市47759元，用人单位发布职位的平均薪酬为3413元/月（包括“五险一金”等），根据《广西壮族自治区人民政府关于调整全区职工最低工资标准的通知》，2015年1月起柳州市的最低工资标准为1400元/月。在公办养老机构，月薪在3000—4000元的，都是工龄较长的在编护理员，在编工龄较短的护理员月薪在2001—3000元，合同制养老护理员月薪普遍为1400—3000元，约占一半以上，扣除城镇职工“五险一金”后，拿到手月工资平均2000元左右，工资低的也就1000多元，与最低工资标准相近，收入与工作不对等，与柳州市平均工资、平均薪酬相比，存在较大距离，属于最低档收入行业。

4. 养老护理员流失问题突出

护理人员大多文化素质较低，有的只是把护理工作当作养家糊口的一种方式，很容易受到工资、待遇的影响。当有了比护理、照料工资高、劳动强度较小的工作，他们很容易就放弃护理员的工作。目前养老护理员短缺最根本的原因就是待遇缺乏吸引力和竞争力，对于养老机构而言，待遇高了，养不起人，待遇低了，留不住人。医院里的护工，一对一陪护，每天基础价170元，也只管一个人。在如此高的落差面前，养老护理对于专职养老护理员显然缺乏吸引力，不少专业够硬的高层次养老护理员，往往会被高薪挖走。柳州市某公办福利机构和一些民办养老机构也存在着不同程度的护理员流失情况。

典型案例1：从2015年7月至2015年12月5个月时间，柳州市某公办福利院护理部共有14名养老护理员辞职。他们中大多数是具有专业护理技术资格刚从护士学校毕业的年轻护理人员，影响到护理人员的稳定和护理工作质量。

典型案例2：从2014年12月至2015年12月一年时间，柳州市柳南区某民办养老院 23 名护理员共有 6 名护理员辞职，其中有两名还是护理班长。他们中大多数是在该养老院做了 3 年以上的护理人员，辞职影响到护理人员的稳定和护理工作质量，原来近 200 名老人入住的，有 17 名老人转院。

（二）造成柳州市护理人员流失严重的几个主要原因

1. 工资待遇低，同工不同酬，工作时间长

护理员大多是临时工，执行城市最低工资标准，工资水平普遍偏低，一旦找到收入更高的工作就跳槽，变换工作很频繁。公办养老机构仍沿用编制内外的用人“双轨制”。有编制的员工与无编制的员工在待遇上相差数倍，由此造成无编制、临聘人员心理不平衡而流失。

以柳州市为例，对几家民办老人公寓进行的调查显示，单日平均工作时间超过 8 小时者占到了护理员总数的 20%。养老护理员需要 24 小时轮岗，不少机构实行包干制，即一名护理员 24 小时全程负责数名老人日常生活照料，其休息时间只能是忙里偷闲。养老护理服务是一项长期、连续的工作，基本上没有节假日和 8 小时内外之分，民办养老机构超时工作现象十分普遍。“每天 8 小时，每周单休”，是目前护理员较普遍的作息状态，主要在事业编制体系的护理机构中，护理员才实行“每天 8 小时，每周双休”的作息制度。

2. 工作压力大，工作既脏又累，缺乏社会尊重

受传统观念的束缚，社会对这个职业存有偏见，从事护理员工作多数是农民工，开始对工作不适应，不敢对外讲从事护理员工作，多称在食堂、保洁上班。少数老人亲属把他们当作“佣人”“下人”使唤，连说话语气也常带有责问，出了一点小问题便横加指责，甚至谩骂，这些事情的发生，乃至社会舆论的产生，使他们心理承受着巨大压力。

对于老年人的服务，认为护理是伺候人的工作，很不光彩，社会地位低下。很多老人生活不能自理，有的还有认知障碍，要为老人喂饭、穿衣、处理大小便等，护理工作烦琐、量大，生活依赖程度高。除了日常生活照料外，有时还要干端屎倒尿、搬动老人等脏活累活。

3. 有“临时”思想，缺乏归属感

在公办福利机构中，此类问题比较突出。临时工和正式工相比收入差距较大，认为自己不是单位职工，只是临时打工的，心理上缺乏归属感，对单位没有依恋。一旦外面有薪酬待遇更好的单位，就会辞职走人。典型案例 1 中养老护理员辞职大多就是因为这个原因。

4. 缺乏系统的专业培训

养老护理不仅仅是简单的日常照料，还包括老年人的生理、心理及健康维护等方面的内容，需要专业的知识和技能。一直以来，护理员的培训是边做边学，一些地方虽然推行了岗前培训制度，但培训不规范，远远达不到培训要求，往往是跟班1—2周就开始独立工作，仅局限于实际操作的学习，理论上的培训很少。其原因：一是培训与工作的矛盾，从短期来看，安排培训必然影响工作；其二是护理员队伍老化，随着年龄的增长，人的记忆力和学习能力逐渐减退，学习专业知识和专业技能有一定的困难，培训效果不尽如人意。

5. 养老服务行业主管部门管理力度有待加强

就柳州市而言，行业主管部门养老服务协会成立时间较短，人员少，督促养老机构按规定配备足够的养老护理员的力度不够（特别是民办养老机构)，造成员工超负荷工作；没有完全执行岗前培训和持证上岗制度，造成服务质量没能完全达标；检查督促养老机构认真履行劳动合同法，保障护理员合法权益也有待加强；没有实施严格意义上的年审制度，政府的补贴也没有与员工素质挂钩，致使养老机构服务质量得不到大幅提高。

6. 缺乏发展前途，上升空间

大学生从事养老行业，缺少发展空间，是高学历人才流失的又一原因。由于在工作上没有发展空间或者不受重视，实现个人价值的社会认同正在慢慢地成为现代员工的普遍需求，从而也日益成为他们跳槽的主要原因。影响员工跳槽的最终决定因素，最根本、最实质的还是“薪酬”和“发展”这两点，这足以引起养老机构的高度重视和思考。

7. 缺乏对养老护理员的人文关怀

不少养老机构平时缺乏关心员工的长期有效的机制，对养老护理员的工作要求高，对他们的情感诉求不够重视。如案例2中主要是领导班子变动后，与护理员缺乏沟通，工作方法生硬，对护理员关心不够，工作环境压抑，导致护理员跳槽而流失。

二、养老护理员队伍建设的重要性

（一）人口老龄化时代的需求

柳州市60岁以上老年人59.7万人，占15.36%，老龄化程度严重，为应对柳州市老龄化社会的到来，社会上将出现大量的老年服务机构，需要培养大量的从事老年护理的专业人才才能满足这些机构的服务需求，而现实社会中，参与该服务工作的人员则是少之又少，并且本身也没有更加专业的服务知识。所以开设老年护理专业教育是社会所需，将大有发展前景。

（二）有利于建立和壮大养老工程，提高老年人幸福指数

随着城市家庭结构模式呈现的“四二一”倒金字塔形式（即一对夫妇，生育一个孩子，赡养两对老人），传统的家庭养老功能日趋削弱。空巢老人、独居老人、高龄老人、失能老人大量出现并快速增长，家庭已满足不了新增老龄人口的生活照料需要。老年人的赡养逐渐由家庭转到养老机构养老，目前的养老机构护理员数量还远远无法满足社会对于老年人的养老需要，各种养老服务机构急需进一步增加。为了提高老年人幸福指数，使老年人实现“老有所养、老有所医、老有所教、老有所学、老有所为、老有所乐”，现实和未来呼唤加快发展养老护理员队伍建设。

（三）有利于柳州市养老护理专业人才的培养

随着老龄社会的到来和养老模式的变化，各种形式的养老机构迅速增加，老年服务人才的需求随之增加，从事老年事业人才缺乏的问题也随之凸显出来，其中包括为老年人提供医疗护理服务的护士和参与老年护理的服务者等。目前柳州市的养老机构内，老年护理存在两大问题：一是从事老年护理工作的服务者数量少，工作量大；二是从事老年护理工作的服务者没有经过专门的老年护理专业教育，其知识和技能满足不了老年护理的需要。

社会经济发展的供求矛盾，对老年护理的发展提出了挑战。当今大多数养老机构的护理，尚不属真正意义上的老年护理，而柳州市老年护理教育，在课程体系建设、师资建设、实训基地建设等方面的发展严重滞后于北京、上海、广州、江浙一带，老年护理教育模式尚处在模仿、借鉴阶段，老年护理专科护士几乎是一项空白……

（四）有利于柳州市老年护理事业的发展

柳州市政府对老龄问题的重视程度日益加强，2015 年，柳州市人民政府下发《关于促进养老服务业加快发展的实施意见》（柳政发〔2015〕48 号），到 2020 年，全市社会养老床位数达到每千名老年人 35 张以上；其中护理型

床位数占养老床位总数的50%以上，养老护理人员岗前培训率达到100%、持证上岗率达到95%以上。

三、解决养老护理员队伍建设问题的对策

（一）加大政府扶持力度

政府要加大对养老机构和养老护理员在政策、资金等方面的投入，吸引大批高素质的社会工作人才投身养老护理服务业。在公办社会福利机构，需将养老护理员岗位全部纳入公益性岗位给予财政补贴，为他们缴纳各种社会保险埋单，最终消除正式工与临时工在经济和政治待遇上的差别，使养老护理员在生活上有可靠保障，对单位有归属感，在社会上有荣誉感，以吸引更多有知识、有文化的年轻人从事养老服务行业。加大政策扶持力度，探索对养老从业人员实行持证奖励和补贴政策。2012年以来，柳州市率先在全区对民办养老机构进行扶持，截至2015年，实现床位补贴达1018万元。

深化养老机构改革，激发市场活力，积极推动《柳州市鼓励和吸引社会资本进入养老领域的实施意见》等政策出台，鼓励引导社会资本以独资、合资、联营等方式进入养老领域。对养老服务机构用地、推进医养结合、吸引社会资本加入、落实养老机构日常费用优惠等方面政策需进一步加强落实，逐步解决养老服务业融资难问题。

鼓励社会力量参与社会养老服务，加快推进政府购买服务、探索运营补贴、提供服务场所、实行税费减免等优惠扶持政策，鼓励引导养老服务中小企业，发挥社会力量在养老服务中的主体作用。

市社会福利院做法：提高编制内养老护理员比例。继续通过市人社局公招护理专业技术人员，充实护理一线。在招聘护理人员时，适当降低开考最少人数比例要求，优先保证护理空缺岗位人员到位，并积极为编外护理人员应聘正式岗位创造条件。2015年已公招进编3名养老护理员，2016年将公招进编5名护理人员。

加大政府扶持力度的三点建议：

1. 政府下文规范护理员最低工资标准，公办社会福利养老机构聘用护理员最低工资可参照公安协警人员基本工资2400元/月。对公办社会福利养老机构，聘用护理员实行政府财政拨款。

2. 统一采取养老护理岗位津贴、工龄津贴（每年50元）、护理员职业技

能职称津贴等手段，提高护理员的待遇。对参加相关培训且取得职业技能证书的养老机构工作人员，给予一次性培训补贴，所补贴资金由福彩公益金解决。

3. 为尽快改变养老护理员紧缺的局面，政府对考取养老护理员职业资格证书的人员，给予每人 800—1000 元的一次性补贴。

（二）优化队伍结构

1. 从 2012 年开始，每年柳州市都组织养老人才双选会，推进养老护理员向年轻化发展

采取多种途径，拓展征集护理人员渠道，根据需要有计划地从大专院校养老护理专业毕业生中吸纳老年康复、护理、保健、营养、心理等方面的专业人才充实到养老护理队伍。人社部门和民政部门要建立养老护理员人才库，准确了解本地的养老护理员现状，以及社会对这些人才的需求，形成人才资源充分共享和合理配置。探索入职补贴政策，鼓励大专院校对口专业毕业生从事养老服务，大学生毕业入行实行入职补贴。社会福利院做法：根据国家规定，按照老人与护理人员比例，聘用配齐护理人员。从事养老行业近 20 年的柳北区胜利老年公寓、鱼峰区老人康乐园等一些较大规模养老院积极参加每年养老人才双选会，招收年轻专业护理人才。鱼峰区老人康乐园在招收新护理员时，不降低标准，年龄段多控制在 40 岁左右，在家对父母、家公家婆孝顺的作为重点选择对象。对新招的年轻护理员，给予护理员循序渐进，逐渐适应的过程。让其先看院内情况，到处转转，然后让老员工帮、带。熟悉情况后，一周以后，慢慢下到一线给老人喂饭、叠衣服。如果一来就让其上岗，会被脏累吓倒，多数会离开。

2. 人文关怀，关心护理员的精神生活和心理需求

营造互相平等、互相尊重、团结和谐的工作氛围和环境，完善企业文化内涵，把具有教育意义的内容融入丰富多彩、喜闻乐见的业余文体活动题材当中去，既可疏解工作中的精神压力又可增强团队凝聚力，提升护理员对企业忠诚度。

注重提升养老护理员的幸福指数，柳州养老机构护理员外地人占 80%以上，尤其要关心他们的精神生活和心理需求，把他们当成自己人。在生活上对他们多关心，精神上多鼓励，物质上多支持，才能使他们安心工作，并在为老服务工作中实现自己的人生价值，在和谐社会建设中体现养老护理员职业的重要社会价值。市社会福利院以情感留人，关心聘用人员的思想动态及

生活情况，给护理员安排住宿，院领导及科室负责人与聘用人员谈心谈话，解决他们生活困难。对于刚入职的新人，为了让他们能尽快适应角色的转换，更快地应对工作，对每一位新入职的护理人员进行岗前培训，做好带教工作。柳北区胜利老年公寓、鱼峰区老人康乐园每月都举行聚餐活动，包吃住。每年组织旅游，在柳北区胜利老年公寓，工作 3 年的，区内游，3—10 年的区外游，10 年以上的国外游。鱼峰区老人康乐园每年组织一次旅游，工作年限越长，去的地方就越多。

鱼峰区老人康乐园做法：（1）人性关怀，赢得家人支持。了解护理员家庭情况，家里有什么事情，大家都去帮，赢得家人对工作的支持。护理员家中老人去世，都前去吊唁并送上慰问金。（2）每月谈心一次，用心与护理员沟通，使其把单位当成自己的家。（3）给护理员讲国内经济情况，就业形势，使护理员珍惜自己工作。（4）人性化管理，奖罚分明，以理服人。设置委屈奖，不与老人、家属发生正面冲突。

3. 加强养老护理员培训力度

2012 年开始，每年柳州市都组织养老护理员培训、技能大赛及养老人才双选会，推进养老服务专业化、规范化水平。目前，柳州市有近 800 名养老护理员取得资格证书，养老机构护理员上岗培训率和持证率均达 90%以上。

（1）分批对在职护理人员进行培训。市民政局作为养老行业主管单位，为应对人口老龄化的快速发展，在推动行业发展、建立专业队伍上进行了许多努力和实践，从 2012 年开始，柳州市民政局每年举办一期养老护理员培训班，举办一次技能竞赛。3 年来，基本实现了养老机构内现有养老护理员的全员轮训，有 426 人通过考核取得了职业资格证书，培养和选拔出一批技能“高手”。

（2）培训工作朝专业化和常态化进一步发展。整合政府、社会、机构的资源和力量，突出不同行业间的合作，2015 年的培训工作和技能大赛，是柳州市养老服务行业规格最高的一次职业技能比赛，由市民政局、市人力资源和社会保障局联合举办，市职业技能鉴定指导中心协办，市万年青职业培训学校承办，考试和比赛内容全部从养老护理员职业技能鉴定国家题库提取，赛制的制定参照自治区级大赛规程，裁判员全部是养老护理员国家级评审员，全市养老机构以及机构以外的从事养老护理员工作的人员均可参赛，打破了以往参赛人员仅限民政部门范围的做法，全市共有 600 多名护理员参加了比赛。

鱼峰区老人康乐园在积极组织参加市级护理员培训及大赛同时，在单位还对护理员进行多方面的培训学习：请礼仪老师上课，内容包括端水、喂饭、穿衣、剪指甲；请心理专家上课，如何与老人沟通，与老人家属沟通，得到老人、家属尊重、理解，语言上尊称“阿公、阿婆”，而不是“你妈、你爸”。

（三）提高福利待遇

针对聘用护理人员工资待遇低的问题，近年来柳州市社会福利院在改善护理员待遇方面已采取一些切实有效的方法。例如：对外地护理人员提供住宿；在柳州市最低工资标准基础上提高他们的工资待遇；按照对工作量进行细化，实施绩效奖励；购买住房公积金、公积金标准将根据其从事一线临床护理工作的年限，并逐年提高；节假日加班给予补助、发放夜餐费等。提高编制内护理人员比例。实行特殊岗位津贴，对取得职业资格证书的护理人员，按照不同等级分别给予特殊岗位津贴，增加护理人员实际收入。

队伍稳定，入住率高，才能产生效益。柳北区胜利老年公寓和鱼峰区老人康乐园提高护理员福利待遇多年积累共同经验：（1）包吃住。（2）养老保险（外地护理员在原籍均参加新农合）。（3）提高工资薪酬，护理员月工资大都在2800—5000元。（4）每年组织护理员旅游。柳北区胜利老年公寓养老机构拿出利润的10%奖励员工，对做得好的护理员，有月奖、季奖，年终奖。并制定老年公寓工作人员考核评分表，对岗位职责（工作态度、工作质量、工作安全）、出勤情况和老人反馈三大项进行考核评分，依据评分多少划分为优秀、良好、合格和不合格四个等级，评分结果达到90—100分为优秀，月奖金为300元；70—89分为良好，月奖金200元；60—69分为合格，月奖金100元；60分以下为不合格，扣除当月奖金。连续3个月不得奖金者，调离岗位。年终护理工龄每年奖励500元，比如在护理员岗位工作10年，年终奖就是5000元，护理员每年收入达到4万—5万元，与公办在编护理员持平或略高。

（四）打造发展平台，提升发展空间，改善工作条件

柳州市技能大赛决赛中，获奖者可获得劳动技能资格晋级的奖励，最高者可申报晋升技师职业资格。市社会福利院每年选送护理人员参加养老护理员培训，2015年3名护理员取得中级养老护理员资格，1名护理员取得初级职业资格证。选派5名护理人员参加柳州市第二届农民工技能大赛，其中2人获得三等奖，2人荣获优秀奖。

定期组织优秀护理人员评比等活动，适度给予物质与精神鼓励，激发积极进取的工作热情，使团队成员之间有对比、可参照、知方向、能学习。发挥舆论宣传的导向作用，提高养老护理工作社会地位。分别给予对在工作上有优异、突出表现的护理员，从提供外出培训机会、表彰和政治提拔等方面提高护理员的积极性。

（五）加强宣传教育，营造尊老敬老社会氛围

不断增强市民尊老养老的道德水平和法制观念，摒弃职业贵贱之分的观念，使全社会认识到养老护理是一项集知识与技能为一体的技术工种。

注重引导广大老年人转变养老观念更新消费观念，重视发展老年人精神文化产业，鼓励老年人参加各类有益于老年人身心健康、适合老年人特点的文体活动。同时，加强护理员传统美德教育，善待老人，要热爱本职工作，坚定为老人服务的信念。市社会福利院每年组织两次老人外出健身休闲活动；柳北区胜利老年公寓、鱼峰区老人康乐园经常在院内给老人举办各种活动，出版活动板报，不定期表彰工作优秀的护理人员。柳北区胜利老年公寓采取灵活表彰方式，在工作检查中，发现护理员护理老人工作突出的，当场给予奖励，兑现奖金，这对其他护理员也是一种激励。

（六）加强行业规范管理，健全政策制度，完善护理人员管理体系

2015 年 11 月 27 日，柳州市养老行业协会正式挂牌成立，养老行业协会的成立，将在政府部门和养老机构之间发挥很好的桥梁纽带作用，推进柳州市养老服务行业管理，有效促进养老服务业的健康发展。

下一步，协会将建立养老机构星级评定制度，对柳州市养老机构进行星级评定；推行岗前培训和持证上岗制度，检查督促养老机构认真履行劳动合同法，保障护理员合法权益；实施执行年审制度，努力促成政府的补贴与员工素质挂钩，进一步推动养老服务工作的发展。

护理团队的稳定，养老护理员队伍的发展，让受过专业培训的护理人员参与养老服务，走职业化、专业化、年轻化道路，在养老机构自身努力的情况下，政府的作用是不可或缺的，必须调动全社会力量，加大对养老事业的财力支持是对养老事业最大的支持。今后，专业护理员还将进入社区，入户为老人提供专业的护理。只有不断加强完善养老护理员队伍建设，老年人才能享受高质量、人性化的服务，满足老年人多方面的需求，提高老年人的生活质量，才能更好应对人口老龄化众多老年人的养老问题。

参考文献

[1] 陈卓颐，黄岩松．关于老年服务与管理专业办学的理性思考．中国老年学杂志，2008.

[2] 黄建琴，彭嘉琳．老年人照护．科学技术文献出版社，2005.

[3] 姚梅琪，夏秋欣．一所护士开办的社区托老所的效益与问题分析．中国话护理杂志，2007.

[4] 殷磊．老年护理学．北京人农民卫生出版社，2000.

[5] 刘雪琴，李漪，KeelaHerr. 美国老年护理的发展经验对中国护理的启示．中华护理杂志，2005.

[6] 郑翠红，姜小鹰，肖惠敏．人口老龄化问题与老年护理．莆田学院学报，2005.

[7] 中国老龄事业发展“十一五”规划．人民日报，2006-09-22.

广西农村新型生态社区建设研究

——以贺州市为例

黄毅群　廖宪成　吴丽华　付克寿　叶燕洒

摘　要：建设农村新型生态社区是深入贯彻落实党的十八大和十八届三中、四中全会精神，推进城乡发展和公共管理服务一体化，加快农村基层民主政治建设，促进农村改革发展稳定的重要举措。2015 年 5 月，中共中央办公厅、国务院办公厅印发了《关于深入推进农村社区建设试点工作的指导意见》。近年来，广西贺州市认真按照自治区党委、政府的统一部署，紧紧抓住作为广西农村社区建设试点市的有利契机，创新提出以“六有”标准为指标，以党建引领为抓手，以整合资源为措施，以多元投入为保障，以自主参与为基础，扎实推进农村新型生态社区建设，探索了一种乡村治理的贺州新模式。本文以广西贺州市为例，认真探讨农村新型生态社区建设历程及特点、重要意义、存在问题，提出今后农村新型生态社区建设的工作思路以及一些意见建议。

关键词：农村社区　新型　研究

一、农村新型生态社区发展历程及特点

社区是伴随着工业化和城市化的推进首先出现在西方的一个概念，是一个历史的范畴。“社区”一词最早于 1887 年由德国社会学家 F·腾尼斯在《社区与社会》一文中提出。但直到今天，人们对于社区仍有不同的理解，一般认为社区是指一定地域范围内人们基于共同的利益和需求、密切的交往而形成的具有较强认同感的社会生活共同体。社区构成必须是具备固定地域、

规模数量居民、服务设施、特定文化、社区意识、管理机构六大要素。农村社区具有广阔的地域，以村屯为中心，以从事农业生产活动为主。新型农村社区是指在农村地域范围内，以一定人口规模为基础，以一定产业发展为支撑，以现代人际关系为纽带，以社区组织及相应的治理机制为保障，以服务社区居民需求、促进农村现代化发展为目标的社会生活共同体。①

从我国的农村社区发展历程来看，2006 年 10 月首次提出农村社区，即在中共十六届六中全会通过的《中共中央关于构建社会主义和谐社会的若干重大问题决定》提出“积极推进农村社区建设，健全新型社区管理和服务体制，把社区建设成为管理有序、服务完善、文明祥和的社会生活共同体”。2007 年，在党的十七大上再次强调把城乡社区建设成为“管理有序、服务完善、文明祥和的社会生活共同体，说明中央已把城市社区与农村社区统一纳入城乡社区这一范畴，社区已不再是城市的“专利”，农村同样是社区，表明农村与城市同样重要，这是和谐社会建设的具体体现，也是对十六届六中全会中提出的“农村社区”的深化。

2007 年 3 月 29 日，民政部印发了《全国农村社区建设实验县（市、区）工作实施方案》，并确立了全国第一批 251 个试点，从而把农村社区建设推向高潮，各地也创造出了各种模式。民政部从 2007 年起先后确定了 304 个全国农村社区建设实验县（市、区），各地也分别确定了不同层次的实验单位，启动了农村社区建设实验工作。随着农村社区实验的逐渐深入，全国 304 个农村社区建设实验县（市、区）因地制宜，建成了一批具有示范作用的新型农村社区，形成了一套完整的农村社区建设理论实践体系，为农村社区建设的全面推进奠定了坚实基础，农村社区建设开始步入深入推广时期。②

2015 年 5 月，中共中央办公厅、国务院办公厅印发了《关于深入推进农村社区建设试点工作的指导意见》，民政部则下发了《关于学习贯彻〈关于深入推进农村社区建设试点工作的指导意见〉的通知》，就农村社区建设目标、任务、要求进行了明确。全国各省（自治区、直辖市）均按照中央要求，结合实际，因地制宜，稳步推进农村社区建设，取得了很好的经验和做法。

从广西的实践来看，从 2007 年开始就开展农村社区建设试点工作，不断探索农村社区建设的新经验和新做法，特别是 2013 年以来，广西各地不断创新社区做法，在原来的基础上，赋予了新的建设内容，把生态建设融入到农

① 刘卫红：《新型农村社区建设的现实意义及路径探讨》。
② 项继权，王明：《农村社区建设发展态势与阶段特征》。

村社区建设中，掀起了新一轮农村社区建设高潮。特别是贺州市，按照“六有”标准建设新型农村生态社区，开展得如火如荼，走在广西前列。

农村新型生态社区，是相对于传统农村社区和城市社区而言的。新型农村生态社区虽然脱胎于传统农村社区，但与其有重大区别。结合广西贺州市近年来推进农村新型生态社区建设的实践，我们认为新型农村生态社区具有如下特点：

一是更加强调资源的整合。推进新型农村生态社区建设过程，由组织部门牵头，人社、财政、民政等各部门各负其责，把各相关涉农资金集中一起，共同打造示范点建设，发挥好资金效益。这样就能够做到以更少的钱办更多的事，每年市级和县（区）级都分别打造一批市级、县（区）级新型农村生态社区示范点，以点带面，带动面上农村新型生态社区建设。

二是更加强调管理服务的理念。强调农村公共服务和社会保障的重要性，开展群众性自助和互助服务，如贺州市搭建“171 服务机构”：农村社区设立 1 个公共服务中心，中心主任由社区建设理事会会长兼任，负责社区服务工作的统筹协调。社区公共服务中心下设 7 个社区服务站：包括生产综合服务站、文体活动服务站、卫生医疗服务站、村务管理服务站、居家养老服务站（老年人协会)、妇女儿童服务站、社区志愿者服务站。同时，以农村社区为平台，建设 1 个农村（社区）幸福院机构对老年人提供生活照料、休闲娱乐和医疗保健等服务，着力破解农村老年人和留守儿童无人照料等难题。

三是更加强调社区自治功能的发挥。主要是培育社会组织和组建社会服务队，强调基层社会组织参与治理农村，如贺州市社区建设与管理当中，由村民自发组建政策时事宣传队、环境卫生保洁队、社会综治调解队、科普技术指导队、社会保障救助队和文体娱乐活动队，促进村民自我服务、自我管理、自我教育。

四是更加强调共同价值精神的追求。新型农村生态社区作为生活共同体，就是要追求社区居民共同的价值理念，强调归属感、认同感。新型农村生态社区建设突出人的因素、文化的因素，强调村民之间的精神文化纽带。强调社区教育，树立终身学习或者教育的理念。如贺州市在农村新型生态社区建设中，注重建设农家书屋、文化长廊，突出国学教育等，使之成为村民提高境界、提升综合素质的桥梁和纽带。

五是更加突出生态环境卫生的整治。改革开放以来，农民生活水平已普遍提高，人民群众对精神生活领域的需求日益增强，而当前农村中的“脏、乱、差”现象依旧突出，村庄规划不一，建设杂乱无章，没有娱乐休闲的地方，这些都影响到了农村生活幸福指数的提高。在推进农村新型农村生态社区建设中，结合美丽乡村、生态乡村建设，建设农民休闲公园，添置健身器材，建设篮球场、羽毛球场等运动场所，建设垃圾池，定期开展环境卫生大整治等活动，使农村生态环境得到了较大改观。有些地方还开展民宿民居建设，开发乡村旅游线路，以此促进农村生态社区循环发展。

二、农村新型生态社区建设的重要性

（一）农村新型生态社区建设是顺应“供给侧改革”形势，推进农村经济社会科学发展的需要

2016年1月27日，中共中央总书记、国家主席、中央军委主席、中央财经领导小组组长习近平主持召开中央财经领导小组第十二次会议，研究供给侧结构性改革方案。习近平发表重要讲话强调，供给侧结构性改革的根本目的是提高社会生产力水平，落实好以人民为中心的发展思想。什么是供给侧改革呢？就是政府把该管的事情管好，不该管的事情放权给市场和社会，通过市场为社会主体创造平等竞争的环境和提供更好的服务，利用市场和社会机制完善资源配置，形成政府购买市场和社会提供的公共服务产品的供给机制，构建多元化、社会化的公共服务供给体系。①

改革开放30多年来，我国农村经济社会发生了翻天覆地的巨大变化，但农村经济体制不完善，农业生产经营组织化程度低，农产品市场体系、农业社会化服务体系、农业支持保护体系不健全，农业基础设施落后，农村社会事业和公共服务不足，农村社会治理体系不健全，农村留守老人、留守妇女、留守儿童“三留守”等问题普遍存在，影响了全面建成小康社会目标的实现。从当前农村的实际来看，目前全国各地已进入了以城镇化、工业化、信息化为主的当代社会，完全脱离了孤立、分散、封闭的小农社会模式，日益开放的社会，加速了人员、资金的流动，出现了与以往不同的新情况、新问题，如农村中大量中青年外出务工，直接导致了农村人口结构的“两极化”和“空心化”；工业化进程的推进，使原来单一的种养业开始走向分化，更多的农民转移到非农领域；传统的农民阶级已分化为农业劳动者、农民工、个体工商户、雇工、私营企业主等不同的阶层，不同的阶层有不同的利益诉求和

① 《供给侧改革改变苏州社区》，2016年5月20日《中国社会报》第1版。

发展重点方向；社会组织匮乏导致乡村自治难以真正实现。

农民富，则国家强；农村稳，则社会安。没有农村的繁荣稳定，就没有全国的繁荣稳定；没有农民的全面小康，就没有全国人民的全面小康。党的十八届三中全会对深化农村综合改革作出了重大部署。开展农村新型生态社区建设，就是主动适应农村综合改革的要求，以农村社区建设为平台，以整合资源为手段，构建以工促农、以城带乡、工农互惠、城乡一体的新型工农城乡关系，推动资源向农村倾斜流动，基础设施向农村延伸，公共服务向农村覆盖，加快农村地区现代化进程，让广大农民平等参与现代化进程、共同分享现代化成果。可以说，面对当前农村社会结构的深刻变动，开展农村新型生态社区建设，不失为农村治理与发展的一种新途径。

（二）农村新型生态社区建设是实现全民中国梦，提升农民幸福指数的有效载体

2012 年 11 月 29 日，当选中共中央总书记不久的习近平在国家博物馆参观“复兴之路”展览时第一次阐释了“中国梦”的概念。2013 年 3 月 17 日，在第十二届全国人民代表大会第一次会议闭幕会上，新当选中华人民共和国主席的习近平就“中国梦”发表重要讲话，指出实现全面建成小康社会、建成富强民主文明和谐的社会主义现代化国家的奋斗目标，实现中华民族伟大复兴的中国梦，就是要实现国家富强、民族振兴、人民幸福；中国梦是民族的梦，也是每个中国人的梦；中国梦归根到底是人民的梦，必须紧紧依靠人民来实现，必须不断为人民造福。

社会主义的根本目的是使全国人民走共同富裕的道路，过上幸福美满的生活。农业、农民、农村是一个国家的根本所在，中华民族的伟大复兴必须以农业的发展为基础，中国是一个农业大国，中国梦首先应该是一个“农民梦”，只有实现了“农民梦”，才能够全面实现“中国梦”，而实现“农民梦”，并非单纯只是让一部分人富裕起来，而应该是全民共同富裕起来的美丽乡村、和谐社区梦。经过几十年的改革开放，农村已发生了很大的变化，人民生活水平不断提高，人们生活富裕了，就会向往精神生活、文化生活方面的需求。当前，农村中普遍存在运动健身场所没有、环境“脏乱差”现象仍然突出、文化娱乐活动贫乏，生活超市没有，农民需要购买生活用品一般要赶到乡镇闹市才能解决，生活极不方便。因此，解决村民的精神生活需求是当前推进农村新型生态社区的重要任务之一。

新型农村生态社区建设，不但让农民富裕起来，而且就近为农民提供各

种娱乐场所，办事不出村，方便快捷，让村民市民化，使农民真正感受到党和国家的关心和温暖。特别是把生态建设作为社区建设的主要内容，结合美丽乡村、生态乡村建设，把农村建设好了，美化好了，生活就舒适了。可以说，农村新型生态社区建设，是实现全民中国梦，提高当地群众幸福生活指数的有效载体。

（三）农村新型生态社区建设是创新农村社会治理方式，维护社会稳定的根本要求

党的十八届四中全会指出："推进多层次多领域依法治理，坚持系统治理、依法治理、综合治理、源头治理，深化基层组织和部门、行业依法治理，支持各类社会主体自我约束、自我管理，发挥市民公约、乡规民约、行业规章、团体章程等社会规范在社会治理中的积极作用。"对深入推进农村基层民主法治建设，化解农村基层矛盾纠纷，维护社会公平正义，构建社会主义和谐新农村提出了新的工作要求。当前，贺州市一些农村地区村党组织领导地位不突出、村民民主意识不强、法治意识淡薄、社会矛盾多发、人民群众利益诉求多样等现象较为突出，农村社会治理迫切需要新的平台和载体，发挥村党组织的领导作用，调动社会各方的积极性，共同参与农村社会治理。新型农村生态社区建设，通过基层体制机制改革，"减负增效"，整合、培育社会组织，发展社工，改变基层服务供给结构和方式，实现社会治理理念的转变。新型农村生态社区建设就是要坚持在党组织的领导下，调动社区建设理事会、社区组织及社区居民的积极性，参与社区的治理，实现党组织领导与居民自治相结合，农村治理和社会自我调节、居民自治良性互动，以网格化管理、社会化服务为方向，健全基层综合服务管理平台，及时反映和协调人民群众各方面各层次利益诉求，及时化解矛盾纠纷，促进农村社会和谐稳定。农村新型生态社区建设，为解决联系服务群众"最后一公里""最后一步路"问题，增进党群干群关系，激发群众参与社区建设的积极性等问题找到了新手段、新措施，促进了农村社会和谐稳定。比如，针对社区安全防范问题，贺州市推出了在社区中推行网络化管理办法，按照200户左右的农户划分为一个网络，安排1—2名社区工作人员或志愿者来负责此块区域，日常进行巡逻和综合信息采集，经常和居民小组长、小组代表保持联系，遇到问题主动上门服务；在有条件的社区，还安装24小时摄像监控探头，发现问题随时解决，此举使社会管理工作得到了有效改进和加强，社区工作科学化水平不断提高，为社会的稳定发挥了重要作用。

（四）农村新型生态社区建设是推进城乡一体化，加强农村基层服务型党组织建设的重要举措

2015年中央一号文件《中共中央关于推进农村改革发展若干重大问题的决定》强调：要加强城乡基层党建资源整合，推动农村基层服务型党组织建设；健全农村基层管理服务体系，推进城乡基本公共服务均等化；扩大小城镇对农村基本公共服务供给的有效覆盖，统筹推进农村基层公共服务资源有效整合和设施共建共享，有条件的地方稳步推进农村社区化管理服务。2016年中央一号文件《中共中央、国务院关于落实发展新理念加快农业现代化实现全面小康目标的若干意见》指出：破解“三农”难题，必须坚持不懈地推进体制机制创新，着力破除城乡二元结构的体制障碍，激发亿万农民创新创业活力，释放农业农村发展新动能。当前，贺州市农村地区基础设施普遍落后于城市的基础设施，很多农村地区的农民无法享受到像城市居民一样的基本公共服务，无法平等地参与现代化进程，共同分享现代化成果。另外，在城市地区的一些机关单位，拥有较为丰富的党建资源，但由于缺少平台，无法有效地向农村地区倾斜流动。农村新型生态社区建设，需要进行多层次、全方位的建设，需要整合大量的社会资源和党建资源。开展农村新型生态社区建设，能够进一步优化城乡空间布局，整合资源向基层倾斜，促进社会资源和生产要素向农村地区流动、优化资源配置，达到相互协作、优势互补，以城带乡、以乡促城的良性发展互动，为农村地区经济社会发展提供广阔的平台。

2015年5月，中央在《关于加强基层服务型党组织建设的意见》中强调，建设基层服务型党组织，要达到有坚强有力的领导班子、有本领过硬的骨干队伍、有功能实用的服务场所、有形式多样的服务载体、有健全完善的制度机制、有群众满意的服务业绩等“六有”的目标，要经过3年至5年的努力，使基层党组织服务意识明显增强、服务能力明显提高、服务成效明显提升，各领域涌现出一大批符合“六有”目标的基层服务型党组织。统筹推进农村新型生态社区建设，目的就是要围绕“强基固本利治”目标，整合城乡党建资源，打造服务阵地，完善服务功能，建强服务队伍，创新服务方式，充分发挥基层组织战斗堡垒作用和党员先锋模范作用，增强基层组织凝聚力战斗力和创造力，不断巩固党在基层的执政基础。

三、广西贺州市以“六有”为标准推进农村新型生态社区建设的实践与探索

近年来，贺州市提出了“以发展生态健康产业集群和战略性新型产业为引领，以建设粤桂县域经济产业贺州示范区（信都工业区）和‘生态新城’为新驱动力，加快新型工业化、城镇化和农业产业化步伐，打造贺州发展‘升级版’”的发展思路，明确以“五大发展理念”为引领，培育壮大贺州生态健康旅游、生态健康休闲、生态健康养生、生态健康晚年四个新业态，打造“华南生态旅游名城”“粤港澳后花园”和全国知名的生态旅游休闲养生养老示范区的发展目标，努力当好科学发展的“特长生”和加快发展的“上进生”，走出了一条生态优先发展，速度、质量、效益相统一，人口、资源、环境相协调，改革、发展、稳定相统筹的科学发展之路。

在扎实推进农村新型生态社区建设中，贺州市充分利用作为全国第一个“长寿之市”的优势，结合长寿贺州、旅游贺州、休闲贺州等部署，按照就近聚集、方便服务的原则，创新提出以“六有”标准为指标，以党建引领为抓手，以整合资源为措施，以多元投入为保障，以自主参与为基础，扎实推进农村新型生态社区建设，探索了一种乡村治理的贺州新模式。可以说，贺州市新型农村社区建设发展经历了一个不断摸索和自我创新的过程，取得了良好成效，得到了广西壮族自治区党委、政府和民政部、自治区民政厅的充分肯定。2013 年 5 月启动新型农村社区建设试点，印发了具体工作方案；2013 年 7 月，广西壮族自治区民政厅将贺州市列为全区农村幸福院建设试点市，并于当年 9 月 23—24 日在贺州市召开全区农村幸福院建设现场会；2014 年 1 月，全区农村社区建设工作会议在贺州市召开。2014 年 3 月，时任自治区党委常委、组织部部长周新建对贺州市创新农村社区建设作出重要批示：“贺州认真贯彻全区组织工作会议精神，加强基层服务型党组织建设，牵头整合有关部门的支农资源，为农民群众办实事，提供优质服务，取得了明显成效。可派人去调研总结。”2015 年之后，贺州市对农村新型社区建设提质升级，进行更大规模的投入，更加注重把生态纳入社区建设重要内容。截至 2016 年 5 月，全市累计投入资金 10.8 亿元，建设农村新型生态社区 362 个，受益群众达 30 多万人。计划到 2020 年，力争全市 707 个村委会都建设有一个以上的农村新型生态社区。2013 年以来，贺州市农村新型生态社区建设情况见表 1。

表 1　贺州市农村新型生态社区建设情况表

年份 数量	2013	2014	2015	2016	2017—2020	合计
	10 个	50 个	150 个	152 个	400 个	762 个
备注：2013 年、2014 年、2015 年 210 个已建成投入使用，2016 年建设的 152 个已基本竣工，年底可全部投入使用。						

纵观贺州市农村新型生态社区建设的做法及成效，主要体现在“六有标准”“四项机制”和“五化目标”上。

（一）创新“六有”标准，统筹规划建设

1. 领导重视统筹推进

为了推进“六有”农村新型生态社区建设，贺州市委把农村新型生态社区建设作为“市委书记创新工程”，成立了以市委书记、市长为组长，市委副书记为常务副组长，组织部部长、分管副市长为副组长，由 20 多个市直部门组成的农村新型生态社区建设领导小组；制订下发了实施方案，明确了社区建设指导思想、原则、目标任务和工作要求；召开了工作会议进行统一部署安排，强化各级各部门责任，并列入年度绩效考核和党建考评内容，市、县（区、管理区）领导每人联系一个农村新型生态社区建设点，形成了主要领导负总责、分管领导具体抓，上下联动、齐抓共管的良好格局。

2. 科学设定“六有”标准

规范的标准是指导农村社区建设的前提和基础，为此，贺州市由市委副书记亲自负责抓好农村新型生态社区建设标准的制定工作，在充分调研和总结经验的基础上，制定了农村新型生态社区“六有”标准，具体的指标要求体现在“四好四化四美四办四够四深”上，具体标准见表 2。

表 2　贺州市农村新型生态社区“六有”标准表

“六有”指标内容	具体标准
有一个坚强的基层党组织	体现：班子领导能力好 党员引领作用好 党建工作机制好 工作业绩口碑好

续表

“六有”指标内容	具体标准
有一个健全的村民自治机制	体现：村民自治法治化 民主决策制度化 村规民约契约化 管理台账规范化
有一个优美的人居环境	体现：村容村貌齐洁美 人与自然和谐美 功能齐全生活美 乡风文明素养美
有一个完善的为民服务平台	体现：服务场所标准办 服务管理常态办 服务需求村内办 服务流程公开办
有一个群众的文体娱乐场所	体现：运动场地配套够 娱乐设施添置够 农家书屋布局够 文艺活动安排够
有一个浓厚的人文关怀氛围	体现：硬件建设考虑深 亲情服务用情深 德孝文化宣传深 结对帮扶程度深

3. 全面布局合理规划

按照“五位一体”的要求，坚持以统筹规划、分步推进、量力而行、群众满意和示范引领为原则，以“人气要旺、产业要兴、功能要全、标准要高、乡愁要留”为思路，注重乡土特色，整合产业要素，融合农村文化，依托生态环境，把农村新型生态社区建设与美丽乡村、脱贫攻坚、生态养老、休闲旅游有机结合起来，科学编制农村新型生态社区布局规划和建设规划，避免大拆大建，体现历史传承、文化习俗、风土人情和生态宜居。

（二）创新四项机制，形成工作合力

1. 建立党建引领机制，发挥基层党组织的政治引领作用

一是建强社区党组织。针对农村不同区域的实际情况，坚持党的建设与农村新型生态社区建设同步规划、同步推进、同步提升、同步见效，打破传统模式，合理优化党组织设置。目前全市已建成的 362 个农村社区均已设置

了党组织。

二是健全党组织领导下的各类社会组织。成立社区建设理事会，负责制定和完善社区的各项章程、村规民约、财务管理制度等，对重大事项进行协调，负责农村社区服务中心的统筹协调和日常运行。成立社区监事会，负责对本社区议事、决策及执行情况进行监督。依托老年协会、工青妇等群团，成立各种志愿服务组织1000多个。

三是创新党群理事会模式。通过召开“百姓议事堂”或“党群议事会”等形式，对邻里纠纷、重大事项进行民主决策，充分发挥社区自我管理、自我教育和自我服务功能。

四是推进党建网络化管理组团式服务。通过整合基层各类组织资源，对应每个网格组建相应的管理服务团队，全面承担网格内联系群众、掌握民情、改善民生、解决矛盾、维护稳定、促进发展等职责，并运用现代数字技术搭建信息化管理服务平台，从而为群众提供更为直接、高效的服务，提高社会管理的科学化、精细化水平。

五是推进城乡基层党组织联创共建。在全市建立起党委统一领导、组织部门牵头指导、城乡基层党组织联创共建的新机制。坚持领导挂村联户做表率促联动，党组织帮村到户谋发展推脱贫，量化考核评价标准抓落实重实效等措施，通过开展城乡基层党组织联创共建活动，进一步推动各级党组织和广大党员在统筹城乡基层党建工作中“争”出一流，“创”出佳绩。

2. 建立资源整合机制，形成齐抓共管强大合力

贺州市通过建立联席工作会议制度，按照“各司其职、各负其责，统筹协调、齐抓共管”的原则，定期组织召开农村新型生态社区建设工作联席会议，及时研究解决推进中遇到的困难和问题，形成了“市级指导、县级组织、乡（镇）村（组）实施、农民主体、社会支持”的工作推进机制。同时，通过党建统筹、上下联动、集中打包、整村推进的办法，整合财政资金、项目资金、社会资金、企业资金，形成齐抓共管推进农村新型生态社区建设的良好格局。全市每年按照150个农村社区建设任务部署落实，把农村新型生态社区建设与美丽乡村生态乡村建设、精准扶贫和农村养老有机结合起来，在安排财政专项投入的基础上，整合涉农项目资金。每年年初，由组织部门牵头，整合民政、财政、教育、卫生等部门的涉农项目和资金，集中投放到农村新型生态社区建设点。如通过整合组织部门的村级活动场所标准化建设的项目，建设服务中心的主体楼；整合民政、文体等部门的项目，搭建公共服务中心的框架。

3. 建立建设奖补机制，激发群众自主参与热情

各县（区、管理区）结合各地实际，在整合组织、民政、扶贫等部门资金的同时，探索群众自筹、政府支持、社会捐助、滚动推进的筹资模式，解决资金紧缺问题。并发挥基层民主，让群众投工投劳自主参与建设，打造符合农民需求、一村一景、一村一韵的农村新型生态社区。还通过社区建设理事会来强化自我管理，实行村事自理、村情自议，设立专项奖补基金，以奖代补政策，发挥财政资金“杠杆”作用和最大限度地激发农民参与新型生态社区建设热情。钟山县创新推行“三自一补”（即自筹资金、自主建设、自我管理，财政奖补）建设模式，在村民自筹经费、自主建设、自我管理的基础上，钟山县每年财政预算安排资金2000万元，同时整合“一事一议”1000万元，用于农村新型生态社区建设，有69个自然村自筹资金859万元，其中24个村获县财政1:1专项补贴701.58万元。昭平县采取“两投一筹”（即项目投入、财政投入、群众自筹）方式解决农村新型生态社区建设资金。富川县实施“五个一”（即上级拨一点、村委出一点、群众筹一点、后盾单位帮一点、社会捐一点）模式，整合“一事一议”“民事联解”等涉农资金，发动社会各界捐款捐物，保障建设资金、物资需求。八步区推出“两筹两补”模式，社区建设、保洁经费资金群众自筹，财政则按群众自筹保洁经费和自筹社区建设经费总和，进行1:1补贴；平桂管理区则构建了“两议三投”（即百姓议事堂、党群议事堂和自治区、本级财政投入，群众投工投劳）机制，实现了财政出资金，群众出劳力的格局，解决了农村新型生态社区建设资金1111万元。

4. 建立社会参与机制，增强社区服务功能

通过开展多种活动，积极引导社会资本、社会团体、民营企业、机关事业单位参与社区建设，构建“政府引导、农民主体、金融支持、社会参与”的多元化长效投入机制，为农村新型生态社区建设顺利推进提供保障。

一是开展“千企帮村、助民圆梦”活动。如一个不愿留名的企业通过市委组织部、市工商联发起的“千企帮村”行动赞助富川县麦岭桥社区10万元，富川县信用社、葛坡镇政府分别给麦岭桥社区捐助电脑一批。

二是开展“情系家乡、脱贫攻坚”活动。认真组织市、县（区、管理区）领导干部利用春节假期回乡开展“情系家乡、脱贫攻坚”活动，充分发挥党员领导干部与家乡群众之间的桥梁纽带作用，通过党员领导干部回乡开展一次政策宣讲、组织一次党课进村、召开一次恳谈会议、开展一次走访慰问、承诺干成一件实事等“五个一”活动，进一步摸清家乡贫困实情，了解群众所思所想所盼，更好地服务于农村新型生态社区建设。

三是开展“帮扶贫困户、点亮微心愿”活动。通过开展“帮扶贫困户、点亮微心愿”活动，动员组织各级机关党组织和党员深入贫困户收集、整理和认领微心愿，力所能及地帮助贫困群众实现微心愿，进一步推动机关党员践行群众路线、增强服务意识，帮助贫困群众增强脱贫信心，构建机关党组织帮扶联系群众的长效机制。

四是组织社工进社区开展志愿服务。创新社会管理，扎实推进志愿服务工作，尤其在社区志愿服务方面，采用“社工+志愿者”模式，创新开展“在职党员进社区、志愿服务在基层”活动，认真组织在职党员、一线社工和大学生志愿者走进社区开展各项便民、利民、乐民志愿服务活动，为老年人、青少年儿童、贫困户、残疾人等困难群体开展关爱服务，有效提高了社区生活质量。

（三）实现五化目标，构建和谐社会

1. 提升了基层党建科学化

搭建基层党建工作新平台，将基层党建延伸到自然村屯，有效发挥党组织的战斗堡垒作用和党员先锋作用，促进了农村服务型党组织建设，提升了基层党组织的凝聚力和战斗力。社区党组织依托社区理事会、监事会、公共服务中心三大机构和各类各样的社会组织，通过建立健全“联席议事、联动服务、联合发展”三大工作机制，创新整合帮扶共建、便民服务、党员联户、党代表包片定点、志愿者活动等载体，加强了农村新型生态社区区域内党建资源和社会资源的集约利用，加快形成城乡统筹的基层党建新格局，推动了社区协调健康发展。如今，通过“百姓议事堂”“村长讲堂”等载体，有效解决了群众身边的小事、难事，村民自治呈现出一派和谐的新气象。

2. 加快了乡村治理现代化

开展农村新型生态社区建设，把村民自治功能与村委会的功能发挥进行了有力的充实和完美的结合。成立社区建设理事会，通过推选村屯威望高、年富力强的村民代表、农村“三长”（村民小组长、党小组长、中心户长）、“五老”（老党员、老干部、老教师、老模范、老复退军人）和优秀外出务工返乡青年进入社区建设理事会，通过召开理事会、理事扩大会以及群众大会等方式，引导村民献计献策、主动参与，把农村社区建设的决策权、监督权和管理权交给村民，将村民推上“自我教育、自我管理、自我服务”大舞台，使村民从“看戏”变成了“唱戏”，有效发挥村民群众建设农村社区的主体作用，激发村民建设美好家园的热情。改变了原来村委会力量薄弱，力不从心，无暇顾及和难以平衡照顾几个或多个自然村的状况。

3. 实现了城乡统筹发展一体化

缩小城乡差距，让农民享受到了跟城里人一样的公共服务，有力地助推了社会主义新农村建设。通过社区公共服务中心（站），把推行“农事村办”机制，政府公共服务延伸到农村社区，不断提高办事效率，做到村民小事不出社区，大事不出乡镇，即可办结，满足村民多方面的生活需求。推行“一警两员六化”工作，维护了本社区的治安秩序，调解民间纠纷，及时化解社会矛盾。建立完善了农村社区治安防范机制和“矫正”机制，把黄、赌、毒排除在社区之外，营造和谐安宁的社会环境。

4. 推进了美丽乡村建设生态化

通过深入开展“美丽贺州”乡村建设重大活动，努力建设美丽农村社区，抓好空心村治理，把完善基础设施建设与美化社区环境有效地结合起来，大力推进危房改造、通村公路及村内道路修建、农村水利设施建设。动员村民在自家房前屋后广植花木，建设生态村落，发动社区村民开展居家卫生整治活动，切实解决“脏、乱、差”问题，引导村民养成健康文明的生活方式，探索建立一套切实可行的环境卫生治理和管护办法，解决农村普遍存在的“白色污染”、垃圾和粪便污染，改善社区人居环境。如钟山县在杨岩塘、龙岩、茅栗岗等 17 个示范村屯，建成了各具特色的休闲公园 15 个，建成环村绿道或休闲步道 15 条，建成健身小广场共 10 多个，打造水面景观 10 多处，形成一批人与自然和谐相处、独具村庄特色、环境非常优美、整洁的农村新型生态社区，群众生活质量明显提高。

5. 促进了第一、二、三产业发展融合化

贺州市农村新型生态社区充分利用现有资源，大力发展特色农业产业，实施农业特色产业生态化，发展乡村旅游业、生态乡村工业，促进农民创业就业，增加农民收入，构建高效的农村生态产业体系。深入推进现代农业，推广种养结合等新型农作制度，大力发展精致高效农业，扩大无公害农产品、绿色食品、有机食品和森林食品生产。突出培养具有地方特色的“名、特、优、新”产品，推进“一村一品”的生态农业。利用农村森林景观、田园风光、山水资源和乡村文化，发展各具特色的乡村休闲旅游业，将传统的农耕逐步引向农业观光、农事体验、特色农庄、农情民舍等附加值高的乡村旅游发展。如昭平县凭借旅游资源优势打造罗望、黄姚街、合水、福行、上岸、马圣生态旅游精品社区示范带。2015 年昭平生态旅游精品社区共接待游客 27.6 万人次，实现旅游收入 2.32 亿元。在有条件的新型生态农村社区还开设民宿，方便外地的老年人到这些社区进行候鸟式养老。目前，罗望、界塘、黄姚街等农村新型生态社区已经开设民宿。

四、农村新型生态社区建设需要注意的问题

（一）农村新型生态社区建设思想认识不足

1. 群众认识不清，理解不深

群众对农村新型生态社区建设的主体概念认识模糊，并不知道社区建设对自己意味着什么，把农村社区建设当成政府工程，认为与自己无关，把自己仅仅作为社区建设的参与者、评判者和受益者来看待，“等、要、靠”思想严重，没有意识到各个部门分配下来的任务最终都要下沉到社区，由社区来贯彻落实，社区工作做得好不好，党的各项方针、政策落实得到不到位，都与他们的生产生活息息相关。

2. 社区工作者了解不多，宣传不够

政府对社区工作缺乏科学有力的指导，工作一级摊派到一级，到了社区就没有专职人员，兼职的社区工作者很大程度上疲于应付，很少主动去学习了解农村社区建设。社区工作者由于年龄大、学历较浅等原因，只能按照传统思路去开展工作，社区工作方式、尤其是宣传方式很多年没有太大变化，很少开展创新性的社区宣传工作，以致对农村社区建设宣传不够广泛深入。

3. 政府部门不重视，干部认知有偏差

目前农村社区建设是一个新事物，尚处于探索实践的阶段，有的地方适应，有的地方不适应，许多政府部门把社区当作了办事机构，没有考虑到实际情况，直接把“无利、费力、不讨好”的职能强加给社区执行。地方领导主要重视经济建设和社会发展，对农村社区重视程度不够，对到底什么是农村社区、农村社区建设要达到怎样的目标，农村社区建设的具体内容包括哪些方面、如何推进农村社区建设等问题知之甚少。这也造成部分干部在认识上仍有偏差，不主动关心了解有关政策，面对社区工作无所适从，在工作内容上，卫生收费、村容管理、普查登记、数据统计等行政性事务较多，而针对农民的服务性工作很少。

（二）农村新型生态社区建设资金紧张

1. 村集体经济薄弱影响社区建设发展

整个广西，大部分的村委集体经济收入都不尽如人意，由于村集体经济

薄弱，可用收入不足而无法支持社区建设，即使社区建设好了，也存在后续资金和运行管理费用的缺口，导致社区日常服务和管理工作难以有效开展。以贺州为例，村集体经济收入情况见表3。

表3 贺州市村集体经济收入情况表

单位：个

村收入数量 / 县区名称	村委数	10万元以上的村	5万—10万元的村	1万—5万元的村	空壳村
八步区	185	16	26	32	111
钟山县	113	8	17	29	59
富川县	137	9	25	36	67
昭平县	152	4	7	61	80
平桂区	120	13	16	47	44
合计	707	50	91	205	361

从以上表格可以看出，贺州707个村委会，空壳村就有361个，占了51.06%，超过了一半以上。村集体经济很难对农村新型社区建设进行资金支持。

2. 政府财政支持力度不够

大部分地区没有把社区建设经费纳入到财政专项支出中，即使列入也是杯水车薪，与社区建设的要求存在着很大的差距。以贺州市为例，由于属于西部欠发达地区，下属的三县两区中，有两个县是国家级贫困县，两个是自治区级贫困县，财政收入少，从而影响了对农村社区的投入。2015年度财政支持各村开展农村社区建设资金数额见表4。

表4 贺州市2015年度财政支持各村开展农村社区建设资金数

单位：个、万元

县区	八步区	钟山县	富川县	昭平县	平桂区	合计
村委数	185	113	137	152	120	707
财政预算	200	300	200	200	300	1200
村平均	1.08	2.65	1.46	1.32	2.5	1.697

从以上表格的数字可以看出，2015年政府财政预算支持社区建设平均一个村才1.697万元，与建设一个农村新型生态社区需要投入的资金相比，相

差还是比较大的，远远无法满足建设的需求。

3. 社会力量支持力度不足

由于缺乏有效的政策引导和经济鼓励，企业参与、社会组织投入、个人赞助等社会力量参与严重不足，农村新型生态社区建设资金投入未能实现多元化。

4. 社区群众自主投入少

一方面农业产业不发达，农民生活还不富裕，没有更多的剩余资金投入基本建设；另一方面由于社区建设的宣传不到位，村民对社区建设认识不清，缺乏自主的意识，对于社区的建设表现出冷漠、被动和无所谓的心态。所以对不涉及自己切身利益和眼前利益的公共服务，也不愿意投资投劳。

5. 土地落实难致使资金投入更趋紧张

由于农村大部分土地已分到各家各户，村集体已没有什么可用的土地，因此，建设农村社区需要的土地比较难落实，即使是通过村委会或村民小组，协调各农户同意让出土地用于社区建设，也需要投入一大笔资金用于土地开支，这就增加了农村社区建设的成本，使本来有限的资金更加趋于紧张。

(三) 农村新型生态社区服务功能不强

1. 服务层次较低

农村社区提供的服务大多还是最简单、最基础的项目，没有进一步的拓展，比如在卫生医疗服务方面，多数还是停留在为群众打针、吃药层面，几乎没有对体检、健康知识的宣传普及。工作人员综合素质相对较低，业务技能不够熟悉，办事效率低下，很少有电子化办公，难以及时解决群众的问题，容易引发群众的抱怨和投诉，不利于提高群众安全感和满意度。

2. 服务设施不健全

硬件不全，有的虽然有设施，但真正开放投入使用的却很少，利用率比较低。比如文化设施紧缺，更新慢，群众看书、看戏、看电影找不到地方，即使有地方看的内容也是过时的，难以提起兴趣。村民的闲暇时间除了看电视外，因为找不到合适的生活娱乐项目，打牌的比较多，由此引发的贫穷、引起的家庭矛盾和社会治安问题时有发生，严重影响了社区文化的形成。

3. 服务范围较窄

农村社区现有条件与城市社区相比，没有社会保障、社会救助、文化教育、卫生保健、综治警务、社区志愿互助服务、市场化的便民利民生活服务、物业管理等较为全面的服务，很难满足农民群众对生活多样化的需求。随着城镇化的不断推进，外出务工人员不断增多，他们接触到的事物多，视野开阔，回到家乡社区，发现一些服务不是没有就是不能办，经常失望而归。特别是近年来，出现了大量留守儿童和空巢老人，由于缺乏相应的服务机构，他们在生活上和精神上基本无人照顾。

（四）农村新型生态社区工作人员素质总体不高

1. 现有社区工作者受教育程度较低，服务能力较弱

农村现有的社区工作者多数是初高中毕业、年龄偏大、收入不高的中老年人，没有专业学科背景，对社区工作方法和技巧不熟悉，对出现的新事物接受能力差，反应速度慢，缺乏应对能力，不能很好地根据居民实际需求设置服务项目和服务方式，只能提供简单的服务，听从任务分配。

2. 社区工作者待遇较低，难以吸引人才

社区工作复杂而强度大，社区工作人员整体工资水平偏低，没有岗位没有编制，也没有相应的激励保障机制，从某种意义上来说属于临时工作人员性质。相比外出务工的高薪，年轻人参与社区建设的热情和积极性都不高，不愿意加入社区工作人员队伍，更无法吸引年轻的高学历专业人才到社区工作，导致后备力量不足，甚至出现了社区工作人员断档的尴尬局面。

3. 社区志愿者较少，服务类型不足，难以扩大规模

居民的社区服务意识不强，参与程度也不高，志愿者大多是一些公务员、教师、医生、学生等公职人员，他们的服务时间主要集中在双休日或国家公休日，到了工作日志愿者人数急速下降，服务稀缺。志愿者服务类型主要集中在医疗服务、卫生服务、咨询服务等方面，其他类型稀缺，比如老年人存在的主要问题是孤单，需要最好的服务便是志愿者陪着他们聊聊天，让他们感受到温暖与关怀。同时，由于辖区人员较少，志愿者范围有限，很难号召到更多的人加入到志愿者的队伍中。

4. 对社区工作人员的培训不够

大多数社区工作人员在任职前都没有真正接受过社区管理和建设方面的培训，大部分基层开展的培训是以会代训，名为培训，实为工作布置。有的虽然参加过真正的培训，但培训内容大多是为政府职能部门服务的，而为社区村民服务的培训内容几乎没有，这就导致了他们服务能力不足，职责缺位，难以承担新时期的工作任务。

（五）推进农村新型生态社区建设合力有待加强

1. 社区建设领导体制和运行机制不健全

在共同建设农村新型生态社区中，领导体制还不够明晰，政策扶持和规划、指导还不到位，没有一套行之有效的运行机制，即使有也没有真正发挥作用，农村公共服务还有很多欠缺。没有完善的领导体制和运行机制，部门之间难以形成协调统一的规划建设机制，在贯彻落实的过程中很难组织协调有关职能部门，分工合作，相互配合，形成合力。

2. 部分部门不愿投入，个别各自为战

有的地区有的部门对增加农村社区的投入仍有思想障碍，存在“屁股指挥脑袋”“撒胡椒面”的现象，不愿意投入人力、物力、财力。个别部门职能工作进入社区后，独立开展工作，不与其他部门沟通，你干你的，我干我的，互不相干，没有共同推动社区建设发展的意识。

3. 群众和社会组织参与意愿不强

群众对社区建设不了解，不知道会给他们带来哪些好处，认为是政府的事，自己帮不了什么忙，做好做坏与自己关系不大，认同感不强，缺乏参与社区建设的积极性和主动性。社会组织由于其自身的非营利性，具有一定的独立性，不愿意受到政府的干预，加上贺州市贫穷落后地区居多，社会组织的剩余时间、闲散资金、慈善意识和奉献精神等资源相对较少，难以充分整合，一谈到建设就认为是出钱出力，参与感不强，不易形成合力，这在一定程度上影响了农村新型生态社区建设的进展。

五、推进农村新型生态社区建设的对策思路

农村新型生态社区建设必须要在各级党委和政府的领导下，认真贯彻落实中共中央办公厅、国务院办公厅《关于深入推进农村社区建设试点工作的指导意见》精神，依靠社区居民，整合各类资源，强化社区功能，完善村民自治与多方参与有机结合的农村社区共建共享机制，健全村民自我服务与政府公共服务、社会公益服务相结合的服务平台，促进社区经济、政治、文化、社会、生态综合协调发展，把社区建成管理有序、服务完善、文明祥和的社会生活共同体，不断提升社区居民生活质量和文明素养，增强农村社区自治和服务功能，为农民幸福安康、农业可持续发展、农村和谐稳定奠定坚实基础。

（一）以人为本，切实增强农村新型生态社区发展的责任感和使命感

1. 要提高思想认识，增强工作主动性

农村新型生态社区建设事关城乡发展、城镇化建设进程和农村社会管理创新，推进农村新型生态社区建设是发展所需、民心所向。各级各部门必须提高思想认识，认真贯彻落实中央、省（自治区、直辖市）一系列关于农村社区建设的战略部署要求，尊重群众意愿，维护农民利益，以坚定不移的态度和果敢有力的措施予以推进，要进一步厘清农村新型生态社区建设发展规划、发展模式、路径选择等关键，使农村新型生态社区建设发展与实际相结合，实现有效衔接、良性互动。

2. 要加强组织领导，形成工作合力

农村新型生态社区建设是事关农村社区发展的基础工程、系统工程，涉及农村住房建设、危房改造、教育卫生、文化体育、经营服务等方方面面，这既是农民生产方式、生活方式的一场变革，同时也是各级领导干部领导方式的一场深刻变革。领导要高度重视，确保市、县（区、市）、乡镇各级思想统一、方向明确。各级党委和政府要成立当地主要领导或分管领导为组长，各有关职能部门领导为成员的“农村新型生态社区建设工作领导小组”，进一步明确各部门的职责，做到相互配合，相互促进。通过组织部门牵头，调动发改、民政、财政、教育、农业、林业、水电、交通、扶贫、计生和卫生等相关部门参与农村新型生态社区建设的积极性，统筹使用各涉农部门资金，认真落实各级支农惠农政策，引导他们把所在部门的项目或资金统一整合到新型农村社区建设中来，解决新型农村社区建设经费紧张、设施缺乏等难题，为开展新型农村社区建设提供物质基础和政策保障。各地要结合贯彻中共中央办公厅、国务院办公厅《关于深入推进农村社区建设试点工作的指导意见》精神，抓紧制定出台本地加快农村社区发展的指导意见，形成可操作性的方案，各乡镇也要制定镇（乡）域农村社区发展规划，从资金上、人员上予以重点保障。

3. 要切实加大宣传力度，提高群众参与社区建设意识和能力

农村新型生态社区建设要积极调动各级政府各部门和农民的参与热情，只有这样才能更加有效地推动社区的组织实施。从农民群众角度来看，农村新型生态社区建设改善了他们的生产、生活条件，提高了生产收益。群众肯定是支持的。为此，我们要注重结合新农村建设的推进，从解决农民最关注、

最迫切的问题入手，从而调动他们参与建设的热情。例如近年来，贺州市推进的村村通水泥路工程，老百姓的参与热情就非常高，踊跃地出工出资投劳，从中也可以看出，只要是广大群众最为关注、农村最需要解决的问题，他们能够受益，他们就都有热情。在农村新型生态社区建设中，也要重点解决一些水泥路建设、球场建设、文化活动中心建设等，要采取有效措施和办法，让农民真正参与进来。同时，我们要充分尊重农民的意愿，无论是搞规划还是搞建设，都要争取农民的同意，做到量力而行、不搞“一刀切”。通过多种宣传方式方法提高广大农民对农村新型生态社区建设的认识，促进农民思想观念根本转变，增强农民的主体意识和参与意识，充分尊重农民意愿和生活习惯，激发农民自主建设、自主管理农村社区建设的热情，赢得广泛的群众支持。贺州市采取奖补机制激发群众参与热情，建立社会参与机制不断增强社区服务功能，值得学习借鉴。从村干部角度来看，要充分调动他们以社区建设为契机，树立自身在群众中的威信，带领全村群众干事创业、改善生活环境，壮大村集体经济实力。从县、乡党委政府的角度来看，农村新型生态社区建设能够调整产业结构、拉动内需、培育新的经济增张点，体现了基层党委政府积极贯彻落实中央利民、惠民政策亮点，能够稳定社会基础、提高党和政府执政基础。

4. 要纳入绩效考评，不断强化指导检查

农村新型生态社区建设工作是党委和政府的中心工作，要把此项工作纳入到地方党委、政府统一组织的绩效考核范畴，列为党建考评重点内容，由组织部门和民政部门负责组织实施考核，考核的单位是下一级党委、政府以及本级相关成员单位等。把每年具体的建设任务明确布置下去，年底进行检查考核。从贺州市这几年的实践来看，此举对于地方党委、政府重视农村新型生态社区建设工作起到了很好的推动作用。要加大指导帮扶力度，给县、乡（镇）两级定任务、定目标、定考核，并在规划、项目、资金和人才等方面给予大力支持，增强农村新型生态社区建设信心。要建立定期或不定期督察制度、通报制度，地方党委和政府领导要带队深入到各县（区、管理区）、各有关单位就此项工作进行调研，及时下发督察通报，做到发现问题立即要求整改，特别是要根据工作阶段性部署要求，组织开展专项督导检查，传递压力，强力推进新型农村社区建设，从而保证工作的时效和质量，有力地推动各项工作落实。

（二）因地制宜，选准农村新型生态社区发展模式

按照社区建设依托的产业发展类型来划分，可以分为如下几种类型[①]：

工业带动型社区：以发展乡村工业为导向，推进农村经济由农业主导型向工业型转变，增强工业对农业的拉动力。农村工业化是壮大农村经济总量的关键，是促进农业产业结构调整、加快农业现代化进程的推进器，也是推进农村城镇化的支撑点。以工业经济实力为基础，整合农村的土地、人力等资源，实现共同发展。这是一个逐步扩大经营规模，发展农村经济的过程，也是一个增加农民收入、促进平衡发展的过程。这种模式主要存在于经济发达地区，表现为城市工业文明辐射下的“以工促农、以城带乡”大趋势。经济发达地区的农村社区，是以城乡一体化为目标，以工业反哺、城市支持为条件，以基础设施建设和经济发展的各类工程为抓手而展开的。其经济实力和财政支付能力优势，使这些地区开始出现逆城市化（城市产业和人口向城郊和腹地农村转移）现象，这些条件使村落经济社会加快向现代工业社会转型。

城镇化发展型社区：按照统筹城乡发展的要求，坚持以城带乡、以乡促城，推进农业农村现代化，引导农民向城镇集聚，加速资本和产业转移，加快建设城镇型农村社区，促进农民职业和空间转移，形成新型的城乡产业结构和城镇体系。参照城镇的布局、结构、功能，规划新农村建设，实现“设施齐全，功能完善，路网相连”，群众足不出村就可以解决食、住、行、娱、学、医等日常问题，使农村新型生态社区建设与城镇化进程有机结合在一起。

旅游带动型社区：充分利用、结合旅游资源的开发和利用，为建设“农家乐”模式旅游型农村社区奠定了良好的基础。农户庭院空间以及周围的鱼塘、树林、菜地等农家资源，增设耕地种菜、现场采摘、任意“点宰”、随意居住，自选自做等服务项目，让游客吃农家饭、享农家乐、住农家房，大力发展农家休闲娱乐旅游经济。投资少、收益好、见效快是农庄型农村社区最为显著的特点。它的发展，对促进农村旅游、调整产业结构、建设区域经济、加快农业市场化进程产生了良好的经济效益。

城郊休闲型社区：按照“依托城市、服务城市、致富农民”的发展思路，充分利用城郊乡镇的区位优势、资源优势和产业优势，积极围绕休闲、生态、观光、旅游农业，以及名优农产品进行项目包装，积极开展各类相关招商活

---

① 王永宇：《新型农村社区建设的思考》。

动，发展第三产业，增加农民收入。在建设休闲型农村社区过程中，各地要结合实际情况，充分利用地处城郊接合部、交通四通八达等区位优势，分片区建设特色农业生产基地，打造“一村一品”的多产业格局，生产为城市配套的蔬菜、花卉、畜禽等副食品类农副产品。同时进一步完善基础设施建设，突出服务功能，为发展第三产业奠定基础。

按照行政村区域的数量来划分，可以分为：

“一村一社区”：就是已按照村级活动场所标准化建设的村委会驻地，整合村委会的活动场所，文化设施等资源建设农村社区，辐射人口在800人以上，要达到“十五有”的配套设施，即有社区公共服务中心、幸福院、卫生室（计生室）、舞台（戏台）、篮球场、宣传文化长廊、儿童乐园（学校）、农民公园（休闲广场）、主街硬化道路、安全饮水设施、主街中心活动场地照明灯、便民小超市（小市场）、小喇叭系统、金融服务点和垃圾处理中心。

“一村多社区”：把社区建设到村民小组或自然村中去，由各地因地制宜进行确定，只要人口较为聚集、有一定基础设施、交通环境比较便利，具备一定的地方均可以设立农村社区。一个行政村也可以设立多个社区。

“多村一社区”：几个村相互间连接很近，连片在一起的地方，当地群众生活习惯较为一致，在充分尊重当地群众意愿的基础上，可以建立联合的农村社区，但必须尊重村民的自治精神。

每个地方可以采取什么模式建设农村社区，需要结合多种因素进行考量，重点是以行政村为单元开展农村社区建设，分门别类、因地制宜进行社区建设。

（三）规划先行，高标准推进农村新型生态社区发展

1. 明确标准，统一组织实施

一个好的标准是统一实施社区建设的前提，贺州市制定的农村新型生态社区“六有”标准值得各地学习和借鉴：有一个坚强的基层党组织，有一个健全的村民自治机制，有一个优美的人居环境，有一个完善的为民服务平台，有一个群众的文体娱乐场所，有一个浓厚的人文关怀氛围。各地可结合不同的实际，制定符合自己的社区建设标准，新型农村生态社区至少要达到以下标准内容：一是基础设施明显改善。水、电、路、通信、有线电视、互联网畅通，住房条件显著改善，便民超市、卫生所、娱乐设施、运动健身广场、图书室等配套设施基本齐全。二是农村经济持续发展。有一个以上具有稳定的发展潜力的优势产业，形成“一村一品”的发展格局，土地流转规范有序，

村集体经济收入、农民人均纯收入及增幅高于当地平均水平。三是社会事业协调发展。义务教育普及率稳定在100%，最低生活保障实现应保尽保，新农合参合率达到98%以上。四是生态环境保持整洁。有规范的村庄布局和建设规划，村道平整硬化、环境净化、路灯亮化，生活垃圾日产日清，生态清洁能源基本普及，人居环境明显改善。五是管理科学规范。村“两委”班子坚强有力，村党支部达到“五好”标准；“一事一议”制度得到落实，财务、政务公开，村民自治机制充满活力；志愿服务活动正常开展。六是农村社会和谐稳定。民主法制和精神文明建设不断加强，平安乡村创建活动深入开展，社会治安形势良好，无群众违规越级上访、无重大社会治安刑事案件和“黄、赌、毒”等社会丑恶现象。

2. 科学定位，高起点谋划发展蓝图

农村新型生态社区建设要结合城镇主体功能区建设和“十三五”规划的实施，坚持战略思维，立足当前，着眼长远，面向未来，尽快确立自己的发展方向、功能定位、人口规模、产业结构和主打产业，高起点高标准制定相应规划，按照“生态旅游观光、生态休闲度假、生态养生保健、生态晚年健康”四大业态发展思路，探索“一社区一特色”的发展路子，推进“个性化、特色化、专业化、品牌化”特色新型农村生态社区建设。在社区建设的选址上，要与土地利用总体规划、县域村镇体系规划、乡镇总体规划相一致，优先选择靠近小城镇和产业聚集区，基础设施条件较好、交通相对便利的村庄，优先选择“两委”班子团结、工作能力强的村庄，优先选择农民群众有需求、有愿望、积极性高的村庄，从而树立起可学、可看、可用的典型，充分发挥先进带后进、试点带一般的作用。

3. 规划先行，优化城镇和产业空间布局

树立“科学规划、和谐规划、统筹规划”的理念，根据农村社区的地理位置、资源环境、人口分布等特点，因地制宜、适度超前，更加合理地确定社区空间布局，优化社区规模和等级结构，预留充足的发展空间。要按照政府组织、专家领衔、部门合作、公众参与的要求组织规划编制，完善规划公示制度，提高规划工作透明度，使规划决策更加科学化、民主化、公开化。在制定规划过程中，必须要把握三个原则：一是立足实际。要求各地依据当地经济、社会和人口发展水平，根据村庄自然地理与资源环境条件，因地制宜，量力而行，不盲目攀比，不强求一致，不搞不切实际的“政绩工程”。二是突出特色。立足人与自然和谐，坚持传统与现代理念相结合、外观与环境相协调，突出乡村特色、地域特色、民族特色，做到形式多样、格调新颖。

三是形成体系。规划内容上坚持居民住宅、基础设施、产业发展、社会事业规划同步安排、同步推进，形成完整的示范村规划体系。

4. 科学发展，注重生态保护和文化古村落保护

在规划农村新型生态社区建设中，要妥善处理好经济发展与人口、资源和环境的关系，严格控制村庄周边土地使用与开发强度，形成农田、林地、山体、河流、池塘等生态复合系统，改善农村生态环境，促进可持续发展。同时，对于具有历史价值、文化价值的古村落，要注意保护，比如贺州市的富川秀水状元村、昭平县的黄姚古镇、八步区贺街镇等地，要采取整村进行保护性地开发建设，把新村的建设和老村保护结合起来，留住乡愁。在规划建设农村社区过程中，严禁强制推行大拆大建、撤村并居，严禁违反土地利用规划擅自改变农地用途等行为。

（四）多元投入，切实解决农村新型生态社区资金瓶颈问题

1. 建议上级财政加大对社区建设的资金支持力度，同时国家、自治区层面在制定政策和资金落实上对边远地区给予倾斜支持

对于农村新型生态社区建设，各级政府都要高度关注，拿出专项资金予以扶持。同时，由于边远山区地方财政十分有限，而推进农村新型生态社区建设又需要很多的资金。为此，我们建议国家层面、自治区层面，切实加大对边远山区农村新型生态社区建设公共财政投入力度，将农村新型生态社区建设经费纳入财政预算。地方财政也要尽其所能投入最大化的资金，并使这些资金发挥其应有的效率。如贺州市下辖三县两区，其中昭平县、富川瑶族自治县是国家级贫困县，钟山县和八步区是自治区级贫困县（区），平桂管理区则被评为资源枯竭型城市，财政收入较差，这就更加需要国家在制定社区发展政策和资金分配上给予倾斜。

2. 整合各类涉农资金，发挥资金效益最大化

由组织部门牵头，充分调动发改、财政、民政、教育、卫生、农业、林业、水电、交通、扶贫、计生和卫生等相关部门参与农村新型生态社区建设的积极性，统筹使用各涉农部门资金，认真落实各级支农惠农政策，引导他们把所在部门的项目或资金统一整合到新型农村社区建设中去，解决农村新型生态社区建设经费紧张、设施缺乏等难题，为开展农村社区建设提供物质基础和政策保障。如民政部门要争取更多资金建设农村社区幸福院、五保村等；文化体育部门争取建设篮球场、文化公园等；交通部门建设好村中自然寨的道路等。部门可以整合的政策、资金情况见表5。

表 5 贺州市整合农村社区的政策、资金情况表

项目名称	所属部门	资金额度	建设内容
村级组织活动场所	组织部	每个补助 30 万元	基础设施建设等
社区服务站	民政局	每个补助 25 万元	办公楼、活动场所
幸福院	民政局	每个补助 6 万元	新建或改造均可，活动场所或娱乐设施
五保村	民政局	每个补助 5 万—20 万元不等，视情况而定	新建或改造均可
球场戏台文化楼	文化体育局	每个补助 25 万元	基础设施建设
村道水泥路	交通局	一公里补助 30 万元	基础设施建设
太阳能、节能路灯等	能源办	视情况不同而定	在社区中安装太阳能和节能路灯等
危房改造	住建局	每户补助 1.8 万元左右	房屋建设。由农户申报，符合条件的审批
农业扶贫	农业局	视情况而定	种植业
人畜饮水工程及水利基础设施建设	水利电力局	按项目实际申报	基础设施建设等
易地扶贫搬迁	扶贫办	按项目实际申报	基础设施建设等
村级卫生室	卫生局	按项目实际申报	

3. 强化引领和推介，引导社会组织及社会资金投入

大力发展面向农村服务的各类社会组织，积极探索部门和企事业单位定点帮扶农村社区建设工作制度，鼓励动员社会团体、企事业单位和个人以捐赠、投资方式兴办农村社区项目。探索建立以财政投入、村集体积累为主，

以涉农资金、单位帮扶为辅，以社会捐赠等为补充的农村社区建设投入机制。积极探索创新机制，把社区中服务型、经营性配套设施，如社区超市、商业街门面、幼儿园、养老机构等向本村甚至外地人进行公开承包、租赁，采取市场化运作的方式，向社会组织和企业推介，争取社会资金的介入。

4. 依托重点镇建设和改革，不断拓宽筹措资金渠道

根据发展规划需要，各地都在搞一些重点城镇以及卫星城镇的建设，并且给予这些乡镇很好的发展优惠政策，为此，我们要充分利用重点镇内财政体制、行政管理体制灵活等特点，积极争取农村社区建设项目纳入市级统筹推进的范畴，对使用分散、性质相近、用途相同的涉农类资金整合归并，发挥资金最大化效率。进一步拓宽在重点镇辖区内的农村新型生态社区的融资渠道，广泛吸引民间资金、社会资金投入，通过政策引导、招商引资等办法，吸引更多的社会资金投入到农村社区中如养老院、托儿园、幸福院等相关项目建设上来。

（五）拓展服务内容，提高新型农村生态社区建设生命力

1. 突出党建管社区

要发挥党组织的战斗堡垒作用和党员的先锋模范作用，依托组织管好社区。充分发挥组织部门的协调优势，协调各部门的资金、项目、人员，积极推进农村社区建设，由组织部门牵头抓总，推进社区设施及服务功能不断完善。充分发挥党支部的战斗堡垒作用。社区在党支部的带领下开展活动，支部从项目的推进到服务功能的完善，要当好社区理事会的参谋助手，形成农村社区党组织既能充分发挥领导核心作用，又积极支持社区理事会开展自我管理、服务、议事的制度保障。对社区党员进行分类管理，充分发挥党员的先锋模范作用。对社区内的在职党员、无职党员、流动党员和老党员进行分类管理，根据其特长“设岗定责”，深化“为民服务全程代理”“党员设岗定责”“党员先锋岗”“党员承诺制”等建设，增强党员参与农村社区各项活动的积极性，引导广大农村党员干部发挥先锋模范作用。

2. 突出服务强社区

由于社区牵涉面广且人员多，各式各样的需求也不尽相同，因此，我们需要结合实际，广泛征求村民的意见建议后制定多样化的服务内容，分门别类地进行管理服务。实行“一站式”便民服务，乡镇（街道）要根据社区汇总不能办理的待办事件，定期派出工作组到农村社区集中办理。改善群众的生产生活环境，结合“清洁城镇乡村、建设美丽贺州”活动及新农村建设项

目，组织群众开展清洁活动，充分发挥理事会的作用推进新农村项目建设。满足群众的精神文化和卫生健康需求，大力开展文体活动和卫生健康服务，丰富群众的精神文化生活，为村民创造和美的居住环境，让群众安居乐业，确保社区和谐稳定。社区要积极开展技术培训、就业培训，提高群众技能，为群众提供就业服务信息、市场需求信息，解决就业问题，增加群众经济收入。实现社区卫生服务网络化管理，做好计划生育管理和技术服务；开展经常性的志愿服务和专业技术信息服务；注重加强城乡统筹协调发展的农村社会保障工作。

3. 自我管理兴社区

遵循由政府引导，充分发挥村民的自治作用，其管理上以村委会包片村干管理为主，以社区理事会具体负责相关事务的组织实施。一是要成立社区建设理事会，对重大事项进行协调。由社区群众自发推选，成立以所在社区的村“两委”干部、村民代表、农村“三长”“五老”为主体的社区理事会，其成员原则上为5—9人，讨论制定和完善社区的各项章程、村规民约、村民会议和村民代表会议议事规则、财务管理制度等，负责农村社区服务中心的统筹协调和日常运行。二是要成立社区监事会，其成员原则上为3—5人，对社区事务进行监督。由党员和群众代表组成，党员和群众代表均由社区群众推选产生，负责对本社区议事、决策及执行情况进行监督。三是要坚持民主决策，建设和谐社区。对邻里纠纷、重大事项进行民主决策，充分发挥社区自我管理、自我教育和自我服务功能。

4. 幸福工程活社区

要以幸福院为平台，通过完善幸福院基础设施，开展各项活动，为留守老人、留守妇女、留守儿童提供生活娱乐服务。一是关爱留守老人。通过在幸福院里开展体检、温暖慰问、书法讲座、健康知识讲座、棋牌娱乐等，让老人老有所乐。二是关爱留守妇女。通过在幸福院开展妇女生理讲座、心理讲座、计生检查、组织文体活动及文艺演出等，充实留守妇女的生活。三是关爱留守儿童。通过志愿者对留守儿童进行心理引导疏解，畅通交流渠道；为他们提供娱乐场所，组织开展各种适合儿童的活动，让儿童享受快乐童年。

5. 生态建设美社区

把生态建设融入到社区建设当中，搞好环境卫生整治、培养村民生态环保意识，提升社区档次和品位。一是要给社区保留足够的绿地面积，建设符合客观要求的绿地，美化环境，降低污染。二是社区内的建筑物尽可能地采取节能的设计方案，采用绿色环保标志材料，如尽可能采取自然通风设计，减少夏季空调的使用，尽可能采取自然采光设计，减少灯具的使用。三是充分利用可再生资源。利用太阳能、风能，减少社区能耗，推广家庭使用太阳能热水器，目前贺州市建设的社区中，均采用太阳能的照明路灯，效果很好。四是要在社区中进行垃圾分类处理，减少垃圾总量，采用节水设计，并对污水进行处理。五是对社区群众开展生态文明与环境保护教育，切实提高他们的环保意识。

（六）创新管理手段，引导多方参与服务社区治理

1. 创新农村新型生态社区依法治理模式

党的十八届四中全会就推进依法治国作出了全面部署，提出推进多层次多领域依法治理，坚持系统治理、依法治理、综合治理、源头治理，深化基层组织和部门、行业依法治理，支持各类社会主体自我约束、自我管理，发挥市民公约、乡规民约、行业规章、团体章程等社会规范在社会治理中的积极作用。建设农村新型生态社区，是推进农村依法治理、促进社会和谐稳定的重要阵地和平台。要充分利用这个阵地和平台，发挥村级自治组织作用，调动社区建设理事会和社区组织及社区居民的积极性，参与社区的治理，实现党组织领导与居民自治相结合。要以社会化服务为方向，健全基层综合服务管理平台，及时反映和协调农民群众各方面利益诉求，及时化解矛盾纠纷，促进农村社会和谐稳定，促进农村治理现代化。要大力推进“阳光党务”“阳光村务”和民主管理，组建社区建设理事会、社区监事会，建设社区公共服务中心，明确工作职责，开展各类服务。要充分发挥驻村工作队作用，深入开展“美丽贺州”乡村建设重大活动，加强农村环境综合整治，努力建设美丽农村社区。

2. 创新联系服务农民群众模式

要坚持党委政府主导，充分发挥组织部门统筹协调作用，推动发改、民政、财政等部门参与农村新型生态社区建设的积极性，解决农村社区建设经费紧张、设施缺乏等难题，为新型农村社区建设提供物质保障。农村新型生态社区建设要靠一个个具体的项目来支撑，要把项目建设作为硬任务、硬指标来完成，对所有项目都要制定出“时间表”和“施工图”，已确定的项目要尽快落地，已落地的项目要尽早开工，已开工的项目要尽快竣工、早见成效。要深化“农事村办”改革，围绕推动科学发展、带领农民致富、密切联系群众、维护农村稳定搞好服务，引导农民进行合作经营、联户经营，开展逐户走访、包户帮扶，及时办理反馈群众诉求，帮助群众和困难党员解决生

产生活、增收致富中的实际困难和问题。

3. 创新社会工作网格化服务模式

农村新型生态社区建设是社会化综合服务的工作，必须要借助社会各方力量来推进。要构建党群共建服务格局，以村党组织和社区党组织为主体，以社区理事会、监事会、共青团组织、妇女组织、老年协会、产业协会、新经济组织和社会组织等为补充，开展以服务改革、服务发展、服务民生、服务群众、服务党员“五个服务”为主题的党建带团建、带妇建、带群众组织建设活动，发挥好群众组织服务作用。要依托农村社区辖区各类志愿者服务队，通过组建政策时事宣传队、环境卫生保洁队、社会综治调解队、科普技术指导队、社会保障救助队、就业创业援助队、文体娱乐活动队等各类志愿者服务队，建立志愿者服务长效管理机制，将组团式志愿服务与居民群众需求有效链接，拓展农村社区服务功能，为村民办实事，办好事，形成“公共服务中心+志愿服务站+志愿服务队+党员（团员）+居民群众”的服务网络，让农民享受到便利、高效、多样的社区服务。

4. 创新引导社会组织参与社区治理模式

主要包括以下几个方面：一是拓宽政府购买服务范围。将更广泛的社会组织纳入公共服务购买对象的范围中，扩大购买市场。在新型农村建设过程中，通过政府购买服务的方式，引进法律、文化、体育等公共服务，引导服务行业机构向农村延伸，为农村新型生态社区提供更优质的服务。二是培养人才，增强专业化水平。加强人才培养，充分挖掘基层潜力，做好社会组织人才的培养和储备，积极吸收高素质、有能力、有爱心、有奉献精神的社区居民加入社会组织队伍。同时，社会组织要注重学习与培训，不断加强专业化水平，提升承接政府职能转移的能力。三是建立优先发展社区社会组织体系。制定社区社会组织发展中长期规划，确定培育发展重点，增强社区社会组织设置科学性和发展有序性。对常年活跃在农村社区由社区居民自发形成的社区社会组织，政府要积极引导和扶持，增强其服务功能、扩大社会覆盖面；以项目形式引导社会组织参与农村新型生态社区建设，为社会组织承接政府部门转变职能剥离出来的管理与服务工作，提供透明信息和良好运作平台。建立起管理有序、功能到位、服务高效、交叉互动的社区社会组织发展体系。四是引导社会组织积极参与社区服务管理。鼓励社会组织为居民提供养老助残、慈善帮困、就业援助、教育培训、农业互助、医疗卫生、家庭发展、科技文体和法律咨询等服务，促进社区服务的全面化、便捷化、实效化，不断完善社区自我服务管理功能。以居民需求为导向，积极培育类型多样、功能丰富的社区社会组织。规范文体类社区社会组织；扶持提供公共服务类、协同社区管理类社区社会组织；培育公益志愿类社区社会组织；针对性地发展农业专业经济协会；创新培育金融类互助会。支持工会、共青团、妇联、残联、计生协等群众团体发挥枢纽作用，带动和引领相关领域的社区社会组织在农村新型生态社区服务与管理中发挥主体作用。五是建立志愿者队伍。要依托农村社区辖区各类志愿者服务队，通过组建政策时事宣传队、环境卫生保洁队、社会综治调解队、科普技术指导队、社会保障救助队、就业创业援助队、文体娱乐活动队等各类志愿者服务队，建立志愿者服务长效管理机制，将组团式志愿服务与居民群众需求有效链接，拓展农村社区服务功能，为村民办实事，办好事，形成“公共服务中心+志愿服务站+志愿服务队+党员（团员）+居民群众”的服务网络，让农民享受到便利、高效、多样的社区服务。

参考文献

[1] 刘卫红. 新型农村社区建设的现实意义及路径探讨 [J]. 经济研究导刊，2015，(9).

[2] 王永宇. 新型农村社区建设的思考. 驻马店市国土资源网，2012，(1).

[3] 厉有国. 新型农村社区建设对农民市民化的现实意义. 人民论坛，2014，(7).

[4] 广西壮族自治区课题组：民族地区农村社区建设研究 [C]. 广西民政政策理论研究成果汇编（2009），中国社会出版社.

[5] 杨炳炎，王凤：从梧州市社区建设经验拓展思考社区建设现状及建议 [C]. 广西民政理论与实践（2013），中国社会出版社.

[6] 项继权，王明：农村社区建设：发展态势与阶段特征 [J]. 青海社会科学，2015，(2).